U0556861

范 军主编

法律基础与实务

2015年（修订版）

上海三联书店

前　言

　　法是什么？法是一种规则或行为规范。要理解这一点，并不困难。问题是，规则或规范在现实生活中比比皆是，诸如道德、宗教、礼仪、职业要求、质量标准、操作规程等，那么法与它们的区别何在呢？要回答这样的问题，对于未曾接受过专业训练的人来说就不简单了。毋庸讳言，我们的社会生活离不开法律，了解法律的基础知识与原理，建立基本的法制观念，既是现代人的必备素养，也是社会发展的必然要求。在全面推进依法治国方略的指引下，法律素养更进一步成为各级各类专业人才的基本能力要求。

　　本书从最基本的概念入手，依次介绍主要部门法的法律原则和法律规范，循序渐进、层层展开，系统讲解了包括法律概述、宪法、行政法、民法、刑法、诉讼法和国际法等7个单元在内的法律基础知识。文中还辅之以"观察"、"案例"、"思考"等内容，密切了解与社会生活的实际联系，方便理解和把握，具有相当的可读性，也非常适合自学。

　　本书在内容上，力求体现最新的立法规定、改革方向和司法实践的动向；在体例上，将理论与实践、观察与思考、提示与小结等有机地结合起来。这样的内容与体例，既便于学习，又助于拓展思路。通过阅读与学习，相信读者能对我国的法律概况有一个基本的认识，在遇有某些实务性问题时，能以正确的途径谋求法律上的救济。

　　本书是第三版，根据最新的立法精神和法律规定，我们调整了相关内容。本书各章节的撰稿人分别是：

　　范　军，第四单元；第一单元第一、二节；

　　袁　静，第二单元；第一单元第三、四、五节；

　　吴文戈，第三单元；

　　张　斌，第五单元；第六单元第一、二节；

　　伊晓婷，第六单元第三、四节；

　　王衍祥，第七单元。

　　本书由主编统稿和定稿。王宵兰、杨堃参与了本书的撰写和修订。

　　因本书致力于体例和著述风格上的探索，其中不当、疏漏之处在所难免，尚祈读者、专家批评指正。

范　军

2015年4月

目　　录

第三单元　　行政法 …………………………………………（50）

邦国虽有良法，要是人民不能全部遵循，仍然不能实现法治。法治应包含两重意义：已成立的法律获得普遍的遵从，而大家所服从的法律又应该是制定得良好的法律。

——亚里士多德

第一单元　法律概述

　　宪法、行政法、刑法、民法……它们都是法，但它们调整的是不同的社会关系，它们的调整内容与方式也完全不同。不过，作为法，它们的特征、本质、作用、运行和发展规律等，在本质上都是相同的。在法学中，有这样一门学科，称之为法理学，它专门研究关于法律现象的最基本的共性问题。它研究的不是某一国的法律制度，也不研究某一种法或法律现象，而是把法律作为一个整体，来研究其产生、本质、发展规律、创制、实施和作用等一般性理论问题。

　　所以，在学习宪法、刑法、民法等具体的法之前，我们应把握法理学中最为重要的一些内容。法理学在法学中处于"基本理论"的地位，它是法学中的一般理论，法理学不专注于具体制度和部门法，而是把所有法律现象作为研究内容并期望从中获得对法的一般性认知；它又是法学中的方法论，它从具体法律现象中抽象出逻辑和方法，并以此指导我们对繁复多样的法律问题的解释和分析。

　　本单元选取了法理学中最为基础性的内容，以期大家能对"法"有个最基本的认识，在此基础上再展开后面的学习才是有序而有效的。

　　本单元的内容，可作为大家法学学习的入门向导。

内　容　提　要

通过学习，你应对关于法的一些最基本问题有所把握，明确法在整个社会生活中处于怎样的地位，并确立起这样一个观念，即把握法的主要内容与实质是树立现代法治思维的前提。

基于以上学习目的，你应完成对以下内容的全面把握：

● 法的定义
● 法的基本特征
● 法的本质

● 法律关系的概念及其要素
● 我国法的效力范围
● 我国法的主要渊源
● 我国法律部门主要有哪些

第一节

法的概念

什么是法？有人说法是"上帝的意志"，有人说法是"人的理性"，也有人说法是"民族的精神"；此外，更有人认为，法是"主权者的命令"，或"强制性的规则"，或"社会控制的手段"，等等。各个时代的哲学家、法学家、思想家都曾以各自的智慧对这一命题进行阐释，尽管立场、角度各异，但就探索本身而言，他们的贡献与作用都是非凡的。

法究竟是什么？对此，马克思主义的创始人们以其独有的视角，深刻揭示："法的关系正像国家的形式一样，既不能从它们本身来理解，也不能从人类精神的一般发展来理解，相反，它们根源于物质的生活关系。"①

按照我国法学界的通说，法的定义应该是：法是由国家制定或认可的，并靠国家强制力保证实施的、反映统治阶级意志的行为规范的总和。这一概括源自对法的特征和法的本质的分析。

要正确理解这一定义，显然不那么简单。就让我们从法的特征讲起，再透过法的本质，去接近法的定义的真实内涵。

一、法的特征

1. 法是调整社会关系的行为规范

从法的属性上看，法是调整社会关系的行为规范之一。

人类社会的存在和发展离不开各种各样的行为规范。法是针对人们行为而设立的，调整人与人之间交互行为或互动行为的规范。法律既为人们提供了特定的行为模式，同时又指明了行为后果。正是通过对人们行为的调控，法最终实现了对社会的调整和控制。

不同于其他规范，法律规范具有高度的规范性、概括性和可预测性等特点。
● 规范性是指法律规范规定了人们在一定情况下可以做什么、应当做什么、不能做什么；
● 概括性是指法律规范提供的行为标准是从各种具体行为中概括出来的一般尺度；
● 可预测性是指法律规范的内容具有稳定性，可以反复适用，人们根据法律规范的规定，可以预先知晓自己和他人行为的法律后果。

---

① 参见《马克思恩格斯选集》第二卷，第82页。

2. 法是由国家制定或认可

从法的产生方式上看，法是由国家制定或认可的。

法是由国家制定或者认可的社会规范，这是区别于其他社会规范的重要特点之一，因此，"制定"和"认可"是国家创制法的两种方式。

法的制定，通常是指特定的国家机关通过一定的程序制定具有法律效力的规范性文件。通过制定方式形成的法律又被称为成文法、制定法。

法的认可，通常指国家立法权的机关通过认可的方式形成法律，一般有三种情况：
- 赋予社会上早已存在的某些道德规范、习惯、礼仪宗教以法律效力；
- 以加入国际组织、承认或签订国际条约等方式，认可国际法规范；
- 由特定的国家机关对具体案件的裁决作出概括，产生规则或原则，并赋予这些规则或原则以法律效力。

3. 法是以权利和义务为内容

从法的内容看，法是规定人们权利义务的行为规范。

法通过规定人们在一定社会关系中的权利和义务来确认、保护和发展社会关系和社会秩序。法律上的权利就是指法律赋予人们的某种行为自由，这种自由受法律保护；而法律上的义务，则是指法律规定的人们为保障他人行为自由或社会利益而必须履行的某种责任。

4. 法是由国家强制力保证实施

从法的保障实施看，法是由国家强制力保证其实施的。

对任何社会的法来说，都不可能指望全体社会成员都会遵守，因此，法必须由国家强制力保证其实施。国家强制力，是指国家的军队、警察、法庭、监狱等有组织的国家暴力。法的实施是以国家强制力作后盾的，人们必须遵守法律，否则将受到相应的法律制裁。这是法律的权威所在，也是法律规范区别于其他社会规范的又一重要特征。

> 观察
>
> 在某大学的校长办公会议上通过了这样的规定：学生考试作弊，将受记过处分。此类的校纪校规虽也具有强制性，但其强制力不来自国家，不能动用国家强制力，它主要靠学生的自觉遵守，违反者一般只会受到批评教育、责令改正和纪律处分等。这是因为，校规不是法，不具有国家强制性。

但是，这并不意味着，法的实施每时每刻都要借助国家强制力，如果法律得到了遵守，或仅仅是民事违法行为，而违法主体依法进行了自我纠正，比如承担民事赔偿等，就不需要国家强制力的介入。而另一方面，国家强制力也并非是保证法实施的唯一力量，其他诸如社会舆论、道德观念、伦理观念、思想教育等因素，也对法的实施起着积极的作用。

5. 法在国家主权范围内普遍适用

从法的效力范围看，法对国家主权范围内的所有社会成员都具有约束力。

法在全国范围内形成统一的体系，并被普遍地适用。法为所有社会成员提供了统一的行为模式和准则，对所有的人普遍具有法律效力。

法具有普遍性，这是就法的属性而言。但如果就一个国家具体的法律而言，其效力则呈现出不同的情况，有些法律在全国范围内有效，如宪法、刑法等；有些法律则在部分地区或仅对特定主体有效，如地方性法规、军事法规等。所以，对法的普遍性不能仅作片面理解。

以上是法的基本特征。这些特征是法区别于其他事物的特有属性，而它们仅是法的外在的、形式的表现。为了更深入地认识法，我们还需要透过现象探究其本质属性，因为法的这种外在的表现最终是由法的本质所决定的。

二、法的本质

法的本质是深藏于法的存在背后的精神或物质因素，它是内在的、隐蔽的，是法的存在的基础和变化的决定力量。马克思和恩格斯在历史上第一次科学地揭示了法的本质。

1. 法是统治阶级意志的体现

法属于社会上层建筑，是一种制度化的国家意志。法体现的是统治阶级的整体意志，而不是统治阶级中个别或一部分人的意志。由统治阶级的"共同利益所决定的这种意志的表现，就是法律"。[①]但并非统治阶级的所有愿望和要求都要体现为法，只有由国家制定或认可，具有普遍约束力，并且以国家强制力保证实施的"被奉为法律"的统治阶级的国家意志才是法。

可见，只有经过国家制定或认可的统治阶级的意志才是国家意志，才能上升为法。统治阶级的政策虽然也是统治阶级的意志，但它不是由国家制定或认可的，所以，不属于国家意志[②]。因此，政策不是法律。

2. 法所反映的统治阶级意志的内容是由社会物质生活条件所决定的

马克思主义认为，物质是第一性的，意识是第二性的，物质决定意识。法所反映的统治阶级的国家意志，既不是统治阶级头脑中固有的，也非凭空产生的，他们的价值理念以及由此决定的法律对权利和义务的规定也不是任意的，只能产生于他们的社会物质生活条件，所以法的阶级意志性归根到底取决于法的物质根源性和物质制约性。

---

① 《马克思恩格斯全集》，第3卷，人民出版社，1995年，第377-378页。
② 参见徐显明主编、胡秋江副主编：《法理学教程》，中国政法大学出版社，1999年8月版，第18页。

至此，我们对法的概念的认识可以初步确立，即通过对法的特征和本质的概括，我们可以明确：法，就是由国家制定或认可的，并靠国家强制力保证实施的、反映统治阶级意志的行为规范的总和。

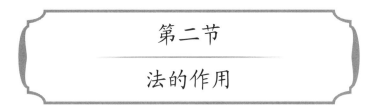

观 察

"法治"一词在2014年中国最重要的政治文件之一——中国共产党十八届四中全会公报中出现50余次。这是一个信号也是一个宣告：通过一系列务实有效的治国理政措施，中国正步入依法治国的新阶段。

第二节
法的作用

一、法的作用

法的作用，是指法律对人们的行为、社会生活和社会关系发生的影响。

法的作用与法的特征和本质密切联系，是法的特征和本质的体现。

我们可将法的作用，理解为法在社会生活中所扮演的"角色"。分析这个"角色"，我们无非从两个角度入手：其一，看它本身所发挥的职能或作用；其二，在整体的社会环境下来观察其所产生的影响。依此，我们可将法的作用分为规范作用和社会作用两类。就法本身而言，法是调整人们行为或社会关系的规范，当然具有规范作用；就整个社会生活而言，法是一定的人们的意志的体现，反映了他们的利益要求，所以法又具有各种社会作用。法的这两种作用中，法的规范作用是手段，法的社会作用才是目的所在。

关于法的作用，可作如下简单归纳：

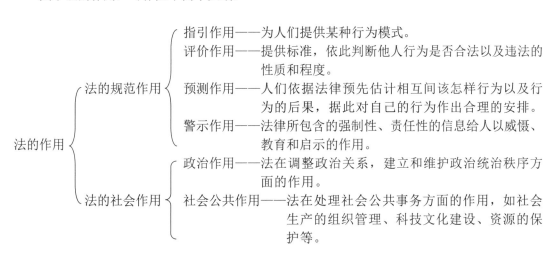

回溯历史，古代社会的法，在作用方式上，明显突出了法的限制、禁止、约束和惩罚的作用，较少重视法的引导、调节、预测、管理作用，其目的仅仅是维护君权、特权以及专制统治。进入近代社会，人类不断意识到法律不应成为君权和特权的附庸，法律不应是束缚人的工具，随着人类文明的进步，法的作用发生了巨大的变化。近现代的法律以权利为本位，依靠社会公共权力，建立法律至上的法治秩序；法不再附随于个人意志，其作用大大加强了；它不仅作用于阶级统治方面，更多地作用于社会公共事务的管理，并侧重于保护人权、平等、自由，保障经济效益和秩序。

二、法的局限性

从法律发展史看，社会越是进步，人们对法律的依赖就越强，法律在国家治理中发挥的作用也就越重要。但是，与人类创建的大多数制度一样，法律也存在某些弊端，这些弊端与法的特征、本质相联系，是其本身所固有的弱点。

1. 法不是调整社会关系的唯一的手段

法律的调整范围是有限的，比如它对个人的情感、思想、信仰等领域的事务，是无力进行调整的。许多社会问题的处理必须依靠或辅之以其他的调整方法和社会控制手段，包括道德、纪律、规章、习俗、政策等社会规范以及经济、政治、文化等社会力量。比如在市场交往中，如果缺少良好的社会公德和职业道德，缺少有效的行业规则与行业自律，光靠法律是很难有效管理的。

2. 法的僵化性

法律是一种抽象的、概括性的规则，而社会生活是千姿百态的。在具体适用法律时，经常由于其欠缺灵活性，而给解决具体问题、特殊案件带来困难。所以，法律须由特定的人或组织对其进行说明，这样的说明就是法律解释。离开法律解释，法律将因其自身的僵化和缺乏针对性而"寸步难行"。

3. 法不可避免地存在漏洞

法的制定，不可能对将来一切行为和事件都作出预测和规定。尽管所有的立法者都可能希望制定出无所不包完美无缺的法律，但是，由于人的理性的不可避免的有限性，任何国家的法律都不可能是一个包罗万象的体系，总会存在立法者没有考虑到的情况。[①]如此，也就在法律实施时留下了漏洞和空白。

4. 法的保守性

---

① 舒国滢主编：《法理学阶梯》，清华大学出版社，2006年版，第173页。

法必须是稳定的，不能朝令夕改；同时，法的制定又通常以过去为参照。然而，社会生活在不停地发展，将相对稳定的法适用于发展中的社会实践，就有可能出现法落后于社会实践的情形。此时，法律会表现出其保守的一面。

5. 法可能带来的压制

法具有强制性，而这种强制性很容易引发过分的强制，甚至演变为压制。如果法律制度在限制私人权利或者政府权力时过分严厉，那么法律在调整社会关系时就有可能达不到立法者的意图，从而起不到促进社会发展的作用。

法的局限性、弱点或弊端，是法本身所固有的。充分认识法的局限性，有助于人们以理性的方式来看待法对人的行为以及对社会最终产生的影响。

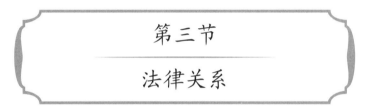

第三节

法律关系

一、法律关系的概念

法律关系，顾名思义，即法律上的关系，它指的是人与人之间在法律上的关系。完整地讲，法律关系，是指根据法律规范产生的、以主体之间权利与义务关系的形式表现出来的特殊的社会关系。

这一概念具有以下三个特征：

1、法律关系是一种社会关系

社会关系是人们在相互交往的过程中所形成的人与人之间的关系。法律关系也是一种人与人之间的关系，它是社会关系的一种。无论是社会关系，还是法律关系，它们的建立都有赖于人们有意识、有目的的活动。

2、法律关系是根据法律规范建立的特殊的社会关系

与法律规范的联系，成了法律关系不同于其他社会关系的标志。法律关系具有国家意志性、国家强制性等这些法所具有的重要属性，它得以确立的前提是有相应的法律规范的存在。不由法律规范调整的社会关系不属于法律关系，如友谊关系、情感关系等。

3、法律关系是特定法律关系主体之间的权利与义务关系

法律关系是以法律上的权利、义务为纽带而形成的社会关系，它是法律规范的内容在社会关系中的实际体现。没有特定法律关系主体的实际法律权利和法律义务，就不可能有法律关系的存在。①

观　察　　　小A与小B是同事。小B爱斤斤计较，贪图利益，小A虽然很看不惯，但为免伤和气，小A总是克己忍让。小A与小B的这层关系，虽属于社会关系，但不归法律调整，所以不是法律关系。但如果有一天，小B损毁或侵占了小A的某项财产，那么他们之间就确立起法律关系了。因为，法律保护公民个人的合法财产不受侵害，根据法律的规定，小A有权要求小B赔偿或返还，小B有义务承担相应法律责任。可见，法律关系是具有权利义务内容的特殊的社会关系。

二、法律关系的构成要素

法律规范在调整人们行为的时候，总是就一定的事实状态、针对一定的客体，给法律关系参加者规定权利和义务，并给违反义务者确定法律责任。所以，任何法律关系都是由主体、内容和客体这三个要素构成，它们相互依存，相互制约，缺一不可。

1、法律关系的主体

法律关系主体，是指法律关系的参加者，是法律关系中权利的享受者和义务的承担者。享受权利的一方称为权利人，承担义务的一方称为义务人。

能否成为法律关系主体，取决于法律的规定。例如，按照我国婚姻法规定，法定结婚年龄，男性不得早于22周岁，女性不得早于20周岁，低于上述年龄的人不得成为婚姻法律关系的主体。

我国法律关系的主体，即法律关系的参加者，主要有以下几种：
● 我国公民
● 法人或非法人的组织、机构
● 国家（作为一个整体，是一种特殊的法律关系主体）
● 居住在中国境内或在境内活动的外国公民和无国籍人

2、法律关系的内容

法律关系的内容，是指法律关系主体依法所享有的权利和应承担的义务。

法律上的权利，是指法律所允许的权利人为了满足自己的利益而采取的、由其他人的法律义务所保证的法律手段。而法律上的义务是指法律所规定的，义务人按照权利人的要求从事一

---

① 舒国滢主编：《法理学阶梯》，清华大学出版社，2006年版，第106页。

定的行为或不行为、以满足权利人的利益的法律手段。

权利和义务是法律关系内容不可分离的两个方面，它们相互依存，不可分割，具有统一性。如买卖法律关系中，买方的权利是取得货物，其义务是交付货款；卖方的权利是取得货款，其义务是交付货物，两者是相互对应、相互依存的。

3、法律关系的客体

法律关系的客体，是指法律关系主体的权利和义务所共同指向的对象。法律关系客体把法律关系主体之间的权利和义务联系在一起，是任何法律关系都必须具备的一个要素。

法律关系客体是根据主体的利益需求由法律予以确定的，它大致可以分为：物、行为、智力成果、人身利益和国家利益。

第四节
法的效力与法律解释

一、法的效力

通常，人们会把法的效力理解为法律的约束力，即法律对人们的行为所发生的约束和强制作用。这是从一般意义上来理解法的效力，取其泛指的含义。狭义上的法的效力，专指法的效力范围，即法律的生效范围或适用范围，也就是法律规范在什么时间、什么地方、对什么人适用。

这里所说的法的效力，仅指狭义上法的效力，它包括以下三个方面：

1. 对人的效力

法律规范对人的效力，是指法律规范适用于哪些人。

根据我国法律规定，法对人的效力包括两方面：

（1）对中国公民的法律效力

中国公民在中国领域内一律适用中国的法律，任何人都不享有法外特权。对在国外的我国公民，从既维护中国主权，又尊重他国主权的角度出发，我国法律规定：原则上，中国公民在国外，仍受中国法律的保护，同时也有遵守中国法律的义务；在法的适用上，有的可以适用外国法律，有的仍须适用中国法律。

如《民法通则》第143条规定："中华人民共和国公民定居国外的，他的民事行为能力可以适用定居国法律。"我国《刑法》第7条第1款规定："中华人民共和国公民在中华人民共和国领域外犯本法规定之罪的，适用本法，但按本法规定的最高刑为三年以下有期徒刑的，可以不予追究。"

（2）对外国人的法律效力

外国人在中国领域内，除法律另有规定外，也适用中国法律，中国法律既保护在华外国人的合法权益，又依法处理其违法问题。

如《刑事诉讼法》第16条规定："对于外国人犯罪应当追究刑事责任的，适用本法的规定。"《民事诉讼法》第259条规定："在中华人民共和国领域内进行涉外民事诉讼，适用本编规定。"此外，外国人在中国领域外对中国国家或中国公民的犯罪，按我国刑法的规定，最低刑为3年以上有期徒刑的，可以适用中国法律，但按照犯罪地的法律不受处罚的除外。

2. 空间效力

法律规范的空间效力，是指法律规范在哪些空间范围内发生效力。

一般来说，在一个主权国家，法律适用于主权管辖范围所及的全部领域，包括陆地、水域及其底土和上空，还包括领域外的本国的船舶和航空器，即领土的延伸部分，此外还应包括我国的驻外使馆区域。

由于法律的内容和制定的机关不同，其效力范围也不相同，大致有以下几种：
- 在全国范围内生效。全国人大及其常委会制定的法律、国务院颁布的行政法规等一般都适用于全国。
- 在局部地区有效。如地方性法规只在本地区有效。
- 有的法律在一定条件下其效力可以超越国境。如《刑法》规定，中国公民在中国领域外犯罪，或外国人在中国领域外对中国国家或者公民犯罪，在一定条件下适用我国刑法。

3. 时间效力

法律规范的时间效力，是指法律规范在何时生效、何时终止，以及对该法颁布实施以前的行为有无溯及力的问题。

（1）法律规范的生效时间

在当代中国，法律规范的生效时间主要有以下两种：

- 自公布之日起实施。如《民事诉法法》第284条规定："本法自公布之日起施行。"
- 由该法规定具体生效时间。如《立法法》第94条规定："本法自2000年7月1日起生效。"

观　察

法律的生效日期其实也是颇有讲究的。不知道大家有没有注意到，除了自公布之日起生效的情况外，法律在规定生效日期时，绝大多数情况下会规定自生效月的1日起施行，比如《旅游法》规定于2013年4月25日通过并于同日公布，自同年10月1日起施行；《社会保险法》于2010年10月28日通过并公布，自2011年7月1日起施行；《禁毒法》规定自2008年6月1日起施行等等，都属于这种情况。因为无论中外，数字"1"都有开头、起步的意思，以1日作为生效日也符合人们的思维规律，方便人们记忆。

但在有些情况下，也会有例外。比如西方和我国香港的个别法律就规定自4月2日起生效，目的是为了避开4月1日愚人节，以免人们把法律这样严肃的事情当玩笑。而于2013年10月25日十一届全国人大常委会第五次会议通过的《关于修改消费者权益保护法的决定》则规定"本决定自2014年3月15日起施行"。众所周知，3月15日为"国际消费者权益日"，把跟消费者权益有关的法律安排在这一天生效，无疑可以强化人们对该法律的记忆，增强整个社会保护消费者权益的意识，推动法律的顺利实施。

（2）法律规范的失效时间

法律失效，即法律被废止，法律效力绝对的消灭。我国法律的失效通常有以下几种情况：
● 新的法律公布实行后，原有的法律即丧失效力。如82宪法公布施行，78宪法就失去效力。
● 新法取代原有法律，同时在新法中明文规定旧法废止。如《合同法》第428条规定："本法自1999年10月1日起施行，《中华人民共和国经济合同法》、《中华人民共和国涉外经济合同法》、《中华人民共和国技术合同法》同时废止"。
● 法律因完成其历史任务而失效。如《土地改革法》。
● 法律本身规定的终止生效的时间届至。
● 国家有权机关发布相应的决议、命令，宣布废止某一法律、法规。

（3）法的溯及力

法律溯及力，也称法律溯及既往的效力，是指新的法律颁布后，对它生效之前所发生的事件和行为是否适用的问题。如果适用，就具有溯及力，如果不适用，就没有溯及力。

一般来讲，法不应溯及既往，法只适用于其生效以后所发生的事件和行为，不适用于生效前的行为。所以，绝大多数的法律是没有溯及力的。但也并不绝对，有些法律具有一定的溯及力。①

---

①　如《刑法》第12条第1款规定："中华人民共和国成立以后本法施行以前的行为，如果当时的法律不认为是犯罪的，适用当时的法律；如果当时的法律认为是犯罪的，依照本法规定应当追诉的，按照当时的法律追究刑事责任，但是如果本法不认为是犯罪的或者处刑较轻的，适用本法。"体现了从旧兼从轻原则。

二、法律解释

法律解释，是指对法律规范的内容、涵义等所作的说明。它是正确理解法律规范的立法原意和保证法的正确实施所必须的。

> **观察**
>
> 我国《产品质量法》第43条规定："因产品存在缺陷造成人身、缺陷产品以外的其他财产损害的，生产者应当承担赔偿责任。"何谓"缺陷"？这必须作解释。该法第46条对此解释道："本法所称缺陷，是指产品存在危及人身、他人财产安全的不合理危险；产品有保障人体健康，人身、财产安全的国家标准、行业标准的，是指不符合该标准。"

根据法律解释的主体和效力不同，法律解释可作以下分类：

1. 正式解释

又称法定解释、有权解释，是指拥有法律解释权的国家机关依照法定的权限，对有关法律、法规所作具有法律上约束力的解释。

它又分为立法解释、司法解释和行政解释。

（1）立法解释

从狭义上说，其专指国家立法机关对法律所作的解释。从广义上说，则泛指依法有权制定法律、法规的国家机关或其授权机关，对自己制定的法律、法规所作的解释。

例如，全国人大常委会对《婚姻法》中关于"三代以内的旁系血亲禁止结婚"的规定作了解释，进一步明确"包括同一祖父母或外祖父母的姑表、姨表之间都禁止结婚"。

（2）司法解释

即司法机关在适用法律过程中，对具体应用法律问题所作的解释。我国法定的司法解释机关是最高人民法院和最高人民检察院。

例如，最高人民法院、最高人民检察院、公安部和司法部于2015年3月4日联合发布《关于依法办理家庭暴力犯罪案件的意见》，从基本原则、案件受理、定罪处罚、其他措施4个方面，对依法办理家庭暴力犯罪案件作出规定。

（3）行政解释

即国家行政机关依法对有关法律法规如何具体应用的问题所作的解释。行政机关只能就不属于审判、检察工作的其他法律进行解释，或者仅就自己制定的法规于其行使职权时进行解释。

例如，国务院颁布的《中国公民同外国人办理婚姻登记的几项规定》。

正式解释必须由国家机关根据宪法和法律的授权进行，它同被解释的法律规范本身具有同样的法律效力。

思　考

1.《最高人民法院、最高人民检察院关于办理赌博刑事案件具体应用法律若干问题的解释》第2条规定："以营利为目的，在计算机网络上建立赌博网站，或者为赌博网站担任代理，接受投注的，属于刑法第303条规定的'开设赌场'"。请问这属于哪一类解释？

2. 非正式解释

未经国家授权的学者或其他个人或组织对法律规范所作的没有法律效力的解释。它又可分为学理解释和任意解释。

（1）学理解释
指在学术研究、法律教育和法制宣传中，由有关的专家、学者和法律工作者对法律规范所做的解释。

（2）任意解释
指一般公民、社会团体或者诉讼当事人、辩护人对法律的内容、含义所作的解释。

第五节

法的渊源与法的部门

一、法的渊源

法的渊源，其原意是法的"来源"或"源泉"，内涵十分丰富。而我们通常所称的法的渊源，是指其形式意义上的渊源，也就是法的效力来源，它不涉及法的内容或力量的真正根源，仅仅是指法律规范的效力在形式上的来源，即国家的制定或认可，并着重于说明法律规范的外部表现形式。

据此，法的渊源，是指法的具体表现形式，即国家机关制定或认可的具有不同法律效力和地位的法的不同表现形式。①

---

① 但并不是国家机关制定的一切法律文件都是法的渊源，国家机关在其职权范围内就个别事或个别人发布的适用法律的文件，如判决书、委托书等，只对特定的对象有效，不是人人必须遵守的一般规定，不属于法的渊源。

根据宪法和有关法律的规定，我国法的渊源主要有以下几类：

1. 宪法

宪法是我国的根本大法，在我国法律体系中具有最高的法律地位和法律效力，是我国最主要的法律渊源。

2. 法律

这里的法律，是狭义上法律的概念，特指由最高权力机关——全国人大及其常委会制定、颁布的规范性文件的总称，其法律地位仅次于宪法。它包括基本法律和其他法律。

- **基本法律：** 由全国人大制定和修改的，规定和调整国家和社会生活中某一方面带有基本性和全面性的关系的法律。如刑法、民法通则、刑事诉讼法、民事诉讼法、行政诉讼法等。

- **其他法律：** 由全国人大常委会制定或修改的，规定和调整除由基本法律调整以外的，涉及国家和社会生活某一方面关系的法律，其调整范围较基本法律小，内容较具体。如公司法、担保法、侵权责任法等。

此外，全国人大及其常委会作出的规范性决议和决定，也是法的渊源之一，与"法律"有同等的地位和效力。

3. 行政法规

行政法规，是由国家最高行政机关——国务院依法制定的有关国家行政管理的规范性文件的总称。其地位和效力次于宪法和法律，且不得与宪法和法律相抵触。

4. 地方性法规

地方性法规是由各省、自治区、直辖市的人民代表大会及其常务委员会根据本行政区域的具体情况和实际需要的规范性法律文件。地方性法规在制定机关管辖的范围内有效，且不得与宪法、法律和行政法规相抵触。

此外，省、自治区人民政府所在地的市和较大的市的人民代表大会及其常务委员会在一定范围内也可以制定地方性法规。

5. 自治条例和单行条例

民族自治地方的自治机关依法行使自治权，有权制定、颁布一些适合于本民族自治地方的规范性文件，包括自治条例和单行条例，但应报全国人大常委会批准或备案后才能生效。

6. 规章

规章是指国务院以外的其他国家行政机关发布的规章，通常包括两类：

一类是国务院各部、各委员会等具有行政管理职能的机构根据法律和国务院的行政法规、决定、命令而制定的规范性文件，称为部门规章；

另一类是省、自治区、直辖市的人民政府和省会、自治区首府所在地的市以及较大的市的人民政府根据法律、行政法规和本省、自治区的地方性法规制定的规范性文件，称为地方政府规章。

7. 特别行政区的法

根据宪法授权和特别行政区基本法的规定，施行于特别行政区的法律，包括特别行政区原有的与基本法不相抵触的法律以及特别行政区立法机关新制定的法律。

8. 军事法规和军事规章

中央军事委员会可以根据宪法和法律，制定军事法规。中央军事委员会各总部、各军兵种、各军区，可以根据法律和中央军事委员会的军事法规、决定、命令，在职权范围内制定军事规章。军事法规、军事规章在武装力量内部实施。

9. 国际条约

国际条约，是指两国或多国间就政治、经济、法律、科研、文化、军事等方面的问题确定其相互间权利和义务关系的协议。

我国同外国缔结或我国加入的国际条约，经我国最高权力机关批准，或者由我国政府声明承认参加后，在国内具有法律效力，成为我国的法的一种形式。

> | 思 考 |
>
> 2.赵某与陈女订婚，付其5000元彩礼，赵母另付其1000元"见面礼"。双方后因性格不合解除订婚婚约，于是赵某诉请陈女返还该6000元费用。法院根据《婚姻法》和最高法院《关于适用<婚姻法>若干问题的解释（二）》的相关规定，认定该现金属彩礼范畴，按照习俗要求返还不违反法律规定，遂判决陈女返还。
>
> 请问本案中法官所提及的"习俗"在我国是法的正式渊源吗？

二、法律部门

就某一文件而言，如果说，"法的渊源"可用以衡量其是否具有法的效力（形式上），那么，"法律部门"则可用以明确其具体属于哪一类法。

法律部门即部门法，是根据一定的标准和原则所划定的同类法律规范的总称。部门法是法律体系的基本组成部分。

根据法律所调整的社会关系及调整的方法，我们可对我国的法律部门作如下划分：

1. 宪法

宪法是我国的根本法，也是最重要的部门法。宪法部门的最基本的规范集中规定于《中华人民共和国宪法》之中，除此之外，宪法部门还包括一些第二层次的宪法性法律文件，主要有：

- 主要国家机关的组织法
- 选举法
- 立法法
- 民族区域自治法
- 特别行政区基本法
- 国籍法
- 国旗法、国徽法
- 其他宪法性法律规范性文件

2. 行政法

行政法是有关国家行政管理活动法律规范的总称。

行政法是由很多单行的法律、法规构成的，分为一般行政法和特别行政法两个部分。

一般行政法，规定了所有特别行政法都共同适用的规定，如《行政复议法》；特别行政法，则指适用于各专门行政职能部门管理活动的法律法规，如《食品卫生法》、《药品管理法》、《治安管理处罚法》、《邮政法》等。

3. 民法和商法

民法是调整平等主体之间的财产关系和人身关系的法律规范的总和。

我国的民法部门主要由《民法通则》和单行民事法律组成。《民法通则》是民法部门的基本法。民事单行法，包括《合同法》、《侵权责任法》、《担保法》、《婚姻法》、《继承法》、《专利法》、《商标法》、《著作权法》等。

目前，我国正在着手民法典编纂工作。

民法和商法是私法中的两大法域。民法是对私人法律关系作出规定的一般法，商法是对商事法律关系作出规定的特别法，两者是一般法与特别法的关系。但商事法又是相对独立的一个法域，它以维护自然人和企业的营利作为其重要宗旨，具有独特的营利调节机制。其特别之处还在于：对民法的个别规定加以补充、变更；对民法的一般制度进行特殊化规定；创设民法所没有的特殊制度等。①

---

① 参见：王保树主编《中国商事法》，人民法院出版社，2001年1月版，第12页、15页。

商法主要包括：《公司法》、《证券法》、《票据法》、《保险法》、《海商法》、《期货法》以及《信托法》等。

4. 经济法

经济法是调整国家在经济管理活动中所发生的经济关系的法律规范的总和。经济法与行政法一样，其规范没有集中于一部法典型的规范性文件中，而是散见于大量的经济法规之中。这一法律部门主要包括：

- 有关企业管理的法律规范，如《合伙企业法》、《公司法》等；
- 有关财政、金融、税务方面的法律，如《中国人民银行法》、《税收征收管理法》等；
- 有关宏观调控的法律、法规，如《预算法》、《会计法》、《统计法》等；
- 有关市场运行的法律，如《消费者权益保护法》、《反不正当竞争法》等。

经济法与行政法、商法的联系较为紧密，有些法既是商法也是经济法，既是经济法也是行政法。

5. 社会法

社会法是以社会保障和社会进步为其调整对象的法律规范的总和。它涉及社会福利与保障、环境保护与评价以及社会成员的就业、受教育等领域的法律关系。

主要包括劳动法、社会保障法、科教法、环境法等。

6. 刑法

刑法是规定犯罪、刑事责任和刑罚的法律规范的总称，是我国法律体系中的基本法律部门。它是国家对严重破坏社会关系和社会秩序的犯罪分子定罪量刑的依据，其所采取的调整方法是所有的法律手段中最为严厉的。

刑法部门的法律规范主要规定在《中华人民共和国刑法》及其修正案中，此外，刑法部门还包括《反间谍法》等一些单行的法律、法规。

7. 诉讼法与非诉讼程序法

诉讼法，又称诉讼程序法，是有关各种诉讼活动的法律规范的总和。

我国的诉讼法以《刑事诉讼法》、《民事诉讼法》和《行政诉讼法》三个基本法律为主要内容。

非诉讼程序法则主要包括与仲裁、公证、人民调解等非诉讼程序相关的法律、法规。

以上这些部门法，构成了我国的法律体系。

法律部门的划分不是固定不变的，随着社会的进步和改革建设的需要，各个部门法的内容也可能会有相应的调整，相互合并或出现新的部门法。

本教材后面各单元将分别介绍几个最主要的部门法。

本 单 元 小 结

　　法是由国家制定或认可的，并靠国家强制力保证实施的、反映统治阶级意志的行为规范的总和。它具有以下特征：法是调整社会关系的行为规范；法由国家制定或认可；法是以权利义务为内容的行为规范；法由国家强制力保证实施；法在国家主权所辖范围内普遍适用。法的本质在于：法是统治阶级意志的体现；法的内容是最终由所处的物质生活条件所决定的。

　　法的作用分为法的规范作用和社会作用，我们还须全面认识法的积极作用和法本身所固有的局限性。

　　法律关系，是指根据法律规范产生的、以主体之间权利与义务关系的形式表现出来的特殊的社会关系。它由主体、客体和内容三个要素构成。狭义上的法的效力，是指法的效力范围，包括法对人的效力、法的空间效力和时间效力。关于法律解释，须明确只有正式解释才具有法律上的效力，正式解释包括立法解释、司法解释和行政解释。

　　法的渊源，是指法的具体表现形式，我国的法的渊源主要是：宪法、法律、行政法规、地方性法规、自治条例和单行条例、规章、军事法规和军事规章、特别行政区的法以及国际条约。我国的部门法是我国法律体系的基本组成，主要包括：宪法、行政法、民法和商法、经济法、社会法、刑法、诉讼法和非诉讼程序法等部门。

思 考 题 答 案

　　1.这里属于司法解释。司法解释是指司法机关在适用法律过程中，对具体应用法律问题所作的解释。我国法定的司法解释机关是最高人民法院和最高人民检察院。

　　2.习俗不可以成为我国法的正式渊源，它属于法的非正式渊源，法的非正式渊源是指在法律实际生活当中，它会发挥法的作用，但不具有法的效力，如习惯、理论等。

阅 读 书 目

1.《法理学》（第四版），沈宗灵主编，北京大学出版社，2014年10月版。

2.《法理学》（第四版），张文显主编，北京大学出版社，2011年6月版。

3.《法律是什么》，刘星著，中国政法大学出版社，2009年8月版。

4.《法理学：法律哲学与法律方法》，博登海默著，邓正来译，中国政法大学出版社，2004年1月版。

5.《法的价值论》，卓泽渊著，法律出版社，2006年9月版。

真正的宪法不是被雕刻在大理石或铜板上，而是在公民的心中。

——卢 梭

第二单元 宪 法

宪法是国家的根本大法，或曰"法律的部分中之至高者"。①

宪法一词在今天具有"最高法"、"根本法"的意义，离不开各国的实践，特别是近代英国和美国的实践。在中国百年立宪进程中，也是历经沧桑。确立宪法意识，树立宪法权威，仍是今日之重任。为了在全社会宣传宪法，弘扬宪法精神，我国已把每年的12月4日定为"国家宪法日"。

宪法以法律的形式规定了国家的基本制度、公民的基本权利和义务、国家机关的组织体系以及国旗、国徽、首都等国家生活中的根本性问题。宪法具有最高的法律效力，是国家一切立法活动的基础，是制定各种普通法律的依据，是全社会都必须遵守的最高行为准则。

本单元主要根据我国宪法所规定内容，讲述我国的基本制度、公民的基本权利和义务及我国的国家机构，以期大家对我国宪法的基本内容有一个全面的了解。

内 容 提 示

通过学习，你应理解并掌握我国宪法所规定的主要内容，理解宪法的基本原则，并能运用宪法知识分析、判断相关的社会现象，为学习其他部门法打下基础。

基于以上学习目的，你应全面把握以下内容：

● 宪法的概念和特征
● 宪法的基本原则
● 我国的国体
● 我国的政体

① 徐国栋：《宪法一词的西文起源及其演进考》，载《法学家》，2011年第4期。

● 我国的国家结构形式
● 公民的基本权利和义务的具体内容
● 我国的国家机构

第一节
宪法概述

　　宪法和其他各种法律规范一样，都是一种规范人类行为的准则，是整个国家法律体系中的一环，与刑法、民法、行政法、诉讼法等都是一个国家法的组成部分，但它们在一个国家法律体系中的地位是不相同的。宪法可以说是"法律的法律"，其他普通法律则居于宪法之下，故宪法又有"母法"之称。

一、宪法的概念、特征

1. 概念

　　"宪法"一词在我国古代先秦时期就已经使用，如《左传·襄公二十八年》："此君之宪令"；《国语》："赏善罚奸、国之宪法"等。但那时，"宪"和"法"同义，泛指国家的典章、制度和普通法律。①

　　在西方，"宪法"一词本是组织、确立的意思。古罗马用它来表示皇帝发布的各种诏令和谕旨。到了近代，英国首先把确认代议制度的法律称为宪法，此后，宪法专指确立国家机构的组织原理及公民基本权利和义务的根本法，随着美国宪法和法国宪法的制定，近代意义上的宪法才最终形成和确定。②

　　真正意义上的宪法，是指确认民主制度，表现阶级力量对比关系的国家根本大法。

思　考	1.我国的历史渊源流长，出现过的法律规范也浩若烟海，在你的记忆或印象中，我国历史上的各朝代有没有立过国家的宪法（符合上述定义的宪法），再想一想为什么？

---

① 参见张千帆主编：《宪法》，北京大学出版社，2012年8月版，第7页。
② 参见朱福惠主编：《宪法学新编》，法律出版社1999年9月版，第9页。

2. 宪法的特征

宪法作为国家的根本大法，在整个法律体系中居于主导地位，和普通法律相比，它有以下特征：

（1）宪法内容的根本性

宪法所规定的是国家和社会生活中最根本、最重要的问题，主要包括国家性质、政权组织形式、结构形式、经济制度及公民的基本权利和义务等内容，涉及到国家生活的各个重要领域。我国宪法在宪法序言中规定："本宪法以法律的形式确认了中国各族人民奋斗的成果，规定了国家的根本制度和根本任务，是国家的根本法，具有最高的法律效力。"

而普通法律一般只涉及国家制度与社会制度的某一具体方面，如民法主要保护民事主体的财产权和人身权。

（2）宪法效力的最高性

宪法在我国的法律体系中的地位最高，具有最高的法律效力，表现为：

A. 宪法是制定普通法律的依据

宪法与普通法律的关系是"母法"与"子法"的关系，普通法律是由宪法派生出来的。因此，国家立法机关在进行日常立法时，必须依据宪法的规定，以宪法的规定为基础。

> **观　察**
>
> 你是否注意到宪法以外的其他法律，包括基本法律、行政法规等往往在第1条宣布："根据宪法……制定本法。"例如，1997年施行的《刑法》第1条规定："为了惩罚犯罪，保护人民，根据宪法，结合我国同犯罪作斗争的具体经验及实际情况，制定本法。"

B. 普通法律的内容必须符合宪法的规定

我国宪法明确规定："一切法律、行政法规和地方性法规都不得同宪法相抵触。"否则，这部分内容将不产生法律效力。

《中华人民共和国立法法》第87条也明文规定："宪法具有最高的法律效力，一切法律、行政法规、地方性法规、自治条例和单行条例、规章都不得同宪法相抵触。"

C. 宪法是一切国家机关、社会团体和全体公民的最高行为准则

我国宪法规定："全国各族人民、一切国家机关和武装力量、各政党和各社会团体、各

企业事业组织，都必须以宪法为根本的活动准则，并且负有维护宪法尊严、保证宪法实施的职责。"

观 察

十二届全国人大常委会第十五次会议表决通过了全国人大常委会关于实行宪法宣誓制度的决定。根据决定，各级人民代表大会及县级以上各级人民代表大会常务委员会选举或者决定任命的国家工作人员，以及各级人民政府、人民法院、人民检察院任命的国家工作人员，在就职时应当公开进行宪法宣誓。

誓词共70字："我宣誓：忠于中华人民共和国宪法，维护宪法权威，履行法定职责，忠于祖国，忠于人民，恪尽职守、廉洁奉公，接受人民监督，为建设富强、民主、文明、和谐的社会主义国家努力奋斗！"

（3）宪法制定、修改程序的严格性

由于宪法规定的是国家的根本问题，所以宪法制定、修改的程序要比普通法律更为严格。

从制定程序来看，一般要成立专门的立宪机关，如我国在制定1954年宪法的时候，就曾专门成立了"宪法起草委员会"。而普通法律的起草和制定通常由立法机关完成，无须成立专门的机构；此外，还必须通过十分严格的表决程序才能发生法律效力。

从修改程序来看，我国宪法第64条规定："宪法的修改，由全国人民代表大会常务委员会或五分之一以上的全国人民代表大会代表提议，并由全国人民代表大会以全体代表的三分之二以上多数通过。"而普通法律可以提出修改法律的主体广泛得多，且一般只须全国人大全体代表过半数通过即可。

二、宪法的历史发展

法是随着人类历史上国家的产生而产生的，而宪法，在当时并没有出现；后来人类又经历了封建制社会，宪法仍然没有出现；直到资产阶级革命取得胜利，建立了资本主义国家之后，宪法才被制定出来。

宪法的政治内容是民主制度，是民主制度的法律化。所以，只有当社会存在着民主事实，产生了民主制度之后，才有可能产生宪法。

毛泽东曾说过："讲到宪法，资产阶级是先行的。英国也好，法国也好，美国也好，资产阶级都有过革命时期，宪法就是他们在那个时候开始搞起来的。"[1]近代意义的宪法，是十七至十八世纪资产阶级革命取得胜利的产物。这一时期具有代表性的资本主义宪法是英国宪法、美国宪法和法国宪法。

1. 宪法的两大基本类型

---

① 参见《毛泽东选集》第五卷，第127页。

　　英国是资产阶级革命最先发生的国家，也是最早实行宪政的国家。但在法律的形式上，英国宪法没有形成统一完整的宪法典，而是由各个时期陆续颁布的宪法性法律文件和形成的宪法惯例所构成的。尽管当时的英国宪法是典型的不成文宪法，但它揭开了世界宪政运动的序幕，无愧是近代宪法的先驱。

　　资本主义国家第一部成文宪法是美国宪法。它以《独立宣言》为先导，于1787年在费城制定。它在世界上第一次宣布了共和国制度的诞生，并确立了一系列资产阶级民主原则，为许多后起的资本主义国家所仿效。

　　法国宪法是欧洲大陆第一部成文宪法，于1791年施行，它以《人权宣言》为其序言，在宪法史上具有深远影响。它实行的议会制，既不同于美国的总统制，又与英国的君主立宪制相区别。

　　世界上最早出现的社会主义类型的宪法是1918年的苏俄宪法。它把人类历史上第一个无产阶级专政的社会主义国家的根本制度和基本原则，用法律的形式固定下来，对以后的社会主义国家的立宪活动起到了指导的作用。

　　从此，宪法就有了两种历史类型①的划分，即资本主义宪法和社会主义宪法。

2. 我国宪法的产生和发展

（1）旧中国的立宪运动

　　从1908年清政府颁布的《钦定宪法大纲》，到国民党政府于1947年1月公布的《中华民国宪法》，这一时期，封建势力为达到独裁和专制统治的目的，不断地打出民主、宪政的旗帜。而实际上，当时的中国从来就没有真正实行过民主制度，也不可能产生真正的、反映民主制度的宪法。尽管，孙中山先生曾于1912年3月以临时大总统的名义公布了《中华民国临时约法》，然而在那个年代，《临时约法》由于没有资产阶级国家强制力的保障，它伴随着辛亥革命的失败很快夭折了。但无疑，《中华民国临时约法》是中国宪法史上唯一具有进步意义的资本主义宪法性质的文件。

　　在同一时期，中国共产党在革命根据地建立了人民政权，并先后颁布了若干宪法性文件：
● 《中华苏维埃共和国宪法大纲》，于1931年11月在江西瑞金中央根据地通过，这是中国历史上第一部由人民政权制定的宪法性文件。
● 《陕甘宁边区施政纲领》，于1941年制定通过，作为抗日战争期间地方性的宪法性文件。
● 《陕甘宁边区宪法原则》，于1946年4月制定通过，作为抗战胜利后新形势下的政策原则。
　　这些在革命根据地制定的宪法性文件以及当时民主政权的建设，为新中国成立后的政权建设和立宪活动积累了良好的经验。

（2）新中国宪法的产生和发展

① 历史类型是依照法所据以产生和赖以存在的经济基础的性质和体现的主体意志不同，而对古往今来的法所作的基本分类。

　　1949年9月，中国人民政治协商会议庄严宣告中华人民共和国建立，并通过了《中国人民政治协商会议共同纲领》（简称《共同纲领》），它确立了我国建国后的国家制度和社会制度的基本原则，规定了国家的基本政策和人民的权利义务，带有宪法和纲领的双重性质，既是各党派共同斗争的政治纲领，又是起着确立国家制度作用的临时宪法。毛泽东当时说："这是我们国家现时的根本大法。"

　　随着人民民主政权的巩固和完善，我国制宪的时机已渐趋成熟。1954年9月，全国人大一届一次会议通过了《中华人民共和国宪法》（简称54宪法），它继承和发展了《共同纲领》的思想和基本原则，各项规定都体现了社会主义原则和民主原则，是我国第一部正式宪法，是社会主义性质的宪法。

<table>
<tr><td>观　察</td><td>　　"中华人民共和国第一届全国人民代表大会第一次会议十五日在北京中南海怀仁堂开幕，代表总数1226人，报到的代表1211人。"这是1954年9月15日新华社播发的第一届全国人大第一次会议开幕的消息。在会议上，全国人大代表代表全国人民庄严行使权力，通过了中华人民共和国第一部宪法。"这是我国历史上几千年来空前未有的团结统一的大会。"大会闭幕后的《人民日报》社论曾这样评价这次民主的创举。</td></tr>
</table>

　　1975年1月，四届全国人大一次会议对"54宪法"作了较大改动，制定并通过了我国第二部宪法，即1975年宪法（简称75宪法）。由于当时正处"文革"中后期，"左"倾色彩浓厚，"75宪法"内容简单，规范疏漏，存在严重的缺陷。所以，与"54宪法"相比，倒退了一大步。

　　新中国第三部正式宪法于1978年3月在全国人大五届一次会议上通过（简称78宪法）。这部宪法虽然取消了"75宪法"中的某些错误规定，恢复了"54宪法"的一些内容，但仍然存在很多问题，并没有完全摆脱"左"的思想的影响。

　　我国的现行宪法是在1982年12月4日由第五届全国人民代表大会第五次会议通过的。这是我国在党的十一届三中全会和十二大的正确路线、方针、政策的指引下所颁布的第四部宪法。这部宪法继承和发展了1954年宪法的基本原则，进一步清除了十年动乱所遗留的影响，克服了1978年宪法的缺陷，总结了建国以来我国社会主义事业发展的丰富经验，确定了新时期的总任务，规定了适应社会主义现代化建设事业发展的正确方针和政策。

　　当然，宪法也同样存在着法本身所固有的局限性，所以，随着社会的进步、形势的发展，宪法也需要进行相应的变化与调整。我国采用宪法修正案的方式，对"82宪法"进行了数次局部性的修正，主要情况如下：
- 1988年4月，七届全国人大一次会议通过的宪法修正案确认了私营经济的合法地位，明确了土地可以出租、土地使用权可以依法转让。
- 1993年的宪法修正案确认国家实行社会主义市场经济，增加了"我国正处于社会主义初级阶段"的规定，明确中国共产党领导的多党合作和政治协商制度将长期存在和发展等。

● 1999年的宪法修正案主要确立邓小平理论的地位，明确我国将实行依法治国，建设社会主义法治国家等。

● 2004年的宪法修正案确认了私有财产权的概念，规定建立社会保障制度，明确尊重和保障人权等；同时在序言中增加了"三个代表"的思想和政治文明的概念。

以宪法修正案的形式对宪法进行补充和修改，既能保持宪法的稳定性，又能使宪法更符合我国政治、民主和经济发展的需要，充分发挥其不可替代的作用。

3. 宪法的发展趋势

按照马克思主义的观点，社会主义宪法必将取代资本主义宪法，成为最高、也是最后一种宪法，这是社会发展的必然规律。但就当前历史阶段而言，我们应该确立这样的认识：资本主义宪法在短期内不仅不会灭亡，而且在某些方面还会继续发展与完善；社会主义宪法将日益进步与成熟；两种类型的宪法将长期共存，相互借鉴又相互斗争。①此外，还将共同呈现出以下的发展趋势：

● 重视人权保障，扩大公民权利；

● 重视宪法保障，维护宪法权威；

● 重视国际协作，维护世界和平；

● 在形式上，以成文宪法逐步取代不成文宪法。

观　察

近年来关于宪法司法化的问题广受关注。所谓宪法司法化，就是宪法的司法适用问题，通俗地讲，就是司法机关可以直接援用宪法去解决法律问题。比如关于公民基本权利的保障，我国宪法中规定的公民的基本权利在普通法律中有相应具体规定的不多，即使有也是不够完善的。在这种情况下，如果司法机关不直接引用宪法规定，那么公民的基本权利在法律上的保障将难以完全落实。有学者指出，宪法只有被司法化，才符合我国民主、法治以及改革开放和现代化建设的需要。保证宪法规定的内容得到落实。②可见，宪法司法化的意义是非常重大的。

---

① 参见许崇德主编《法学基础理论·宪法学》，法律出版社，1999年5月版。

② 参见张千帆主编：《宪法》，北京大学出版社，2012年8月版，第83页。

第二节
宪法的基本原则

一、人民主权原则

人民主权原则所要解决的是国家权力即主权的归属问题。①法国著名启蒙思想家卢梭在十八世纪创立了人民主权学说。他以社会契约论为理论基础，认为国家是由社会契约产生，人民的公意在国家中表现为最高权力，而主权就是公意的具体表现，因而主权属于人民。

这一学说最早为资本主义国家的宪法所采用，形成了人民主权原则。资本主义国家用政治宣言或宪法规范的形式确认人民主权的原则及人民行使权力的方式。如法国1791年宪法规定："一切权力来自国民，国民只得通过代表行使其权力。"因而，选举权的行使是人民行使主权的方式。

社会主义国家也确立了人民主权原则。我国宪法第2条规定："中华人民共和国的一切权力属于人民。"我国是人民当家作主的社会主义国家，国家的一切权力在本质上是属于人民的。不仅如此，宪法还规定了实现人民主权的方式，即通过人民代表大会制得以实现。我国宪法规定："人民行使国家权力的机关是全国人民代表大会和地方各级人民代表大会。"我国的广大人民正是通过选举人大代表和对人大代表进行监督的方式来行使属于自己的权利的。

二、基本人权原则

卢梭等人以自然权利为依据，提出了"天赋人权说"。他们认为人人都有自然权利，平等、自由是上帝赋予世人的权利，成立政府的目的就在于保障人们的天赋的、不可侵犯的自然权利。

自从美国的《独立宣言》第一次用政治纲领的形式确立了人权原则后，各国都开始在宪法中体现基本人权原则。所谓人权是指每个人作为人所应当享有的基本权利，它的范围非常广泛，包括政治、经济、文化、社会生活等各个方面。②

我国的宪法同样确认了基本人权原则，2004年宪法修正案把"国家尊重和保障人权"写进了宪法，这具有重大意义。不仅如此，我国宪法还规定了具体的保障措施，以保证公民的基本

---

① 参见焦洪昌主编：《宪法学》（第五版），北京大学出版社，2013年9月版，第24页。
② 国际社会也逐渐加入到人权保护机制中，联合国大会通过的国际公约有：《联合国宪章》、《世界人权宣言》、《经济、社会和文化权利国际公约》、《公民权利和政治权利国际公约》、《发展权利宣言》等。

人权能真正得以实现。随着经济的发展和社会的进步，人权的范围还有不断扩大的趋势。①

三、法治原则

法治，是与人治相对应的一个概念，它与民主制度的结合，已作为近代宪法确立法治原则的理论依据。

法国首先在《人权宣言》中确认了法治原则，规定"没有比法律权力更高的权力"。后来各资本主义国家宪法也以不同的形式对法治原则作了肯定。

社会主义国家宪法也体现法治原则。我国宪法第5条（第13条宪法修正案）明确规定"中华人民共和国实行依法治国，建设社会主义法治国家"，从而确立了社会主义法治原则。法治包括两个方面：

● 法律的权威高于个人权威；
● 法律面前人人平等，在法律适用上，对任何人的保护或惩罚都应一视同仁。

可以想象，在一个宪法无权威的社会，法治是不可能实现的。宪法至上，是现代法治的灵魂之所在。宪法至上，意味着在国家和社会管理过程中，宪法的地位和作用是至高无上的。其依据是：

● 宪法规定了国家生活中最根本的问题；
● 宪法是制定一般法律的依据；
● 宪法在国家政治活动和社会活动中具有最高法律地位和法律效力。

所以，我们要实现法治，就应确保宪法至高的权威，树立宪法至上的观念。

| 观　察 | 在中国共产党十八届四中全会的公报中，"宪法"一词出现了十余次。报告提出，坚持依法治国，首先要坚持依宪治国；坚持依法执政，首先要坚持依宪执政。 |

四、权力制约原则

我们不应否定以下这个判断：当某个人手里既有立法之权，又有执行之权时，人性固有的弱点终会使他不遵守自己所制定的法律，或者制定出对自己有利的法律。所以，权力不得脱离监督与制约，否则必将导致权力的滥用。可见，"法治"的内涵与限制权力、权利可救济紧紧地联系在一起。

① 参见张庆福主编：《宪政论丛》第1卷，法律出版社，1998年4月版。

孟德斯鸠在《论法的精神》一书中完整阐述了分权制衡的思想。他认为国家权力应分为立法权、行政权和司法权三种，三种权力分属于三个不同的机关，并使其相互牵制，最终达到防止权力滥用、保障公民权利和自由的目的。资本主义宪法首先确认了分权制衡原则。这在美国表现得尤为典型，国会、总统、法院三机关的职权均由宪法规定，彼此互不侵越，且相互制约。自从美国宪法公布之后，资本主义世界群起仿效。

社会主义国家确立了民主集中制原则。民主集中制原则是现代分权制衡观念在社会主义国家宪法上的反映。这一原则同样确定了国家机关之间的职能分工和相互制约，我国现行宪法就较为全面的体现了分工与制约的原则，具体表现为：

首先，对国家机关的职能进行了适当的分工，按照宪法规定：全国人大是国家最高权力机关；全国人大及其常委会行使国家立法权；国务院是最高行政机关；人民法院是国家的审判机关；人民检察院是国家法律监督机关等。

其次，我国宪法规定，国家行政机关、审判机关和检察机关都由人民代表大会产生，对它负责、受它监督。可见，国家权力机关，即各级人民代表大会，有权制约由它选举产生的国家行政机关。

又比如，根据宪法的精神，我国《行政诉讼法》第6条规定："人民法院审理行政案件，对行政行为是否合法进行审查。"从这一规定可以看出，人民法院作为审判机关，有权对行政机关作出的行政行为的合法性进行司法审查。这其中的相互分工、彼此制约的关系是非常明确的。

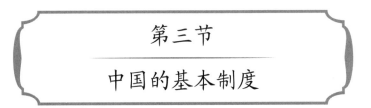

第三节

中国的基本制度

一、国家性质

1. 我国是人民民主专政的社会主义国家

（1）国家性质的含义

国家性质又称为国体，主要表明在国家中，哪些阶级处于统治地位，哪些阶级处于被统治的地位。也就是说，这个国家对哪些阶级实行民主，对哪些阶级实行专政。因此，它是国家制度的核心内容。

（2）我国宪法对国家性质的规定

我国《宪法》第1条明确规定："中华人民共和国是工人阶级领导的，以工农联盟为基础的人民民主专政的社会主义国家。"

马克思主义在国家问题上一个最重要的思想是"无产阶级专政"。而"人民民主专政"，是无产阶级专政在我国的一种具体模式。我国宪法在序言中明确指出："工人阶级领导的，以工农联盟为基础的人民民主专政，实质上即无产阶级专政。"

2. 中国共产党领导的多党合作和政治协商制度

我国宪法规定："中国共产党领导的多党合作和政治协商制度将长期存在和发展。"这表明我国的政党制度是共产党领导的多党合作制。

所谓政党制度，是指一个国家的政党干预政治的方式、方法、程序以及政党与国家政权之间、政党与政党之间的相互关系的总称。根据实际情况的不同，各国形成了一党制、两党制和多党制等三种政党制度的形式。我国的政党制度是在长期革命与建设中形成和发展起来的，共产党领导的多党合作和政治协商制度是我国的基本政治制度，也是我国国家制度的一个特点。

（1）中国共产党是执政党

我国是人民民主专政的社会主义国家，中国共产党是社会主义事业的领导核心，是执政党，其地位是稳定的，不可替代的。中国共产党通过法定程序将其路线、方针、政策等上升为法，获得最普遍的遵守；通过推荐干部、进行思想教育等方式实现对国家机关的政治领导。同时，各民主党派在政治上接受共产党的领导。

（2）各民主党派是参政党

中国现有八个民主党派，它们是：中国国民党革命委员会（民革）、中国民主同盟（民盟）、中国民主建国会（民建）、中国民主促进会（民进）、中国农工民主党（农工党）、中国致公党（致公党）、九三学社（九三）、台湾民主自治同盟（台盟）。各民主党派都是各自所联系的一部分社会主义劳动者和一部分拥护社会主义的爱国者的政治联盟，是接受中国共产党领导的，同中国共产党通力合作、共同致力于社会主义事业的亲密友党，是参政党。

3. 爱国统一战线

（1）统一战线是在中国共产党领导下的政治联盟

新时期的爱国统一战线是在中国共产党领导下，由各民主党派和各人民团体参加的，包括全体社会主义劳动者，拥护社会主义的爱国者和拥护祖国统一的爱国者组成的政治联盟，是我国人民民主专政的重要内容之一。

（2）中国人民政治协商会议是统一战线的组织形式

中国人民政治协商会议简称人民政协，是我国爱国统一战线组织，也是共产党领导的多党合作和政治协商的一种重要组织形式。

须注意的是，人民政协不是国家机关，不具有国家机关的权限。它的基本职能是政治协商、民主监督，它是中国共产党与各民主党派联系的桥梁和纽带，是民主党派参政议政和进行政治协商的主要场所。因此，它在我国政治体制中具有十分重要的地位。

> | 观　察 |

全国人大召开会议时通常都邀请政协委员列席会议，这是为了使政协委员更便于参加国家大政方针的协商和讨论，充分发挥民主监督的作用。这既是一项参政内容，也是一种民主程序。

二、政权组织形式

政权组织形式也叫政体，它是指一定的社会中，统治阶级为了行使国家权力而确立的国家机关的组织体系。

1. 人民代表大会制度是我国的政权组织形式

（1）人民代表大会制度的含义

人民代表大会制度，是根据民主集中制的原则，通过选举产生全国人民代表大会和地方各级人民代表大会，并以此为基础，建立全部国家机构，实现人民当家作主的一种根本政治制度。

我国宪法规定："人民行使权力的机关是全国人民代表大会和地方各级人民代表大会。""全国人民代表大会和地方各级人民代表大会都由民主选举产生，对人民负责，受人民监督。""国家行政机关、审判机关、检察机关都由人民代表大会产生，对它负责，受它监督。"这些规定确认了人民行使国家权力的机关是各级人大，确认了我国的政权组织形式是人民代表大会制度。

（2）人民代表大会制度是我国的根本政治制度

人民代表大会制度，是中国人民革命的创造性产物，是适合中国国情的一种政权组织形式。因此，人民代表大会制度是我国的根本政治制度，具体表现如下：

第一，人民代表大会制度直接反映了我国的阶级本质

我国是以工人阶级为领导，以工农联盟为基础的人民民主专政的社会主义国家，我国的政权具有广泛的阶级基础。

观 察

根据全国人大常委会有关部门提供的资料，由各省、自治区、直辖市人民代表大会和中国人民解放军选出的第十二届全国人民代表大会代表共有2987名（一次会议时），各方面代表均有一定比例，其中：工人、农民代表401名，占代表总数的13.42%；专业技术人员代表610名，占代表总数的20.42%；党政领导干部代表1042名，占代表总数的34.88%；人民解放军268名，占代表总数的8.97%；归国华侨35名，占代表总数的1.17%。代表中，少数民族代表409名，占代表总数的13.69%，全国55个少数民族都有本民族的代表；妇女代表699名，占代表总数的23.4%；香港代表36名、澳门代表12名、台湾省籍代表13名，共占代表总数的2.1%；民主党派、无党派、宗教和文艺团体代表共605名，占代表总数的20.22%。以上这些数字，充分地反映出我国政权所具有的广泛的阶级基础。

第二，人民代表大会制度是建立其他制度的基础

人民代表大会制度一经成立，即成为其他制度赖以产生和建立的基础。全国人大作为最高权力机关，行使国家立法权，通过立法活动建立起其他制度。

第三，人民代表大会制度反映了我国政治生活的全貌

我国的政治生活中有许多具体制度，如司法制度、财经制度、组织制度等，这些制度只能代表我国政治生活的一个侧面，而人民代表大会制度则全面反映了我国的政治生活，体现了我国政治力量的源泉。

观 察

作为我国最高权力机关，全国人民代表大会已经走过了60年风雨历程。1954年9月15日，中华人民共和国第一届全国人民代表大会第一次会议在北京中南海怀仁堂开幕，代表总数1226人，报到的代表1211人。正是在这次会议上，1211名全国人大代表代表全国人民庄严行使权力，通过了中华人民共和国第一部宪法。

从一届全国人大1226位人大代表，到十二届全国人大一次会议2987位代表；从制定共和国第一部宪法时全国共有1.5亿人参加讨论、收到的118万条修改和补充意见，到修改劳动合同法修正案时收到的55万条意见……60年间，全国人大工作中一些令人印象深刻的数字变迁，折射出全国人民代表大会在代表人民履行职权上的变化、进步与成就。

2. 选举制度是我国人民代表大会制度的重要组成部分

选举制度是关于依照法律选举国家代表机关代表的原则、程序和方式方法的总称。选举制

度的具体内容一般包括选举的基本原则、选举权确定、选举的组织和程序，以及选民和代表的关系等等。

选举制度是国家制度的重要组成部分，反映国家权力与公民权利之间的平衡关系。选举制度的民主性与科学性，是人民代表大会制度建立与完善的基础。

（1）我国选举制度的基本原则

A. 选举权的普遍性原则

我国《宪法》第34条规定："中华人民共和国年满18周岁的公民，不分民族、种族、性别、职业、家庭出身、宗教信仰、教育程度、财产状况、居住期限，都有选举权和被选举权；但是依照法律被剥夺政治权利的人除外。"可见，除了对年龄、国籍与政治权利进行了规定，宪法没有对公民获得选举权加以其他限制，这充分体现了选举权的普遍性原则。此外，选举法对各少数民族的选举和对归侨代表的选举作了专门规定，并规定人民解放军单独进行选举。①

B. 选举权的平等性原则

选举权的平等性，是指每个选民在一次选举中只有一个投票权，而且每个选民所投的选票效力都相等。这是"公民在法律面前一律平等"的宪法原则在选举制度中的具体表现，每个选民都在平等的基础上参加选举。

C. 直接选举和间接选举并用的原则

直接选举，是指代表由选民投票直接选出。
间接选举，是指代表机关的代表不由选民直接选出，而是由下一级代表机关的代表选举上一级代表机关的代表。
我国选举法规定，县、乡两级人民代表大会采用直接选举方式，省和全国两级人民代表大会、自治州、设区的市采用间接选举方式。
今后随着社会政治、经济的发展，我国将会逐步扩大实行直接选举的范围。

D. 无记名投票原则

无记名投票也叫秘密投票，是指选举人在投票时不在选票上填写自己姓名，不受任何干涉和影响。
我国选举法规定："全国和地方各级人民代表大会代表的选举，一律采用无记名投票的方法。"这保障了选举人能真正按照自己的意愿参加选举，无须有任何顾虑，不受任何干涉。

---

① 需要指出的是，我国选举法规定："无法行使选举权和被选举权的精神病患者，不列入选民名单。"从法律的角度来看，精神病患者不属于被剥夺选举权之列，他们有选举权和被选举权，只是因为他们实际上已失去了行为能力，所以不列入选民名单而暂不行使选举权。

E.　差额选举原则

差额选举，相对等额选举而言，是指候选人名额多于应选代表名额的选举。

等额选举，是指候选人名额与应选代表名额相等的选举。

我国选举法明确规定，全国和地方各级人民代表大会代表候选人的名额，应多于应选代表的名额。由选民直接选举的代表候选人名额应多于应选代表名额的1/3至1倍；由地方各级人大选举上一级人大代表的候选人名额应多于应选代表名额的1/5至1/2。

（2）我国选举的民主程序

根据我国选举法的规定，我国的选举机构体系包括：
- 全国人大常委会主持全国人民代表大会代表的选举；
- 省、自治区、直辖市、设区的市、自治州的人大常委会主持本级人民代表大会代表的选举；
- 不设区的市、市辖区、县、自治县、乡、民族乡、镇设立选举委员会，主持本级人大代表的选举。

也就是说，凡实行间接选举的地方由各级权力机关的常设机关主持选举工作；在实行直接选举的地方，设立选举委员会，主持选举工作。

除了选举机构的设立，选举程序还包括：选区的划分、选民登记、代表候选人的提出、选举投票等不同的环节。

三、国家结构形式

1. 国家结构形式概述

国家结构形式，是指表现一国的整体与组成部分之间、中央政权与地方政权之间相互关系的一种形式。

国家结构形式所表现的是一种职权划分关系，国家依这种关系确定行政区划，设立行政单位。现代国家结构形式主要有两种：单一制和复合制。

（1）单一制

单一制是由若干不具有独立性的地方行政区域构成的单一主权国家的国家结构形式。

单一制国家有如下特点：
- 全国只有一部统一的宪法；
- 全国只有一个最高立法机关和中央政府；

- 公民只有一个统一的国籍；
- 在对外关系上只有统一的国家才能作为国际法的主体，只有中央政府享有外交权。

（2）复合制

复合制，是指由若干成员国联合组成国家联盟的国家结构形式。
复合制的国家结构形式，又分为：联邦和邦联。

A．联邦

联邦是由几个成员国联合组成的统一国家。其特点是：
- 全国有统一的宪法和法律，各成员国亦有自己的宪法和法律，但不得同联邦宪法相抵触；
- 全国有一个统一的中央政府，各成员国也有自己相对独立的行政机关、立法机关和司法机关，中央与地方的权限划分由宪法规定，中央不得随意更改；
- 每个公民既有联邦的国籍，同时具有所在成员国的国籍；
- 在对外关系上，联邦是国际法上的主体，但成员国根据联邦宪法的规定，享有部分主权。

联邦制是复合制国家最典型的形式，也是现代最常见的国家结构形式之一。目前，实行联邦制的国家主要有：美国、加拿大、澳大利亚、瑞士等。

B．邦联

邦联，是指几个独立的主权国为了共同的目的或共同的利益而结成的一种松散的国家联盟。其特点是：
- 通常由几个独立的主权国家签订共同的协定联合而成，没有一部统一的宪法；
- 也没有最高立法机关和全邦联的中央政府；
- 邦联在国际法上不是国家主体，各成员国自身都拥有主权，邦联议会所作出的决议必须经过各成员国政府的批准才能生效。

历史上比较著名的邦联有：1776年～1789年的美国、1815年～1848年瑞士同盟、1815年～1866年的德意志同盟。目前比较典型的邦联制国家只有1982年成立的塞内加尔-冈比亚邦联。一些区域性的国际组织，一般也被看作是邦联形式的国家联盟，如1968年成立的东南亚国家联盟。

2．我国是单一制的多民族国家

我国宪法在"序言"部分指出："中华人民共和国是全国各族人民共同缔造的统一的多民族国家。"宪法第4条第3款又规定，"各少数民族聚居的地区实行区域自治，设立自治机关，行使自治权。各民族自治地方都是中华人民共和国不可分离的部分。"这些规定表明，我国的国家结构形式是——统一的多民族的单一制国家。它具有以下特点：

（1）在中央与地方的权限划分上，采用在中央统一领导下充分发挥地方的积极性和主动性原则。凡全国性的事务由中央政府统一管理，地方性的事务由地方依法自行处理。

（2）我国单一制国家结构形式具有包容性，根据地方的特殊情况灵活处理中央与地方的权力关系。

　　在香港和澳门，国家设立特别行政区，通过法律赋予其高度自治权；在少数民族聚居的地区，国家实行民族区域自治制度，允许民族自治机关依法充分行使自治权，管理本民族内部事务。这充分显示了我国国家形式的包容性与灵活性。

3. 我国的行政区域划分

行政区域划分，简称行政区划，是指国家按照一定的原则和程序将全国领土划分成若干不同层次的区域，建立相当的各级国家机关进行行政管理，以实现国家职能的法律制度。

我国宪法第30条规定，我国的行政区域划分如下：

（1）全国分为省、自治区、直辖市；

（2）省、自治区分为自治州、县、自治县、市；

（3）县、自治县分为乡、民族乡、镇。

直辖市和较大的市分为区、县。自治州分为县、自治县、市。自治区、自治州、自治县都是民族自治地方。

此外，宪法第31条还规定："国家在必要时得设立特别行政区。在特别行政区内实行的制度按照具体情况由全国人民代表大会以法律规定。"

从以上区划可以看出，我国的行政区域基本上是三级建制，即省（自治区、直辖市）、县（自治县、市）、乡（民族乡、镇）。在设立自治州和实行市管县的地方是四级建制。

4. 民族区域自治制度

我国的民族区域自治，是指在国家的统一领导下，在少数民族聚居的地方实行区域自治，设立自治机关，行使自治权，实现少数民族自主管理本民族内部事务的一种政治形式。

根据宪法的规定，我国的民族自治地方分为自治区、自治州、自治县三级。各民族自治地方都是中华人民共和国不可分离的部分。民族区域自治包含了三方面的内容：

● 民族区域自治是在统一的国家前提之下的自治；

● 民族区域自治以少数民族聚居区为基础；

● 民族区域自治是为了实现少数民族当家作主、管理本民族内部地方性事务的权力，这种权力是通过自治机关来实现的。

5. 特别行政区

特别行政区，是指在我国行政区域内，按照宪法和法律的规定而专门设立的具有特殊法律地位、实行特殊的社会政治和经济制度的行政区域。

设立特别行政区是"一国两制"构想的具体化，是解决香港、澳门和台湾等历史遗留下来的领土问题，实现祖国和平统一的妥善方式。所谓"一国两制"，就是一个国家两种制度，即在一个中国的前提下，国家的主体坚持社会主义制度，香港、澳门、台湾作为我国的特别行政区，保持原有的资本主义制度长期不变，以此实现国家的统一。

（1）特别行政区与一般行政区的区别

特别行政区作为我国的一个地方行政区域，它同其他地方行政区域一样都是中华人民共和国不可分割的一部分，但特别行政区有着不同于一般行政区域的特点，主要表现在：

	特别行政区	一般行政区
社会制度	保持原有的资本主义社会制度和生活方式，不实行社会主义制度和政策	实行社会主义制度
政治体制	行政机关和立法机关相互制衡、相互配合，实行司法独立	各级国家政权都以人民代表大会为核心组建，行政机关、审判机关、检察机关相互配合、相互制约，都向人大负责并报告工作
适用法律	只遵守根据宪法制定的特别行政区基本法，以及少量特定的全国性法律，基本保留其原有的法律①	必须遵守我国宪法和法律的所有规定
地方自治	自治权范围十分广泛，涉及行政、立法、司法和有关对外事务等方面；其自治的程度也相当高，凡属特别行政区自治权范围内的事项，特别行政区政府都有权自主管理，中央政府一般不予干涉	不享有高度的自治权

（2）特别行政区与中央的关系

这一关系的核心是权力的分配问题，下面就以香港为例，来说明这一关系。

A. 中央人民政府代表国家对特别行政区行使主权

《香港特别行政区基本法》第12条明确规定：香港特别行政区是中华人民共和国的一个享有高度自治权的地方行政区域，直辖于中央人民政府。

① 不包括同基本法相抵触或须经特别行政区立法机关作出修改的法律。

中央对其行使主权的具体内容，主要包括：
- 中央人民政府负责管理与香港特别行政区有关的外交事务；
- 中央人民政府负责香港特别行政区的防务；
- 中央人民政府任命行政长官和主要官员；
- 决定香港特别行政区进入紧急状态；
- 解释基本法：香港基本法的解释权属于全国人大常委会。全国人大常委会授权香港特别行政区法院在审理案件时对本法关于香港特别区自治范围内的条款自行解释。
- 修改基本法：香港基本法的修改权属于全国人大，修改提案权属于全国人大常委会、国务院和香港特别行政区。

B. 特别行政区享有高度的自治权

香港特别行政区是一个享有高度自治权的地方行政区域。依据基本法，香港特别行政区享有以下主要权力：
- 立法权：有权就香港特别行政区高度自治范围内的一切事务立法；
- 行政管理权：有权自行处理香港特区的行政事务，其财政收入不上缴中央政府，中央政府也不在香港征税；
- 独立的司法权和终审权：法院独立进行审判，不受任何干涉；诉讼案件以该区终审法院为最高审级；
- 在授权范围内依照香港基本法自行处理有关对外事务的权力。

综上所述，我国的国体、政体和国家结构形式构成了我国国家制度的主要内容，这是国家生活中最根本的问题。

第四节
公民的基本权利和义务

公民是一个法律概念，通常是指具有一个国家国籍的自然人。在我国，根据宪法规定，凡取得中国国籍的人，都是中华人民共和国公民。可见，国籍是确定公民资格的唯一条件。

国籍是一个人作为某一国家的公民在法律上的资格。一个人取得了某一国家的国籍，就是这个国家的公民，他就可以享有该国宪法和法律所规定的一切权利，同时也必须履行相应的义务。

一、概述

权利是指人们从事某种行为的可能性。宪法权利是指在宪法规定的范围内，公民从事某种行为的可能性。权利可以放弃。

　　义务是指人们从事某种行为的必要性。宪法义务是指在宪法规定的范围内，公民从事某种行为的必要性。义务是不能放弃的，国家以强制力保障公民对国家、社会及他人履行自己的义务。

　　宪法是国家的根本大法，它不可能也没有必要把公民的一切权利和义务全部规定下来，它只能规定公民最主要的和必不可少的权利和义务。所以，宪法规定的这种权利和义务，即公民的基本权利和义务，它是首要的、根本的、具有决定性意义的权利和义务。

二、我国公民的基本权利

1. 平等权

我国《宪法》第33条第2款规定："中华人民共和国公民在法律面前一律平等。"这是我国公民的一项基本权利，称为平等权。基本含义为：

● 法律面前人人平等；
● 禁止差别对待。

案　例

　　2001年12月23日，中国人民银行成都分行在成都市某报上刊登招录启示，规定招录对象为：男性身高1.68米、女性身高1.55米以上。四川大学2002届毕业生蒋某，因身高未达到规定的高度，被排除在报名范围之外。蒋某一气之下，将招工方中国人民银行成都分行告上法庭。蒋某的理由是什么呢？

　　我国宪法规定，中华人民共和国公民在法律面前人人平等。这是我国公民的一项基本权利，称为平等权。它包含了以下基本含义：法律面前人人平等；禁止差别对待。而中国人民银行成都分行的做法，属于身高歧视。除非保安岗位，身高与银行一般工作人员的职能要求没有必然联系，所以，这样的做法是对宪法赋予公民的平等权的侵犯。蒋某完全可以据此来维护自己的合法权益，以获得平等的招工录用的权利。

2. 政治权利和自由

　　公民的政治权利和自由，是指宪法和法律规定公民有参加国家管理、参政议政的民主权利以及在政治上享有表达个人见解和意愿的自由。它是社会主义制度下公民享有的一项极其重要的基本权利。

（1）选举权和被选举权

　　选举权和被选举权，是指公民享有选举和被选举为国家权力机关的代表或某些国家机关领导人的权利。

　　宪法规定，我国年满18周岁的公民，除依法被剥夺政治权利的人以外，都有选举权和被选举权。

（2）政治自由

宪法规定，我国公民有言论、出版、集会、结社、游行、示威的自由。

这六项自由是公民关心国家大事、表达自己意愿和要求的一种民主权利，也是公民参加国家政治生活的一种形式。当然，公民必须在法律规定的范围内来行使这些权利。

3. 宗教信仰自由

《宪法》第36条第1款规定："中华人民共和国公民有宗教信仰自由。"它的含义是：
● 每个公民既有信仰宗教的自由，也有不信仰宗教的自由；
● 有信仰这种宗教的自由，也有信仰那种宗教的自由；
● 在同一宗教内，有信仰这个教派的自由，也有信仰那个教派的自由；
● 有过去不信教现在信教的自由，也有过去信教现在不信教的自由。

我国法律规定，公民在享有宗教信仰自由权利的同时，必须承担法律所规定的义务。在中国，任何人、任何团体，包括任何宗教，都应当维护人民利益，维护法律尊严，维护民族团结，维护国家统一。《公民权利和政治权利国际公约》也提出："任何鼓吹民族、种族或宗教仇恨的主张，构成煽动、歧视、敌视或强暴者，应以法律加以制止。"无论是信仰宗教的公民还是不信仰宗教的公民，在法律面前一律平等。这也是一个现代文明和法治国家的基本要求。

观　察

中国是一个有多种宗教的国家，主要有佛教、道教、伊斯兰教、天主教和基督教(新教)，还有东正教、一些少数民族特有的宗教和地区性的民间信仰等。目前，中国有宗教教职人员约36万人，依法登记并开放的宗教活动场所达到14万处，基本满足了信教群众的需求；宗教团体已达5500个，各宗教的教务活动有序开展。此外，经批准恢复和建立的各类宗教院校已达97所，基本形成了较为完善的宗教院校教育体系。我国现有全国性宗教团体包括：中国佛教协会、中国道教协会、中国伊斯兰教协会、中国天主教爱国会、中国天主教主教团、中国基督教三自爱国运动委员会以及中国基督教协会。

4. 人身自由

（1）公民的人身自由不受侵犯

宪法规定，任何公民非经人民检察院批准或者决定，或者人民法院决定，并由公安机关执行，不受逮捕。禁止非法拘禁和以其他方法非法剥夺或者限制公民的人身自由，禁止非法搜查公民的身体。

（2）公民的人格尊严不受侵犯

宪法规定，禁止用任何方法对公民进行侮辱、诽谤和诬告陷害。

（3）公民的住宅不受侵犯

住宅是公民居住、生活及保存私人财产的场所。宪法规定，禁止非法搜查或者非法侵入公民的住宅。

（4）公民的通信自由和通信秘密受法律保护

宪法规定，除因国家安全或者追查刑事犯罪的需要，由公安机关或者检察机关依照法律规定的程序对通信进行检查外，任何组织或者个人不得以任何理由侵犯公民的通信自由和通信秘密。

5. 批评、建议、申诉、控告、检举和取得赔偿权

宪法规定，我国公民对于任何国家机关和国家机关工作人员，有提出批评和建议的权利；对于任何国家机关和国家工作人员的违法失职行为，有向有关国家机关提出申诉、控告或者检举的权利，但是不得捏造或歪曲事实进行诬告陷害。

对于公民的申诉、控告或者检举，有关国家机关必须查清事实，负责处理，任何人不得压制和打击报复。公民因国家机关及其工作人员侵犯其合法权利而受到损失，有依照法律规定取得赔偿的权利。

6. 社会经济权利

宪法规定公民享有经济物质利益方面的权利，它是公民享有其他各项权利和自由的物质基础。

（1）劳动的权利和义务

劳动权，是指有劳动能力的公民有获得工作和取得劳动报酬的权利。我国《宪法》第42条规定："中华人民共和国公民有劳动的权利和义务。"从国家对公民的角度来讲，公民的劳动权受国家和社会的保障，所以劳动是公民的一项基本权利；从公民对国家的角度来讲，每个公民都要为社会发展和建设出力，所以劳动既是公民的权利又是公民应尽的义务。

同时，宪法还规定，国家通过各种途径创造劳动就业条件，对就业前的公民进行必要的劳动就业训练，这是公民劳动权能够得以实现的具体保证措施。

（2）劳动者的休息权

我国《宪法》第43条规定："中华人民共和国劳动者有休息的权利。"休息权与劳动权紧密相联，只属于劳动者而不属于所有公民。国家发展劳动者休息和休养的设施，规定职工的工作时间和休假制度，以此来保障劳动者的休息权。

（3）退休人员的生活保障权

我国《宪法》第44条规定："国家依照法律规定实行企业事业组织的职工和国家机关工作人员的退休制度。退休人员的生活受到国家和社会的保障。"国家实行退休制度，对退休人员的生活作了妥善的安排。

（4）物质帮助权

根据宪法规定，我国公民在年老、疾病或者丧失劳动能力的情况下，有从国家和社会获得物质帮助的权利。国家为了保障公民享有这些权利，发展社会保险、社会救济和医疗卫生事业。

7．文化教育权利和自由

（1）公民有受教育的权利和义务

《宪法》第46条规定："中华人民共和国公民有受教育的权利和义务。"它是指国家应当保证公民在各类学校、各种教育机构或者通过其他方式学到科学知识和受到教育，以及公民必须在一定条件下，接受国家规定的教育。

（2）公民有进行科研、文艺创作和其他文化活动的自由

宪法规定，公民有进行科学研究、文学艺术创作和其他文化活动的自由。国家对于从事教育、科学、技术、文学、艺术和其他文化事业的公民所进行的有益于人民的创造性工作，给以鼓励和帮助。

8．保护妇女的权利和利益

宪法规定，妇女在政治、经济、文化、社会和家庭生活等各方面享有同男子平等的权利。国家保护妇女的权利和利益，实行男女同工同酬，培养和选拔妇女干部。

9．婚姻、家庭、母亲和儿童受国家的保护

宪法规定，婚姻、家庭、母亲和儿童受国家的保护。夫妻双方有实行计划生育的义务，父母有抚养、教育未成年子女的义务，成年子女有赡养扶助父母的义务。禁止破坏婚姻自由，禁止虐待老人、妇女和儿童。

10．保护华侨、归侨和侨眷的权益

华侨是侨居在外国的中国公民；归侨是已经回到祖国定居的华侨；侨眷是华侨在我们国内的亲属。《宪法》第50条规定："中华人民共和国保护华侨的正当的权利和利益，保护归侨和

侨眷的合法的权利和利益。"

为充分保障公民权利，新修订的《立法法》进一步明确规定：没有法律或者国务院的行政法规、决定、命令的依据，部门规章不得设定减损公民、法人和其他组织权利或者增加其义务的规范，不得增加本部门的权力或者减少本部门的法定职责。

三、我国公民的基本义务

我国公民的基本义务包括：
- 维护国家统一和全国各民族团结；
- 遵守宪法和法律，保守国家秘密，爱护公共财产，遵守劳动纪律，遵守公共秩序，尊重社会公德；
- 维护祖国的安全、荣誉和利益；
- 保卫祖国，依法服兵役和参加民兵组织；
- 依法纳税。

除了以上专门规定的五种义务外，我国公民的基本义务还包括在基本权利条文中规定的四种义务，即：劳动的权利和义务；受教育的权利和义务；夫妻双方有实行计划生育的义务；父母有抚养教育未成年子女的义务，成年子女有赡养扶助父母的义务。

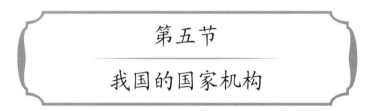

第五节

我国的国家机构

国家机构，是指统治阶级为行使国家权力执行国家职能而建立的进行国家管理和执行统治职能的国家机关的总和。

我国国家机构的组织和活动，遵循的是以下各原则：

● 民主集中制原则
我国《宪法》第3条规定："中华人民共和国的国家机构实行民主集中制的原则。"民主集中制是民主和集中的辩证统一，即在民主基础上的集中，在集中指导下的民主，它是我国国家机构一项最基本的组织和活动原则。

● 社会主义法治原则
我国宪法规定，国家维护社会主义法制的统一和尊严，一切国家机关都必须遵守宪法和法律，没有超越宪法和法律的特权。

● 责任制原则

宪法规定，一切国家机关实行工作责任制。具体表现为：

·人民代表大会向人民负责，受人民监督；国家行政机关、审判机关和检察机关要向产生它的人民代表大会负责；

·国家机关的责任制主要有集体负责制和首长负责制两种形式。根据宪法规定，我国各级人大及其常委会实行集体负责制，国务院及其所属各部委、中央军委、地方各级人民政府都实行首长负责制。

● 精简和效率原则

宪法规定，一切国家机关实行精简的原则，不断提高工作质量和工作效率，反对官僚主义。

● 密切联系群众，为人民服务的原则

我国宪法规定，一切国家机关和国家机关工作人员必须依靠人民的支持，经常保持同人民的密切联系，倾听人民的意见和建议，接受人民的监督，努力为人民服务。

一、全国人民代表大会

1. 全国人民代表大会是最高国家权力机关

全国人民代表大会是最高国家权力机关，也是国家的立法机关。全国人民代表大会在整个国家机构体系中居于首要的和最高的地位，其他国家机关都由全国人民代表大会产生并对它负责，受它监督，因而都不能超越全国人民代表大会，也不能和它并列。全国人民代表大会每届任期5年，在任期届满的2个月以前，全国人大常委会必须完成下届全国人民代表大会的选举。

根据宪法规定，全国人民代表大会主要行使以下职权：

（1）国家立法权
全国人大有权修改宪法、监督宪法的实施；有权制定和修改国家基本法律。

（2）国家领导人的任免权
全国人大有权选举决定和罢免国家机关的领导人。

（3）国家重大事项的决定权
全国人大有权决定国家生活中的重大问题。

（4）监督权
全国人大行使最高监督权，有权监督由它产生的其他国家机关的工作。

（5）应当由最高国家权力机关行使的其他职权
全国人大开展工作的方式主要是举行全国人大会议，每年一次，在第一季度举行，由全国人大常委会召集。全国人大常委会认为必要，或者有五分之一以上的全国人大代表提议，可以召开全国人民代表大会临时会议。全国人民代表大会要有三分之二以上代表出席，才能举行。

观　察

　　　"赞成2761票，反对81票，弃权33票。"2015年3月15日上午，随着全国人大常委会委员长张德江一声"通过"，《中华人民共和国立法法》的修改决定正式获得通过。本次立法法修正案在税收法定、扩大地方立法权、发挥人大在立法中的主导作用、保护公民权利界定政府规章权限范围、推进科学立法和民主立法等方面都作出了修改和完善。——立法法是规范国家立法活动的根本依据。根据宪法和立法法的规定，制定和修改基本法律要提交全国人民代表大会审议。本次审议立法法修正案草案是十二届全国人大第一次在代表大会这个层面审议一部法律草案。这不仅反映出立法法在法律体系中的阶位非常之高，是属于宪法范畴的重要法律；更体现了宪法赋予人大的立法职能，彰显了人大对立法的主导作用。

2. 全国人民代表大会常务委员会

全国人民代表大会常务委员会是全国人民代表大会的常设机关，是最高国家权力机关的组成部分，也是行使国家立法权的机关。

全国人大常委会隶属于全国人大，受全国人大的领导和监督，向全国人大负责并报告工作。全国人大常委会由委员长1人、副委员长若干人、秘书长1人和委员若干人组成，由全国人大在每届第一次会议选举产生，全国人大常委会的组成人员必须是全国人大代表，并应当有适当名额的少数民族代表。

全国人大常委会的任期和全国人大每届任期相同，即5年。它行使职权到下届全国人大选出新的常委会为止，其组成人员可连选连任，但委员长和副委员长连续任职不得超过两届。

另外，宪法还规定，全国人大常委会的组成人员不得担任国家行政机关、审判机关和检察机关的职务。

思　考

　　　2.你是否注意到，当年澳门特别行政区行政长官何厚铧在被宣布担任特首之职后，立即提出辞去第九届全国人大常委会委员的职务。于2000年3月召开的第九届全国人民代表大会第三次会议决定：确认第九届全国人民代表大会常务委员会第十四次会议关于接受何厚铧辞去第九届全国人民代表大会常务委员会委员职务的请求的决定。
　　　请问，应如何来理解何厚铧辞去这一职务的法律意义？

全国人大常委会的职权主要有：立法权、任免权、决定权和监督权。

全国人大常委会也主要是通过举行会议来进行工作的。全国人大常委会全体会议由委员长主持召集，一般每两个月举行一次会议，全体组成人员都参加。另外，全国人大常委会委员长、副委员长和秘书长组成委员长会议，处理常委会的重要日常工作。

3. 全国人民代表大会各专门委员会

宪法规定，全国人民代表大会根据需要，可以设立若干专门委员会，行使全国人大及其常委会的部分职权。

4. 全国人民代表大会代表

全国人大代表每届任期5年，除被选入全国人大常委会的以外，不脱离本职工作。

根据宪法规定，全国人大代表主要有以下权利：

- 提出议案权；
- 质询权；

观 察

据新华社2000年3月9日报道：九届全国人大辽宁代表团三十位全国人大代表就震惊中外的烟台"11.24"特大海难事故，向交通部提出质询。时任交通部部长黄镇东率该部有关工作人员前往辽宁代表团驻地接受询问。不过，严格地讲，接受询问和接受质询是两回事，质询必须纳入人大会议议程才是法律意义上的质询。

2010年6月，十一届全国人大常委会第十五次会议期间，结合听取审议中央决算报告和审计工作报告，开展了专题询问。在分组会议上，45位常委会组成人员围绕优化转移支付结构、防范地方政府性债务风险、完善预算编制和执行、推进预决算公开、保障重点支出、压缩行政成本和"三公消费"、深化财税体制改革等，提出了60个问题。财政部、审计署负责同志分别作了回答。从此，"专题询问"这种方式开始越来越多地运用于全国人大的日常监督工作中。从2010年6月到2014年6月，十一届、十二届全国人大常委会先后选择财政决算、国家粮食安全、保障性住房建设、传染病防治工作等一批重大问题，结合听取审议国务院有关专项工作报告，组织开展了12次专题询问，共有217人次常委会组成人员累计提出300多个询问问题。财政部、国家发展改革委、审计署、国土资源部、卫生计生委、人力资源和社会保障部、住房和城乡建设部、教育部、科技部、水利部、中国人民银行、银监会等20多个部门的负责同志参加了相关问题的专题询问，回答常委会组成人员的问题。

- 人身特别保护权：全国人大代表非经全国人大主席团许可，在全国人大闭会期间非经全国人大常委会许可，不受逮捕或刑事审判；
- 言论和表决的免责权：全国人大代表在全国人大各种会议的发言和表决，不受法律追究。

思　考

　　3.甲是全国人大代表，他因没有按期履行合同而被对方当事人乙起诉到法院。请问，甲必须应诉吗？甲若严重触犯刑律也一定不受制裁吗？

二、中华人民共和国主席

中华人民共和国主席是国家的象征，属于我国最高国家权力机关的范畴。

中华人民共和国主席同全国人大常委会结合行使国家元首的职权。中华人民共和国主席对外代表国家，在国际事务上国家主席是国家的最高代表。中华人民共和国主席由全国人大选举和罢免，其个人没有超越最高国家权力机关的权力，除接受外国使节、提名总理人选外，国家主席在行使其他职权时，都必须依据全国人大和全国人大常委会的决定进行。可见，中华人民共和国主席并不是指握有一定权力的个人，而是国家机构体系中的一个独立的国家机关。

从宪法的规定来看，中华人民共和国主席不负责国家的行政性工作，不单独决定国家重大事务，处于比较超脱的地位。

三、国务院

中华人民共和国国务院，是最高国家权力机关的执行机关，是最高国家行政机关。全国地方各级人民政府都是国务院统一领导下的国家行政机关，服从于国务院，执行国务院的决定和命令。

国务院对全国人大负责并报告工作；在全国人大闭会期间对全国人大常委会负责并报告工作。

宪法规定，国务院实行总理负责制，总理对国务院职权范围内的工作负有处理的全权并承担责任。

四、中央军事委员会

中央军事委员会是国家的最高军事领导机关，领导和指挥全国武装力量。中央军事委员会由最高国家权力机关产生并向它负责。

中央军委实行主席负责制，中央军委主席对全国人大及其常委会负责。

五、地方国家机关

1. 地方各级人民代表大会

地方各级人民代表大会是地方国家权力机关，它同全国人大一起构成我国国家权力机关系统。地方各级人民代表大会由选民或选举单位选出的人民代表组成。

2. 地方各级人民政府

地方各级人民政府是地方各级国家权力机关的执行机关，是地方各级国家行政机关。

地方各级人民政府从属于本级国家权力机关，它由本级国家权力机关产生，对本级人大及其常委会负责并报告工作。同时，作为地方国家行政机关，要接受上级人民政府的领导，并向上一级人民政府负责。

3. 民族自治地方的自治机关

民族自治地方的自治机关是自治区、自治州、自治县的人民代表大会和人民政府。

民族自治地方的自治机关具有双重性质。它首先是一级地方国家机关，同其他地方国家机关，实行同样的组织原则，它的产生、任期和职能也与一般地方国家机关相同。同时，它又是民族自治机关，代表实行自治的民族行使自治权，自主管理本民族的内部事务。

六、人民法院和人民检察院

1. 人民法院

人民法院是国家的审判机关，行使国家审判权。人民法院依照法律规定独立行使审判权，不受行政机关、社会团体和个人的干涉。

我国设立最高人民法院、地方各级人民法院和军事法院等专门人民法院。

最高人民法院院长由全国人大选举产生，向全国人大负责并报告工作。地方各级人民法院院长由地方各级人大选举产生，向本级人大负责并报告工作。

宪法规定，最高人民法院是最高审判机关，最高人民法院监督地方各级人民法院和专门人民法院的审判工作，上级人民法院监督下级人民法院的审判工作。

2. 人民检察院

人民检察院是国家的法律监督机关。人民检察院依照法律规定独立行使检察权，不受行政机关、社会团体和个人的干涉。

我国设最高人民检察院、地方各级人民检察院和军事检察院等专门人民检察院。

最高人民检察院检察长由全国人大选举产生，向全国人大负责并报告工作。地方各级人民检察院检察长由地方各级人大选举产生，向本级人大负责并报告工作，并对上级人民检察院负责。

宪法规定，最高人民检察院是最高检察机关，最高人民检察院领导地方各级人民检察院和专门人民检察院的工作；上级人民检察院领导下级人民检察院的工作。

综上所述，我国的国家机构由国家权力机关、行政机关、军事机关、审判机关和检察机关共同组成，它们为实现国家权力、履行国家职能发挥着各自的作用。

本 单 元 小 结

宪法是国家的根本大法，在我国的法律体系中具有至高无上的权威。

依据宪法规定，中华人民共和国是工人阶级领导的，以工农联盟为基础的人民民主专政的社会主义国家，这是我国的国体；我国的政体是人民代表大会制度，即根据民主集中制的原则，通过选举产生全国人民代表大会和地方各级人民代表大会，并以此为基础，建立全部国家机构，实现人民的当家作主。根据我国宪法规定，人民行使权力的机关是全国人民代表大会和地方各级人民代表大会；全国人民代表大会和地方各级人民代表大会都由民主选举产生，对人民负责，受人民监督；国家行政机关、审判机关、检察机关都向人民代表大会负责，受它监督。这些规定确认了人民行使国家权力的机关是各级人大，确认了我国的政权组织形式是人民代表大会制度。我国的国家结构形式是单一制的多民族国家。

宪法规定了公民的基本权利和义务。宪法规定了我国的国家机构，我国的国家机构主要由全国人民代表大会及其常委会、国家主席、国务院、中央军事委员会、地方国家权力机关、人民法院和人民检察院组成。

总之，宪法所确认的制度和原则是国家一切立法的依据，宪法规范是一切国家机关、社会组织和公民活动的准则。

思 考 题 答 案

1. 我国历史上各朝代制定的法律中，虽然出现过"宪法"这样的字眼，但并不是近代真正意义上的宪法。宪法是确认民主制度，表现阶级力量对比关系的国家根本大法。在中华人民共和国成立以前，我国历史上从来就没有真正实行过民主制度，当然就不可能产生真正的、反映民主制度的宪法。

2. 我国宪法规定，全国人大常委会的组成人员不能担任国家行政机关、审判机关和检察机关的职务。这符合我国宪法的基本原则，确定了国家机关之间的职能分工和相互制约。所以，何厚铧在确定担任重要行政职务之际，必须辞去全国人大常委会委员的职务。

3. 甲必须应诉。宪法为了保障人大代表正确、有效地行使职权，规定人大代表的某些权利受到特殊保护，但这并不意味着他可以不承担任何法律责任。因民事权益引发的诉讼，全国人大代表与一般公民无异，甲当然须应诉。但是，作为全国人大代表，甲享有非经全国人大主席团或全国人大常委会许可，不受逮捕或刑事审判的权利。

阅　读　书　目

1. 《宪法学》（第五版），焦洪昌主编，北京大学出版社，2013年9月版
2. 《宪法》（第二版），张千帆主编，北京大学出版社，2012年8月版
3. 《宪法教学案例》，焦洪昌、李树忠主编，中国政法大学出版社，1999年8月版
4. 《宪法的司法化》，王磊著，中国政法大学出版社，2000年2月版

如果同一批人同时拥有制定和执行法律的权力，就会给人们的弱点以绝大诱惑，使他们动辄就要攫取权力，借以使他们自己免予服从他们所制定的法律，并且在制定和执行法律时，使法律适合于他们自己的私人利益。

——[英]约翰·洛克（John Locke），《政府论》

第三单元　行政法

行政法是调整和规范国家行政权的法。

行政法是效力仅次于宪法的独立法律部门，是我国法律体系中最重要的部门法之一。

尽管刑法、经济法、行政法以及其他的部门法都是宪法的实施法，但是行政法与宪法的关系更为密切。行政法是实施有关现代国家机构之间关系的宪法规范的主要法律，也是实施宪法规定的各项国家政策的主要法律。正因为这样，我国有些学者将行政法称作"小宪法"。英国法学家霍兰德甚至认为，宪法典是"静态的宪法"，行政法是"动态的宪法"。

行政法所调整的社会关系广泛而重要，涉及社会生活的各个领域和层面，而且这类社会关系与国家权力和公民权利息息相关。行政权是国家政权的一个组成部分，承担着管理国家的职能。近代国家权力发展的一个重要特点是行政权的扩张。行政权的扩张给国家的稳定和发展带来积极的影响，但与此同时，政府因滥用职权侵犯公民和其他行政相对人权利的可能性也大为增加。如何在行政权的扩张及其制约之间保持相对合理的平衡，从而保障行政相对人的合法权利，正是行政法所要解决的重要问题。

本单元将就行政法的基本内容和一些重要制度作一介绍和讲解，涉及行政法中最为基础的部分。

内　容　提　示

通过对本单元内容的学习，你应了解和掌握行政法的基本概念、基本知识、基本理论，明确行政法在整个法律体系中的地位及所起的作用，并熟悉有关的行政法律、法规。通过学习，你还应增强对行政法治的理解，树立起遵纪守法、依法办事的观念。在此基础上，学会运用行政法学的知识，对行政行为、行政处罚和行政复议等领域中的法律问题进行分析和判断。

基于以上学习目的，你应完成对以下内容的全面把握：

- 行政和行政权力的涵义
- 行政法的概念、调整对象、渊源、特点和分类
- 行政法律关系及其三要素
- 行政法的基本原则
- 行政法律关系主体的概念及种类
- 行政行为的概念、特征、内容、形式、效力和分类
- 行政处罚的基本内容
- 行政复议制度的基本内容
- 有关行政赔偿的基本规定

第一节

行政法概述

一、行政和行政权力

行政法就是有关行政的法，可以说，这是关于行政法最简单明了、最确定的一个概括。行政法与行政的关系是极为密切的，要真正了解什么是行政法，首先得准确把握行政的涵义。

观　察	某公司员工王某因违反公司规章制度的规定，被公司扣除一个月奖金；某市文化执法大队对某网吧进行检查，查实该网吧夜间招揽未成年人消费，于是根据《中华人民共和国行政处罚法》作出罚款处罚。上述两当事人虽然接受的都是经济处罚，但其性质完全不同。王某是因为违反公司规章制度的规定受到公司的处罚，公司的行为是私行政行为，若产生争议属于劳动争议，适用劳动法；某市文化执法大队对网吧的处罚则属于行政处罚，其行为是公行政行为，若产生争议属于行政争议，适用行政处罚法。

1. 行政的涵义

相对于社会组织、企业的"私人行政"而言，行政法领域的行政是指国家与公共事务的行政，在西方通称为"公共行政"。确切地说，行政是指国家行政主体依法对国家和社会事务进行组织和管理的活动。

述定义包含以下两层意思：

（1）行政是行政主体的活动

行政主体是指依法代表国家，并以自己的名义实施国家行政管理的组织。在我国，其范围除国家行政机关及其机构外，还包括法律、法规、规章授权行使行政职能的社会组织。①

（2）行政并不是行政主体的所有活动

现代行政早已突破只限于管理国家事务的传统观念，扩大至管理公共事务的领域。但是行政主体的非管理活动不属于行政。

> **思　考**
>
> 　　1. 某区政府扩建办公楼，欲添置大量办公设备，于是通过政府采购的方式与某大型百货公司签订了订货合同。请问：某区政府的这一行为是否属于行政活动？

行政就其实质而言是一种管理。但是，它既非一般的社会管理，也不完全等同于国家管理。简而言之，行政是国家的行政管理。

2. 行政权力

行政的核心或实质内容就是行政权力。

行政权力，或称行政权，是指国家宪法、法律赋予国家行政机关执行法律规范、实施行政管理活动的权力，是国家政权的一个组成部分。

这里，须注意区分两组概念，即权力与权利、行政权与行政职权。

（1）权力与权利

权力，是指一定的机关或组织依法所具有的支配力量。

权利，是指自然人、法人或者其他主体为实现某种利益，而依法进行一定的作为和不作为的资格，与义务相对而称。

两者的主要区别如下：

● 权力具有纵向的性质，体现出支配、命令等功能，所以权力必须依法产生而且不能自由处置；而权利是横向的，权利主体之间地位平等，所以权利可以相对自由地放弃或转让。

---

① 比如，城市的居民委员会和农村的村民委员会。它们不是一级政权机关，也不属于行政机构，因此不享有行政主体的资格。但是，在得到行政机关授权时，它们就会享有一定的行政职权，可以成为行政主体。

比如，各级公安机关代表国家行使社会治安管理的职权，对各种违法、犯罪行为有权也有义务进行处理。如果怠于管理，就是渎职，将承担相应的法律责任。而公民所拥有的人身权、财产权或其他权利，则可依法自由处分，即使受到了侵害，也可自由选择是否要寻求法律救济。

● 权力行为具有单方性，其实现取决于主体自身的权力行为，不以相对人的态度和行为为转移；而权利的实现一般取决于义务人相应的行为。

● 权力主体限于国家机关或组织，公民只能作为权利的主体之一。

所以，行政主体所拥有的行政权应属于权力性质，而不是权利。

（2）行政权与行政职权

行政权，是行政机关所拥有的权力，其内容广泛而复杂；行政职权，是具体行政机构和工作人员所拥有的，与其任务、职位相适应的管理资格和职能，是行政权的具体化。行政权与行政职权是抽象与具体、一般与个别的关系。

> 观　察
>
> 各级税务机关及其工作人员代表国家向纳税义务人依法征收税款，其所拥有的就是行政职权。因为，各级税务机关及其工作人员所拥有的代表国家向纳税义务人征收税款的权力，就是行政权被具体定位到职位上以后所形成的行政职权，是行政权的具体化。

二、行政法的概念、调整对象和作用

1. 行政法的概念和调整对象

从行政行为角度界定，行政法是关于控制和规范行政权力的法律规范的总称；从法律关系角度界定，行政法是调整因行政主体行使职权而产生的特定社会关系的法律规范的总称。

每一个部门法都有其特定的调整对象。关于行政法的调整对象，学界存在两种不同的观点：其一，认为行政法的调整对象为行政活动或行政行为，即行政法是关于行政行为、行政程序和行政组织的法律规制；其二，认为行政法的调整对象为行政关系，主要包括行政管理关系、行政法制监督关系、行政救济关系和内部行政关系。上述两种观点是从不同的视角对行政法进行的解读，均基于其相应的理论基础。[①]

需要强调的是，作为行政法调整对象的行政活动应限定为公权力行政活动。在现代社会，随着行政活动的方式和手段的日益多样化，公权力行政并非都体现为命令或强制，由行政机关

---

① 参见徐静琳：《行政法与行政诉讼法学》，上海大学出版社，2013年版，第8页。

通过与相对人平等协商、签订合同的方式来执行公务的活动，也属于公权力行政的范围。因此，行政法调整的行政关系，主要是指行政权在行使职权的过程中，即在行政外部管理活动中，行政主体与行政相对人之间发生的法律关系。

> 思 考
>
> 2. 通常认为，行政法的调整对象主要是行政活动或行政关系。请问：税务局举办的"营业税改增值税"政策解读与业务学习培训班，物价局就收费核价与企业发生的关系，是否都属于行政法的调整对象？

2. 行政法的作用

作为一个独立的法律部门，行政法有其自身特殊的作用：

（1）保障行政权的有效行使，促进行政主体依法行政，提高国家行政管理的效率

行政管理从各方面推动国家的建设和发展，如果离开了行政法的保障，行政权就无法得到有效的实施，其作用也就不能得到充分的发挥。

另一方面，行政权需要监督和制约，违法行政、滥用权力的现象若得不到控制和纠正，将破坏社会秩序，阻碍社会的发展和进步。行政法是规范行政主体行使行政权的基本制度，要求行政主体严格依法行政，同时保障合法行政活动的实施，对违法行政明确规定了法律责任。

（2）推动依法治国进程，保障公民、法人或者其他组织的合法权益

宪法确立了"一切权力属于人民"的基本原则，行政法是这一原则的具体化。行政法通过规范国家工作人员的各项职责和要求落实人民对国家的管理权，又通过规定检举、揭发、控告、申诉等制度，为人民监督国家管理尤其是行政管理提供了途径、手段和法律程序，从而保证了人民监督权的实施。此外，行政法还通过建立一系列的制度，防止行政主体违法行政，使公民、法人或者其他组织的合法权益得到全面而有效的保护。

三、行政法的特点

行政法的特点，可以从形式和内容两方面来看。

1. 行政法在形式上的特点

（1）行政法没有统一、完整的法典

行政法涉及的社会生活领域十分广泛，是一个内容庞杂纷繁的法律部门。因此，无论是我国，还是世界上的大多数国家，都没有完整统一的行政法典。

（2）行政法律规范的表现形式多种多样

我国的行政立法体制具有多头、多级的特点，行政法律规范层次不同、名目繁多，其效力等级也有明显的区别。当代，各个国家行政法律文件的数量一般都居各法律部门的首位。

<table>
<tr><td>观　察</td><td>以下规范性文件都属于行政法，但是有严格的层级区分：
1. 全国人大及其常委会制定行政法律，例如《中华人民共和国行政许可法》、《中华人民共和国行政处罚法》、《中华人民共和国行政复议法》、《中华人民共和国治安管理处罚法》、《中华人民共和国居民身份证法》、《中华人民共和国土地管理法》等；
2. 国务院制定行政法规，例如《中华人民共和国保守国家秘密法实施条例》、《国务院关于修改〈全国年节及纪念日放假办法〉的决定》等；
3. 国务院各部委制定行政规章，例如《国家能源局关于明确电力业务许可管理有关事项的通知》、《教育部关于印发〈中等职业学校教师专业标准(试行)〉的通知》等；
4. 地方人大制定地方性行政法规，例如北京市人大制定的《北京市居家养老服务条例》、天津市人大制定的《天津市大气污染防治条例》、上海市人大制定的《上海市终身教育促进条例》等；
5. 地方政府制定地方政府规章，例如上海市人民政府制定的《上海市促进生活垃圾分类减量办法》、《上海市生活饮用水卫生监督管理办法》；山东省人民政府制定的《山东省供热条例》等。</td></tr>
</table>

2. 行政法在内容上的特点

（1）行政法内容广泛

现代行政活动几乎涉及所有的社会生活领域，既包括国家管理方面，又包括社会管理方面；既调整政治、经济、科技、文化，又规范公安、民政、军事、外交等。

（2）行政法规范易于变动

尽管法律规范须具有一定的稳定性，但是行政法规范，尤其是以行政法规、规章形式表现的行政法规范较易发生变动。国家行政管理领域广阔，内容复杂而具体，行政法的内容必须与行政活动的不断变化相适应，及时进行修正和调整。

（3）实体性规范与程序性规范交织在一起

现代的刑法与刑事诉讼法、民法与民事诉讼法都是相互对应、自成体系的，而行政法就不同。这是因为，行政活动是通过一定的程序去进行的，行政权力的运用也是通过一定的程序去表现的，行政活动的实体性内容和程序性内容很难截然分开。法律上也只能将行政活动的实体性内容和程序性内容放在一起加以概括。①

四、行政法律关系

1. 行政法律关系的概念

不同的法律调整不同的社会关系，形成相应的法律关系。行政法以行政关系为调整对象，行政关系与行政法律关系两者既有区别也有联系。行政关系是国家行政机关在实施国家行政管理过程中发生的社会关系的总称，它是一种事实关系，只有经过法律的规定和调整才形成行政法律关系。因此，行政关系是行政法律关系的前提和基础，行政法律关系是法律规范调整行政关系的结果。

行政法律关系，是指由行政法所规定和调整的，因行政主体行使行政职权所形成的具有行政法上权利与义务内容的各种社会关系。简言之，行政法律关系就是受行政法调整的社会关系。

观　察

下列活动都是行政机关开展的公务活动：工商局作出吊销某饮食店营业执照的处罚；财政局对所属机关某干部给予纪律处分；税务局对企业人员进行税务法制培训；街道办事处干部到社区进行法制宣传。其中，只有工商局作出吊销某饮食店营业执照的处罚所形成的关系属于行政法律关系。其余三项活动均不会产生行政法律关系：财政局对所属机关干部给予纪律处分和税务局对企业人员进行税务法制培训都属于行政机关内部活动，而街道办事处干部到社区进行法制宣传则属于非权力行政活动。

2. 行政法律关系的要素

同其他的法律关系一样，行政法律关系也由三个必不可少的要素构成，即主体、客体和内容。

（1）行政法律关系的主体

行政法律关系的主体，是指在具体的行政法律关系中权利的享有者和义务的承担者。包括行政主体和行政相对人。具体情况如下：

---

① 从发展趋势看，其程序性规范的数量在迅速增多，并将占据主导地位。这表明，程序性规范将成为行政法的主要规范形式。鉴于此，本单元对行政法的程序性规范也多有涉及。

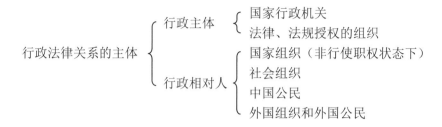

（2）行政法律关系的客体

行政法律关系的客体，是指行政法律关系当事人的权利、义务所指向的对象。

行政法律关系的客体可以概括为三种： 物质财富、行为和精神财富。①

（3）行政法律关系的内容

行政法律关系的内容，是指行政法律关系主体在行政法律关系中享有的权利和承担的义务。

不同的当事人在具体的行政法律关系中享有的权利和承担的义务是各不同的。

3. 行政法律关系的特点

（1）行政法律关系中必有一方是行政主体

行政关系得以发生的客观前提是行政职权的行使，而行政主体是行政职权的行使者。所以，在行政法律关系双方当事人中，必有一方是行政主体。行政主体主要是国家行政机关。

 　　3. 行政法律关系的一方当事人必须是行政主体，这一特点是否意味着： 没有行政机关参加的法律关系就不可能是行政法律关系？

（2）行政法律关系当事人的权利（职权）、义务由行政法律规范预先规定

行政法律关系当事人之间不能相互协商约定权利、义务，不能自由选择权利、义务，也不能随意放弃权利、转让义务，而必须依据行政法律规范的规定享有权利或承担义务。这是行政法律关系区别于民事法律关系的主要特征。

---

① 也有学者将行政法律关系的客体概括为人身、行为和财物（包括物质财富和精神财富）三种。——参见胡建淼：《行政法学》，法律出版社，1998年版，第29页。

观 察

　　某公民辞职后想从事个体经营，在申请营业执照时，他必须按照法律的规定和要求，向工商行政管理机关申请。工商行政管理机关收到该公民的申请后必须严格依法审查，只有在符合法定条件的情形下，才可向其颁发营业执照。而且只要该公民符合法定条件，工商行政管理机关就必须依法向其颁发营业执照。

　　在整个过程中，该公民和工商行政管理机关只能依法享受权利（职权)和承担义务（职责），而不能通过协商变更有关发放营业执照的法定条件。对于工商行政管理机关来说，依法审查、颁照是其职权也是职责，不能随意放弃这一权力。

（3）行政法律关系具有不对等性

行政法律关系具有明显的不对等性，行政主体始终处于主导地位，具体表现为：

● 行政法律关系的产生、变更或消灭不以双方的意思表示一致为必要条件，大多取决于行政主体的单方行为。
● 行政主体以国家强制力保证其职权的行使，可以对拒绝履行义务的相对人行使强制权，而相对人不具有这种手段。

（4）行政主体实体上的权利（职权）与义务具有统一性

　　行政主体在行政法律关系中的权利和义务很难分开，行政主体行使职权的行为，往往也是其履行职责。例如，查处违法、犯罪行为，维护社会治安，既是公安机关的职权，也是公安机关的义务。

案 例

　　2015年1月15日，最高人民法院召开新闻通气会，通报人民法院关于行政不作为的十个典型案例，以此强化和规范司法监督和司法审查，治理行政机关行政不作为现象。其中"张美华等五人诉天水市公安局麦积分局行政不作为赔偿案"的主要情况如下：

　　基本案情：被害人刘伟洲遭到罪犯苏福堂等3人拦路抢劫，刘伟洲被刺伤后喊叫求救，多人听到呼救后多次拨打"110"报警，"110"值班民警让拨打电话者给"120"打电话；经他人再次拨打"110"报警后，"110"值班接警人员在近两个小时后指令派出所出警。此时被害人刘伟洲因失血过多已经死亡。法院认定甘肃省天水市公安局麦积分局"110"值班民警高某犯玩忽职守罪，免予刑事处罚。被害人刘伟洲近亲属张美华等五人起诉麦积分局要求赔偿。

　　裁判结果：经法院主持达成调解协议，麦积分局一次性支付刘伟洲死亡赔偿金20万元。

　　本案的判决明确了公安机关因未及时出警而应承担的相应责任，并通过调解方式妥善化解争议。本案的典型意义在于，不仅违法实施行政处罚、行政强制等侵权行为可能承担赔偿责任，因不依法履行职责、不及时救助群众，造成人身、财产损害的，同样可能承担赔偿责任。

第二节
行政法的基本原则

　　行政法的基本原则，贯穿于全部行政法律规范之中，既是具体行政法律规范的立法准则，又是所有行政主体在国家行政管理中必须遵循的基本行为准则。

　　行政法的基本原则，具体包括：行政合法性原则、行政合理性原则和社会公益性原则。

一、行政合法性原则

　　行政合法性原则，是指行政权的设立、运用必须依据法律，符合法律要求，不能与法律相抵触。这里的法律应作广义的理解。

　　行政合法性原则是法治原则在行政法上的体现，是行政法治的核心内容。行政合法性原则的具体要求如下：

1. 行政职权须依法设定、依法授予

　　行政行为的基础是行政职权。行政主体的行政职权须由法律设定，或由有关机关依法授予，没有法律根据的职权是不存在的。行政主体只能在法定的职权范围内行事，法定权限以外的行为将构成无效的或可撤销的行政行为。这是依法行政的前提。

| 观　察 |

　　在我国，结婚登记手续须由民政部门办理，若由人力资源和社会保障部门办理，这个登记手续肯定是无效的。因为法律既没有规定、也没有授予人力资源和社会保障部门这一职权。当然，人力资源和社会保障部门也不会予以办理。

2. 行政职权必须依法行使

行政主体不享有行政法规范以外的特权，在依法行政的同时还应做到守法行政。行政主体行使行政职权既要遵循法定实体规则，又要遵循法定程序规则，不按法定程序进行的行政行为同样违法。总之，行政职权不得滥用。这是依法行政的核心。

3. 行政主体须对违法的行政行为承担法律责任

行政法治要求政府和公民一样，如其行为违法侵犯了他人的合法权益，应依法承担侵权赔偿责任。所以，行政主体的行政行为若违法，不仅其行为应被确认为无效，同时还应追究行为责任者相应的法律责任。这是依法行政的保障。

二、行政合理性原则

行政合理性原则，是指行政机关作出行政决定不仅应当按照法律的规定，而且应当符合法律宗旨，做到客观、适当、公正、符合理性。

由于行政管理的范围日益扩大，其内容复杂多变，导致行政法律规范无法就全部行政活动作出细致、严密的规定。由此，国家赋予了行政机关一定程度的行为选择权，即自由裁量权，使行政机关根据具体情况对行为的方式、范围、种类、幅度等作出选择。行政合理性原则产生的主要原因是行政自由裁量权的存在。若放任自由裁量，将导致其被滥用，最终破坏行政法治；过度的限制则会使自由裁量权丧失，影响行政机关充分行使管理国家的职权。据此，行政合理性原则针对自由裁量权的特点和需要，对自由裁量行为提出了实质性要求，即合理。具体内容有：

1. 行政行为须符合法律目的

任何法律的制定都是基于一定的社会需要。法律授予行政机关一定的权力，也是为了达到一定的管理目的。所以，实施行政行为，必须符合行政立法的目的。凡是有悖于法律目的的行为都是不合法。

2. 行政行为须有合理的动机

行政行为的动机，必须符合法律要求，不能以执行法律的名义，将其个人意志强加于大众，甚至假公济私。否则，行政行为便具有了双重动机。所以，行政行为的动机必须是正当的，不得考虑法律规定以外的因素、条件，必须客观，实事求是。

3．行政行为的内容应合乎情理

行政主体作出行政行为，应当具有一个有正常理智的普通人所能达到的"合理"和"适当"，并能够符合科学公理和社会公德。行政行为还应最大限度地尊重行政相对人的权利和自由，不能要求其承担无法履行或违背情理的义务。

总之，不符合法律目的、具有不正当动机或不合理内容的行政决定，通常是滥用行政自由裁量权的结果。

> **案　例**
>
> 黄先生，河南信阳人，在河南新郑市开餐馆。2014年9月因为店铺搬迁，他从郑州市带了半箱之前没用完的盐。10月15日上午，黄先生因为这半箱从郑州带来的盐，被新郑市盐业管理局检查人员认定为"跨区域用盐"，被没收部分食盐并处罚款200元。
>
> 新郑市盐业管理局一位科长解释说："食盐是国家专营产品，按照我省盐业管理条例规定，该餐馆的用盐行为属跨区域用盐，是违法行为。"
>
> 对于食盐，我国确实实行专营制度，食盐的运输、生产、储存、销售甚至食用都有相关限制。具体而言，河南省《河南省盐业管理条例》中有明确规定：饮食加工用盐单位、营业性饭店以及机关、企事业单位的集体食堂，必须从当地食盐经营单位购买食盐。那么，何为"当地"？是以省、市还是区县作为范畴，条例中没有明确规定。根据公开资料，郑州市盐业局2011年曾经发过相关文件，对郑州市区、县公司供应的合格食盐均不得处罚。以此为依据，应把"当地"这个范围确定为郑州市。新郑市下辖于郑州市，依此规定来看，新郑市盐业管理局的处罚就是一种违法处罚了，是不合法的。
>
> 其实，本案的关键是盐业的垄断专营体制与转变政府职能、推进市场化改革方向之间的矛盾。

三、社会公益性原则

行政主体在实施行政行为时，除了应当严格遵守法律的规定，作出适当的处置之外，还应当全面考虑行政行为是否符合社会公共利益。按照我国《宪法》的规定，一切国家机关和国家工作人员必须努力为人民服务。所以，从根本上讲，行政行为是为社会服务、为人民服务的活动。

公益性原则要求行政行为必须服从社会公共利益，即行政行为必须有利于社会发展、社会进步和人民生活。行政主体行使职权都必须以社会公共利益为重，法律不允许任何行政行为的实施者只考虑本单位、本部门或者本地区的局部利益，更不允许行政主体为推卸责任而人为制造事端。一切行政行为必须基于社会公共利益的需求，基于建立稳定的社会公共秩序的要求。

总之，社会公益性原则是合法性原则和合理性原则的重要补充，也是行政行为之根本目的和宗旨的体现。

> **案　例**
>
> 天津市民张恩琪于2013年3月、10月分别向天津市人力资源和社会保障局、天津市社会保险基金管理中心邮寄信函，要求对其社会保险缴费基数偏低和少

缴、漏缴问题进行强制征缴。市社保局认为该问题不属于该局职责，将信件转至社保基金中心；社保基金中心答复：中心作为社保经办机构，负责依据区县社保局审批结果及有关政策规定按时足额发放退休待遇。双方互相推诿。无奈之下，张思琪将两单位作为共同被告诉至法院。经法院审理查明，2011年天津市社保局曾向与其存在隶属关系的市社保中心下达过文件，明确了两者在受理举报投诉案件查处方面的分工，此项职责确在社保中心。遂判决市社保基金中心30日内对原告请求作出处理并将结果书面告知，在规定期限内不履行的，从期满之日起按日处70元罚款。

本案中，法院以行政裁判方式明确了行政主体在社保管理方面的相关职责。基于行政管理的复杂性和法律规定的抽象性，在职权界线不清晰的情况下，行政机关相互之间应当主动沟通联系，共同协调解决，不能互相推诿。社会保险待遇涉及千家万户，关乎个人生老病死，无论是社保机关还是经办机构都必须积极履责，此乃责任政府应有之义。本案的典型意义还在于：法院对于行政主体相互推诿，均否认具有相应法定职责的案件，可依法将相关行政主体都列为被告，共同参加诉讼，通过庭审、举证、质证和辩论，最终确定履责主体。

第三节
行政法律关系主体

行政法律关系主体由行政主体和行政相对人双方构成。在国家行政管理活动中，行政主体属于管理方，行政相对人属于被管理一方。

行政主体是一种组织，行政行为需要通过具体个人来实施，依法代表行政主体实施行政管理活动的个人主要是国家公务员。因此，本节重点介绍行政主体（主要是行政机关）及其公务员和作为行政相对人的组织、个人。

一、行政主体

行政主体，是指依法享有行政职权，能代表国家以自己的名义从事行政管理活动，并能对行为效果独立承担责任的组织。

1. 行政主体的特征

(1)行政主体是一种组织，而不是个人。

(2)行政主体是依法享有行政职权，实施行政活动的组织。我国的行政主体主要是行政机关，即从中央到地方的各级人民政府。

(3)行政主体能以自己的名义实施行政管理活动。

(4)行政主体能独立承担其行为所产生的法律责任。

观　察

"被诉行政机关负责人应当出庭应诉。"被视作行政主体以自己的名义实施行政管理行为，并独立承担法律责任的具体表现。

2014年11月1日第十二届全国人民代表大会常务委员会第十一次会议通过了"关于修改《中华人民共和国行政诉讼法》的决定"。在此次修订的诸多条款和内容之中，有如下一处修订，作为新增的内容列为《行政诉讼法》第3条，其内容是："人民法院应当保障公民、法人和其他组织的起诉权利，对应当受理的行政案件依法受理。行政机关及其工作人员不得干预、阻碍人民法院受理行政案件。被诉行政机关负责人应当出庭应诉。不能出庭的，应当委托行政机关相应的工作人员出庭。"

2. 我国的行政主体

（1）国家行政机关

国家行政机关是最主要的行政主体，即职权行政主体，它是指按照宪法和有关组织法的规定设立的，依法行使国家行政权力，对国家行政事务进行组织和管理的机关。

我国的行政机关包括：

● 国务院：即中央人民政府，是最高国家行政机关，也是最高级别的行政主体；

● 国务院下属各部门：即国务院的组成部门，如外交部、教育部等；

● 国务院直属特设机构：国务院国有资产监督管理委员会；

● 国务院直属机构：即国务院主管各项专门业务的机构，如海关总署、税务总局等；

● 国务院各部委管理的国家局：即国务院根据需要，依法设立的行政主管职能部门，如国家粮食局、国家能源局等；

● 地方各级人民政府：即省、市、县、乡四级地方人民政府，以及特别行政区行政机关；

● 地方各级人民政府的职能部门；

● 地方各级人民政府的派出机关。

（2）其他行使行政职权的组织

即授权行政主体，是指依照有关法律、法规和规章的规定，具备授权行政主体资格的社会组织。具体包括：

- 行政机构：是指政府或政府工作部门根据行政管理的需要，设置的内部机构，以协助处理和具体办理政府或政府职能部门的各项行政事务或机关内部事务，如税务所、商标评审委员会等。
- 公务组织：即国家依法设立的、专门从事某种公务活动的组织，如各类行业总会。
- 依法授权的组织：即企事业单位、社会团体、群众性自治组织等依据国家法律、法规授权，成为享有特定行政职权的组织，如卫生防疫站、食品卫生监督站等。

二、公务员

2006年1月1日起施行的《中华人民共和国公务员法》（以下简称《公务员法》）是新中国成立以来的第一部公职人员基本法，其立法目的是规范公务员的管理，保障公务员的合法权益，加强对公务员的监督，建设高素质的公务员队伍，促进勤政廉政，提高工作效能。

1. 公务员的概念

根据《公务员法》第2条的规定，在我国，公务员是指依法履行公职、纳入国家行政编制、由国家财政负担工资福利的工作人员。

2. 公务员的范围

我国公务员的范围，不限于国家机构和行政机关的工作人员，而是大体相当于公职人员的范畴。具体而言，主要包括下列七类机关的工作人员：

- 中国共产党中央和地方各级委员会、纪律检查委员会机关的工作人员：包括中央和地方各级委员会、纪律检查委员会的专职领导成员，中央和地方各级党的委员会、纪委的办事机构和工作部门的工作人员，街道、乡镇党委机关的工作人员。
- 全国县级以上地方各级人大常委会机关的工作人员：包括人大常委会的专职组成人员和人大常委会办事机构（如办公厅）和工作机构的工作人员，人大专门委员会办事机构的工作人员。
- 行政机关的工作人员：包括各级人民政府的工作人员，各级人民政府工作部门以及派出机构的工作人员。
- 政协机关的工作人员：包括政协各级委员会的专职领导成员，政协各级委员会办事机构（如办公厅）和工作机构的工作人员，政协专门委员会办事机构的工作人员。
- 审判机关的工作人员：包括最高人民法院和地方各级法院的法官、审判辅助人员以及行政管理人员。
- 检察机关的工作人员：包括最高人民检察院和地方各级检察院的检察官、检察辅助人员以及行政管理人员。
- 民主党派机关的工作人员：包括八个民主党派中央和地方各级委员会主席（主委）、专职（驻会）副主席（副主委）、秘书长；中央和地方各级委员会办事机构和工作部门的工作人员。

此外，还有两点需要说明：一是国家主席、副主席也属于公务员；二是具有公共事务管理职能的事业单位中除工勤人员以外的工作人员，经批准参照公务员法进行管理。

3. 公务员应当具备的条件

根据《公务员法》第11条的规定，公务员应当具备下列条件：
- 具有中华人民共和国国籍；
- 年满18周岁；
- 拥护中华人民共和国宪法；
- 具有良好的品行；
- 具有正常履行职责的身体条件；
- 具有符合职位要求的文化程度和工作能力；
- 法律规定的其他条件。

同时，根据《公务员法》第24条的规定，下列人员不得录用为公务员：
- 曾因犯罪受过刑事处罚的；
- 曾被开除公职的；
- 有法律规定不得录用为公务员的其他情形的。

4. 公务员的义务和权利

根据《公务员法》第12条的规定，公务员应当履行下列义务：
- 模范遵守宪法和法律；
- 按照规定的权限和程序认真履行职责，努力提高工作效率；
- 全心全意为人民服务，接受人民监督；
- 维护国家的安全、荣誉和利益；
- 忠于职守，勤勉尽责，服从和执行上级依法作出的决定和命令；
- 保守国家秘密和工作秘密；
- 遵守纪律，恪守职业道德，模范遵守社会公德；
- 清正廉洁，公道正派；
- 法律规定的其他义务。

根据《公务员法》第13条的规定，公务员享有下列权利：
- 获得履行职责应当具有的工作条件；
- 非因法定事由、非经法定程序，不被免职、降职、辞退或者处分；
- 获得工资报酬，享受福利、保险待遇；
- 参加培训；
- 对机关工作和领导人员提出批评和建议；
- 提出申诉和控告；
- 申请辞职；
- 法律规定的其他权利。

观　察

根据国家公务员局的统计数据，截止2013年底，国家公务员总数为717.1万人。在这个庞大的公务员体系里，在县、乡两级工作的公务员超过公务员总数的60%。对大多数人而言，公务员的晋级之路十分漫长，从一位普通科员晋升至省部级公务员，需要经过副科、正科、副处、正处、副厅、正厅、副部、正部八级"台阶"。公务员是国家治理的实施者，但并不是所有公务员都有资格掌握实质性的国家权力，绝大多数公务员和其他职业人群一样从事着日常的行政工作。近几年，每年至少有100万年轻人参加国家公务员考试，不过他们中只有不到2万人能如愿以偿。

3. 公务员的法律地位

公务员是担任一定国家公职的公民，因此每一个公务员都具有双重身分。一方面，作为普通公民他可以享受法律赋予的基本权利，同时履行法律规定的基本义务；另一方面，公务员基于其行政职务关系，可以代表国家实施行政职权。

与公务员的双重身份相适应，公务员具有双重行为，即个人行为和职务行为。这种双重身份和双重行为的并存，有时会引发一些具体问题。区分公务员职务行为和个人行为的核心是以公务员所承担的行政职务及所属行政机关的行政职责为基础，看公务员的行为是否包含行政权力这个要素。

观　察

某税务局工作人员王某在工作日中午就餐时间，穿着制服到税务局附近的小饭馆吃饭，因饭后不按标价付款而与店主发生争执，后又将店主殴打致伤。王某的这番行为完全是个人行为，他没有代表国家以税务局的名义在行使行政职权。所以，王某应当对店主的人身伤害承担民事责任，这一行为与王某的职务行为无关，与其公务员身份无关。但王某有可能因为该行为所造成的不良社会影响而受到行政机关内部的处理。

三、行政相对人

1. 行政相对人的概念

行政相对人，是指具体行政法律关系中与行政主体相对应的另一方当事人，即处于被管理地位的组织和个人。

| 观　察 | 交通警察在路口执行交通法规，对违章的机动车驾驶员和行人进行教育和处罚。在这一行政法律关系中，交通警察代表行政主体实施交通管理职权，违章的司机和行人即是行政相对人。 |

2. 行政相对人的范围

在我国，可以成为行政相对人的个人和组织有：

（1）国家组织

即国家机关和国家机构的合称，在一定条件下能成为行政相对人。例如，国家行政机关的车辆，须接受交通管理部门的管辖和监督。

（2）社会组织

即国家组织以外的组合体，包括：企业单位、事业单位和社会团体。

（3）中国公民

即具有中华人民共和国国籍的自然人。

（4）外国组织和外国人

这里的外国组织和外国人，特指在中国境内的外国组织和外国人。①

3. 行政相对人的法律地位

行政法调整的行政关系是行政主体与行政相对人之间的关系，而行政相对人的法律地位是其权利和义务的综合体现。

（1）行政相对人的权利

行政相对人依法享有下列各项权利：

● 行政参与权
行政相对人有权通过合法途径参加国家行政管理活动以及参与行政程序。例如，政府部门以召开价格听证会的形式听取民众意见，让民众参与价格的决策过程。

① 作为一个自然人，中国公民和外国人都可以成为行政相对人，在行政法具有同一的地位，但在具体内容上有明显的区别：（1）有些中国公民所专有的权利外国人不享有，如担任行政公职，原则上限于我国公民；（2）外国人无须承担我国公民必须承担的所有义务，如服兵役、接受教育的义务；（3）对外国人可适用限期出境或者驱逐出境等特别的行政处罚措施，而对中国公民不适用。

● 了解权

行政相对人有权了解行政机关行政管理活动的依据和程序。行政机关应当公开行政职责和程序。

● 利益请求权

行政相对人有权就自己应得的收益向有关行政机关提出请求。例如，有科技发明的公民依法可以获得奖励。

● 批评、建议、申诉、控告、检举权

行政相对人有权对任何国家机关及其工作人员提出批评和建议；有权对任何国家机关及其工作人员的违法失职行为向有关机关提出申诉、控告和检举。

● 申请复议和起诉权

行政相对人不服行政机关的行政处理决定，有权依法申请复议或直接提起行政诉讼。

● 请求行政赔偿权

行政相对人的合法权益如果受到行政机关职务行为的影响，有权获得补偿；如果受到行政机关及其公务员的不法侵害，则有权获得赔偿。

（2）行政相对人的义务

行政相对人的义务主要是：

● 服从行政管理、行政命令和行政执法决定

行政管理、行政命令和行政执法决定一经作出，行政相对人必须服从；即便行政命令或行政执法决定不当，在经法定程序改变或撤销之前，行政相对人必须执行。

● 协助的义务

行政相对人对行政主体及其工作人员执行公务的行为，有主动予以协助的义务。

● 接受行政监督的义务

● 遵守法定程序的义务

行政相对人无论是请求行政主体实施某种行政行为，还是应行政主体要求作出某种行为，均应遵守法律、法规规定的程序、手续和时限等。

总之，由行政主体和行政相对人构成的行政法律关系主体，是行政法律关系的重要组成部分。

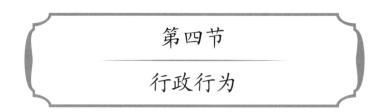

第四节

行政行为

行政行为是行政法律行为的简称，是指行政主体依法实施行政管理，能直接或间接引起法律效果的公务行为。

一、行政行为的特征

1. 行政行为是行政主体所为的行为

这是行政行为的主体要素。非行政主体的行为不是行政行为。当然，法律法规授权的组织在其授权范围内，行政机关委托的组织或个人在其受委托的范围内，也可作出具体行政行为。

2. 行政行为是行政主体行使行政职权、实施行政管理的行为

这是行政行为的职能要素。行政行为是一种公务行为，体现了国家的意志，因而具有强制力。行政主体从事的非公务行为不是行政行为。

3. 行政行为是单方行为，而不是双方行为

这是行政行为的方式要素。行政行为的成立只取决于行政主体的单方意志，不以行政相对人的意志为转移。行政主体只要在法律、法规授权范围内，即可自行决定和直接实施行政行为，而无需与行政相对人协商和征得相对人的同意。例如，为缓解特大型城市的交通压力，交通管理部门出台一系列限制非本地牌号车辆通行的举措，这些制度的制定和出台需进行严密的论证，但不需要征得行政相对人的同意。

4. 行政行为是能产生法律效果的行为

这是行为的法律要素。行政行为一经作出，能对行政相对人直接或间接地发生法律的影响，引起一定的法律后果，同时行政主体也对自己的行为承担法律责任。

二、行政行为的分类

行政行为根据不同的标准可以作出不同的分类。例如，根据行为的对象是否特定，行政行为可分为抽象行政行为和具体行政行为；根据行为受法律规范拘束程度的不同，行政行为可分为羁束行政行为与自由裁量行政行为；按行为启动方式的不同，行政行为可分为依职权行政行为和依申请行政行为；按行为是否必须具备法定的形式为标准，行政行为又可分为要式行政行为和非要式行政行为；等等。这里，仅就抽象行政行为与具体行政行为这一分类作一介绍。

将行政行为分为抽象行政行为与具体行政行为，这是行政行为最重要的分类之一。

1. 抽象行政行为

抽象行政行为，是指行政主体以不特定的人或事为对象所实施的行政行为。

抽象行政行为一般表现为制定行政法规和行政规章的行为，如行政立法的行为。这种行为的结果不具体涉及某人某事，而是普遍适用于其欲规范的所有对象。由于抽象行政行为的对象

具有抽象性，所以，抽象行政行为可以长期地、重复地发生法律效力，因而具有普遍约束力。

具体而言，抽象行政行为通常以规范性文件的形式表现出来，主要包括：

（1）行政立法：如国务院制定行政法规，各部委制定部门规章，省级政府、省会市政府制定政府规章等。

（2）其他规范性文件：行政机关如一般的市、县人民政府及其工作部门发布的其他具有普遍约束力的决定、命令。

2. 具体行政行为

具体行政行为，是指行政主体对特定人或特定事采取具体措施进行处理的行为。此类行为针对特定的对象，其结果直接影响行为相对人的权利和义务，但只能一次性发生法律效力。

例如，食品卫生管理部门对违反食品卫生法规的某个体户处以罚款，就属具体行政行为。行政许可、行政确认、行政奖励、行政裁决、行政救助、行政征收与征用等都属于具体行政行为。

可见，抽象行政行为是行政机关采取具体行政行为的依据，同时，抽象行政行为又要依靠具体行政行为才能得以贯彻和实施。

3. 划分抽象行政行为与具体行政行为的意义

划分两者的意义，至少体现在以下两点：
- 确定行政复议和行政诉讼的范围。通常情况下，行政复议和行政诉讼案件受理范围限于具体行政行为。但是，随着行政诉讼法的修订和完善，这一限制正被逐步削弱。根据修订后《行政诉讼法》的规定，"认为行政机关滥用行政权力排除或者限制竞争的；认为行政机关违法集资、摊派费用或者违法要求履行其他义务的；认为行政机关没有依法支付抚恤金、最低生活保障待遇或者社会保险待遇的"等行政行为已纳入行政诉讼受案范围。
- 确定行政行为在时间上的适用性。抽象行政行为可以对以后的事件反复适用，而具体行政行为只能对业已发生的事件作一次性适用。

三、行政行为的生效条件

行政行为的生效要件，是指行政行为发生法律效力所必须具备的条件。

各种行政行为生效所必须具备的共同要件①，主要有：

1. 作出行政行为的主体必须合法

只有具备主体资格的行政机关或其他行政主体，才能进行行政活动，其行为才具有效力。

---

① 行政行为的生效条件可以分为两大类：一是，各种行政行为都必须具备的生效条件；另一种是不同的行政行为所须具备的各不相同的生效条件。这里，仅指行政行为生效的共同要件。

2. 行政行为应当符合行政主体的权限范围

行政主体必须在法定的授权范围内实施行政行为，必须符合一定的权限规则。超越法定权限范围的行政行为一律无效。

3. 行政行为的内容应当合法

行政行为的内容应当符合法律、法规的规定，应当明确、具体、适当、公正、合理。

4. 行政行为应当符合法定程序

行政主体作出行政行为的程序必须符合法律规定的步骤、方式、时限和顺序。违反法定程序的行政行为同样是无效的行政行为。

四、行政行为的效力

只有符合生效要件的行政行为，才是能产生法律效力的行政行为。行政行为的法律效力包括拘束力、确定力和执行力。

1. 行政行为的拘束力

行政行为一经作出，即对行政相对人产生法律上的约束效力。行政相对人必须遵守、服从，否则就要承担相应的法律后果。

2. 行政行为的确定力

行政行为一经作出，即推定为合法有效，此为行为的公定力。同时，有效成立的行政行为，具有不可变更性，非依法不得随意变更或撤销。

3. 行政行为的执行力

行政行为生效后，行政主体依法有权对拒不履行的相对人采取一定的手段，使行政行为的内容得以实现。

五、行政处罚

行政处罚，是指特定的行政主体依照法定权限和程序对违反行政法律规范但尚未构成犯罪的行政相对人依法给予行政上的制裁。它是具体行政行为的一种。

为维持行政管理秩序、保障行政管理的顺利进行，行政处罚的存在是必要的。但是由于行政处罚将导致特定相对人的权益受到限制或被剥夺，为保护公民、法人、其他组织的合法权益和实现依法行政，行政处罚的设定和实施需要受到法律的严格规范和约束。《中华人民共和国行政处罚法》（以下简称《行政处罚法》）对其中的主要问题作了规定。

1. 行政处罚的特征

（1）行政处罚的适用主体是特定的行政主体

只有经法律、法规明文规定拥有行政处罚权的行政主体，才能在其权限范围内实施行政处罚。这些行政主体主要是行政机关和其他经法律、法规、规章授权的具有管理公共事务职能的组织，以及符合法定条件的受行政机关委托的组织。

> 案　例
>
> 王某是某省一所高校外语系二年级的本科生。某天傍晚，他在学校宿舍里私自用电炉煮饭时不慎失火，造成部分公私财物毁损。因其行为严重违反了学校关于禁止在学生宿舍使用燃煤、燃油炉具和各种用于煮饭、烧水的电热器的规定，故受到记大过的处分，同时学校总务处行政科依据学校有关规定给予其罚款500元的"行政处罚"。
>
> 王某认为学校行政科不是国家行政机关，无权对他实施行政处罚，要求退还那500元罚款，但校方不予退还。于是，王某将此争执情况反映到省教育厅，要求撤销学校作出的"行政处罚"决定，退还该项罚款。
>
> 本案例的核心问题是，该校（包括学校行政科）不是国家行政机关，不具有公共行政权力，在没有法律法规授权的情况下不能以自己的名义从事公共行政管理活动。所以，行政处罚是不能成立的。但是，如果换一个角度，学校将500元"罚款"变更为"损害补偿"，以弥补受损失的公私财物就合理合法了。学校对学生罚款是于法无据的。

（2）行政处罚的对象是行政相对人

行政处罚是行政主体对有关行政相对人实施的行政制裁措施。

（3）行政处罚的前提是行政相对人实施了违反行政法律规范的行为

行政相对人受到行政处罚，是因为其实施了违反行政法律规范的行为。同时，相对人所实施的行为尚未达到构成犯罪的程度，否则其将受到刑事制裁。所以，行政处罚是行政制裁。

2. 行政处罚的原则

（1）处罚法定原则

这一原则是行政法治原则在行政处罚中的具体体现和要求。其基本涵义是：处罚的主体是法定的；处罚的职权是法定的；处罚的依据是法定的；处罚的程度是法定的。

（2）公正、公开原则

所谓公正即公平、正直、没有偏私。

公正原则是处罚法定原则的必要补充。同等情况不同处罚、不同情况相同处罚和违反公正程序的情况均违反了公正原则。

公开原则强调行政处罚的透明度，保障行政相对人的知情权和其他合法权益，同时也可以通过行政相对人的参与监督行政主体依法行使职权。坚持公开原则最主要的是做到实施行政处罚的过程和结果要公开。《行政处罚法》中有关表明身份制度、告知制度、听取意见制度、听证制度等规定为具体落实公开原则提供了保证。

（3）处罚与教育相结合的原则

行政处罚作为一种法律制裁措施，具有惩戒与教育的双重功能。

（4）处罚救济的原则

要真正保障行政相对人的权利，在行政处罚中必须提供其充分的救济。

依据《行政处罚法》的规定，行政相对人对行政机关所给予的行政处罚，享有陈述、申辩权；对行政处罚不服的，有权依法申请行政复议或者提起行政诉讼；相对人因行政机关违法处罚受到损害的，有权依法提出赔偿要求。

3. 行政处罚的种类

根据《行政处罚法》第8条的规定，行政处罚主要有以下七类：

（1）警告

即由行政主体对违法者提出告诫或谴责。它兼有教育和制裁两重性质。警告是最轻微的一种行政处罚形式，一般适用于情节极其轻微、没有造成实际危害后果的违法行为。其目的是通过对违法者精神上的惩戒，以申明其有违法行为，使其以后不再违法。

（2）罚款

即行政主体强制违法者承担一定金钱给付义务的处罚。罚款是行政处罚中适用最广泛的一种形式，主要适用于较严重的行政违法行为或者以牟取非法利益为目的的行政违法行为，其目的是通过使违法者直接遭受经济损失而对其加以处罚。

（3）没收违法所得、没收非法财物

即行政主体把违法者的违法所得和非法财物的财产所有权予以最终剥夺并收归国有的处罚方式。没收对象包括违法者的违法所得及非法占有的利益，实施违法行为的工具和违禁品等。没收可以视情节轻重而决定部分或全部没收。

（4）责令停产停业

即行政主体强制违法者在一定期限内停止经营的处罚形式。责令停产停业直接剥夺了生产经营者进行生产经营活动的权利，因此，一般适用于违法行为严重的行政相对人。责令停产停业一般附有限期整顿的要求，如果受处罚人在限期内纠正了违法行为，即可恢复生产和营业。

（5）暂扣或者吊销许可证、暂扣或者吊销执照

即行政主体依法取消或者在一定期限内扣留许可证或执照的处罚形式。这种方式的目的在于取消被处罚人的一定资格和剥夺或限制其某种特许的权利。这是一种比责令停业停产更为严厉的处罚。

（6）行政拘留

即行政主体依法在一定期限内剥夺违法者人身自由的处罚形式。这是一种最为严厉的行政处罚方式，主要适用于社会治安管理处罚中。因其涉及公民的人身权利，所以关于行政拘留的设定和实施，法律都有严格的规定。

（7）法律、行政法规规定的其他行政处罚

即由法律、行政法规设定的除以上6种之外的其他行政处罚形式。

总之，行政行为都是行政主体行使行政权力，产生法律效果，以实现国家管理目的的行为。

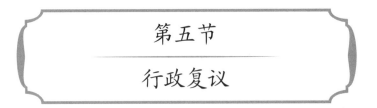

第五节

行政复议

行政复议是行政法上的一种救济制度，它属于行政机关的内部监督。①

建立和健全行政复议制度，不仅能够保证复议机关正确、及时地履行行政复议职责，监督行政机关依法行政，更为重要的是能够切实保护行政相对人的合法权益。

---

① 行政法上的救济制度是指有权机关对于行政主体的行政违法和行政不当行为实施控制的法律制度。这种制度主要有两类，即行政救济和司法救济，前者就是行政复议，后者就是行政诉讼。

《中华人民共和国行政复议法》对行政复议的基本问题作出了明确的规定，《行政复议法实施条例》又进一步明确了具体实施的规范。

一、行政复议的概念和特征

行政复议，是指公民、法人或者其他组织认为具体行政行为侵犯了他的合法权益，依法向特定行政机关提出申请，由受理该申请的行政机关对原具体行政行为依法进行审查，并作出行政复议决定的活动。

作为行政机关内部自我纠正错误的一种监督制度，行政复议具有以下两个主要的特点：

1. 行政复议是行政机关内部的层级监督

所谓层级监督，是指行政机关依据领导和被领导、指导和被指导关系所形成的监督形式。由于行政复议这种监督形式的启动取决于行政相对人的申请，而不是行政机关依据职权主动实施，所以行政复议是一种被动的层级监督形式。

2. 行政复议是一种事后救济措施

行政复议是行政相对人认为自己的合法权益已经受到具体行政行为的侵害后采取的补救措施，也是行政机关纠正自身违法或不当行政行为的途径。

二、行政复议的范围

行政复议的范围，是指允许公民、法人或者其他组织申请行政复议的事项范围。

1. 对具体行政行为申请行政复议的范围

对于具体行政行为，有下列情形之一的，行政相对人可以依法申请行政复议：

(1)对行政机关作出的警告、罚款、没收违法所得、没收非法财物、责令停产停业、暂扣或者吊销许可证、暂扣或者吊销执照、行政拘留等行政处罚决定不服的；
(2)对行政机关作出的限制人身自由或者查封、扣押、冻结财产等行政强制措施决定不服的；
(3)对行政机关作出的有关许可证、执照、资质证、资格证等证书变更、中止、撤销的决定不服的；
(4)对行政机关作出的关于确认土地、矿藏、水流、森林、山岭、草原、荒地、滩涂、海域等自然资源的所有权或者使用权的决定不服的；
(5)认为行政机关侵犯合法的经营自主权的；
(6)认为行政机关变更或者废止农业承包合同，侵犯其合法权益的；
(7)认为行政机关违法征收财物、摊派费用、强行集资或者违法要求履行其他义务的；

(8)认为符合法定条件，申请行政机关颁发许可证、执照、资质证、资格证等证书，或者申请行政机关审批、登记有关事项，行政机关没有依法办理的；

(9)申请行政机关履行保护人身权利、财产权利或者受教育权利的法定职责，行政机关没有依法履行的；

(10)申请行政机关依法发放抚恤金、社会保险金或者最低社会保障费，行政机关没有依法发放的；

(11)认为行政机关的其他具体行政行为侵犯其合法权益的。

2. 对有关抽象行政行为的审查申请

抽象行政行为，通常是指行政机关制定规范性文件的行为。一般情况下，抽象行政行为不能成为行政复议的审查对象。但是根据《行政复议法》的规定，公民、法人或者其他组织在一定条件下，可以对抽象行政行为提出审查要求。这些条件具体是：

(1)对抽象行政行为提出审查要求，必须以对具体行政行为申请行政复议为前提；

(2)被要求审查的抽象行政行为是发生行政争议并引起行政复议程序的具体行政行为的依据；

(3)被要求审查的抽象行政行为只能是规章以下的抽象行政行为。①国务院部委的规章、地方政府的规章的审查依照法律、行政法规办理；

(4)行政相对人要求对抽象行政行为进行审查的申请应当在对具体行政行为申请行政复议时一并提出。

3. 不能申请行政复议的事项

以下三种情形不能申请行政复议：

（1）不服行政机关作出的行政处分或者其他人事处理决定的

行政处分和其他人事处理决定，是行政机关作出的内部行政行为，应依照有关法律、行政法规的规定提出申诉，而不能提起行政复议。

（2）不服行政机关对民事纠纷作出的调解或者其他处理的

行政机关在对民事纠纷作出调解或者其他处理时，是以居中裁决者的身份进行的。这种处理，不属行政机关的行政行为。如果当事人不服，可以依法申请仲裁或者向人民法院提起民事诉讼，但不能申请行政复议。

---

① 规章以下的规范性文件主要包括：1.国务院各部门的规定；2.县级以上地方各级人民政府及其工作部门的规定；3.乡镇人民政府的规定。

（3）对于国家行为不得申请行政复议

所谓国家行为，是政府以国家名义作出的主权行为，是主权的象征。相对人对国防、外交等国家行为不满或不服的，不得申请行政复议。

三、行政复议参加人

行政复议参加人，是指参加行政复议的当事人以及与行政复议当事人地位相类似的人。具体包括：申请人、被申请人、第三人以及行政复议代理人。

1. 行政复议申请人

行政复议申请人，是指认为行政机关的具体行政行为违法或者不当，侵犯了其合法权益，依法向行政复议机关提出行政复议申请的公民、法人或者其他组织。

行政复议申请人必须以自己的名义进行行政复议活动，必须与被申请行政复议的具体行政行为有利害关系，是该行政行为的直接相对人。

2. 行政复议被申请人

行政复议被申请人，是指申请人的对方当事人，即申请人认为其作出的具体行政行为违法或者不当，侵犯了申请人的合法权益，经复议机关通知参加复议的行政主体。

行政复议被申请人必定是行政主体，一般是作出具体行政行为的行政机关。法律对以下三种情况作了特别规定：

（1）行政机关与法律、法规授权的组织以共同的名义作出具体行政行为的，行政机关和法律、法规授权的组织为共同被申请人。行政机关与其他组织以共同名义作出具体行政行为的，行政机关为被申请人。

（2）下级行政机关依照法律、法规、规章规定，经上级行政机关批准作出具体行政行为的，批准机关为被申请人。

（3）行政机关设立的派出机构、内设机构或者其他组织，未经法律、法规授权，对外以自己名义作出具体行政行为的，该行政机关为被申请人。

3. 行政复议第三人

行政复议第三人，是指同申请人申请复议的具体行政行为有利害关系，并参加行政复议的公民、法人或者其他组织。

第三人参加行政复议必须符合以下三个条件：
(1)同所复议的具体行政行为有利害关系；
(2)行政复议程序已经开始，尚未终结；

（3）主动申请并经复议机关批准后参加复议，或者由复议机关通知后参加复议。

法律同时规定，第三人不参加行政复议，不影响行政复议案件的审理。

> **案 例**
>
> 甲、乙、丙三人就同一发明创造分别向国家专利局申请专利。专利局最终将专利权授予甲，同时驳回了乙、丙的申请。
>
> 乙不服，向专利复审委员会请求复审。在复审中，丙认为专利权应该属于自己，于是也要求参加复审。
>
> 本案中，案件的处理结果同丙有直接的利害关系。在复审过程中，经专利复审委员会批准，丙可作为第三人参加行政复议，享有与申请人同样的权利。同时，丙也承担相应的法律义务，如必须履行行政复议决定、不得妨碍行政复议活动等。

四、行政复议的程序

行政复议的程序分为申请、受理、审理、决定四个阶段。

1. 申请

申请人申请复议可以书面申请，也可以口头申请，说明复议的请求和事实，并附有关材料。申请一般应在知道被申请人作出具体行政行为之日起60日内提出，但是法律规定的申请期限超过60日的除外。

（1）对县级以上地方各级人民政府工作部门的具体行政行为不服的，由申请人选择，可以向该部门的本级人民政府申请行政复议，也可以向上一级主管部门申请行政复议。对海关、金融、国税、外汇管理等实行垂直领导的行政机关和国家安全机关的具体行政行为不服的，向上一级主管部门申请行政复议。

（2）对地方各级人民政府的具体行政行为不服的，向上一级地方人民政府申请行政复议。对省、自治区人民政府依法设立的派出机关所属的县级地方人民政府的具体行政行为不服的，向该派出机关申请行政复议。

（3）对国务院部门或者省、自治区、直辖市人民政府的具体行政行为不服的，向作出该具体行政行为的国务院部门或者省、自治区、直辖市人民政府申请行政复议。对行政复议决定不服的，可以向人民法院提起行政诉讼；也可以向国务院申请裁决，国务院依照本法的规定作出最终裁决。

（4）对上述以外的其他行政机关、组织的具体行政行为不服的，按照下列规定申请行政复议：

● 对县级以上地方人民政府依法设立的派出机关的具体行政行为不服的，向设立该派出机关的人民政府申请行政复议；

● 对政府工作部门依法设立的派出机构依照法律、法规或者规章规定，以自己的名义作出的具体行政行为不服的，向设立该派出机构的部门或者该部门的本级地方人民政府申请行政复议；

- 对法律、法规授权的组织的具体行政行为不服的，分别向直接管理该组织的地方人民政府、地方人民政府工作部门或者国务院部门申请行政复议；
- 对两个或者两个以上行政机关以共同的名义作出的具体行政行为不服的，向其共同上一级行政机关申请行政复议；
- 对被撤销的行政机关在撤销前所作出的具体行政行为不服的，向继续行使其职权的行政机关的上一级行政机关申请行政复议。

公民、法人或者其他组织申请行政复议，行政复议机关已经依法受理的，或者法律、法规规定应当先向行政复议机关申请行政复议、对行政复议决定不服再向人民法院提起行政诉讼的，在法定行政复议期限内不得向人民法院提起行政诉讼。

公民、法人或者其他组织向人民法院提起行政诉讼，人民法院已经依法受理的，不得申请行政复议。

2. 受理

复议机关在收到复议申请书后，应当在5日内进行审查，决定予以受理或不予受理。

3. 审理

审理是复议机关对复议案件的事实、证据、争议焦点及理由等进行查明的活动，审理以书面方式为主。复议期间，除法律有特别规定，不停止执行原具体行政行为。

4. 决定

行政复议机关应当自受理申请之日起60日内作出行政复议决定，法律规定的行政复议期限少于60日的除外。情况复杂，不能在规定期限内作出行政复议决定的，经行政复议机关的负责人批准，可以适当延长，并告知申请人和被申请人，但是延长期限最多不超过30日。

行政复议机关作出行政复议决定，应当制作行政复议决定书，并加盖印章。行政复议决定书一经送达，即发生法律效力。复议机关将根据具体情况作出以下的复议决定：

（1）维持原具体行政行为；

（2）要求被申请人变更原具体行政行为；

（3）责令被申请人履行法定职责；

（4）撤销原具体行政行为，或确认原具体行政行为违法，并可责令被申请人在一定期限内重新作出具体行政行为。

具体行政行为有下列情形之一的，应撤销、变更或确认该具体行政行为违法：

- 主要事实不清、证据不足的；
- 适用依据错误的；
- 违反法定程序的；
- 超越或者滥用职权的；
- 具体行政行为明显不当的。

具体行政行为明显影响申请人合法权益的，申请人请求赔偿的，复议机关应依法作出赔偿决定。

五、行政复议与行政诉讼

行政复议与行政诉讼共同构成行政法上的救济制度，而且在一般情况下，是可供行政相对人选择的。行政复议与行政诉讼都主要以行政争议为处理对象。

在法律、法规明文规定须先经过复议才能起诉时，行政复议就成了行政诉讼前的一个必经程序。就这一点而言，行政诉讼是行政争议的最终救济手段。

但是，两者的区别也是十分明显的：

- 性质不同：行政复议属于行政救济行为，适用《行政复议法》；行政诉讼属于司法救济，适用《行政诉讼法》。
- 受案范围不同：行政复议范围大于行政诉讼范围，一部分抽象行政行为可作为行政复议的审查对象。目前，行政诉讼的受案范围也有逐步扩大的趋势。
- 审理程序不同：行政复议是一级复议，较之诉讼程序更灵活、简便；行政诉讼，人民法院实行的是两审终审制。

综上所述，行政复议既是解决行政争议、使行政相对人获得救济的途径，又是行政机关内部上级对下级进行监督的制度。通过行政复议，相当数量的争议不必经过诉讼程序就能得到解决，方便了当事人，也节省了解决争议的资源和成本。

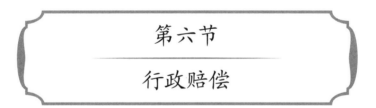

第六节

行政赔偿

行政赔偿属于国家赔偿的范畴，是指行政主体及其行政工作人员违法行使行政职权，侵犯行政相对人的合法权益并造成损害，而依法由国家承担损害赔偿责任的制度。

行政赔偿制度的建立和完善是责任政府的重要标志，《中华人民共和国国家赔偿法》是我国行政赔偿责任制度方面的基本法律。

一、行政赔偿概述

1. 行政赔偿的特征

行政赔偿作为一种法律责任，具有以下特征：

（1）行政赔偿的起因是行政违法

行政赔偿是国家行政机关及其工作人员违法行使行政职权所引起的法律责任。违法原则，也是我国国家赔偿的归责原则。因此，没有行政违法，就不可能产生行政赔偿责任。

（2）行政赔偿的条件是行政相对人的合法权益遭受侵害

我国国家赔偿实行的是"损害赔偿"原则，即有损害才赔偿，无损害不赔偿。所以，行政主体的违法行政须造成相对人人身权或财产权的实际损害，才会引起行政赔偿。

（3）行政赔偿义务机关是违法行政的行政主体，而责任主体是国家

行政机关及其工作人员是代表国家行使行政职权、进行行政管理，在这一过程中所产生的一切法律后果理应归属于国家，所以国家是行政赔偿的责任主体。但是，国家是一个抽象的主体，无法直接承担责任，必须由具体的赔偿义务机关代表国家去履行。

2. 行政赔偿与国家赔偿

《国家赔偿法》中规定的国家赔偿主要包括行政赔偿和刑事赔偿两个部分。尽管行政赔偿实质上是一种国家赔偿，但不能将两者等同起来。行政赔偿只是国家赔偿的一部分，是其中的一种形式。

3. 行政赔偿与行政补偿

行政补偿，是指行政机关及其工作人员为了维护公共利益依法采取的行政措施损害了行政相对人的合法权益，而由国家依法给予补偿。如土地征用补偿、财产国有化补偿等。

两者最主要的区别是引发的原因不同。行政赔偿是由行政主体违法行政的行为引起的，而行政补偿则是由行政主体合法的行政行为引起的。

二、行政赔偿的范围

《国家赔偿法》在确定行政赔偿范围方面直接规定或间接体现的原则有以下两个：

● 限于保护人身权、财产权原则

行政赔偿是有限赔偿。根据法律规定，仅限于国家行政机关对侵犯行政相对人人身权和财产权的赔偿，不包括对侵犯其他权利（如教育权、劳动权、政治权等）的赔偿。侵犯其他权利的，适用其他有关途径解决。

● 职务行为与职务相关行为结合的原则

《国家赔偿法》的赔偿范围在《行政诉讼法》确定的赔偿范围的基础上做了适当扩大，即

引起行政赔偿责任的行政违法行为除了违法的具体行政（职务）行为外，还包括与行政职务相关的事实行为。①

1. 侵犯人身权的行政赔偿范围

《国家赔偿法》第3条规定，国家行政机关及其工作人员在行使行政职权时有下列侵犯人身权情形之一的，受害人有取得赔偿的权利：

（1）违法拘留或者违法采取限制公民人身自由的行政强制措施的

这是指根据法律授权，有关机关在实施拘留或者采取限制人身自由的行政强制措施时，违反法律规定，侵犯了公民的人身自由权利。

（2）非法拘禁或者以其他方法非法剥夺公民人身自由的

这是指无权行使限制人身自由职权的行政机关，超越职权、滥用职权，采用拘留、禁闭、隔离、关押等方法剥夺公民人身自由。

（3）以殴打等暴力行为或者唆使他人以殴打等暴力行为造成公民身体伤害或者死亡的

这是指行政机关工作人员在行使行政职权时，以殴打、虐待等行为或者唆使、放纵他人以殴打、虐待等行为造成公民身体伤害或者死亡的。

（4）违法使用武器、警械造成公民身体伤害或者死亡的

这是指行政机关工作人员违反关于武器、警械使用的法律规定，造成公民身体受伤或者死亡的。

（5）造成公民身体伤害或者死亡的其他违法行为

除上述四类行为外，行政机关及其工作人员行使职权时的其他行为造成公民身体伤害或者死亡的，国家也应当承担赔偿责任。

2. 侵犯财产权的行政赔偿范围

---

① 最高人民法院《关于审理行政赔偿案件若干问题的规定》第1条解释，与职务相关的行为是指"与行政机关及其工作人员行使行政职权有关的，给公民、法人或者其他组织造成损害的，违反行政职责的行为"。

《国家赔偿法》第4条规定，国家行政机关及其工作人员在行使行政职权时有下列侵犯财产权情形之一的，受害人有取得行政赔偿的权利：

（1）违法实施罚款、吊销许可证和执照、责令停产停业、没收财物等行政处罚的；

（2）违法对财产采取查封、扣押、冻结等行政强制措施的；

（3）违法征收、征用财产的；

（4）造成财产损害的其他违法行为。

国家赔偿以支付赔偿金为主要方式。能够返还财产或者恢复原状的，予以返还财产或者恢复原状。对赔偿请求人取得的赔偿金不予征税。

3. 国家不承担赔偿责任的情形

（1）行政机关工作人员实施的与行使职权无关的行为

与行使职权无关的个人行为，是指行为的时间、目的、手段都与行使行政职权没有任何关系，行为也不是以行政机关的名义实施的。

（2）因公民、法人和其他组织自己的行为致使损害发生的

这是指行政相对人遭受的损害是由自己故意的行为所导致。在这种情况下，法律免除国家的损害赔偿责任。

观　察

公民某甲违反了治安管理法规，应当受到行政拘留的处罚。但甲父为保儿子，谎称违法行为是自己所为，致使公安机关将其拘留。对此甲父不但无权请求国家赔偿，还应当承担伪造证据、扰乱行政执法的责任。

需要强调的是，如果损害的发生是由行政机关及其工作人员行使职权的行为与受害人自己的行为共同造成的话，则国家不能完全免除行政赔偿责任，但可以视双方在损害发生过程中的责任大小，酌情减轻国家赔偿责任。

三、行政赔偿关系中的当事人

1. 行政赔偿请求人

行政赔偿请求人，是指因其合法权益受到行政主体及其工作人员违法行使职权的损害，而有权依法要求行政赔偿的当事人，包括公民、法人和其他组织。

根据《国家赔偿法》第6条的规定，有权提出行政赔偿请求的人有以下几种：

（1）合法权益受到损害的公民、法人或者其他组织；

（2）受害的公民死亡，其继承人和其他有扶养关系的亲属可以成为赔偿请求人；

（3）受害的法人或者其他组织终止，其权利承受人有权要求赔偿。

2．行政赔偿义务机关

行政赔偿义务机关，是指代表国家依法履行赔偿义务、接受赔偿请求、支付赔偿费用、参加赔偿诉讼程序的行政机关。

行政赔偿义务机关的具体认定应当区分不同情况：

（1）国家行政机关或者其工作人员违法行使行政职权时侵犯公民、法人和其他组织的合法权益，并造成损害的，该行政机关为赔偿义务机关。

（2）两个以上行政机关共同行使行政职权时侵犯公民、法人和其他组织的合法权益，并造成损害的，共同行使行政职权的行政机关为共同赔偿的义务机关。

（3）法律、法规授权的组织在行使被授予的行政权力时侵犯公民、法人和其他组织的合法权益，并造成损害的，被授权的组织为赔偿义务机关。

（4）受行政机关委托的组织或者个人在行使受委托的行政权力时侵犯公民、法人和其他组织的合法权益，并造成损害的，委托的行政机关为赔偿义务机关。

（5）经行政复议机关复议的，最初造成侵权行为的行政机关为赔偿义务机关，但复议机关的复议决定加重损害的，复议机关对加重部分履行赔偿义务。

（6）行政机关依法申请人民法院强制执行具体行政行为，由于据以强制执行的根据错误而发生行政赔偿诉讼的，申请强制执行的行政机关为被告。

（7）行政赔偿义务机关被撤销的，继续行使其职权的行政机关为赔偿义务机关；没有继续行使其职权的行政机关的，撤销该赔偿义务机关的行政机关为赔偿义务机关。

3．行政赔偿第三人

根据最高人民法院《关于审理行政赔偿案件若干问题的规定》第14条，与行政赔偿案件处理结果有法律上的利害关系的其他公民、法人或者其他组织有权作为第三人参加行政赔偿诉讼。

四、行政赔偿程序

1. 行政赔偿程序

行政赔偿程序有单独请求和一并请求两种情况。一并请求指行政相对人在提起行政复议或行政诉讼的同时一并提出行政赔偿请求。

这里仅就单独请求行政赔偿的程序作一阐述。

（1）行政先行处理程序

赔偿请求人要求行政赔偿的，应当首先向行政赔偿义务机关提出，也可以在申请行政复议或者提起行政诉讼时一并提出。

赔偿请求人要求赔偿应当递交书面申请书。请求人书写申请书确有困难的,可以委托他人代书,也可以口头申请,由赔偿义务机关记入笔录。

行政赔偿义务机关应当自收到赔偿请求人提交的行政赔偿申请书之日起两个月内作出赔偿或不赔偿的决定。赔偿义务机关在规定期限内未作出是否赔偿的决定,赔偿请求人可以自期限届满之日起三个月内,向人民法院提起诉讼。

赔偿请求人对赔偿的方式、项目、数额有异议的,或者赔偿义务机关作出不予赔偿决定的,赔偿请求人可以自赔偿义务机关作出赔偿或者不予赔偿决定之日起三个月内,向人民法院提起诉讼。

赔偿请求人请求国家赔偿的时效为两年,自知道或者应当知道国家机关及其工作人员行使职权时的行为侵犯其人身权、财产权之日起计算,但被羁押等限制人身自由期间不计算在内。

(2)行政赔偿诉讼程序

人民法院审理行政案件不能适用调解。但在审理行政赔偿案件时,法院可以就赔偿范围、赔偿方式和赔偿数额进行调解。赔偿请求人根据所受到的不同侵害,有权同时提出数项赔偿请求。

2. 行政追偿程序

行政追偿,是指国家行政机关对赔偿请求人承担赔偿责任后,依法责令有故意或重大过失的公务员、受委托组织或个人承担全部或部分赔偿费用的法律制度。行政追偿包括赔偿义务机关向公务员的追偿和向受委托的组织、个人的追偿。

行政追偿的适用必须同时满足以下条件:
(1)赔偿义务机关已对受害人承担了行政赔偿责任;
(2)行政机关工作人员及受委托的组织和个人对加害行为有故意或重大过失。

本 单 元 小 结

从行政行为角度界定,行政法是关于控制和规范行政权力的法律规范的总称;从法律关系角度界定,行政法是调整因行政主体行使职权而产生的特定社会关系的法律规范的总称。行政法的基本原则贯穿其始终,可以概括为行政合法性原则、行政合理性原则和社会公益性原则。

行政法律关系主体由行政主体和行政相对人两方构成。行政主体属于行政管理中的管理一方。作为组织的行政主体的行政行为始终是通过个人(主要是国家公务员)来进行的。在我国,公务员是指依法履行公职、纳入国家行政编制、由国家财政负担工资福利的工作人员。行政相对人属于行政管理中的被管理一方。在我国,可以成为行政相对人的组织有国家组织、社会组织和在中国境内的外国组织;个人可以是中国公民和在中国境内的外国人。

行政行为是行政法律行为的简称,是指行政主体依法实施行政管理,能直接或者间接引起法律效果的公务行为。

行政处罚,是指特定的行政主体依照法定权限和程序对违反行政法律规范但尚未构成犯罪的行政相对人依法给予行政上的制裁，是具体行政行为的一种。实施行政处罚时应当遵循处罚法定原则、公正公开原则、处罚和教育相结合的原则以及处罚救济原则。《行政处罚法》中规定的行政处罚措施共有七类。

行政复议是行政机关的内部监督制度。它是行政机关内部的层级监督，是一种事后的行政救济措施。

行政赔偿，是指行政主体及其工作人员违法行使职权，侵犯行政相对人的合法权益并造成损害，而依法由行政主体代表国家承担损害赔偿责任的制度。行政赔偿是国家赔偿的重要组成部分。

思 考 题 答 案

1. 某区政府向百货公司订货的行为，不属于其对国家事务和社会事务进行管理的活动，不是行政活动，而是发生于平等主体之间的一般的民事活动。

2. 税务局举办"营改增"业务培训班所发生的关系不属于行政法的调整对象，物价局就收费核价与企业之间发生的关系则属于行政法的调整对象。判断行政机关的某种活动是不是属于行政法的调整对象，关键看它在性质上是否属于行使国家行政权力的活动。

3. 这种说法是错误的。行政主体作为行政法律关系中的一方当事人，主要是指国家行政机关，但在一些特殊情况下，当法律、法规授权某组织行使某领域的行政管理职能时，该组织虽非行政机关，但仍然能与其他当事人发生行政法律关系。

阅 读 书 目

1.《行政法与行政诉讼法》（第五版），姜明安主编，北京大学出版社、高等教育出版社，2011年8月版。

2.《行政法》，应松年主编，北京大学出版社，2010年1月版。

3.《行政法与行政诉讼法》，马怀德主编，中国政法大学出版社，2012年1月版。

4.《现代行政法总论》，章剑生著，法律出版社，2014年2月版。

5.《比较行政法：体系、制度与过程》，张千帆、赵娟、黄建军著，法律出版社，2008年版。

6.《行政法》，[台]翁岳生主编，中国法制出版社，2009年第2版。

7.《公法的变迁》，[法]狄骥著、郑戈译，中国法制出版社，2010年版。

在民法慈母般的眼神中，每个人就是整个国家。

——孟德斯鸠

第四单元　民　法

民法，调整平等主体之间财产关系和人身关系的法。

民法，不涉及与国家、政治权力有关的统治关系，它调整的是平等主体之间的社会生活关系，维护的是民事主体对其私益的诉求。在这一点上，民法不同于宪法、行政法和刑法。

民法产生于市民社会。民法一词就来源于罗马法①的"市民法"，市民法在当时主要调整罗马公民之间的关系。"市民法"一词为后世民事立法所采用，尤其是大陆法系的民事立法，多称为"市民法典"或"民法典"，其中最著名的有1804年的《法国民法典》和1900年的《德国民法典》。

《中华人民共和国民法通则》是我国的民事基本法，它与大量单行的民事法律、法规共同构成我国的民事法律体系，这些民事法律包括合同法、物权法、侵权责任法、担保法、继承法等。

民法是规范私人之间日常生活关系的法律，是规范交易活动的最基本规则，自然人、法人及其他民事主体之间的主要经济活动都受民事法律规范调整。独立的人格权、财产的自主权和合同自由权，是实现商品交换的必然要求，这是市场经济的本质所决定的。因而，与之相对应的民事主体制度、所有权制度、债与合同制度就构成了民法的基本内容。

本单元主要讲解民法的总论部分，即以《民法通则》为核心内容展开，涉及民法体系中的基本规则和共同规范，同时就民法中的物权、债权、人身权、知识产权和继承权等内容进行逐一讲解。

内　容　提　示

通过对本单元内容的学习，你应理解并掌握有关民法的基础知识，并对民法的精神实质，诸如平等、自愿、诚实信用等有所把握。同时，要联系社会生活实际，学会分析、判断一些与民法有关的社会现象或案例。最后，你还需要了解，民法在整个法律体系中所处的位置与所起的作用。

① 　罗马法：古代罗马时期（公元前753年至公元1453年）建立的法律体系，它成熟、发达，对整个欧洲的法律制度、人文思想都产生了极其深远影响，其影响力甚至延续至今。

基于以上学习目的，你应完成对以下内容的全面把握：

● 民法的概念
● 民法的基本原则
● 民事法律关系及其三要素
● 自然人与法人的概念及相关制度
● 各类民事权利的基本特征和主要内容
● 民事法律行为制度的基本内容
● 民事代理制度的基本内容
● 民事责任的概念、承担方式和归责原则
● 特殊侵权的民事责任
● 诉讼时效制度的主要内容

第一节

民法概述

　　我们去商场购物、接受餐饮服务、乘坐出租车或公交车等等，这些平常不过的行为，其实都是民事行为，都属民法所调整的社会关系；我们维护自身的人格尊严、确定财产的归属、接受遗产继承、开展商品交易活动、确定损害赔偿，以及就自己的智力劳动成果所享有的知识产权，这些行为所形成的社会关系都归民法调整。可见，民法与我们的日常生活、商品交易有着极为密切的联系。

一、民法的概念

　　民法是调整平等主体的自然人之间、法人之间以及自然人与法人之间的财产关系和人身关系的法律规范的总称。民法的调整对象包括平等主体之间的财产关系和人身关系。

　　但是，财产关系与人身关系并非都由民法调整。先说财产关系，财产关系是指人们在物质资料的生产、分配、交换和消费过程中所发生的经济关系在法律上的反映。在市场环境中，财产关系是极其复杂多样的，诸如买卖、运输、借贷、缴税等，而民法只调整其中的一部分，即平等主体之间的财产关系，它包括财产支配方面的静态的财产关系和财产流转过程中动态的财产关系。前者如所有权关系，后者如合同关系。（详见本单元第五节的内容）

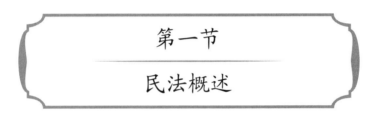

由法律调整的财产关系 {
　发生于非平等主体之间的财产关系——不归民法调整，如税收关系。
　发生于平等主体之间的财产关系——由民法调整 {
　　静态的财产支配关系
　　动态的财产流转关系
}
}

思　考	1. 国家和企业之间基于管理与服从关系而产生的诸如税收关系、预算关系、财政拨款等，是否属于平等主体之间的财产关系？政府对经济活动的管理是否属于民法所调整的财产关系？

再说人身关系，所谓人身关系，是指与人身相联系、没有直接的财产内容的社会关系。同民法所调整的财产关系一样，民法也并不调整全部的人身关系，而只是调整平等主体之间的人身关系，包括人格权关系和身份权关系。前者如生命健康权、姓名权、肖像权、名誉权，后者如荣誉权、监护权。（详见本单元第五节的内容）

人身关系是基于一定的人格和身份而产生的，区别于以追求一定的经济利益和物质需要而形成的等价交换关系。但是，人身关系也可能体现某种物质利益，并和财产关系有着密切的联系。

观　察	生活中，经常有这样的情形：某知名企业的名称遭盗用，直接导致该企业的财产利益遭受损失；或是，某位公民因精神利益遭受侵害，在诉讼中依法获得相应的精神损害赔偿。这充分说明无论是法人还是自然人，人身权益在一定情况下是与物质利益存在联系的。

人身权与财产权是有一定关联性的。因为，人身权的享有会直接决定或影响一个人财产权利的享有及行使，由此影响一个人财产获取的多少；同时，对人身权的损害也往往会带来受害人的财产损失。

总之，民法调整的财产关系具有如下特征：
- 地位平等，民事主体在民法上的地位是平等的；
- 意志自由，民事主体在民事活动中意思表示自由、决策自由；
- 等价有偿，民事主体在经济利益上是互为对价的。

民法调整的人身关系具有如下特征：
- 具有人身属性，与人身不可分离，不得转让或抛弃；
- 不体现直接的财产内容，但在一定情况下与财产关系存在不同程度的联系。

二、民法的性质

民法与权力、服从无关，它不规范国家、国家机关以及政治权力的运作，也不调整其相应的各种管理及隶属关系。民法只规范平等主体之间的权利义务关系，是一种平等的、横向的、无隶属的关系。民事活动不受来自当事人以外的个人、行政机关及其他公权力①的影响。所以，民法是私法②。

民法赋予民事主体在民事活动中的独立人格，无论是自然人还是法人，都可依据自己的意志从事民事活动，为自己设定各项义务，同时获取相应的权利，以满足自身的各种需求。人是社会关系的主体，民法调整的社会关系以人为本。所以，民法是人法。

民法以权利为本位，从权利方面规范民事法律关系。确立与保护权利是民法的第一要义，这是个人本位理念的反映。义务与权利对立统一，义务为保障权利的实现而存在，因而，民法的许多规范都表现为授权性规范，例如民事主体依法享有的物权、知识产权、人身权等。所以，民法是权利法。

三、《民法通则》是民事基本法

《民法通则》是民事基本法律，以《民法通则》为"统帅"的民法，与刑法、行政法、民事诉讼法、刑事诉讼法、行政诉讼法等共同构筑了我国的基本法律体系。同时，《民法通则》又是民事法律规范体系中的"根本法"，因为《民法通则》对民事活动中应当遵循的一些基本原则和共同规范作出了规定，其他调整民事活动的单行法律都要以《民法通则》为依据，《合同法》、《物权法》、《侵权责任法》等就是以此为依据制定的。

那么，《民法通则》是不是就是民法典呢？不是。《民法通则》远未达到民法典所需具备的体例与容量，因为民法典必须是按照一定的体例，系统地把民法的各项制度完整编纂在一起的立法文件。例如《德国民法典》，在体例上设有总则、债权、物权、亲属及继承五编，共有近2385个条文；而《民法通则》在内容上主要涉及的是民法总则的内容，虽也有少量分则内容，但所占比例很小，且《民法通则》一共才156条。2002年12月，我国的《中华人民共和国民法（草案）》首次提请九届全国人大常委会审议，该草案包括了总则、物权法、合同法、人格权法、婚姻法、收养法、侵权责任法、涉外民事关系的法律适用等九编。此举标志着我国的民法典正式进入立法程序③。

在《民法通则》这一基本法律之下，我国已经制定和颁布了大量的民事法律和法规，诸如合同法、物权法、侵权责任法、担保法、著作权法、商标法、专利法、继承法等等，它们都属于民事法律规范，调整的是平等主体之间的财产关系和人身关系。

四、民事法律关系

1. 概念

在社会生活中人们为了满足自己的物质和精神生活的需要，相互之间随时都发生着各种各

---

① 公权力，主要是指国家权力、行政机关的权力，与私权（利）相对应。

② 私法，是规定平等主体之间权利义务关系的法律，当事人之间无隶属关系，以保护私人利益为主。公法与私法相对而称，公法以保护公益为目的，规范的是以命令和服从为内容的权力关系，如刑法、行政法。

③ 这一进程正在进一步推进中。中国特色社会主义法律体系的形成与完善，民法典的出台是不可或缺的。

样的社会关系。在法治社会里，法律为人们提供了行为的标准或方向，人们按照这种标准或方向建立或形成的社会关系，就是一种由法律调整的社会关系——法律关系。调整各种社会关系的法律不同，所形成的法律关系也就不同。民事法律关系是民法调整的结果，没有民法，也就没有民事法律关系。

所以，民事法律关系是指由民法确认和保护的社会关系，也就是由民法规范调整的社会关系。例如，民事主体之间存在的所有权关系、债权关系、继承权关系等，都是民事法律关系。

2. 民事法律关系的要素

构成民事法律关系的必要因素包括：主体、内容和客体，这三者缺一不可。民事法律关系的要素发生变化，具体的民事法律关系也会随之发生变化。

（1）民事法律关系的主体

民事法律关系的主体，是指参加民事法律关系，享受民事权利、承担民事义务的人，简称民事主体。作为民事主体，就享有民法上的独立人格，能够在民法规定的范围内自主地进行各项民事活动，不受他人的非法干涉和限制。在我国，根据法律可以成为独立民事主体资格的"人"的主要是自然人和法人。一定情况下，国家也可以成为民事法律关系的主体。另外，个体工商户、农村承包经营户、合伙等也可以作为民事主体。（详见本单元第三节的内容）

> 观　察
>
> 你持有国债吗？国债的发行方——国家，就是以特殊的民事主体身份出现的。在这一特定情形下，国家与你处于平等的法律地位，受民法调整，与你形成民事上的债权债务关系。你是债权方，国家是债务方。

（2）民事法律关系的内容

民事法律关系的内容，是指民事主体所享有的权利和承担的义务。

民事权利，是指民事主体为实现某种利益而依法为某种行为或不为某种行为的可能性。

民事权利是由民法所赋予和保护的，构成民法规范的基本内容。任何民事权利都体现着一定的利益，而同时它又是确定人们享受利益和实现某种利益行为的标准和限度：在这一限度内，权利主体可以依自己的意志享有或实现某种利益；超过这一限度，就有贻害他人利益和社会利益之嫌，法律对此不仅不予保护，如若发生损害，还将责令其承担法律责任。所以，法律保护的是符合社会利益的个体利益。从这一点上讲，民事权利体现了社会利益和个体利益的结合。

观　察

劳动权、受教育权、劳动者的休息权是否属于民事权利？我们说，当然不是。与这些权利相关的法律关系不发生在平等主体之间，不归民法调整，所以不是民事权利。

民事义务，是指义务主体为满足权利主体的利益而为一定的行为或不为一定的行为的必要性。

民事义务是一种法律强制，没有义务人的这种必要行为，权利人的利益便无法实现，正常的社会生活秩序也将无法维持。所以，义务人不履行义务，就要承担法律责任。

在法律关系中，权利和义务是相互对立、相互依存、相互联系的，不可能只有权利没有义务，也不可能只有义务没有权利。

思　考

2. 甲公司向乙厂购买货物，一方须按时交货，一方须按时付款。甲乙之间的权利和义务各是什么？相互对应吗？

（3）民事法律关系的客体

民事法律关系的客体，是指民事权利和民事义务所共同指向的对象。

在我国，民事法律关系的客体应为物、行为、智力成果和人身利益等。具体而言：

● 以物为客体的民事法律关系，如所有权关系，权利义务指向的对象是物；
● 以行为为客体的民事法律关系，如债权债务关系，权利义务指向的对象是行为；
● 以智力成果为客体的民事法律关系，如知识产权，权利义务指向的对象是智力成果；
● 以人身利益为客体的民事法律关系，如人身权，权利义务指向的对象是人身利益。

随着民事法律关系的发展，民事法律关系客体的种类也会随之增加。

3. 民事法律关系的特征

与其他法律关系相比，民事法律关系具有下列特征：

（1）主体地位的平等性。民事主体之间的地位是平等的，不存在隶属性，不是命令与服从、管理与被管理、领导与被领导的关系。这与行政法律关系区别显著。

（2）当事人意志的自主性。民事法律关系是一种经民法确认的、同时又必须由当事人意志参与的法律关系。在通常情况下，没有当事人的意志参与，仅有法律规定是不能形成民事法律关系的。因此，民事法律关系既体现国家意志，又充分体现当事人的意志。这与刑事法律关系区别显著。

（3）权利义务的对等性。民事法律关系中主体的权利和义务通常是对应的、对等的。一般情况下，享有权利的一方，同时承担相应的义务；承担义务的一方同时也享有相应的权利。

4. 法律事实

民事法律规范本身并不能在当事人之间引起民事上的权利义务关系，而只表明民事主体享有权利和承担义务的可能性。只有发生了一定的事实（法律所规定的），才能使当事人之间的民事法律关系发生、变更或消灭。这些由法律规定能够发生一定法律后果的事实，就是法律事实。

民事法律事实，是指依法能够引起民事法律关系产生、变更和消灭的客观现象。

根据是否与人的意志有关，法律事实可以分为事件和行为。

事件，与人的意志无关，又称自然事实。比如，人的出生、死亡、时间的经过等。出生能引起监护关系的发生；死亡能引起继承关系的发生、婚姻关系的消灭；时间的经过会导致某种权利的丧失。

行为，是指人的有意识的活动。比如，订立合同的行为、毁损他人财产的行为，订立合同能引起债权债务关系的发生，毁损他人的财产能引起损害赔偿关系。

现将法律事实与民事法律关系之间的联系及其所含内容，表示如下：

事件
（与人的意志无关的客观现象）
行为
（人的有意识的活动）
｝民事法律事实 ——产生、变更、消灭——→ 民事法律关系｛主体　客体　内容

案　例

小王的父亲于1月2日去世，依照我国继承法的规定，小王将继承其父亲价值200万元的房产。小王依法成为这一继承法律关系的主体，是自1月2日父亲去世时开始。因为，在1月2日之前，虽然法律有关于公民享有法定继承权的规定，但是由于没有发生与此有关的法律事实——小王父亲的死亡，这一继承法律关系并没有实际产生，小王也没有实际享有继承权，仅仅存在着可能性。此时，若小王未经父亲同意，执意占有该房，当属非法的侵权行为。1月2日，由于发生了小王父亲死亡这一事件，便引起了以小王为权利主体的继承法律关系的发生，小王才实际享有了继承权，才得以合法地拥有该房产。这就是法律事实与法律关系的之间相互关联。

综上所述，民法是指调整平等主体之间，即自然人之间、法人之间、自然人与法人之间财产关系和人身关系的法律规范的总和。民法以平等主体之间的财产关系与人身关系为调整对象。《民法通则》是民事基本法律。民事法律关系是由民法确认和保护的社会关系，它包括主体、内容和客体三个要素。民事法律事实，是指依法能够引起民事法律关系产生、变更和消灭的客观现象。

第二节
民法的基本原则

民法的基本原则体现了民法的本质和特征，其效力贯穿于整个民事立法。民法的基本原则是民事立法的准则，也是解释、执行民法以及处理各类民事纠纷的根本规则。在民法缺乏具体规范时，民法的基本原则是司法机关处理各类民事纠纷的依据。

我国《民法通则》的第3条至第7条规定了民法的基本原则，分别是：当事人在民事活动中的地位平等；民事活动应当遵循自愿、公平、等价有偿、诚实信用的原则；公民、法人的合法民事权益受法律保护，任何组织和个人不得侵犯；民事活动必须遵守法律，法律没有规定的，应当遵守国家政策；民事活动应当遵守社会公德，不得损害社会公共利益，扰乱社会经济秩序。我们将其概括为平等原则、自愿原则、诚实信用原则、权利不得滥用原则和公序良俗。

一、平等原则

平等原则是民法的核心原则，它是指民事主体享有独立的法律人格，在具体的民事关系中互不隶属、地位平等，各自能独立地表达自己的意志。按照这一原则的要求，民事主体在民事活动中，法律地位完全平等，无高低贵贱之分；在民事法律关系中，各当事人均依法平等地享受权利和承担义务，平等地受法律保护和约束。平等原则是对特权的否定。

平等又是市场经济的内在要求，没有法律地位的平等，就不可能有真正的市场公平交易，商品交换中的等价有偿也不可能实现。

平等原则也是民法区别于其他部门法的基本标志。

| 观　察 |

消费者在超市、商场购物，就是典型的民事法律行为，消费者与经营者处于平等的法律地位，双方买卖自由，任何一方都不得凌驾于对方之上。现实生活中时有发生的恃强凌弱、店大欺客等现象都是有悖于平等原则的。

二、自愿原则

自愿原则，是指民事主体进行民事活动时，有权按照自己内心的真实意愿去设立、变更、终止民事法律关系。自愿是平等的基础，又是平等的必然推论和体现。民事主体在民事活动中有权充分表达其真实意愿，有权排除国家权力、其他组织和个人的非法干预。换句话说，当事人是否愿意建立民事法律关系、与谁建立民事法律关系、欲建立何种关系、以什么为形式、以什么为内容、是否想变更或消灭既存的民事法律关系，都取决于民事主体的个人意愿。

自愿原则在我国现行民法中得到了充分体现。依据我国《民法通则》第55条的规定，民事法律行为以行为人具有真实意思表示为有效条件；我国《合同法》第4条也明确规定："当事人依法享有自愿订立合同的权利，任何单位和个人不得非法干预"。

三、诚实信用原则

现代经济学认为，包括商品在内的一切社会资源只有经过交换，方可能趋于更有价值的利用。①所以，交易行为大量存在于现代经济生活中。由于交易过程的不断复杂化，使得交易行为日益成为一种带有风险的活动，因此，参与交易的任何一方都希望对方的真诚参与，即真诚守信地履行交易本身所产生的各项义务。任何一方有违诚实信用的行为都必然导致交易的受阻或失败。显而易见，诚实信用是商品交换的基础。

1. 基本含义

诚实信用原则，也称诚信原则，是指民事主体在从事民事活动时，应当诚实、守信用，以善意的方式履行其义务，不规避法律。诚实信用原则是现代民法中的又一基本原则，它涉及到两个利益关系：

（1）当事人之间的利益关系

在这一利益关系中，诚信原则要求当事人应尊重他人利益，以对待自己事务的心态对待他人事务，不得损人利己，保证法律关系的当事人都能得到各自的利益。当发生特殊情况使当事人之间的利益失去平衡时，应主动进行善意调整，使损失尽可能减少。

（2）当事人和社会之间的利益关系

在这一利益关系中，诚信原则要求当事人不得通过自己的民事活动损害第三人或社会的利益，必须在法律规定的范围内行使自己的权利。诚实信用原则的宗旨在于实现以上这两个利益关系的平衡。

2. 作用

诚实信用原则的作用体现在以下几个方面：

---

① 参见理查德·波斯纳：《法律的经济分析》，蒋兆康译，中国大百科全书出版社，1997年版，第12页。

（1）指导当事人以诚实信用的方式行使权利、履行义务

权利人在行使权利时，应尊重国家、集体和他人的利益，以善意的方式行使权利并获得利益；义务人在履行义务时，对约定的义务要忠实履行；在合同订立时，对有关状况应如实陈述，不得隐瞒事实真相，诱导对方当事人；在生产和销售过程中，应保质保量，不得掺杂作假、以次充好；在广告宣传中，不得夸大其辞，做虚假宣传等。

（2）解释民事法律行为

当由于民事主体未能清楚、准确地表达其真实意思，使得各方在理解上发生歧义，甚至引发纠纷时，应当依诚实信用原则予以解释、评价或补充，以判明是非，确定责任，维护公正目标。例如：合同条文不清、约定不明确，或遗嘱中用词含糊、表述不当，遇有这类情形，都应用诚信原则进行恰当合理的解释。

（3）补充和解释民事法律规范

形式化的法律不可能包容所有的、难以预料的现实情况，而法律的适用却要求它能时刻代表着正义和公平。因而，立法者就将补充、发展法律的部分权力授予司法者，即将相当大的自由裁量权交给了法官，允许法官在法无明文规定的情况下，依据诚信原则、以公平和善良的理念进行裁判，弥补法律规定的不足。

俗话说，"人无信不立，商无信不财"。诚实信用原则，是市场活动中的重要道德规范，也是道德规范在法律上的体现。虽然"诚实信用"一词从规范意义上看没有明确的范围与界限，但它是极为重要的一项民法基本原则，在大陆法系它被视为民法中债法的最高指导原则，或被称为"帝王条款"。诚实信用原则作为市场活动的基本规则，以其独有的方式协调着各方当事人之间、当事人和社会之间的利益，是保障市场有规则、有秩序地运行的重要法律原则。

四、权利不得滥用原则

我国《宪法》第51条规定："中华人民共和国公民在行使自由和权利的时候，不得损害国家的、社会的、集体的利益和其他公民的合法的自由和权利。"《民法通则》第7条规定："民事活动应当遵守社会公德，不得损害社会公共利益……"这实际上是对民事主体从事各类民事活动的一种限制和约束。它要求民事主体在追求自由和利益时，应符合社会公共利益的要求，不得违反以社会公德、经济秩序、群体利益、自然资源与生态、公共设施建设、环境与卫生保健等为内容的社会公益。

权利不得滥用原则，其实是诚实信用原则的延伸，与诚实信用原则密切相关。相较而言，诚实信用原则更多地侧重于调整当事人之间的利益，而权利不得滥用原则更致力于调整个人与社会之间的利益；诚实信用原则主要适用于财产关系，而权利不得滥用原则不仅适用于财产关系，也常适用于人身关系。例如，服从公共场所禁烟的规定、机场安检的规定都是权利不得滥

用原则的体现。

五、公序良俗原则

公共秩序和善良风俗不仅是社会公认的行为准则，也是许多国家民法典通用的规范术语，简称公序良俗。我国《民法通则》第7条规定，民事活动应当尊重社会公德，不得损害社会公共利益，扰乱社会经济秩序。这一规定可概括为公序良俗原则。①

公共秩序，通常是指社会的存在及其发展所必要的一般秩序。②通常，违反禁止性规定的即为违反公共秩序。但是，法律规范列举的禁止性规定是不可能穷尽所有违反公共秩序情形的，公共秩序显然比禁止性规定的外延要宽。所以，公共秩序除包括规范公共秩序的现行法律规定外，还包括法律没有规定和涉及的一些情形。

善良风俗，是指社会的存在及其发展所必要的一般道德。③作为民法基本原则的善良风俗，是将人们应该遵守的最低限度的道德法律化。有意违背应当遵守的最低限度的道德，就是违反善良风俗原则。

例如，订立借腹生子协议，订立限制父亲或母亲探视子女的协议等，都是属于违反公序良俗的行为。

遵守公序良俗原则，是民事行为的底线要求，也是维护国家和社会利益的需要。但是，在司法实践中，公序良俗原则的适用是个比较复杂的问题，应当以整个法律的价值体系和一般道德观念为基准，结合文化与传统，区分不同情况，慎重裁量。

观　察

在互联网时代，给自己取个网名、昵称当然是个人的权利。但是，随着互联网技术的快速发展和用户账号数量的剧增，账号乱象也日益凸显：有假冒党政机关误导公众的，如"中纪委巡视组"；有假冒媒体发布虚假新闻的，如"人民日报"；有假冒名人包括外国元首的，如"普京"、"奥巴马"；名称和头像有包含淫秽色情内容的，等等。这些行为都是有违公序良俗原则的行为。

对此，国家互联网信息办公室于2015年2月4日发布了《互联网用户账号名称管理规定》，规定共10条，简称"账号十条"，对公众上网注册或使用的账号名称（包括头像和简介等注册信息）进行规范，要求不准违反法律、危害国家安全、破坏民族团结、散布谣言、侮辱诽谤他人等。目前，我国网民规模已跃居世界第一，公序良俗原则是广大网民享受网络空间时应该遵守的行为准则。

① 魏振瀛：《民法》（第五版），北京大学出版社、高等教育出版社2013年版，第28页。

② 史尚宽：《民法总论》，中国政法大学出版社2000年版，第334页。

③ 同上，第335页。

第三节
民事主体

民事主体，是指参加民事法律关系，享有民事权利和承担民事义务的人。可以成为民事主体的有自然人、法人和其他组织。自然人与法人相对而称，是最为主要的两大民事主体。

一、自然人

1. 自然人的概念

所谓自然人，是指出生于母体、具有自然生命形式的人，在法律上与"法人"相对。

我国《民法通则》使用的是"公民"①这一概念。《民法通则》第二章的标题为"公民（自然人）"，将这两个概念并列，似乎代表着这是同一概念的两种不同称谓。而实质上，这两者并不一致。那么，什么是公民呢？公民，是指具有某国国籍，并根据该国宪法和法律规定可以享有权利和承担义务的人。我国《宪法》第33条规定："凡具有中华人民共和国国籍的人都是中华人民共和国公民……任何公民享有宪法和法律规定的权利，同时必须履行宪法和法律规定的义务。"可见，"公民"与国籍相关，而"自然人"与国籍无关。所以，"自然人"的范围要大于"公民"，自然人包括本国公民、外国公民和无国籍人。

思　考

3. 我国的公民都是自然人吗？在我国境内的自然人都是我国公民吗？

我国《民法通则》第8条第2款规定："本法关于公民的规定，适用于在中华人民共和国领域内的外国人、无国籍人，法律另有规定的除外。"依此规定，外国人、无国籍人虽然不是我国公民，但他们在我国进行民事活动时，可以成为民事法律关系的主体。例如：涉外婚姻家庭

---

①　"公民"这一概念，严格意义上属于宪法范畴。传统的民法典通常使用"自然人"这一概念，与"法人"相对而称。在民事立法上，使用"公民"一词作为民事主体与法人相对而称，是从1922年《苏俄民法典》开始的。我国的《民法通则》实际上是将"公民"视作与"自然人"含义一致，并在条文表述及一般情况下只提公民，不提自然人。不过，已于1999年10月1日正式实施的《中华人民共和国合同法》则使用的是"自然人"这一概念，自此我国的民事立法不再使用"公民"的称谓。

问题、涉外遗产继承问题，以及其他日益增多的涉外买卖、租赁、运送等民事活动，除法律另有特别规定外，应当适用我国民法的有关规定。

总之，《民法通则》中关于公民的规定，除法律另有规定的以外，也适用于在我国的外国人和无国籍人。换句话说，在通常情况下我国境内的自然人都是我国的民事主体。（本单元中凡出现的"公民"一词皆视为与"自然人"同义。）

2. 自然人的民事权利能力

权利能力是个较为抽象的概念，它代表着一种资格，即法律上的主体资格；也代表着一种可能性，是获取实际权益、承担具体义务的前提。自然人的民事权利能力，是指法律赋予自然人享受民事权利、承担民事义务的资格。人只有具备了民事权利能力，才有资格进行民事活动，以自己的名义参与民事法律关系，也才能实际地享有权利和承担义务。

> **观　察**
>
> 　　无论是古罗马时期的角斗士，还是在长达400年奴隶贸易中饱受摧残的非洲奴隶，他们虽然都是自然人，但是都不具有民事权利能力。在当时，他们都没有在法律上被当作真正意义上的人。

我国自然人的民事权利能力具有以下特征：

● 平等性。我国《民法通则》第10条规定："公民的民事权利能力一律平等。"我国公民的民事权利能力不因民族、种族、宗教、性别、年龄、职业、职务、家庭出生、政治地位、受教育程度、财产状况等区别而有所不同。

● 广泛性。根据《民法通则》的规定，我国公民享有广泛的民事权利。这些权利包括：个人财产所有权、财产继承权、著作权、专利权、发明权、发现权、生命健康权、姓名权、肖像权、名誉权、荣誉权、婚姻自由权等。

● 权利和义务的一致性。自然人的民事权利能力包括权利和义务两个方面，法律赋予自然人以广泛的权利，同时也要自然人履行相应的义务。

自然人的民事权利能力始于出生。人从出生的那一刻起，就具有民事权利能力。何为出生？胎儿脱离母体并保有生命的，即认定为出生，具有了法律上的主体资格。死胎与母体分离，不能认定为出生。

自然人的民事权利能力终于死亡。自然人死亡，便不再享有民事权利，也不再承担民事义务。自然人的死亡在法律上分为两种：生理死亡和宣告死亡。生理死亡，也称自然死亡，指自然人生命的终结，死亡时间通常以医院开具的死亡证明上所记载的时间为准。宣告死亡，属于法律上推定的死亡，即法院依法定程序对下落不明的人作出判决，宣告其死亡。

---

① 例外的情况包括：1.享有司法豁免权的外国公民，我国民法对其不发生效力；2.民法中专门规定归我国公民、法人享有的权利能力，对非我国的民事主体不发生效力；3.居留在外国的我国公民，原则上适用住在国的民法。

自然人死亡后，即丧失法律上的人格，其民事权利能力终止，随之会产生一系列的法律后果，如：婚姻关系消灭、遗嘱发生效力、财产继承开始、抚恤金及人寿保险金的领取等。

3. 自然人的民事行为能力

自然人的民事行为能力，是指自然人通过自己的行为取得民事权利、承担民事义务的资格。自然人若具备了一定的民事行为能力，则意味着他有资格通过自己的合法行为去行使民事权利、设定民事义务；同时，也意味着他能够对自己的违法行为承担民事责任。根据自然人的年龄和智力状况，我国民法将自然人的行为能力分为三类，分别是：完全民事行为能力人、限制民事行为能力人和无民事行为能力人。

（1）完全民事行为能力

完全民事行为能力，指自然人具有通过自己的独立行为进行民事活动的资格。根据《民法通则》的有关规定，具有完全民事行为能力的人有两种：
● 18周岁以上、智力正常的人；
● 16周岁以上不满18周岁、以自己的劳动收入为主要生活来源的人。他们在法律上被视为完全民事行为能力人。所谓"以自己的劳动收入为主要生活来源"，是指能够以自己的劳动取得收入，并能维持当地平均生活水平。

（2）限制民事行为能力

限制民事行为能力，指自然人只具有部分的民事行为能力，不完全具有以自己的独立行为进行民事活动的资格。根据《民法通则》的有关规定，限制民事行为能力人有两种：
● 10周岁以上的未成年人；
● 不能完全辨认自己行为的精神病人。
限制民事行为能力人从事民事活动的范围是有限的，只能从事与其年龄、智力、精神健康状况相适应的民事活动，或是纯获利益的合法行为；其他的民事活动应由他的法定代理人代理，或征得他的法定代理人同意，或由他的法定代理人在事后予以追认，否则行为无效。

思 考　　　4. 小王今年15周岁，是中学生，他在文具店购买了一个价值50元的计算器，你认为他具备从事这一民事活动的资格吗？

（3）无民事行为能力

无民事行为能力，指自然人不具有以自己的独立行为进行民事活动的资格。依据《民法通则》的规定，无民事行为能力人也有两种：
● 不满10周岁的未成年人；

● 完全不能辨认自己行为的精神病人。

无民事行为能力人独立实施的民事行为不具有法律效力，若要进行民事活动应由其法定代理人代理进行。但是，无民事行为能力人从事纯获利益的行为不应当认定无效，例如他们接受奖励、接受赠与、接受报酬的行为当属有效的行为。

4. 监护制度

由于无民事行为能力人和限制民事行为能力人的民事活动能力有限，而在社会成员中又占有相当的比例，这就需要法律为他们提供一定的保护。监护制度就是为此而设的法律制度。

监护制度，是为无民事行为能力人和限制民事行为能力人设定监护人，由监护人对其人身和财产权益进行监督和保护的一项制度。监护是一种权利，也是一种义务。依据监护制度，监护人有资格对被监护人实施监督和保护，与此同时，监护人也必须承担起因监护而引发的法律责任。

（1）未成年人的监护人

我国法律规定，未成年人的监护人是父母①；父母已经死亡或者没有监护能力的，由有监护能力的祖父母、外祖父母、兄、姐担任监护人，也可以由关系密切并愿意承担监护责任的、经未成年人的父母所在单位或者未成年人的住所地的居民委员会、村民委员会同意的其他亲属、朋友担任监护人。无上述监护人的，由未成年人的父、母所在单位或者未成年人的住所地的居民委员会、村民委员会或民政部门担任监护人。

对担任监护人有争议的，由未成年人的父、母所在单位或者未成年人的住所地的居民委员会、村民委员会在近亲属中指定。对指定不服提起诉讼的，由人民法院裁决。

（2）精神病人的监护人

我国法律规定，无民事行为能力或限制民事行为能力的精神病人，由其配偶、父母、成年子女、其他近亲属以及愿意承担监护责任的、经精神病人所在单位或住所地居民委员会、村民委员会同意的其他亲属、朋友担任监护人。没有上述监护人的，由精神病人所在单位或住所地居民委员会、村民委员会或民政部门担任监护人。

对担任监护人有争议的，由精神病人所在单位或住所地居民委员会、村民委员会在近亲属中指定。对指定不服提起诉讼的，由人民法院裁决。

（3）监护人的职责
监护人的职责具体包括：
● 保护被监护人的人身、财产及其他合法权益；
● 管理被监护人的财产；

① 如果父母离婚，子女随父或母一方生活，这一方的父或母是未成年人的监护人。但父母与子女的关系不因父母离婚而消除，不与子女共同生活的父或母也有抚养和教育子女的权利和义务。

● 代理被监护人参加各项民事活动；

● 教育和照顾被监护人；

● 对由被监护人造成他人的损害，承担赔偿责任。

此外，监护人不履行监护职责或者侵害被监护人的合法权益的，应当承担责任；给被监护人造成财产损失的，应当赔偿损失。若监护人不宜继续担任监护人或监护人不履行职责，人民法院可以根据有关人员和有关单位的申请，经查明事实，撤销他们的监护人资格，依法另行确定监护人。

5. 宣告失踪和宣告死亡

让我们作个假设：张某，6年前离家出走，去向不明，也没有任何音讯。他这一"人间蒸发"带来了一系列的问题，比如，他出走前尚未处理完毕的债权债务问题该怎么办，应由他赡养的老人、抚育的孩子生活发生困难该怎么办，他的配偶不能与其共同生活，又无法与其解除婚姻关系，等等。为了消除这种不确定状态给人们带来的困境，维护社会和经济秩序的稳定，民法上设立了宣告失踪和宣告死亡的制度，推定某人失踪或死亡。

（1）宣告失踪

宣告失踪，是指自然人下落不明满二年，经利害关系人申请，由法院宣告其失踪，并对其财产实行代管的法律制度。

所谓利害关系人，是指与下落不明人存有一定人身关系或财产关系的人，包括配偶、父母、子女、兄弟姐妹、祖父母、外祖父母、孙子女、外孙子女、债权人、债务人、合伙人等。

宣告失踪的效力：自然人被法院宣告为失踪人后①，其财产由他的配偶、父母、成年子女或者关系密切的其他亲属、朋友代管。失踪人所欠税款、债务、应付的赡养、扶养、抚育费，由代管人从失踪人财产中支付，因代管财产所需管理费等必要费用，也从中支付。

宣告自然人失踪只能由法院依法进行。

宣告失踪只是基于自然人下落不明的状况而做出的推定，因此被宣告失踪的人出现或确知他的下落，经本人或利害关系人的申请，法院应依法撤销对他的失踪宣告。

（2）宣告死亡

宣告死亡，是指自然人下落不明满一定的期间，经利害关系人申请，由法院宣告其死亡的法律制度。

利害关系人的范围，与申请宣告失踪的利害关系人范围一致。

---

① 根据我国《民事诉讼法》的规定，法院受理宣告失踪案件后，应发出寻找下落不明人公告，公告期为3个月，公告期满，失踪人仍未出现，法院可按程序宣告其失踪。

宣告死亡所需下落不明的期间分为三种情况：

● 期间为四年，即一般情形下自然人离开住所下落不明满四年的，其利害关系人可向法院申请宣告其死亡；

● 期间为二年，即自然人因意外事故下落不明，从发生事故之日起满二年的，即可申请宣告其死亡；

● 直接申请，即自然人因意外事故下落不明，经有关机关证明该自然人不可能生存的，其利害关系人可直接申请宣告其死亡。

宣告死亡的效力：自然人被法院宣告死亡后①，即发生与自然人自然死亡同样的法律后果，民事主体资格丧失，权利能力终止，婚姻关系消灭、遗嘱生效、财产继承开始。

宣告死亡只能由法院依法进行，判决中确定的死亡日期即为被宣告人的死亡日期。

死亡宣告的撤销：被宣告死亡的人重新出现或者确知他没有死亡，经本人或利害关系人申请，法院应撤销对他的死亡宣告。同时，有民事行为能力的人在被宣告死亡期间实施的民事法律行为有效。

思　考

5.甲已于一年前在A市被宣告死亡，但甲一直在B市做生意，前不久还与乙签了份合同。依法律规定，这份合同是有效的。我们知道，自然人的权利能力自死亡时终止，既然宣告死亡与自然死亡效力相同，那为什么法律还要规定甲在此期间的民事法律行为有效呢？其用意何在？

二、法人

法人，是指具有民事权利能力和民事行为能力，依法独立享有民事权利和承担民事义务的组织。法人是相对自然人而言的民事主体。

1. 法人的成立条件

法人是组织，我们所熟悉的学校、医院、国家机关、股份有限公司、有限责任公司都是法人。但并非任何组织都是法人，因为要取得法人资格，必须要具备法律所规定的条件，否则就不成其为法人。依据我国《民法通则》的规定，法人的成立应当具备下列条件：

（1）依法成立

这是取得法人资格的必经程序。法人若要成立，必须依照法律的规定，经过法定的程序，得到国家有关机关的审批或核准登记，才能成立。

---

① 根据我国《民事诉讼法》的规定，法院受理宣告死亡的案件后，应发出寻找失踪人的公告，公告期为一年。因意外事故下落不明，经有关机关证明不可能生存的，公告期为3个月。公告期满，失踪人仍未出现，法院可按程序宣告其死亡。

（2）有必要的财产或经费

法人须具有其独立拥有的财产或由其经营管理的财产，且该财产必须达到一定的数量。因为，这既是法人从事生产、经营、行政等活动的物质基础，也是法人独立享有民事权利、履行民事义务、承担民事责任的物质保障。

观　察

原公司法对有限责任公司的最低注册资本额规定数额过高，不利于民间资本进入市场，在一定程度上束缚了经济的发展；要求股东一次性全部缴足注册资本，也容易造成资金的闲置；此外，按公司经营内容分别规定不同的最低注册资本额实际意义并不大。2014年最新修订的《公司法》将公司注册资本实缴登记制改为认缴登记制，放宽了注册资本登记条件，简化了登记事项和登记文件。

（3）有自己的名称、组织结构和场所

法人是独立的民事主体，是具有独立人格的社会组织，它以自己的名义进行各种民事活动，因而，法人必须有自己的名称、组织机构和场所。

（4）能独立承担民事责任

法人以自己的全部财产或经费独立对外承担债务，而不是由法人的投资者或法人的内部成员来承担责任，也不能由国家、上级单位或其他个人来承担责任。

以上四个条件必须同时具备，法人才告成立。若是成立企业法人，例如有限责任公司，除须具备上述四个条件外，还须有法人的组织章程，即由法人的创办者共同依法制定的规范性文件，它是企业法人活动的准则。

2. 法人的能力

（1）法人的民事权利能力

法人的民事权利能力，是指法人作为民事主体，享受民事权利、承担民事义务的资格。法人的民事权利能力从法人成立时开始，至法人终止时消灭。法人的权利能力范围，受法人成立宗旨和核准登记的经营范围的限制，所以不同的法人之间，其权利能力的范围不尽相同。

（2）法人的民事行为能力

法人的民事行为能力，是指法人以自己的行为进行民事活动，取得民事权利和承担民事义务的资格。一般情况下，法人的民事权利能力和民事行为能力是一致的，两者同时产生，同时

消灭，范围也一致。

由于法人是一个组织体，它表达意思的方式与自然人有所区别。法人的民事活动是以团体意思为前提的，因此，法人的行为能力通常由法人的机关①来实现。法定代表人，是代表法人行使职权的正职负责人，如公司董事长、学校校长、医院院长等。法定代表人在其职权范围内所进行的民事活动由法人承担民事责任。法定代表人也可以授权委托他人代为进行民事活动②，其后果也由法人承担。

3. 法人的种类

根据《民法通则》的规定，我国法人分为以下四类：

（1）企业法人，指以营利为目的，从事经营活动的法人，如通常的公司、酒店、工厂等，也包括依照我国《公司法》设立的一人有限责任公司和国有独资公司。

（2）机关法人，指依照法律和行政命令组建的，以从事国家管理活动为主的各级国家机关，如地方各级政府、人民法院等。

（3）事业法人，指不以营利为目的，从事社会公益事业的法人，如学校、公立医院等。

（4）社会团体法人，指由其成员自愿组成的，从事社会公益、文学艺术、学术研究、宗教等活动的各类组织，如红十字会、中国作家协会、校友会等。

4. 法人的财产有限责任

前已述及，法人应以自己独立的财产对外承担责任。一般情况下，民事主体所承担的责任与债务的范围是一致的。但是，当法人的财产不足以对产生的债务负责时，该怎么办呢？依据法律规定，法人的财产责任为有限责任。这就是说：首先，法人应以自己的名义独立承担责任；其次，法人仅以自己所有或经营管理的财产为限，对外承担责任。依此规定，当法人拿出自己的全部财产仍不足以清偿债务时，只要进入破产程序，余债便不再清偿。这就出现了责任与债务范围不相一致的情形，这种责任范围小于债务范围的情况，即为有限责任。

5. 法人的终止

法人的终止，指的是法人资格的消灭。法人终止后，其民事主体资格消灭，不再享有民事权利能力和民事行为能力。

在我国，法人的终止主要有以下原因：

（1）依法被撤销

① 法人的机关，就是对外能代表法人的集体或个人。法人的机关与法人是统一的民事主体，法人的机关对外以法人名义作出的民事行为就是法人本身的行为。股东会、董事会、监事会、法定代表人等即是法人的机关。

② 法人的代理人与法人的机关不同。法人的机关与法人是同一主体，当然地代表法人，而代理人与法人是两个独立的主体，只有通过法人的授权委托才能以法人的名义进行相应的民事活动。

法人根据法律的直接规定或因违反法律的禁止性规定而被撤销。

（2）解散

法人因设立的目的已达到，或因法人成员的决议，或因法人章程所规定的存续期间届满、解散事由出现而自动终止。

（3）依法宣告破产

法人在其全部资产不足以清偿到期债务时，由法人的法定代表人、主管部门或债权人等提出申请，由人民法院依照法定程序，宣告其破产。从某种意义上说，破产是法人有限责任的必然结果。

（4）其他原因

除上述原因外，法人也可能因其他原因而终止，如战争等。

法人解散，应当成立清算组织进行清算。法人被撤销、被宣告破产的，应当由主管机关或者人民法院组织有关机关和有关人员成立清算组织进行清算。清算组织依据职权，清理并消灭法人的全部财产及债权债务关系。

三、其他民事主体

1. 合伙

根据《合伙企业法》的规定，合伙是指自然人、法人和其他组织依照法律规定，订立合伙协议，共同出资、合伙经营、共享收益、共担风险，并对合伙企业债务承担无限责任的营利性组织。合伙分为普通合伙和有限合伙。

普通合伙由普通合伙人组成，合伙人对合伙企业债务承担无限连带责任。

有限合伙由普通合伙人和有限合伙人组成，普通合伙人对合伙企业债务承担无限连带责任，有限合伙人以其认缴的出资额为限对合伙企业债务承担责任。

合伙企业的设立，须依法核准登记，并只能在登记范围内从事经营活动。合伙企业虽然是一个营利性的组织，但它不具有法人资格[①]，所以，合伙企业与企业法人不同。合伙企业可以有自己的名称或商号；普通合伙人对企业债务须承担无限责任，且普通合伙人之间承担的是连带债务责任。

---

① 合伙企业若因发展壮大要转为企业法人，必须符合法人的成立条件，并参照《公司法》的具体规定，依法申请设立有限责任公司。依《公司法》设立的公司当然具备法人资格。

案　例

甲、乙、丙三人之间交情一直不错，两年前三人各出资1万元合伙开了一家餐馆，登记为"普通合伙"企业。刚开始还行，但最近亏损严重，已欠下6万元的债务。甲、乙二人见情况不妙，去外地躲债。债权人王某找到了丙，要丙承担全部债务。丙不同意，说："餐馆当时一共才投入3万元，怎么可能赔你6万，再说，甲、乙都不在，他们的事我不管，我现在最多还你1万元。"王某表示不能接受。

在这一案例中，丙的说法是完全错误的。首先，合伙企业对外承担的是无限责任，不以最初的出资、投入为限，餐馆实际欠下6万元，就应偿还6万元。其次，普通合伙人之间须承担连带责任，债权人可以向债务人中的任何一个人要求偿还全部债务，债务人不得拒绝。所以，丙有义务偿还全部的6万元。当然，丙在履行全部6万元的债务后，有权向甲、乙追偿，由甲、乙各向丙偿付2万元。换句话说，甲、乙、丙之间在内部关系上，还是按照约定或出资的比例承担责任的，但在外部关系中，甲、乙、丙对债权人承担的无限连带责任。

还须一提的是：

1. 合伙人之间由于存在着极为密切的关系，如共同经营、共负盈亏、连带责任等，所以，合伙人之间多为相互信赖和彼此熟悉的。所以，新合伙人的加入须得到全体合伙人的一致同意才行。这一点与公司股东之间的关系差异明显，举个例子，你想买进某上市公司的股票，不需要经该公司其他股东的同意吧。

2. 由于法律没有对合伙企业的设立有最低出资限额的要求，所以如果合伙企业仅以出资或经营积累的财产为限来承担责任，那么，债权人的利益就很难得到保障，同时也不利于加强合伙人自身的责任意识，其结果将会带来社会秩序的不稳定。所以，法律规定，合伙企业须承担无限责任。这一点与法人成立时的资本要求、所承担的有限责任也有着本质的区别。

2. 个体工商户

个体工商户是自然人作为民事主体的特殊形式，也是个体经济的一种法律形式。它是指，自然人在法律允许的范围内，依法经核准登记，取得营业执照，从事工商业经营的个体户。

个体工商户可以是城镇居民，也可以是农村村民；可以个人经营，也可以家庭共同经营。法律允许经营的行业有：小型工业、手工业、商业、饮食业、服务业、修理业、运输业、房屋修缮以及个体行医、个人教学等。

个体工商户对外以户的名义独立进行民事活动，可以拥有自己的字号。个体工商户对债务须承担无限责任，即不以投入经营的财产为限承担责任。个人经营的，以个人财产承担责任；家庭经营的，以家庭全部财产承担债务责任。

3. 农村承包经营户

农村承包经营户也是自然人作为民事主体的特殊形式，属集体经济的一种经营方式。它是指农村集体经济组织的成员，在法律允许的范围内，按照承包合同的规定从事商品生产经营的民事主体。

农村承包经营户，有农民个人承包的，也有农民家庭承包的，其债务责任与个体工商户一样。

4. 个人独资企业

个人独资企业，是指由一个自然人投资，财产为投资人个人所有，雇工达到一定人数的经济组织。

个人独资企业没有法人资格，投资者仅为一个自然人；企业的全部财产归业主个人所有，业主对企业事务有绝对的控制支配权；企业可以有自己的名称和商号；业主对企业所产生的债务承担无限清偿责任，企业解散或存续期间未能清偿的债务，业主要以个人财产予以清偿。

个人独资企业与个体工商户的不同之处在于，个人独资企业在资金形式、雇员和机构、财会制度等方面，较为完善并呈现出一定的规模。

个人独资企业与一人有限责任公司的区别主要在于，个人独资企业不具备法人资格。

观 察

当你在餐馆就餐，或在理发店理发时，不妨稍加留意该店悬于墙上的"营业执照"，上面的文字记载将显示：该店有可能是取得法人资格的有限责任公司或股份有限公司，也有可能仅是合伙企业或个人独资企业，当然它也可能是个体工商户。它们的规模、资金状况、缴税标准、责任的承担范围等将因之而有明显差异。问题的另一面是，这些多元的市场主体能以平等的身份参与民事活动，这本身就是社会进步、市场繁荣的体现。

综上所述，民事主体就是有资格参与民事活动的主体，它主要包括：自然人、法人、合伙、个体工商户、农村承包经营户、个人独资企业，以及特殊情况下的国家[①]。另外，民事主体的权利能力与行为能力，直接影响到民事主体的活动范围，尤其是自然人的行为能力，还与监护制度相关。

第四节
民事法律行为和代理

买卖、租赁、借贷、立遗嘱等行为，都是社会生活中极为常见的民事活动，在法律上，它们都会引起一定的后果。为使一切民事活动都能纳入法制的轨道，法律除了以具体的规定为人

---

① 本单元第一节中已有述及。

们提供行为的标准之外，还必须借助一些抽象的法律原则以弥补具体规定的不足①，民事法律行为制度，就是其中的一项重要的法律原则。

一、民事法律行为

民事法律行为，是指民事主体旨在设立、变更、终止民事权利和民事义务的合法行为。②

民事法律行为是法律事实的一种，是引起民事法律关系产生、变更和终止的最常见、最重要的法律事实。

1. 民事法律行为的特征

（1）民事法律行为以行为人的意思表示为要素

何为意思表示？举个例子，某人在商店对售货员说：我要买这支笔。这就是民法上的意思表示，即行为人将其内心期望发生一定法律效果的意愿，通过一定的方式表达于外部的行为。

人的意志是内在的，如果不以一定的外在形式表现出来，为他人所了解，将无法具有法律上的意义，所期待的法律后果也不可能发生。

自愿原则是民法的基本原则，民事主体有权依此原则表达自己的自由意志，决定与己有关的民事权利义务关系。这样的自由意志，在法律上就体现为民事主体的意思表示。

（2）民事法律行为将产生行为人所预期的法律后果

民事法律行为所引起的法律后果，应与行为人的预期相吻合。凡不产生法律后果的行为，以及虽产生一定的法律后果、但并非行为人所预期的行为，都不是民事法律行为。

观　察　　赵女士有个习惯，每天早晨要花1小时整理房间，以保持居室洁净。赵女士的行为虽效果显著，也与她预期的一致，而且自觉自愿，但行为并不产生法律后果，民事法律关系没有因此而产生、变更或消灭。所以，赵女士的这一行为不具有法律上的意义，不是民事法律行为。

---

① 具体的规定针对人们的个别行为，抽象的标准针对人们的一般行为，两者相互配合，就能使法律真正成为社会关系的调整器。

② 近年来，有学者建议用"民事行为"统辖民法上的表意行为，便于与宪法行为、行政行为、诉讼行为相对应，都属于法理学上"法律行为"的第二层概念。但是，考虑到《民法通则》用的是"民事法律行为"和"民事行为"两个概念；民事行为是民事法律行为的上位概念，除包括民事法律行为外，还包括无效的民事行为、效力待定的民事行为和可撤销的民事行为。为避免逻辑矛盾，本书仍采用"民事法律行为"的概念。

王老先生日前立了一份书面遗嘱，写明将自己名下价值50万元的财产日后全部由女儿继承，不孝顺的儿子分文不得。王老先生的这一行为，将在王老先生故世后产生与他生前预期完全一致的法律后果，遗嘱继承关系将因这一遗嘱行为而发生。所以，王老先生的这一行为是民事法律行为。

（3）民事法律行为必须是合法的行为

只有合法的行为才能受到法律的承认和保护，也才能产生行为人所预期的法律后果。民事法律行为的合法性，包括两个方面：
● 行为的内容合法，不违背法律的规定；
● 行为的形式合法，符合法律关于形式方面的要求。

2. 民事法律行为的形式

《民法通则》第56条规定："民事法律行为可以采取书面形式、口头形式或者其他形式。法律规定用特定形式的，应当依照法律规定。"具体而言，民事法律行为有以下这些形式：

（1）口头形式

当事人用语言交谈的方式进行意思表示，如当面交谈、电话联系等。口头形式简单易行、快捷省力，但由于没有文字记录，一旦发生纠纷，难以查证，举证困难。所以，口头形式大多用于小额交易，或即时结清的现场交易。

（2）书面形式

以书面文字进行的意思表示，如当事人通过合同书、信件、数据电文（包括电报、电传、传真、电子数据交换和电子邮件）等形式进行的意思表示①。书面形式有固定的记载与凭据，有助于当事人明确权利义务关系，预防争议，一旦争议发生，也便于解决。

当事人可就法律行为的形式进行选择，但法律明文规定要采用书面形式的，必须采用书面形式。例如抵押合同，《担保法》规定必须用书面形式订立，否则，合同不生效。

书面形式可以分为一般书面形式和特殊书面形式。一般书面形式，就是指用书面文字进行的意思表示。特殊书面形式，是指除了用文字进行意思表示之外，还须有国家有关机关的确认，例如公证形式、鉴证形式、政府的审核批准等。

---

①   参见：《中华人民共和国合同法》第11条。其中"电子数据交换"，简称EDI，是一种由电子计算机及其通讯网络处理业务文件的技术，作为一种新的电子化贸易工具，又被称为电子合同。它既可产生纸张化的书面单据，也可以被储存在磁带、磁盘、激光盘上，这些被记忆在中介载体上的记录，将构成明确可靠的证据，证明合同的存在。

公证文书具有较强的证明力。根据《民事诉讼法》及有关司法解释，公证债权文书是人民法院据以执行的法律文书，人民法院可以依据公证债权文书直接开始执行程序。

（3）推定形式

当事人用口头、书面形式以外的积极行为进行意思表示的形式。也就是说，一方当事人虽然没有用口头或书面的形式表达其内心意愿，但他表现于外部的积极行为却能使相对方可以根据常识、交易习惯或者相互之间的默契，推定其已经作出的意思表示。例如房屋租赁协议期满后，承租人继续交纳房租，出租人予以接受，出租人的这一行为表明他愿意延长房屋租期。

（4）沉默形式

当事人以消极的、不作为的方式进行意思表示的形式。

我们知道，民事法律行为是以当事人的意思表示为要素的，没有意思表示，就没有民事法律行为——这在绝大多数情况下是正确的。但有些时候，在法律特别规定或双方有了特别约定的情况下，消极的沉默也被视为意思表示。例如，我国《继承法》第25条规定："继承开始后，继承人放弃继承的，应当在遗产处理前，作出放弃继承的表示。没有表示的，视为接受继承。"这里，继承人既未表示接受，也不表示放弃，他的沉默依据这条法律就被视为接受继承的意思表示。

沉默形式与推定形式有一定的共同点，即都没有明确的书面或口头的意思表示。但它们的区别也是明显的，即在推定形式中，当事人以积极的作为进行意思表示；而在沉默形式中，当事人是以消极的不作为来进行意思表示的。

思　考

6.甲和乙是两家从未有过业务往来的公司。某日，甲向乙发出一份附有价格、数量、期限等内容的详细的产品订货单。订单中写明：乙在接到订单后10天内，不表示异议，就表明接受此订单，须按订货单供货。之后，乙在10日内未有任何意思表示。乙的沉默是否具有法律意义？将产生什么法律后果？

民事法律行为的形式，一般由当事人选择决定。但法律规定要采用特定形式的，必须按照法律的规定。

3. 民事法律行为的分类

民事法律行为，可以从不同的角度，按不同标准进行分类，主要有：

（1）单方法律行为和多方法律行为

单方民事法律行为，是指依一方当事人的意思表示而成立的法律行为。其特点是，无需经他人同意就能使民事法律行为成立，如立遗嘱的行为，根据遗嘱人的一方意思表示，就能使遗嘱成立。

多方民事法律行为，是指依两个或两个以上当事人意思表示一致才告成立的法律行为。其特点是，须有多方的意思表示，且多方的意思表示必须一致才能使民事法律行为成立，如订立合同。

（2）有偿法律行为和无偿法律行为

有偿民事法律行为，是指一方当事人在从对方取得利益时也须向对方偿付相应代价的民事法律行为。其特点是，一方作出给付后，有权要求对方提供对价的利益，如买卖物品、租赁房屋等。大多数民事法律行为都是有偿的。

无偿民事法律行为，是指一方当事人在从对方取得利益时无需承担相应义务的民事法律行为。其特点是，一方无需支付代价而取得利益，而另一方作出给付后不能要求对方支付报酬或其他利益，例如赠与、无偿保管等行为。

　思　考　　　7. 甲决定将自己的房子赠送给乙，乙非常高兴，但甲提出，乙必须每月一次将此房供居住小区内的老年人作活动室。乙考虑后表示接受。这样的赠与是否仍是有偿的？

（3）诺成性法律行为和实践性法律行为

诺成性民事法律行为，是指双方当事人意思表示一致后就能成立的民事法律行为。其特点是，只要当事人协商一致，行为即告成立。大多数的民事法律行为都是诺成性的法律行为，如买卖、租赁、承揽等合同。

实践性民事法律行为，是指除当事人意思表示一致外，还须交付标的物才能成立的民事法律行为。其特点是，若只有当事人的协商一致，没有标的物的实际交付，民事法律行为就不能成立，如保管合同，除当事人意思表示一致外，必须有寄存人将保管物交付保管人的事实，保管合同才能成立。

（4）要式法律行为和不要式法律行为

要式民事法律行为，是指依照法律规定，当事人必须采取某种特定形式才能成立的民事法律行为。其特点是，这类民事法律行为在形式上一定要符合法律的特别规定，否则，行为将不能成立，如房屋产权的转移，必须经有关机关核准登记、过户才能成立。

不要式民事法律行为，是指法律没有规定必须采用某种特定形式，当事人可自由选择某一形式成立民事法律行为。其特点是，当事人可依自由意志来确定民事法律行为的形式。大多数的民事法律行为是不要式的，如一般的货物买卖、民间借贷等。

4. 民事法律行为的有效条件

民事法律行为为法律所承认和保护，它能产生行为人所预期的法律后果，是民法自愿原则和当事人自由意志的体现。正因如此，民事法律行为的有效不可能是无条件的，只有具备了法律所规定的要件，民事法律行为才能有效，民事主体所期待的法律后果才会发生。依照我国民法规定，民事法律行为的有效须具备以下要件：

（1）行为人具有相应的民事行为能力

就自然人而言，完全民事行为能力人，可以实施民事法律行为；限制行为能力人，可以实施与其年龄、智力、健康状况相适应的民事法律行为；无民事行为能力人，不能独立实施民事法律行为。但对于限制行为能力人和无行为能力人独立实施的纯获利益的行为，应当认定有效，他人不得因其缺乏行为能力而主张其行为无效。

就法人以及个体户、合伙企业、个人独资企业等经营性主体而言，其核准登记的经营范围就是它的行为能力的范围，超越其经营范围的活动即属于行为人资格不合格的情形。

（2）意思表示真实

意思表示真实，是指行为人的外部表示与其内心真实意思相一致。也就是说，行为人所表达的是他内心的真实意愿。如果行为人的内心意思与外部表示不一致，或者因受胁迫、欺骗等而作的表示，则不符合民事法律行为的生效条件。

（3）不违反法律和社会公共利益

合法性是民事法律行为的本质属性。民事法律行为不得违反法律，违反法律的行为不可能得到法律的认可和保护，行为人预期的目的也不可能实现，相反还要承担相应的法律责任。民事法律行为也不得违反社会公共利益，包括社会公共秩序、社会善良风俗和习惯。

5. 无效的民事行为

无效的民事行为，是指因欠缺民事法律行为应具备的条件，而不发生民事法律行为效力的民事行为。

无效的民事行为具有以下特点：
● 无效的民事行为完全不发生法律效力：无效的民事行为不发生该行为人所期待的法律效力，也无法经过补正而生效。
● 无效的民事行为自始不发生法律效力：无效的民事行为因不具备生效要件，自该行为成立之时起即为无效。

● 无效的民事行为当然无效：无效的民事行为，其无效属于当然无效，不问当事人意思如何，也不须经过任何程序。但当事人对于其是否无效有争议时，可提起无效确认之诉，请求法院予以确认。

无效的民事行为，主要有以下几类：

（1）无民事行为能力人实施的民事行为

无民事行为能力人不能独立实施民事行为，其行为当然无效。

（2）限制民事行为能力人实施的依法不能独立实施的非合同民事行为

限制民事行为能力人实施的依法不能独立实施的民事行为须区分合同行为与非合同的民事行为，其实施的非合同行为也属当然无效，而其实施的合同行为须适用《合同法》关于效力待定的合同的规定，并非当然无效。（详见"7、效力待定的合同"）

（3）法人或其他组织在欠缺相关资质的情况下实施的民事行为

企业法人超越其经营范围，国家机关、事业单位和社会团体实施与其性质、职能或业务活动范围不相符合的民事行为，都属于法人不具备相应民事行为能力的情形，由于行为人不合格，也属无效的民事行为。以上规定也适用于其他组织的民事活动。

（4）一方以欺诈、胁迫的手段或者乘人之危，使对方在违背真实意思的情况下所为的非合同民事行为

欺诈，是指一方当事人故意欺骗他人，使他人陷入错误而与之实施的民事行为。包括故意告知对方虚假情况，或故意隐瞒真实情况。

胁迫，是指一方当事人以将来要发生的损害，或者以直接施加损害相威胁，使对方当事人产生恐惧，而与之实施的民事行为。胁迫，是给他人施加压力，而这样的威胁必须是非法的，如果以合法的理由施压，不构成胁迫。

乘人之危，是指一方当事人乘对方处于危难之机，为牟取不正当利益，迫使对方作出不真实的意思表示，严重损害其利益的行为。

因以上原因而实施的民事行为并非一律无效，将视合同行为与非合同民事行为而区别对待。凡非合同行为，一律作无效民事行为论。

（5）一方以欺诈、胁迫的手段订立合同，并损害国家利益的

一方以欺诈、胁迫的手段订立合同，并非一律无效，应视其是否损害了国家利益。根据《合同法》的规定，当该行为损害到国家利益时，合同为当然无效。

（6）恶意串通，损害国家、集体或者第三人利益的民事行为

当事人之间串通合谋，故意且共同实施的损害国家、集体或第三人利益的行为，是无效的民事行为。

（7）违反法律、行政法规的强制性规定的民事行为

行为人的行为违反法律或行政法规的强制性规定的，民事行为无效。例如订立涉及毒品、走私文物的合同。

（8）损害社会公共利益的民事行为

社会公共利益体现了全体社会成员的共同利益。违反社会公共利益的民事行为无效是世界各国普遍确认的原则。损害社会公共利益的民事行为涉及的面比较广，例如商业暴利行为、危害家庭关系的行为、违反性道德的行为、赌博性质的行为、有损人格的行为等等，有些行为即使法律上没有禁止性的规定，也可能属于损害社会公共利益的行为。

（9）以合法形式掩盖非法目的的行为

这是指当事人实施的行为在形式上是合法的，但在内容和目的上是违法的。它包括两种情况：一是，当事人通过实施合法的行为来掩盖其非法的目的；二是，当事人从事的行为在形式上是合法的，但在内容上是非法的。总之，在此类行为中，当事人故意表现出来的形式或故意实施的行为并不是其要达到的真正目的。

6. 可撤销的民事行为

可撤销的民事行为，是指欠缺民事法律行为应具备的成立条件，但依照法律规定，一方当事人可按自己的意思使民事行为的内容变更或使之效力归于消灭的民事行为。所以，可撤销的民事行为，又称为"可变更、可撤销的民事行为"或"相对无效的民事行为"。

可撤销的民事行为，具有以下特点：
- 行为人的行为与其内心的意思不一致：由于自己的疏忽大意，或者缺乏经验，或者在情况紧迫之下，一方当事人所为的意思表示并非自己内心的真实意愿。
- 可撤销的民事行为须经法院或仲裁机关确认：一方当事人变更或撤销合同的请求须向法院或仲裁机关提出，并且须经法院或仲裁机关确认，才能变更或撤销原行为。
- 可撤销的民事行为在被确认变更或撤销之前，行为有效：此种行为并非自始无效，只有在被依法变更或撤销之后，原行为才发生变更或撤销的后果。
- 只能由撤销权人自主行使撤销权：因意思表示有误而享有撤销权的当事人，为撤销权人。撤销权的行使须符合以下要求：
    - 除了撤销权人，他人无权主张民事行为的变更或撤销；

- 撤销权人应在知道或应当知道撤销事由的1年内行使撤销权，超过1年未提出的，撤销权消灭；
- 撤销权人拥有选择权，他可以提出撤销行为的主张，也可以不主张撤销而提出变更内容，还可以选择放弃撤销权，既不撤销也不变更原行为，而使原行为仍然有效，这完全取决于撤销权人自己的意愿。

可撤销的民事行为分为以下四种：

（1）重大误解的民事行为

重大误解的民事行为，是指行为人因自己的过失，导致对行为的性质、对方当事人、标的物的品种、质量、规格和数量等的错误认识，使行为的后果与自己的意思相悖，并造成较大损失的行为。

当事人因重大误解而实施的民事行为，可以请求法院或仲裁机关予以变更或撤销。但对重大误解的认定应注意以下问题：

A．误解的原因

重大误解的发生，主要是因行为人自己的过失。这一点不同于受欺诈而为的民事行为，虽然都是对自己的行为存在错误的认识，但受欺诈而为的行为是因对方故意实施欺诈而造成的，而重大误解往往是由于自己的过失，不存在受对方欺诈的事实。

B. 误解的对象

重大误解的对象必须是民事行为的内容以及与之直接相关的事实，包括行为的性质、标的物的品种、质量、数量、规格、价格、履行期限、地点等。例如，营业员误将一枚白金戒指当成银戒指卖给了顾客。

C. 误解的后果

重大误解的民事行为，必须是产生严重后果，对一方造成较大的损失。法律规定，只有在行为一旦生效将造成一方当事人较大损失的情况下，该方当事人才享有请求变更或撤销权利，非误解方因此而有损失的，误解方应当予以赔偿。

思　考

8.老李晨练后回到家，发现自己的手表不见了。没了手表很不方便，老李只得又去商店买了一块价格不菲的新表。没过几天，老李竟在自己的外套口袋里找到了那块旧表。老李想，都怪自己糊涂，以为旧表丢了，才买新表，真是一场"误会"。现在，新表已显多余，老李想找商店把表给退了，即以"重大误解"为由撤销这一买卖行为。你认为这可行吗？

（2）显失公平的民事行为

显失公平的民事行为，是指一方当事人利用优势或利用对方没有经验，致使双方的权利义务明显违反公平、等价有偿原则的民事行为。

显失公平的民事行为的特点是：

● 行为没有违反法律的明文规定；

● 行为没有损害到社会的公共利益；

● 没有出现一方当事人实施欺诈、胁迫和乘人之危的手段；

● 显失公平的原因，在于一方当事人缺乏经验或情况紧迫，从而造成了一方明显有利、一方过于不利，权利义务明显不对等的后果。

市场交易总是存在风险的，追求交易结果的绝对公平是不现实的。我们所说的显失公平，是就合同订立阶段所作的评价或判断，在合同履行过程中产生的风险不属于这个范围。所以，要把显失公平与正常的商业风险加以区别。法律不允许当事人借口自己无经验、低技能，或不了解市场行情而随意撤销其实施的民事行为，否则，将不利于社会经济秩序的稳定，也有违公平的交易原则。

（3）一方以欺诈或胁迫的手段订立的不损害国家利益的合同

根据《合同法》规定，一方以欺诈或胁迫的手段，使对方在违背真实意思的情况下订立的合同，受害方可以请求变更或撤销，但是以不损害国家利益为前提。

（4）乘人之危而订立的合同

根据《合同法》规定，一方乘人之危，使对方在违背真实意思的情况下订立的合同，受害方可以请求变更或撤销。

7. 效力待定的民事行为

效力待定的民事行为，是指民事行为因不完全具备生效要件，其效力发生与否尚不确定，一般须经有权人承认才能生效的民事行为。在这类行为中，法律一方面赋予当事人以确认权，当事人如确认该行为，则该行为自始有效；另一方面又赋予相对人以催告权，经相对人催告，当事人未作表示的，视为拒绝追认，行为无效。根据《合同法》第47条、48条、51条的规定，效力待定的合同主要包括三种情况：

（1）限制民事行为能力人订立的合同

限制民事行为能力人订立的合同，经法定代理人追认后，该合同有效。相对人可以催告法定代理人在1个月内予以追认。法定代理人未作表示的，视为拒绝追认。合同被追认之前，善意相对人有撤销的权利。撤销应当以通知的方式作出。

案　例

小李今年17周岁，是在校中学生。某日她看了电视中的商品导购节目后，随手拨通电话订购了一套价值近8000元的按摩器械。一天后，商场按约送货上门，此时，小李的父母方才知晓此事。让我们假设事情的发展有这样几种情形：

情形一：父母十分生气，不同意付款，并出示有关证件告诉商场送货人员，女儿尚小，没有资格作出这样的决定，请他们谅解。——这说明，作为小李的法定代理人，父母拒绝追认，小李与商场订立的合同不能生效。

情形二：父母看见送上门的器械，先是一惊，后来觉得还行，挺不错的，也就付钱买了下来。当然，免不了批评小李几句。——这说明，父母对小李的行为予以追认，合同因此发生效力。

情形三：父母有些犹豫，请商场送货员先将货运回，家里商量一下再作决定。事后，商场多次来电话催问结果，小李父母都未作明确答复，一晃1个月就过去了。——这说明，商场一直在催告小李的法定代理人，希望他们予以追认，但在这1个月内，小李的父母没有作出追认的表示，由此，应视为他们拒绝追认，合同不能生效。

情形四：父母有些犹豫，请商场送货员先将货运回，家里商量一下再作决定。由于该商品非常好销，商场在小李父母作出要货的表示前，电话通知他们说，商场决定与李家的这笔生意不做了。——这说明商场行使了撤销合同的权利，且在时间上，它早于小李父母的追认，否则，商场只能接受合同而不能撤销了。这儿有一个细节要注意，由于商场不可能通过电话获知小李是限制行为能力人，所以商场属善意相对人。正因为商场是善意相对人，才能享有这一撤销权。如果商场明知小李是限制行为能力人，还与之订立合同，即属恶意，将不享有撤销权。

（2）无代理权人订立的合同

行为人无代理权、超越代理权或代理权终止后以被代理人名义订立的合同，未经被代理人追认，对被代理人不发生效力，由行为人承担责任。相对人可以催告被代理人在1个月内予以追认。被代理人未作表示的，视为拒绝追认。合同被追认之前，善意相对人有撤销的权利。撤销应当以通知的方式作出。（详见本节"无权代理"的内容）

（3）无处分权人订立的合同

无处分权的人处分他人财产，经权利人追认或者无处分权的人订立合同后取得处分权的，该合同有效。

比如，甲让乙替他保管一辆自行车，乙未经甲同意，擅自将该自行车卖给了丙。乙是无权处分这辆自行车的，除非甲事后认可（即追认），或由乙事后买下甲的自行车（甲也同意卖），那么，乙与丙订立的合同才是有效的，否则合同不生效。此亦属合同效力待定的情况。

总之，效力待定的民事行为具有一定的特殊性，它并非行为人故意违反法律的禁止性规定或社会公共利益而无效，也不是因为意思表示不真实而需撤销，所以，尽量不轻易宣布其无效，而应当采取补救方法，有条件的尽量促使其成就。①由于这类行为是因当事人缺乏缔约能力、处分能力或代订合同的资格而造成的，依照法律，这类合同将因有权人的承认而生效，因有权人的拒绝或沉默而不生效。对这类行为的效力，法律不主动干预，而由相关当事人自己决定，以利于促成更多的交易和维护相对人的利益。

8. 民事行为无效或被撤销的法律后果

民事行为被确认无效或被撤销后，当然不能产生行为人所预期的法律后果，行为自始不发生法律效力。但不发生法律效力并不等于不产生法律后果，只是这个后果并非行为人所预期的。

这些行为凡是没有履行的，就不再履行；正在履行的，应停止履行；已经全部履行或已经部分履行的，当事人应根据不同情况，以下列方式承担民事责任：

（1）返还财产

民事行为被确认无效或撤销后，应相互返还从对方取得的财产，使财产关系回复到行为发生前的状态。

（2）赔偿损失

民事行为被确认无效或撤销后，除了返还财产之外，有过错的一方应当赔偿对方因此所受的损失，双方都有过错的，应当各自承担相应的责任。

（3）追缴财产

如果双方恶意串通，实施民事行为损害国家、集体或第三人利益的，有关国家机关应当追缴双方取得的财产。追缴所得归还利益受损害者，即收归国家、集体所有，或者返还第三人。由于恶意串通的行为对社会正常的经济秩序损害较大，所以，法律的规定也较为严厉。这里"双方取得的财产"应包括双方已经取得和约定取得的财产。

追缴财产，仅适用于双方恶意串通，实施损害国家、集体或第三人利益的民事行为。它既是一种制裁手段，也具有补偿作用：通过追缴的方式，使恶意串通的双方受到经济上的惩罚；将追缴所得归还利益受损者，又体现了补救的功能。

---

① 参见顾昂然：《中华人民共和国合同法讲话》，法律出版社，1999年3月版，第31页。

关于民事法律行为可作如下归纳：

民事法律行为
的有效条件
{
行为人具有相应的民事行为能力
意思表示真实
不违反法律和社会公共利益
}

将产生行为人所
预期的法律后果

欠缺生效要件
的民事行为
{

无效的民事行为
{
1. 无民事行为能力人实施的民事行为
2. 限制民事行为能力人实施的依法不能独立实施的非合同民事行为
3. 法人或其他组织在欠缺相关资质的情况下实施的民事行为
4. 一方以欺诈、胁迫的手段或者乘人之危，使对方在违背真实意思的情况下所为的非合同民事行为
5. 一方以欺诈、胁迫的手段订立合同，并损害国家利益的民事行为
6. 恶意串通损害国家、集体和第三人利益的民事行为
7. 违反法律、行政法规强制性规定的民事行为
8. 违反社会公共利益的民事行为
9. 以合法形式掩盖非法目的的民事行为
}

可变更可撤销的
民事行为
{
1. 重大误解的民事行为
2. 显失公平的民事行为
3. 以欺诈或胁迫的手段订立的未损害到国家利益的合同
4. 乘人之危订立的合同
}

效力待定的民事行为
{
1. 限制行为能力人订立的合同
2. 无权代理人订立的合同
3. 无处分权人订立的合同
}
}

二、代理

代理，是指代理人在代理权限内，以被代理人的名义与第三人实施民事法律行为，所产生的法律后果直接归属于被代理人的法律制度。①

---

① 此为直接代理的含义，也是我国《民法通则》关于代理制度的基本规定，此与大陆法系的德国、日本、我国台湾等地相同。但从《合同法》的相关内容来看，我国已经采纳了英美法中有关间接代理的规定。

　　假设你要买房，由于不懂行怕吃亏，你特地聘了一位律师，律师按照你的意图与某房产商开始了接洽。这其中，你就是被代理人，你的律师就是你的代理人，房产商就是第三人或称相对人。律师受托以你的名义为你办事，而事情的最终结果由你承担，因为房产买卖是在你和房产商之间进行的。这就是代理。你可能会想，这个律师最好忠实于你的受托，不致越权胡为，或者更进一步，你可能还会担心万一他和房产商恶意通谋损害你的利益，那怎么办？这些正是民法的代理制度所涉及和规范的内容。

1. 代理的法律特征

（1）代理的行为须是民事法律行为

代理人与第三人之间进行的应是设立、变更和终止民事权利义务关系的行为，也就是民事法律行为。如订立合同、履行债务等。

（2）代理须以被代理人的名义进行

由于代理的法律效果是由被代理人承受的，所以依据《民法通则》第63条的规定，代理人在实施代理行为时必须以被代理人的名义。但是，从《合同法》的一些具体规定来看，法律允许在委托代理中，代理人以自己的名义进行代理活动。①

（3）代理人须在代理权限内独立进行意思表示

首先，代理人的行为应以代理权为限，不得超越代理权；其次，代理人应在其权限范围内，以其自身的能力、经验、专业知识等，独立地向第三人进行意思表示，在合法的前提下，为被代理人谋取最大利益。这也正是代理的宗旨所在。

（4）代理行为所产生的法律后果归于被代理人

代理人在被代理人授权之下、以被代理人名义所进行的民事法律行为，实际上等同于被代理人自己所为的行为，其法律后果由被代理人自己承担。

思　考　　　　9. 朱先生今身体不适，他想让同事李小姐代他摘录一些数据材料，以减轻自己的工作负担，李小姐一口应允。这是不是法律上的代理？

---

①　《合同法》第402条、403条分别就受托人以自己的名义与第三人订立合同的一些情况作出了规定。这是吸收了英美法中关于隐名代理的法律规定，突破了《民法通则》中代理仅限于显名代理的规定。如此一来，我国的代理制度就更趋完整、全面了。因为，在实际生活中隐名代理和未披露委托人的代理大量存在，例如，朋友之间代购少量的日用品，受托人一般不会向商店明确他是以委托人的名义前来购买的。可见，我国法律已采纳了广义代理的概念。

代理制度的设立，拓展了民事主体的活动空间，弥补了个人知识、技能、精力等的不足，使得我们可以利用他人的专业知识和能力来为自己服务。随着社会的发展，社会分工将愈加细化，民事活动将愈加繁复，代理制度也将随之发挥越来越重要的作用。

2. 代理的种类

（1）委托代理

委托代理，是指代理人根据被代理人的委托而进行的代理。这是代理中适用最广泛的一种代理形式。例如，委托他人代为订立合同。

委托代理中，代理权是基于被代理人的授权行为而产生的。书面的授权，通常以委托书、委托证明或介绍信的形式出现。按照法律规定，授权委托书必须载明这些事项：代理人的姓名或名称及证明文件、代理事项、权限和期间，并由委托人签名或者盖章。因委托书授权不明，造成第三人损失的，被代理人应当向第三人承担民事责任，代理人负连带责任。

（2）法定代理

法定代理，是根据法律的规定直接发生的代理。《民法通则》第14条规定："无民事行为能力人、限制民事行为能力人的监护人是他的法定代理人。"

法定代理人的代理权限来自法律的直接授予，与被代理人的意志无关。这种代理是为维护无民事行为能力人、限制民事行为能力人的权益而设立的，所以，代理的权限非常广泛。凡是与保护被监护人合法权益有关的民事法律行为，都可以代理。为了保护被监护人的利益，监护人还能授权他人作为被监护人的委托代理人。

（3）指定代理

指定代理，是根据人民法院或者有关单位的指定而发生的代理。

指定代理的代理权限来自法院或者有关单位的指定，也与被代理人的意志无关。指定代理通常发生在法定代理关系存在争议的情况之下，碰到这种情况，法院或者有关单位有权指定代理人。

思　考

10. 甲因为与他人发生合同纠纷，特聘请了一位律师，代甲进行民事诉讼。请问这是代理吗？如果是，这属于委托代理？法定代理？还是指定代理？为什么？

3. 代理权的行使

代理人在行使代理权的过程中，应当依照法律的要求，履行代理职责，不滥用代理权。

（1）代理人的职责

A. 代理权的行使须符合被代理人的利益

B. 代理人应在代理权限内亲自完成代理事项

代理人超越代理权的活动，若被代理人不予追认的，代理人须自己承担民事责任。此外，只有在特殊或紧急情况下，代理人才能按照法律的规定，为被代理人选定复代理人[①]。通常情况下，代理人必须亲自完成代理事项。因为，被代理人对代理人的选任和授权是基于信任，所以代理事项只能由代理人亲自完成。

C. 代理人须承担相应的报告和保密义务

代理人应及时向被代理人报告代理工作的进展及结果，并提交必要的文件材料；代理人在代理活动中知晓的被代理人的商业秘密、个人隐私或其他重要信息，不得向外界透露或利用这些秘密为自己谋取不正当的利益。

（2）代理权的滥用

A. 自己代理

所谓自己代理，是指代理人以被代理人的名义与自己进行民事活动的行为。

例如，甲委托乙购买一批服装，乙恰巧自己就有这样的一批服装，于是，乙瞒着甲，以自己公司的名义与甲订立了买卖合同。我们知道，代理关系中应有三方当事人的存在，即被代理人、代理人和第三人，在自己代理的情形下，第三人并不存在，所以，法律行为实际上是由一人来完成的。代理人在此过程中，没有向被代理人如实相告，也没有与第三人协商一致的过程，很难保证代理人行为的公正性，极易使被代理人的利益受侵害。所以，法律视自己代理为代理权滥用的行为，自己代理的合同无效，造成被代理人损害的，由代理人承担责任。

B. 双方代理

所谓双方代理，是指同一代理人同时代理双方当事人实施同一个民事行为。

例如，甲委托乙以甲的名义买服装，丙正好委托乙以丙的名义卖服装，乙隐瞒了自己同时为双方代理人的身份，分别以甲和丙的名义签订协议，买卖丙的服装。在此种情形下，被代理

---

① 《民法通则》第68条规定："委托代理人为被代理人的利益需要转托他人代理的，应当事先取得被代理人同意。事先没有取得被代理人同意的，应当在事后及时告诉被代理人，如果被代理人不同意，由代理人对自己转托的人的行为负民事责任，但在紧急情况下，为了保护被代理人的利益而转托他人代理的除外。"

人和第三人的意志集中于代理人一身，不存在相互协商和意思表示的一致，所以，也是有违代理规则的，极易给某一方造成损害。因此，双方代理也是代理权滥用的行为，双方代理的合同无效，造成他人损害的，由代理人承担责任。

双方代理不同于合法的居间服务。根据《合同法》的规定，居间合同是指居间人向委托人报告订立合同的机会或者提供订立合同的媒介服务，委托人支付报酬的合同。居间人本人并不参与合同的订立，且取得报酬的前提是促成交易成功。

C. 代理人和第三人恶意串通的行为

代理人和第三人恶意串通，损害被代理人利益的行为，是严重违反代理人职责的行为。

例如，甲厂委托业务员A，去乙厂购买原料，经A与乙厂的谋划协商，结果A接受了乙厂的贿赂，以较高价格买下了有质量问题的原料。这里，代理人与第三人共同、故意损害被代理人的利益，这样的合同无效，对所造成的损失，由代理人和第三人承担连带责任。

D. 代理违法事项的行为

代理人知道授权代理的事项违法，仍然进行代理活动；或者被代理人知道代理人的代理行为违法，不表示反对的，由被代理人和代理人负连带责任。

4. 无权代理

无权代理，是指没有代理权的人擅自以他人的名义进行的民事行为。

（1）无权代理的表现形式

无权代理一般包括以下三种情况：

A. 自始没有代理权的行为
行为人从来就没有代理权，却以他人的名义进行民事行为，这是最为典型的无权代理。

B. 超越代理权的行为
代理人虽有代理权，但其所为超越了代理权限，其超越权限的部分属于无权代理。

C. 代理权终止后的行为
行为人曾有代理权，但在其代理权终止后，行为人仍然以被代理人的名义进行民事行为。

（2）无权代理的法律后果

无权代理在一般意义上不对被代理人产生法律约束，只产生无权代理人对被代理人和第三人的损害赔偿责任。然而，从实际结果看，无权代理行为并不一定都不利于被代理人，因此，各国民法都不绝对地否定无权代理，我国的民法也不例外。《合同法》将无代理权人以他人名义订立的合同，确认为一种效力待定的合同。《合同法》第48条规定："行为人无代理权、超越代理权或代理权终止后以被代理人名义订立的合同，未经被代理人追认，对被代理人不发生效力，由行为人承担责任。相对人可以催告被代理人在1个月内予以追认。被代理人未作表示的，视为拒绝追认。合同被追认之前，善意相对人有撤销的权利。撤销应当以通知的方式作出。"据此，我们可将无权代理的效果概括为：

A．被代理人有权追认或拒绝

无权代理并非一定对被代理人不利，被代理人可视具体情况行使追认权，使无权代理成为有权代理，或行使拒绝权，使无权代理对自己不发生效力。

观　察　　　现实生活中，有些学校曾擅自代本校学生向保险公司购买商业保险。学生家长获悉后，十分不满，拒绝缴纳保费，这就是明显的拒绝。但也有部分家长觉得，确有必要，认可了学校的这一做法，按期缴纳保费。这显然是对无权代理的追认。

B．相对第三人有权催告或撤销

考虑到在无权代理中，有些第三人并无明显过错，完全依被代理人的意志决定无权代理的效力，对第三人也有欠公允，所以法律赋予第三人以下两项权利，以期平衡。

其一，相对第三人在得知代理人并无代理权时，可以催促被代理人在1个月内予以明确答复，是否承认该行为。此为催告权。被代理人在此期间未作明确表示的，视为拒绝追认。

其二，善意第三人在得知无权代理的情况后，有权撤销与无权代理人所为的民事行为，但必须先于被代理人的追认，否则无权撤销。享有撤销权的第三人，须是善意第三人，如果第三人明知行为人无代理权，仍与其进行民事行为的，不得行使撤销权，给他人造成损失的，由第三人和行为人负连带责任。

C．无权代理人或恶意第三人的赔偿责任

在被代理人拒绝追认的情况下，无权代理人应对自己的行为负责，承担被代理人和第三人因无权代理行为而遭受的损失。第三人若明知行为人无权代理仍与之实施民事行为，对造成的损失，应与行为人承担连带责任。

5．表见代理

生活中常有这样的现象：基于某些特殊原因，你毫不怀疑某人是有代理权的，然而在你与之实施了民事行为后，才知道他其实是无代理权的，如果按照无权代理的处理方法，民事行为是否有效主要取决于被代理人，这时，你一定会觉得十分被动。好在法律对这类代理进行了特别规定，从保护善意第三人、维护交易安全的角度出发，法律规定这种代理将产生有权代理的后果。这种形式的代理就是表见代理。

（1）表见代理的概念

表见代理是无权代理的一种特殊情况。它是指虽然行为人无权代理，但若在客观上存在着足以使善意相对人相信其有代理权的情况，被代理人将承担由此引起的法律后果的代理。《合同法》第49条规定："行为人没有代理权、超越代理权或者代理权终止后以被代理人名义订立合同，相对人有理由相信行为人有代理权的，该代理行为有效。"

案 例

甲授权张某与乙谈判，协商一桩买卖。为此，张某多次与乙接触。后来，甲经观察，对张某的办事能力产生怀疑，遂通知张某，其代理权已被撤销，别再与乙接洽了，甲将亲自与乙协商，做成这笔买卖。对这一变故，乙毫不知情。张某对此十分不满，为证明自己的能力，继续与乙协商，并很快签下了合同。甲知悉此事，为时已晚，细看合同发觉对自己十分不利，遂表示张某系无权代理，自己拒绝追认，合同无效。乙主张自己并无过错，合同应当有效。

这个案例是典型的表见代理的情况。甲撤销了张某的代理权，张某的行为属代理权终止后的无权代理。但是由于甲没有将撤销张某代理权一事及时通知乙，造成乙始终认为张某是甲的委托代理人，这个理由是足够充分的。鉴于此，张某的行为构成表见代理，张某与乙签定的合同有效，甲应对合同产生的后果负责。但是，如果合同对甲确实不利，甲有权向张某追偿由此造成的损失。

（2）表见代理的构成条件

A．表见代理人是无权代理

行为人没有代理权、超越代理权或代理权终止后以被代理人名义进行的民事行为。

B．在客观上存在着一定的理由，足以使相对人相信无权代理人有代理权

表见代理人与被代理人之间一般具有某种事实上或法律上的联系，如亲友关系、雇佣关系等，而这种联系按照通常的认识或交易习惯，都足以使相对人确信代理人是有代理权的。

例如《民法通则》第66条规定，被代理人明知他人擅自以本人名义进行民事行为，却不作否认表示的，视为同意。知道后却不作否认表示，这就足以使相对人产生错觉，认为其有代理权，由此造成的后果由被代理人承担。

C．相对人是善意而且无过失

在主观上，相对人无从知道表见代理人没有代理权，而且这并非出于自己的疏忽。正是基于通常的认识与交易习惯，相对人才与之进行民事行为。如果相对人在明知的情况下，仍与之进行民事行为，即属恶意，法律无保护的必要，也不构成表见代理。

（3）表见代理的效力

表见代理的后果有以下两个方面：
- 发生与有权代理相同的法律效力，对相对人、被代理人而言，表见代理与一般的有权代理效果一样；
- 被代理人因表见代理行为而受到损失的，有权向无权代理人追偿。

6. 代理权的终止

代理权的终止，是指代理人所享有的代理资格的消灭。由于代理权种类的不同，其终止的原因也有所不同。

（1）委托代理权的终止

委托代理权因下列原因之一而终止：
- 代理期间届满或者代理事务完成；
- 被代理人取消委托或者代理人辞去委托；
- 代理人死亡；
- 作为被代理人或者代理人的法人终止。

（2）法定代理、指定代理的终止

法定代理、指定代理因下列原因之一而终止：
- 被代理人取得或者恢复民事行为能力；
- 被代理人或者代理人死亡；
- 代理人丧失民事行为能力；
- 指定代理的人民法院或者指定单位取消指定；
- 由其他原因引起的被代理人和代理人之间的监护关系的消灭。

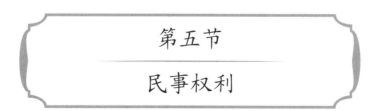

第五节

民事权利

民事权利由民法确认和保护，是民法规范的基本内容。

民事权利和民事义务相对而称，彼此相互对应、相互依存、相互联系。不过，在民事法律制度中，往往只从权利这个角度来命名法律关系，例如：人身权、所有权、债权、知识产权、继承权等。这是因为在民事法律关系中，权利通常体现为主动方面，从权利的角度出发，便于直接反映民事主体的权利范围，有利于对合法权利的保护。此外，有些民事权利，享有权利的主体可以抛弃它们，但义务则不能抛弃，所以，从权利的角度出发更便于反映民事法律关系的特征。因此，这里所说的物权、债权、人身权等，实为物权法律关系、债权法律关系、人身权法律关系等。

本节内容将围绕民法中的物权、债权、人身权、知识产权和继承权展开。

民法所调整的平等　　　财产关系　　物权　　　　　　　兼有财产关系和人身　　知识产权
主体之间的关系　　　　　　　　　　债权　　　　　　　关系双重属性的　　　　继承权
　　　　　　　　　　　人身关系　　人格权
　　　　　　　　　　　　　　　　　身份权

一、物权

物权，顾名思义，是对物的权利。它与债权共同组成民法所调整的平等主体之间的财产关系。按照法律上的解释，物权是指权利人依法直接支配标的物，并排除他人干涉的权利。

1.物权的特征

（1）在主体方面，物权的权利主体特定，义务主体不特定

物权，属于绝对权，其义务主体的范围是不特定的多数人。

（2）在内容方面，物权表现为权利主体直接支配一定的物，并排斥他人干涉

权利主体行使自己的权利，无须他人的帮助，只要别人不横加干涉，权利人就能享有其物权的利益。另外，物权的排他性还体现在，同一个物上不能存在内容不相容的两个以上的物权。

观　察

假设在某个雨天，你打着一把伞外出。这把伞是你新买的，所以你当然是这把伞的权利主体，那么义务主体呢？应该说，除你之外的所有的人都是这把伞的义务主体。你走在雨天的街道上，只要大家别来妨碍你打伞，他们作为义务主体就是履行义务了。若有一个人上前来对你说，这把伞是他的，你一定会说，这不可能，因为这把伞不可能既是你的，又是他的，这是物权的排他性所决定的。所以，他一定是搞错了。

（3）在客体方面，物权的客体是物

民法上的物，是指人身以外的①、能为人类支配的、并有一定使用价值的物质资料。这些物质资料在法律上主要有如下的分类：

● 不动产、动产

不动产，是指不能移动或经移动即会降低和损害其经济价值的物。例如，土地及土地上的定着物，如建筑物、桥梁等。

动产，是指除不动产之外的物。大多数的物都是动产。

划分的意义在于：不动产物权与动产物权的取得方式、成立要件各有不同，不动产物权的公示方法为登记，动产物权的公示方法为占有。另外，不动产的所在地与诉讼管辖、适用何地的法律直接相关②。

● 流通物、限制流通物

流通物，是指法律允许在民事主体之间依照交易规则可以自由流转的物。大多数的物都是流通物。

限制流通物，是指依据法律规定在民事流转中受到一定限制或被禁止自由流转的物。例如，矿藏、森林、土地、金银、武器、毒品、麻醉品、历史文物、淫秽物品、迷信物品、计划收购和供应的物资等。

划分的意义在于：为维护国家和社会的公共利益，民间只能就流通物进行自由交易。若从事限制流通物的交易，须有法律的特别授权，否则不仅所立合同无效，行为人还须承担相应的法律责任。

● 特定物、种类物

特定物，是指具有独有的特性、不能替代的物。例如，达芬奇的画、已故亲人的专属用品等。

种类物，是指具有共同的属性、可以互相替代的物。例如，同一型号的某品牌轿车、同一产地和品质的大米等。

划分的意义在于：由于特定物无法替代，一旦发生毁损或灭失，只能引起损害赔偿的后果，而不能要求继续履行或返还；另外，它们还能引起不同的法律关系，如租赁关系的标的物必须是特定物，这意味着，返还的租赁物必须是原租赁物，而不能是替代品。

① 民法上的物不包括人本身。但是，从人体分离的某些部分，如乳汁、头发、血液、脏器以及人的尸体等，由于已经脱离生命体，应该可以作为物权的客体，但应严加限制和规范，使其符合法律的规定，不违背社会的公序良俗。

② 因不动产提起的诉讼，由不动产所在地法院管辖，而因动产提起的诉讼，适用一般的管辖原则；在涉外法定继承中，遗产如果是动产，适用被继承人死亡时住所地的法律，是不动产的，适用不动产所在地的法律。

● 原物、孳息

作为本体的、能产生出收益的物，就是原物；由原物所产生的收益，即是孳息。例如，母鸡和鸡蛋，母鸡是原物，鸡蛋是孳息。此外，诸如果树和果实、本金和利息、房屋和租金等，都是原物和孳息的关系。

划分的意义在于：除法律另有规定或当事人另有约定外，孳息归属于原物的所有人，即原物是谁的，孳息也同样属于谁。

（4）物权具有追及效力和优先效力

物权的追及效力，是指物权的标的物不管辗转流入什么人的手中，物权人都可依法向物的不法占有人索取，请求其返还原物。

物权的优先效力，包括两方面：（1）当物权与债权并存时，物权优先于债权；（2）在某些情况下，当事人可以在同一物之上设立多个物权，当数个物权并存时，先设立的物权优先于后设立的物权。

2. 物权的分类

根据我国《民法通则》、《担保法》及其他有关法律、法规的规定，我国民法物权体系的基本分类是：

自物权，是指权利人对自己的财产所享有的权利。自物权也就是所有权。

他物权，是指在他人所有的物上设定的权利。自物权以外的物权都是他物权。

用益物权，属他物权，是对他人所有的物在一定范围内使用、收益的权利，如建设用地使用权、地役权等。

担保物权，属他物权，是指为了担保债的履行，在债务人或第三人的特定财产上设定的物权，包括抵押权、质权和留置权。

3. 所有权

所有权，是指财产所有人依法对自己的财产享有的占有、使用、收益和处分的权利。

所有权是物权体系的核心，与他物权相比，所有权是最为完整、最为充分的物权，他物权来源于所有权的分离或派生。

（1）所有权的权能

财产所有权包括四项权能，即占有权、使用权、收益权和处分权。所有权人可以占有、使用、收益和处分自己的财产，不容他人非法干涉。

A. 占有

占有，是指民事主体对财产的实际占领和控制。比如，我住着自家的房子，这是我对房子的占有；某人院内停着自己的车，这是某人对车的占有。占有往往是对财产行使权利的前提。

那么，我们可否占有别人的财产呢？不妨举个例子，假设你家中存有一本刚从图书馆借来的书，此刻，它归你占有，但它归你所有吗？不是。你不是它的所有权人。这样的情况十分多见，因为社会生活的多样性使我们不可能只享用或占有归属于自己的财产，这种形式的占有就是非所有人的占有，这一状态也包括非法的占有。

占有的形式可作如下的分类：

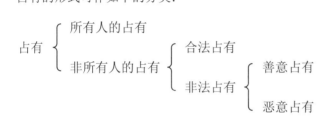

所有人占有，是指所有人对自己财产的占有。

非所有人占有，是指财产所有人以外的人对财产的占有。它包括合法占有和非法占有。

合法占有，是指非所有人基于法律规定或所有权人的意愿等合法原因而占有他人的财产。例如，因为租赁而占有别人的财产、因为保管而占有别人的财产等。上述关于借阅图书馆书籍的例子就是一种合法占有。

非法占有，是指非所有人在没有法律根据或合同依据，也没有所有权人的同意的情况下，占有他人的财产。例如，小偷占有赃物、拾得人占有拾到的钱包、强占他人的住房等。非法占有还可分为善意占有和恶意占有。

善意占有，是指占有人不知道或不应当知道自己的占有是非法的。例如，错将邻座的书拿回家，或是别人的羊跑进自家的羊圈而自己并没察觉等。

恶意占有，是指非法占有人在占有他人财产时，明知或应当知道自己的占有是非法的，仍然实施占有。例如，将拾得物据为己有，非法侵占他人财产等。

一般说来，对于他人的非法占有，所有人有权要求返还。但法律对于主观上没有恶意的善意占有人予以一定的保护。①

---

① 如返还他人财产时，善意占有人一般只返还现存的利益，对于已经灭失的利益不负返还责任，而恶意占有人在此情形下，则要承担赔偿责任；此外，法律在关于善意取得制度的适用，关于占有人请求返还已支付的必要费用，以及关于所有权人请求返还因该物所生的孳息等方面，对善意占有人与恶意占有人的规定区别很大，法律对善意占有人的利益予以了适当的保护。

B. 使用

使用，是指民事主体依照物的性能和用途对物加以利用。

对物的使用，可以是所有权人自己使用，也可以由非所有权人使用，它的分类情况与"占有"基本一致。

C. 收益

收益，是指获取财产所生的物质利益。

收益包括孳息和利润。孳息又可以分为自然孳息和法定孳息。

$$
收益
\begin{cases}
孳息
\begin{cases}
自然孳息——物按自然规律而产出的利益，如果树的果实、母鸡下的蛋。\\
\\
法定孳息——依照民事法律关系而产生的利益，如利息、租金、红利。
\end{cases}\\
利润——把物投入社会生产过程、流通过程所取得的利益
\end{cases}
$$

收益权能一般由所有权人行使。也就是说，物的收益一般归所有权人。除非法律有特别规定，或当事人有特别约定，他人之物的收益，一般应归所有权人。

案　例

　　王老汉在山坡上发现了一头走丢的母牛，便牵回了家暂时养了起来。母牛在王老汉的喂养下，身体日渐壮硕。不久，王老汉发现，母牛已经怀犊，便更为辛勤地看管照料。后来，母牛顺利产下小牛犊，王老汉十分高兴。这时，牛的主人李老伯经多方打听，找上门来，要求归还走丢的母牛，在获悉母牛已经产下小牛后，要求王老汉将小牛一并归还。王老汉只答应归还母牛，认为小牛应留下归自己。两人闹得不可开交。

　　其实，问题很简单。小牛与母牛是原物与孳息的关系，在法律没有特别规定或当事人特别约定的情况下，原物归谁所有，孳息也应归谁所有。因为，原物的所有权人享有因原物而产生的收益。所以，母牛和小牛都应归李老伯所有。不过，依据民法的规定，王老汉在此期间照顾母牛和小牛的必要费用，应由李老伯承担。

D. 处分

处分，是指民事主体对其财产进行事实上和法律上的处置。它可作如下分类：

$$
处分
\begin{cases}
事实上的处分——在生产或生活中直接消耗或消灭财产。例如，吃掉粮食、消耗\\
\qquad\qquad\qquad原料等。\\
法律上的处分——通过某种法律行为处置财产，其法律后果是转移或改变财产所\\
\qquad\qquad\qquad有权。例如，出卖房屋、赠与财产等。
\end{cases}
$$

处分权是所有权人最基本的权利，是所有权内容的核心。因此，在正常情况下，财产的处分权都是由所有权人亲自行使的。

观　察

我们在学习上一节"效力待定的民事行为"时，就曾提及《合同法》第51条之规定，即"无处分权的人处分他人财产，经权利人追认或者无处分权的人订立合同后取得处分权的，该合同有效。"换句话说，在权利人拒绝追认和无处分权人事后未取得权利的情况下，合同是无效的。可见，处分权作为所有权的核心权能，一般只能由所有权人亲自行使。

（2）所有权的权能与所有权的分离

占有、使用、收益和处分，构成了完整的所有权的四项权能，所有权人可以完整地享有这四项权能。但是，为了更好地发挥财产的效益，满足所有权人自身的需要，所有权人往往将这四项权能中的某一项或某几项与自己暂时分离，归别人享用。通过这样的方式，权利人不但不会丧失所有权，相反是在更为有效地行使所有权。分离出去的权能，还会回复，所有权就又完整了。正是通过这样一个分离又回复的方式，所有权人实现了其生活和生产的特定目的，使得物尽其用，为权利人也为社会创造更大的财富。

案　例

老张名下有一套商品房空关着，为使手头宽余些，日前他将该房租给了小李，每月收取租金2000元，租期1年。

很明显，房子本是老张的，老张对房子享有完整的所有权，他可以对自己的房子行使占有、使用、收益和处分的权利。现在，老张将这四项权能中的占有权、使用权暂时从自身分离出去，由小李享有，老张并没有因此就丧失了房子的所有权，1年后房子又能完整地属于老张。再看另外两项权能，这2000元的收入，是老张对房子的收益权，这一权能仍归老张；房子的处分权当然也归老张，小李不经老张同意，不得将房子转租获利，更不允许损毁房子或将房子擅自出卖。因为，收益权和处分权不归小李享有，尤其是处分权，作为所有权中最为核心的权能，只能由老张自己享有。由此，空关的房子物尽其用了，老张的需求满足了，小李租房的目的也达到了。所以，这一民事活动对权利人、对社会都是有利的，是受法律保护的。

二、债权

民法上的"债"，不同于我们日常生活中所说的债，它不单单指诸如欠债、讨债等金钱方面的债务，而是有着更为广泛的含义。首先，它在内容上包含了债权和债务；其次，权利义务所指向的标的也不限于金钱。《民法通则》第84条的规定："债是按照合同的约定或者依照法律的规定，在当事人之间产生的特定的权利和义务关系。享受权利的人是债权人，负有义务的人是债务人。"债权与物权相对而称。

1. 债权的特征

（1）在主体方面，债的主体是特定的

债的权利主体、义务主体都是特定的，即债权人、债务人都是特定的人，债权人只能向特定的、具体的债务人主张权利。这一点不同于物权，物权的义务主体是不特定的。所以，物权为绝对权，债权是相对权。

（2）在内容方面，债权是请求权

债权人的权利表现为要求义务人为一定的行为或不为一定的行为，债权人权利的实现需要依靠债务人履行约定的义务，债务人须实施积极的作为。这一点也不同于物权，物权是支配权，表现为直接支配一定的物，并排斥他人干涉；物权义务人的义务仅仅是不对权利人加以干涉，这是一种消极的不作为义务。

> 思　考
>
> 11. 甲与乙订立了买卖电视机的合同。甲向乙支付了货款，但乙却逾期迟迟不发货。甲经观察发现，乙的仓库里明明有自己订购的货，是有意不发货的，这批货该是自己的。于是甲决定，既然你不肯发货，我就自己去你的仓库拉货。请问，甲有权这么做吗？

（3）在客体方面，债权债务指向的客体是给付

债的客体又称债的标的，是指债权债务所指向的事物。在债权法律关系中，债权是一种请求债务人为一定给付的权利，债务就是应债权人请求而为一定给付的义务。给付的形态可以表现为：交付财物、支付金钱、转移权利、提供劳务、提交成果等。而物权的客体只针对物本身。

2. 债的发生根据

债不会凭空产生，如同其他民事法律关系一样，债须有一定的法律事实才能产生。所谓债的发生根据，就是引起债产生的法律事实。能够产生债的法律事实主要有合同、不当得利、无因管理和侵权行为，以下逐一述之。

（1）合同

合同是当事人之间设立、变更、终止民事法律关系的协议。当事人既可以通过合同确立债

权债务关系，也可以通过合同变更或终止债权债务关系，这是民事主体参与民事活动的表现。因此，合同是产生债的最常见、最主要的发生根据。我们的日常生活、经济生活与合同须臾不可分离。

观 察

你去商场买各类消费品，是与商场发生的买卖合同关系；你搭乘公交车上班，是与公交公司发生的运输合同关系；你让装潢公司为你装修新房，是与装潢公司发生承揽合同关系；甚至你在家中足不出户，但你总要消耗一定的水、电、煤气或暖气，这又是你与自来水公司等公用事业单位发生的供用水、电、煤、热力合同。如此种种，不一而足。

A. 合同的订立

合同的订立在法律上分为要约和承诺两个阶段。

举个例子：甲有一批货要卖出，他找到乙，向乙言明这批货的品种、数量、质量、价格和交货方式等事项，并给乙3天时间考虑，乙在1天后通知甲，表示可以接受。这样，一个买卖合同就以口头形式订立好了。甲的所为就是要约，乙的所为就是承诺；甲为邀约人，乙为受邀约人。

要约，是指订约当事人一方向另一方发出的希望和他订立合同的意思表示。
承诺，是指受要约人同意接受要约全部条件的意思表示。

要约的效力在于：一经受要约人承诺，合同即告成立。在受要约人承诺之前，合同虽然没有成立，但只要要约发生了效力，那么在要约的有效期内，要约人是不得随意改变要约内容的，也不得任意地撤销要约，否则要约人须承担相应的法律责任。①在刚才的那个例子中，在乙收到要约后，要约就发生了效力，在3天内乙可能为了买进这批货进行了有关的准备，比如为了筹款而向银行贷款，或为接受货物而租赁了仓库，如果在这3天内，甲以乙尚未承诺为由随意改变要约的内容，甚至撤销了要约，势必会给乙造成损失，所以，甲自要约生效后（即乙收到要约时），须受要约的约束。

承诺的效力在于：承诺一旦生效，合同即告成立。《合同法》第25条规定："承诺生效时合同成立。"此时，要约人必须接受，不得拒绝，订立合同的阶段就此结束。就刚才的例子而言，乙完全同意甲要约中的内容，且在有效期限3天内作出了答复，并将此通知了甲，那么，乙的答复就是承诺，在甲收到乙的承诺时，承诺生效，合同成立。假设，乙在回复中，就价格问题提出了变更，并征询甲的意见，这样的回复就不是承诺了，而是一个新的要约，有待甲作

---

① 要约是可以撤回或撤销的，但必须符合《合同法》的规定。根据《合同法》第17、18、19条规定：要约可以撤回，撤回要约的通知应当在要约到达受要约人之前或者与要约同时到达受要约人。要约可以撤销，撤销要约的通知应当在受要约人发出承诺通知之前到达受要约人。有下列情形之一的，要约不得撤销：（一）要约人确定了承诺期限或者以其他形式明示要约不可撤销；（二）受要约人有理由认为要约是不可撤销的，并已经为履行合同作了准备工作。

出承诺,原甲的要约失效。按照《合同法》第30条的规定,承诺的内容应当与要约的内容一致,受要约人对要约的内容作出实质性变更的,为新要约。凡有关合同标的、数量、质量、价款、或者报酬、履行期限、履行地点和方式、违约责任和解决争议方法等的变更,是对要约内容实质性的变更。

由此可见,合同订立的过程,往往就是要约→新的要约→更新的要约……直至承诺的过程。承诺生效时,合同成立,当事人采用书面形式订立合同的,自双方当事人签字或者盖章时合同成立。

观　察　　商务谈判的场景在现实生活中并不鲜见,影视作品中也比比皆是。一方报价提方案,对方予以否定,并提出自己的方案,双方你来我往、斗智斗勇,甚至针锋相对。结局无非两个,要么握手言和、谈判成功;要么无法达成一致、不欢而散。谈判成功、合同订立,一定是出自某一方对对方提议的最终承诺,而在此之前,从要约→更新的要约→更更新的要约……双方经历了多少个这样的来回,只有自己知道,而合同订立成功的句号必须划在一方承诺的那一刻。通常的商业谈判过程大多如此。

我们还须注意的是,有这样一些意思表示,比如商业广告、寄送的价目表,它们也是有待别人的认可和接受,这是不是要约呢?在性质上,这与要约是有区别的。商业广告和寄送的价目表都只是以一定的方式推销自己的商品或服务,其最终目的是希望别人向他发出订立合同的要约、提出订立合同的条件,所以,我们将此称为要约邀请。

要约与要约邀请的法律后果完全不同,我们应对其加以区分和鉴别。两者主要区别如下:

比较事项	要　约	要约邀请
所包含的内容	内容具体确定,包含订立合同的主要内容	不一定包含合同得以成立的主要内容
针对的对象	针对特定相对人,通常采取电话、电子邮件、传真或信函的方式	针对不特定多数人,往往借助电视、网络、报刊等媒介
内在的含义	含有当事人愿意接受要约约束的意思	不含有当事人愿意接受约束的意思
法律后果	受要约的约束,不得随意变更、撤回或撤销	不产生合同关系上的法律后果

除了寄送的价目表、商业广告外,属于要约邀请的还有拍卖公告、招标公告、招股说明书等。但是商业广告内容符合要约规定的,视为要约。

B.　合同的内容

《合同法》第12条规定:"合同的内容由当事人约定,一般包括以下条款:(一)当事人的名称或者姓名和住所；（二）标的；（三）数量；（四）质量；（五）价款或者报酬；（六）履行期限、地点和方式；（七）违约责任；（八）解决争议的方法。当事人可以参照各类合同的示范文本订立合同。"

合同的成立并非一定要全部具备以上这些条款。例如，没有约定违约责任并不意味着合同不能成立，也不意味着违约方就不承担违约责任了；没有约定解决争议的方法，也不意味着争议无从解决。以上这些条款是合同示范条款，一般应该包括，但具体内容还是由当事人自行约定。当然，有些条款必须列明，否则合同难以成立，例如标的、数量、质量、价款等。

C.　合同的履行

合同的履行必须遵循以下原则：（1）全面、适当履行原则：当事人应按照约定全面履行自己的义务；（2）诚实信用原则：这一原则贯穿民法的始终。在合同的履行中，当事人应善意、守信用，根据具体情况履行有关的通知、协助、保密等义务；《民法通则》第114条规定："当事人一方因另一方违反合同受到损失的，应当及时采取措施防止损失的扩大；没有及时采取措施导致损失扩大的，无权就扩大的损失要求赔偿。"这一规定就体现了合同履行中的诚实信用原则，即彼此应心怀善意、相互协作；（3）尽量促使合同履行原则：当合同由于约定不明确而影响履行时，应当尽量加以补救，使得合同的履行不受妨碍；（4）合同不得擅自变更原则：合同需要变更或者转让的，一方应取得对方的同意（债权人转让债权，只须通知债务人），且不得违背法律、行政法规的强制性规定。任何一方当事人都不得擅自变更合同，或擅自转让合同的权利义务。

D.　《合同法》中的列名合同

《中华人民共和国合同法》在其分则中规定了15种列名合同，分别是：买卖合同；供用电、水、气、热力合同；赠与合同；借款合同；租赁合同；融资租赁合同；承揽合同；建设工程合同；运输合同；技术合同；保管合同；仓储合同；委托合同；行纪合同；居间合同。这15种合同又称之为有名合同，《合同法》对其进行了详尽而细致的规定。

由于合同的内容和形式多种多样，不可能全部由法律作出规定，所以《合同法》第124条规定："本法分则或者其他法律没有明文规定的合同，适用本法总则的规定，并可以参照本法分则或者其他法律最相类似的规定。"根据这一规定，《合同法》未列名的合同，即无名合同，也须适用《合同法》及相关法律的规定。

（2）不当得利

与合同一样，不当得利也是债的发生根据。不当得利，是指没有法律或合同上的根据，使他人受损失而自己获得利益。由于不当得利没有合法根据，所以不受法律保护，所得利益应该返还给利益受损失的人，由此就产生了不当得利之债。其中，不当得利之人为受益人，是不当得利之债的债务人，负有返还不当得利的义务；财产遭损失的人为受损人，是债权人，享有请求受益人返还不当得利的权利。

你一定有过或听说过以下的经历：商店收款员由于疏忽多找给你钱或少收你的钱，有人误将一笔钱款误存入你的银行卡，或者有人把别人的物品错交给了你。这些生活中的情形就是你不当得利的情形，从而引起债的发生。作为债务人，你负有返还不当得利的义务。

不当得利的构成，须同时具备以下成立条件：

A.　一方获得利益

获得利益，包括两种情形，分别是：

● 当事人的财产利益不应该增加而增加了，比如，张家的羊误进了李家的羊圈，李家获得的利益；

● 当事人的财产利益应该减少而未减少，比如，售货员因忙碌和疏忽没有收顾客的钱，货却已交给了顾客，顾客因此而获得的利益。

B.　他方受有损失

利益受损，也有两种情形，分别与对方获益相对应：

● 当事人现存财产的减少，比如，张家的羊误进了李家的羊圈，张家受到的损失；

● 当事人本应增加的财产而未增加，比如，售货员因疏忽没有收顾客的钱，商家所受的损失。

C.　受益和受损之间有因果关系

受益和受损之间互为原因和结果，一方获益是基于他方受损，一方受损必引起他方受益。

D.　受益无合法根据

在民事活动中，当事人取得利益都须有合法的根据，或是根据法律规定，或是根据合同约定。基于合法原因取得的利益，受法律的保护，即使他人受有损失也是正当的，例如诉讼时效制度（详见本单元第七节的内容）。反之，则为不当得利，引起债的发生。

思　考

12.在城市生活中，我们的身边经常会出现这样一些人，他们在街道或地铁站里捡拾别人丢弃的矿水瓶、纸盒、废报纸等，用卖这些废品的钱来维持自己的生活。请问，这些人的所为是否属于不当得利？

不当得利的效力：不当得利一经成立，便在当事人之间产生特定的权利义务关系。受损人有请求返还不当得利的权利，受益人负有返还利益的义务。受益人返还的不当得利包括原物和孳息，原物无法返还的，应折价赔偿。

不当得利与侵权行为是不同的。在不当得利形成时，受益人在主观上并无过错，也未积极实施获取不当得利的行为，相反，不当得利的发生往往是受损人自身的过失导致的；而侵权行为的加害人主观上是有过错的。

（3）无因管理

无因管理也是债的发生根据之一。无因管理，是指没有法定或约定的义务，为避免他人利益受损失，自愿管理他人事务或为他人提供服务的行为。其中，管理他人事务或为他人服务的人称为管理人，被管理或服务的一方称为本人，也称受益人。在无因管理之债中，管理人为债权人，本人为债务人。

一般来说，个人事务应由自己处理，他人不得擅自干涉，在既没有法律规定、又没有事先约定的情况下，去管理他人事务，似有侵权之嫌，法律应予制止。但是，诸如助人为乐、见义勇为、危难相助等行为都属"擅自"管理他人事务的情况，若以侵权论，既与传统道德相悖，又无助于避免社会财富的减损。所以，对符合一定条件的"擅自"管理行为，法律承认其合法性，并使当事人之间产生一定的债权债务关系，这就是无因管理之债。

|观　察|

我们常听说，有好心人路遇摔倒受伤或突发急病者，立即将伤者送往医院，并垫付医药费；或是某人见邻居的房屋在台风侵袭下有倒塌之虞，在邻居外出无法联系又无事先委托的情况下，冒雨进行修缮和加固。这些都属无因管理。

无因管理的构成，须同时具备以下条件：

A. 须管理他人事务或为他人提供服务
具体包括保管、看护、料理、改良、提供服务、设定权利、处分财产等行为。但管理的必须是他人的事务，才能成立无因管理。

B. 管理须无法律上或合同上的义务
无因管理中的"因"就是指法律上或合同上的义务。无因，也就是没有法律或合同上的义务。如果管理人是因委托、承揽、雇佣等合同而实施的行为，或是依据法律规定的监护制度而对子女进行的监督保护，则都不是无因管理。

C. 须有为他人谋利益的意思
这是无因管理区别于侵权行为的关键所在。无因管理人在主观上必须是为他人利益着想，是为了避免他人利益受损失。法律之所以确认无因管理的合法性，就是因为无因管理是利他的，而不是利己的行为。①

① 但在为他人的利益、管理他人的事务的过程中，自己也同时获益，则不影响无因管理的成立。如某人发现一头迷路的牛闯进自家菜园并踩坏菜苗，便将牛牵回家，替失主看管、饲养，同时也使得自家菜地免遭损失，此人的行为当属无因管理。

无因管理的效力：无因管理一经成立，便在管理人和本人之间产生特定的权利和义务。

管理人的义务是：● 适当管理的义务，使管理尽可能符合本人的真实意思和利益；

● 及时通知本人的义务；

● 利益转归本人的义务。

本人的义务是：偿付管理人因管理行为而支出的必要费用。管理人直接支出的费用和管理人因此而受到的损失，应由本人支付。

无因管理，小到代为邻居付水、电费，大到见义勇为，都是为他人的利益管理他人的事务。这些行为避免了他人利益受损，符合社会公德，所以受到法律的承认和保护。

（4）侵权行为

侵权行为，是指侵害他人财产或人身权利的不法行为。作为人类社会最基本的冲突形式，对他人人身和财产的侵害，一直是社会规范力求控制的对象。在我国历史上，侵权行为与犯罪行为实际上是不加区分的。许多在今天看来属于民事侵权的行为，在过去都被看作犯罪，其后果是受到刑事法律的处罚。①自近代以来，侵权行为与犯罪行为的区分，同民法与刑法、民事诉讼与刑事诉讼的区分一样，得到了普遍的承认。从理论上讲，侵权行为与犯罪行为的区别是十分清楚的，它们的主要区别如下：

比较事项	侵权行为	犯罪行为
侵犯的客体	侵害民事主体的财产权、人身权等，危害程度较轻	危害程度较重，已危及社会秩序和公共利益
法律责任的形式	停止侵害、恢复名誉、赔礼道歉、返还财产、恢复原状、赔偿损失、支付违约金等	管制、拘役、有期徒刑、无期徒刑、死刑、剥夺政治权利等
法律责任的效果	对受害人的权益进行补救	对行为人予以惩戒，施以刑罚

基于以上这些区别，侵权行为法属于私法范畴，而制裁犯罪行为的刑法则属于公法的范畴。当然，这两者之间还是存有一定的内在联系的。

13. 甲故意伤害乙，致乙重度残疾。甲的这一行为，从民法角度讲，构成了对乙生命健康权的侵犯；从刑法角度讲，不仅侵犯了乙的人身权利，也威胁到了社会的安全与秩序，应依法承担刑事责任。请问，若甲被依法追究了刑事责任，是否可以认为甲就无需承担民事责任了？

---

① 这些处罚不仅包括各种严酷的生命刑和身体刑，也包括具有罚金和赎罪金性质的财产刑。这些罚金、赎罪金的数额主要是根据罪行轻重来决定的，而且，在加害人不能偿付时，将代之以其他刑罚。

在民事活动中，每个人都应当尊重他人的权利，不得侵犯他人的财产和人身权利，一旦实施了侵害，不法行为人就应依法承担民事责任。所以，侵权行为一旦发生，并导致他人受到损失的，受害人有权要求侵害人赔偿，侵害人负有赔偿他人损失的义务，这就在受害人和侵害人之间发生了特定的债权债务关系。

侵权行为可以分为一般侵权行为和特殊侵权行为（参见本单元第六节中"侵权民事责任"的内容）。但无论是哪种侵权行为，都会在受害人与侵害人之间产生债的关系，所以，侵权行为也是债的发生根据之一。

3. 债的担保

在债的关系中，债权人利益的实现，有赖于债务人履行一定的给付义务，债务人债务的履行，是债权人利益实现的途径。为了确保债权人的利益，保障债权的实现，也为促进资金融通和商品流通，法律上确立了债的担保制度。

我国《担保法》第2条规定："在借贷、买卖、货物运输、加工承揽等经济活动中，债权人需要以担保方式保障其债权实现的，可以依照本法规定设定担保。"

债的担保具有这样一些特征：
- 从属性：担保合同是从合同，被担保之债是主合同，担保合同不能单独成立，而须依附于主合同，主合同无效，担保合同也不能存在，主合同终止，担保合同随之而终止。
- 自愿性：除了法律直接规定须担保的之外，担保合同由当事人自愿设立。
- 预定性：担保的设立都是在债的清偿期届满之前。
- 目的性：担保是为了确保债权人利益能够得到满足。

依据《担保法》的规定，担保的方式有：保证、抵押、质押、留置和定金。

（1）保证

保证，是指保证人和债权人约定，当债务人不履行债务时，保证人按照约定履行债务或者承担责任的行为。保证人履行债务后，有权向债务人追偿。

在日常生活中，我们常会看到某些人拍着胸脯向别人许诺："放心，某某人绝对信得过，在资金上他也绝对有这个能力，我保证没问题，放心好了。"这样的许诺，不是我们所说的保证。保证必须有保证人明确的意思表示，即明确表明为债务人履行债务作担保，并承担由此引起的法律责任。如果所谓的"保证人"只是向债权人提供债务人支付能力的信息，或向债权人介绍相关的情况，保证是不能成立的。

（2）抵押

抵押，是指债务人或第三人以不转移占有的方式，提供一定的财产作为债权的担保，在债务人不履行债务时，债权人有权就抵押财产的价值优先受偿其债权。

观 察

你买过商品房吗？是向银行贷款买的吗？如果是，你不妨查看一下房屋产权证中"房地产其他权利摘要"一栏。它上面注明了房屋抵押权的存在，以及抵押权利人（放贷银行）的名称、权利的价值、权利的设定时间、权利的存续时间等事项。这些记录主要显示了这样一个事实：你的房子已被抵押，某银行是抵押权人；因为给了你贷款，也是你的债权人。同时，你的房产抵押情况已由房地产管理部门进行了登记，登记资料向社会公开，可供查阅。这就是抵押登记制度和抵押权的公示作用。但房子仍由你住，不须转移给银行控制。这些就是抵押所具有的特征。

由于抵押不须转移标的物的占有，从而有利于发挥物的效用；同时，又由于抵押登记制度的完善和发达，使抵押权的公示有了可靠的保障，可以保护债权人和第三人的利益，因而，抵押得到了广泛的适用。在此基础上还出现了新的抵押方式，如财团抵押、最高额抵押等。当今，抵押的标的物已不再限于不动产，动产正日益成为最主要的抵押标的物；抵押的作用也不仅仅是作为一种债权的保全手段，而已成为一种投资手段。所以，人们将抵押视为现代社会最主要的担保方式，并赋予其"担保之王"的美称。

（3）质押

质押，是指为了担保债务的履行，债务人或第三人将其动产或权利移交债权人占有，在债务人不履行债务时，债权人有权就其占有的财产价值优先受偿其债权。

动产和权利都可以作为质押的标的，可被质押的权利包括：汇票、本票、支票、债券、存款单、仓单、提单、依法可以转让的股票、股份、知识产权中的财产权等。

观 察

根据现在的规定，你若想获得银行贷款，只需向银行提供合法有效的存款单，就有可能获得贷款。若获准，你的存款单须交由银行占有和保管。这是典型的权利质押，以此担保银行的债权，促使你按期还款。

质押须转移标的物的占有，在一定程度上对发挥物的使用价值不利。但同时，这也成了质押不同于抵押的一个优势：其一，抵押由于是不转移占有的，所以须通过登记的方式来公示抵押权的存在，而质押，由于转移了标的物的占有，质权人占有质物本身就是一种公示，即公示质权的存在，所以，质押无须登记；其二，由于质押须转移质物的占有，所以，在债务清偿前，质权人占有着质物，这对债务人而言是一种心理上的压力，能更好地促使债务人清偿债务，起到更为有效的担保作用。

（4）定金

定金，是指为了担保债权的实现，合同一方当事人在合同成立时或合同履行前，按照合同标的额的一定比例，预先给付对方的一定数额的货币。定金的数额由当事人约定，但不得超过主合同标的额的20%。

以定金作担保的，在债务人履行债务后，定金应当抵作价款或者收回。而在一方当事人不履行合同而违约时，定金罚则就发生效力：给付定金的一方不履行约定债务的，无权要求返还定金；收受定金的一方不履行约定债务的，应当双倍返还定金。定金罚则，是定金的主要效力，体现了定金的担保性质。

案　例	杨小姐为了给父亲祝寿，特意去某西饼店预订了一款精美的生日蛋糕，蛋糕价值300元，说好第二天下午来取，西饼店让杨小姐预付了50元后开出了提货单。第二天下午，杨小姐按约前往，却被西饼店告知，由于做蛋糕的师傅生病，蛋糕没做好。现在，西饼店提出，他们退还杨小姐50元，她可去别处买。杨小姐认为，她付出的50元是定金，西饼店应双倍返还，即还给她100元才对。理由是，西饼店不履行合同，应适用定金罚则，作为收受定金的一方，应该双倍返还。双方争执不下。

此案中的杨小姐，混淆了定金与预付款的概念。这两者的确颇为相似，都是一方在合同的金额内，预先支付给对方的一定款项。二者的区别主要在于：首先，预付款是一种支付手段，是履行义务的行为，而定金是一种担保手段，不属于债的履行；其次，交付预付款一般为合同内容的一部分，而交付定金则须依据担保合同或担保条款；其三，在违约之后，若交付的是定金，就发生定金罚则的效力，而预付款不发生丧失或双倍返还钱款的后果。

现在，杨小姐若能证明其交付的50元属定金性质，即证明其与该店就定金担保确有书面约定（《担保法》规定，定金合同须为书面形式），自然能要求对方双倍返还。但依据案情，除了杨小姐与西饼店之间关于蛋糕这一买卖合同之外，未见有担保性质的书面约定，杨小姐交付的50元只能认定是预付款。所以，西饼店无须双倍返还，但其违约是明显的，若造成了杨小姐的损失，应该承担民事责任。

（5）留置

留置权，是指在法律规定可以留置的合同中，债权人按照合同约定占有债务人的动产，在债务人逾期不履行债务时，债权人有权留置该财产，并就该财产的价值享有优先受偿权。

留置权是一种法定担保物权，它的产生直接依据法律规定，而不是依据当事人之间的约定。我国《担保法》规定，因保管合同、运输合同、加工承揽合同发生的债权，债务人不履行债务的，债权人即有权留置债务人的财产。不过，当事人可以在合同中约定不得留置的物，以排除对留置权规定的适用。

例如，甲将自己的手表交给乙进行修理，如甲未能按期支付修理费，乙即可行使留置权，留置甲的手表，经一定期限的催告，如果甲仍不支付修理费的，乙就可以将甲的手表折价，或者以拍卖、变卖该表的价款优先受偿其债权；但假如甲乙之间曾有约定，该表不得由乙留置的，那么，无论发生了什么，乙都不得留置该表。

思　考	14. A向B借了1000元，A逾期没有还款。此时，A找到B，让B替他保管一幅名画，待A出差回来后就取回，B满口答应。A出差回来后，去B处取画，不料，B以行使留置权为由，拒绝交出名画，非要让A偿还他的债务后，才还给他画。请问，B有权留置A的画吗？

作为担保物权，留置与抵押、质押相比，更具单纯性，因为抵押权与质押权都是当事人主动设定的，除具有债权担保作用之外，还具有融通资金的作用；而留置权是被动发生的，仅具有债权担保一项作用。

综上所述，物权与债权共同构成了民法所调整的财产关系，两者有着紧密的联系。物权反映的是静态的财产占有关系，债权反映的则是动态的财产流转关系。物权是债权发生的前提和基础，而债权又是财产所有人行使和取得财产所有权的方式。比如房屋所有权人与房客达成的房屋租赁协议，就是在所有权基础上与他人建立债权关系——租赁关系；某人花钱买车，就是通过债权关系——买卖关系取得车的所有权。这两种财产关系，都发生在平等主体之间，都由民法所调整。

三、人身权

人身权与财产权相对应，两者共同构成了民法的两大基本民事权利。

人身权，是指与人身不可分离、不具有直接财产内容的民事权利。
人身权的基本分类，是将其分为人格权和身份权。

1. 人身权的特征

与财产权相比，人身权具有下列特征：

（1）人身权与权利主体不可分离
人身权是专属于权利主体本人的权利，不能转让或被继承，与权利主体不可分离。

（2）人身权以特定的人身利益为客体
人身权具有非财产性，诸如生命健康、名誉、肖像等人身权，是不能直接以金钱来衡量或估算的，它体现的是权利主体精神上的利益。

（3）人身权与财产权有一定的联系

人身权虽无直接的财产内容，但与财产权有一定的关联性。因为人身权的享有，会直接影响权利主体财产权利的享有和行使，对人身权的损害，也会间接导致受害人财产利益的减少。在这方面，法人的人身权与财产权的相互关联尤为明显。

2. 人格权

人格权，是指民事主体依法固有的，以人格利益为客体的、为维护主体的独立人格所必备的权利。

人格权主要包括生命健康权、姓名权、名称权、肖像权、名誉权、隐私权等。

（1）生命健康权

生命的延续和健康的保持是每个自然人最基本的需要，也是享有其他一切权利的前提。所以生命健康权是自然人最基本的人格权，也是自然人最重要的民事权利。

（2）姓名权

姓名权，是指自然人依法享有的决定、使用和变更自己的姓名，并且排除他人干涉、盗用和假冒的权利。

观　察　　2013年9月1日，国家工信部制定的《电话用户真实身份信息登记规定》正式施行。自此，所有固定电话、移动电话用户在办理相关业务时必须出示有效证件，提供真实身份信息；2012年1月1日，铁道部在全国范围内正式推行火车票实名制，所有旅客列车实行车票实名制登记制度。从2000年4月1日国务院颁布《个人存款帐户实名制规定》起，我们对个人真实姓名和身份信息重要性的认识可谓"与时俱进"。我们有权使用自己的姓名，这本身就是姓名权的基本内容。如果有人擅自使用他人的真实姓名和身份信息，去办理移动电话入网业务，或者购买火车票，那么，他不仅违反了国家的规定，而且，在民法上是盗用他人姓名、侵害他人姓名权的行为。

当然，任何权利的行使都有必要的限制。在中华传统文化中，"姓名"中的"姓"，即姓氏，体现着血缘传承、伦理秩序和文化传统，公民选取姓氏涉及公序良俗。根据全国人民代表大会常务委员会对《民法通则》第99条第一款"公民享有姓名权，有权决定、使用和依照规定改变自己的姓名"和《婚姻法》第22条"子女可以随父姓，可以随母姓"规定的法律解释，公民在父姓和母姓之外选取姓氏，还应当遵守《民法通则》第7条的规定，即应当尊重社会公德，不得损害社会公共利益。法律解释明确规定：公民原则上应当随父姓或者母姓，有下列情形之一的，可以在父姓和母姓之外选取姓氏：（1）选取其他直系长辈血亲的姓氏；（2）因由法定扶养人以外的人扶养而选取扶养人姓氏；（3）有不违反公序良俗的其他正当理由。少数民族公民的姓氏可以从本民族的文化传统和风俗习惯。

公民原则上随父姓或者母姓符合中华传统文化和伦理观念，符合绝大多数公民的意愿和实际做法。

（3）名称权

名称权，是指法人、个体工商户和个人合伙等组织依法享有的使用、转让自己的名称，并且排除他人干涉、盗用和假冒的权利。

观 察

雷锋、鲁迅、梅兰芳，这些是人的姓名；而复旦大学、阿里巴巴（中国）网络技术有限公司、上海东方明珠股份有限公司，这些都是法人的名称。虽然都是一个区别标志，但姓名权和名称权在法律上是不尽相同的两个概念。

与姓名权不同，名称权的取得须严格依照有关规定，同时也不允许在一定区域内不同的民事主体采用相同的名称。

名称权是一项非常特殊的人身权，不仅是因为它只能由法人等组织享有，还因为它在一定范围内是可以转让的。根据，《民法通则》的规定，企业法人、个体工商户、个人合伙有权转让自己的名称。此外，对名称权的侵害，如盗用、假冒知名企业的名称，也往往导致权利主体财产利益的损失。所以，名称权与物质利益的关系十分密切。

（4）肖像权

肖像权，是指自然人对自己的肖像享有利益并排斥他人侵害的权利。

具体而言，自然人对自己的肖像有制作和使用的权利；也可以通过许可的方式，允许他人制作或使用自己的肖像；有权禁止他人非法侮辱自己的肖像；未经肖像权人同意，任何人不得以营利为目的使用他人的肖像。

观 察

你一定在网络上或报刊杂志上见到过这样的人像照片：照片中人的头面部作了虚化处理，使人看不清他的真实长相。电视台一些纪实类节目中也会经常见到一些经过技术处理的人物图象。这是为什么呢？很简单，这些传媒都不想惹上侵犯他人肖像权的官司。

侵犯肖像权的行为，主要表现为：未经本人同意，又没有法律根据，擅自制作或者使用他人肖像，包括侮辱性地使用他人肖像。这些行为即使不以营利为目的，一般也认为是侵犯自然人的肖像权。

但是，肖像权的行使，在某些场合是受到限制的，这主要是基于社会公共利益的需要。例如，为报道时事新闻而拍摄发表的政治人物照片，为通缉犯罪嫌疑人而使用其肖像，为了科学研究的目的而使用他人的肖像等。出于这些需要，使用、制作自然人的肖像，不属侵权行为。

（5）名誉权

名誉权，是指民事主体享有的维护自己获得公正的社会评价的权利。

名誉，对自然人而言，就是社会公众对其道德品质、才干、思想等方面的评价；对法人等组织而言，就是对其信用、行业声望、社会形象等方面的评价。这种评价直接关系到民事主体的社会地位和人格尊严，关系到民事主体其他相关权利的享有和行使。因此，对于自己的社会评价，民事主体都享有不受他人侵犯的权利。

侵害名誉权的行为，以侮辱、诽谤为主要方式。侮辱，即用暴力或其他方式，贬低他人人格，破坏他人名誉，在方式上有暴力侮辱、语言侮辱、文字侮辱等三种。诽谤，即故意无中生有，凭空捏造虚假事实并予以散布，从而损害他人人格和名誉，在方式上有言语诽谤和文字诽谤两种。

除了以上两种主要方式，侵害名誉权的方式还有许多，如诬告他人、假冒他人姓名实施不法行为，等等。侵权的形式也是多样的，当今利用互联网侵害人身权益的现象十分突出。

（6）隐私权

隐私权，是指自然人就自己个人私事、个人信息等个人生活领域内的情况不为他人知悉、禁止他人干涉的权利。

保护个人隐私，是人类文明发展的标志①。隐私权，实际上保护的是个人精神生活的安宁，这是一个人正常生活的重要条件。隐私的范围包括私人信息、私人活动和私人空间。自然人享有隐私权，禁止以窥视、窃听、刺探、披露等方式侵害他人的隐私。根据有关规定，以书面、口头形式宣扬他人的隐私，造成一定影响的，应当认定为侵害公民隐私权的行为。例如，医务人员或其他人员散布患者患有遗传疾病、艾滋病、性病等病情，致使患者声誉受到影响的，应认定为侵害患者隐私权。

---

① 隐私权的保护在法律上是一个相当复杂的问题，它有时与名誉权的保护相类似，有时又与公众的知情权相冲突。国家公职人员和社会公众人物（名人明星等）的隐私权与普通民众的隐私权，在保护的内容与范围上，存在很大的差异。以美国总统克林顿性丑闻一案为例，作为一国总统，在其隐私权与国家利益、司法公正等内容相冲突时，首要的应是维护社会利益、保有民众的知情权。仍以美国为例，美国的侵害行为法对名誉侵权、隐私侵权的对象作了区分，对国家公职人员和社会公众人物（名人明星等）构成名誉侵权，必要求侵害人具有严重的过错才构成侵权，而对一般民众的名誉侵权，则只要求具备一般过错就可构成侵权。之所以会有如此的差异，缘于法律保护弱者的法则，相对政府官员、公众人物，一般民众、普通媒体都是弱者。对一般民众的名誉、隐私权的维护应是十分谨慎的，因为对其侵权的构成相对"容易"；而对政府或公众人物的评价、批评，是民众对公共事务的关心，在这一过程中错误在所难免，若动辄就要让批评者承担侵权责任，大众或媒体必三缄其口，这等于扼杀民众的声音，所以，对这些主体构成侵权应相对"难一些"。

针对互联网发展过程中出现的新情况、新问题，在严格遵循侵权责任法的精神以及充分考虑互联网技术的特点、发展现状和未来趋势的前提下，最高人民法院和最高人民检察院分别出台相应的司法解释，从保护民事主体权益出发，完善互联网问题的裁判规则体系。根据最新的司法解释，网络用户或者网络服务提供者利用网络公开自然人基因信息、病历资料、健康检查资料、犯罪记录、家庭住址、私人活动等个人隐私和其他个人信息，造成他人损害的，都构成侵权，危害严重的甚至构成犯罪。①

3. 身份权

身份权，是指民事主体依一定的行为或身份关系所产生的权利。

与人格权相比，身份权并非是每一个民事主体都具有的，它的取得需要基于一定的身份，比如被授予荣誉称号而获得的特殊身份，而且身份权是可以依据法律被限制和剥夺的；而人格权，是每一个民事主体都享有的，与身俱来，且不容任何人以任何方式予以限制和剥夺。

身份权主要包括荣誉权和婚姻家庭生活中的身份权。

（1）荣誉权

荣誉权，是指民事主体就其获得的由有关组织授予的荣誉称号或嘉奖所享有的民事权利。

具体而言，诸如劳动模范、战斗英雄、三八红旗手等荣誉称号，是民事主体因自身的杰出贡献或突出成就而获得的，民事主体有权保持自己的荣誉，不容他人的恶意诋毁和非法剥夺。除非根据法律的规定或者发生特殊情况，民事主体的荣誉称号才能被剥夺。

侵害荣誉权的主要方式是：非法剥夺公民、法人的荣誉称号，以及严重诋毁他人所获得的荣誉。

（2）婚姻家庭关系中的身份权

基于婚姻关系、父母子女关系等婚姻家庭关系，在当事人之间产生的权利、义务关系，就是身份上的权利义务关系。例如，配偶权，即夫妻之间以对方为配偶的身份权；监护权，即监护人对无民事行为能力人、限制民事行为能力人进行监护的身份权。

思　考　　　　15. 在生命健康权、姓名权、名称权、肖像权、名誉权、隐私权和荣誉权等人身权中，请问：哪些权利只能由自然人享有，哪些只能由法人等组织享有，哪些自然人和法人都能享有？

---

① 最高人民法院《关于审理侵害信息网络传播权民事纠纷案件适用法律若干问题的规定》，2014年10月。

4. 人身权的民法保护

当人身权受到侵犯时，侵权人要承担一定的民事责任，以弥补受害者所受到的损害。

（1）侵害生命健康权的民事责任

《民法通则》第119条规定："侵害公民身体造成伤害的，应当赔偿医药费、因误工减少的收入、残疾者生活补助费等费用；造成死亡的，并应当支付丧葬费、死者生前扶养的人必要的生活费等费用。"

《侵权责任法》第16条进一步明确规定："侵害他人造成人身损害的，应当赔偿医疗费、护理费、交通费等为治疗和康复支出的合理费用，以及因误工减少的收入。造成残疾的，还应当赔偿残疾生活辅助具费和残疾赔偿金。造成死亡的，还应当赔偿丧葬费和死亡赔偿金。"

（2）侵害其他人身权的民事责任

《民法通则》第120条规定："公民的姓名权、肖像权、名誉权、荣誉权受到侵害的，有权要求停止侵害、恢复名誉、消除影响、赔礼道歉，并可以要求赔偿损失。法人的名称权、名誉权、荣誉权受到侵害的，适用前款规定。"

（3）关于精神损害赔偿

所谓精神损害，是指自然人因为人身权受侵害而遭受到的精神痛苦。我国的民事立法及相关的司法解释已经确立了以精神损害抚慰金的方式对遭受精神痛苦的受害人进行损害赔偿的制度。

《侵权责任法》第22条明确规定"侵害他人人身权益，造成他人严重精神损害的，被侵权人可以请求精神损害赔偿。"根据于相关的司法解释及规定①，有以下情形且造成他人严重精神损害的，可以请求精神损害赔偿：

A. 自然人的人格权遭受侵害：侵害自然人生命权、健康权、身体权、姓名权、肖像权、名誉权、荣誉权、人格尊严权、人身自由权的行为，以及违反社会公共利益、社会公德侵害他人隐私或者其他人格权利的行为；

B. 自然人的亲权遭受侵害：非法使被监护人脱离监护，侵害亲权和亲属权的行为；

C. 死者的人格权利遭受侵害，使其近亲属遭受精神痛苦：侵害死者姓名权、肖像权、名誉权、荣誉权、隐私权以及侵害死者遗体、遗骨的行为；

D. 侵害具有人格象征意义的特定纪念物品的行为。

不过，因侵权致人精神损害，但未造成严重后果的，一般不予精神损害赔偿，人民法院可以根据具体情况判令侵权人停止侵害、恢复名誉、消除影响、赔礼道歉。

精神损害的赔偿数额应与精神抚慰的目的相一致，所以数额的确定须综合考虑以下因素：

---

① 《最高人民法院关于确定民事侵权精神损害赔偿责任若干问题的解释》，2001年3月；《最高人民法院关于审理人身损害赔偿案件适用法律若干问题的解释》，2003年12月。

侵权人的过错程度、侵权行为的性质和情节、侵权行为造成的后果、侵权人的获利情况、侵权人承担责任的经济能力、受诉法院所在地的平均生活水平等。

当代，世界各国对人身权的法律保护都在趋于完善，民法偏重于保障财产权、淡化人身权的传统已经被改变。在这个过程中，身份权所调整的范围渐趋萎缩，而人格权的范围则不断扩展①。加强人格权的立法和司法保护，是现代民事立法的一大趋势。

四、知识产权

知识产权法律制度，是商品经济和科学技术发展的产物。著作权、专利权、商标权等无形资产的专有权，统称为知识产权。在西方，它们依法律而存在的历史已有300多年。②

知识产权，是指人们对自己的创造性智力劳动成果所享有的专有权。

1. 知识产权的特征

知识产权是一种非常特殊的权利，与其他民事权利相比，它具有以下特点：

（1）知识产权客体的无形性

知识产权的客体是智力成果，它没有外在的形状，但具有内在的使用价值；人们对它的"占有"不是一种实在而具体的控制，而是表现为认识和利用，所以它可以被许多人同时占有、共同使用；而且这样的使用，不仅不会对其造成损耗，相反，能创造出比其自身价值更大的经济价值。

思　考

16. 假设你刚从书店买了一本书，请问，你买到的是什么？是书？是这一作品的著作权？还是两者兼而有之？

（2）知识产权的专有性

绝大多数智力成果的创造是极为不易的，但对其进行使用、复制、传播却非常容易。法律若不对此加以规范，其引发的后果是：创造者的利益因得不到保障，使得人们更愿意轻松无偿地获取别人的成果，而不愿进行艰辛的智力创造；这将直接导致人们进行智力成果创造的动力

---

① 我国在立法上尚未确立"一般人格权"概念。一般人格权是相对具体人格权而言的，特指包括人格独立、人格自由、人格尊严的全部内容的一般人格利益，具体人格权是在一般人格权基础上产生的。

② 英国于1624年颁布的《垄断法规》、1709年颁布的《安娜女王法令》、法国于1857年制定的《关于以使用原则和不审查原则为内容的制造标识和商标的法律》是世界上最早的专利法、著作权法和商标法，它们对后来西方各国的知识产权立法产生了重要影响。

不足，整个社会将因此缺乏创新的技术、研究等成果；而这将最终导致生产力的发展和社会的进步受到影响。

所以，法律规定知识产权为权利人所专有。也就是说，除权利人同意或法律强制规定外，其他人不得使用该智力成果以谋取利益；此外，同一作品、同一专利、同一商标的专有权，只能授予一次，专利权、商标权的产生须经申请和审批，然后由主管部门授予，而著作权则因作品的创作而自动产生。

| 观　察 | 国家版权局于2006年11月在其网站上正式发布公告，宣布从2007年1月起，KTV经营行业以经营场所的包房为单位，支付音乐作品、音乐电视作品版权使用费，基本标准为12元/包房·天（含音乐和音乐电视两类作品的使用费）。公告称，根据全国不同区域以及同一地域卡拉OK经营的不同规模和水平，可以按照上述标准在一定范围内适当下调。 |

经国家批准，目前中国音乐著作权协会和中国音像集体管理协会两家机构可以对KTV行业进行收费。这两家机构的职责是根据权利人的授权向使用者发放许可，收取使用费，再向权利人进行分配。

中国音乐著作权协会代表的是词、曲作者的利益，中国音像集体管理协会代表的音像作品和音像制品的制作者的利益。两家机构面对同一家KTV经营者时，只能由其中一家机构同时代表两家收费。也就是说，KTV经营者只需向其中一个机构支付使用费后，即可获得两家机构的使用许可。

著作权具有专有性。此举既维护了著作权人的合法权利，也方便音像节目的合法使用，促进中国音像业的发展；同时，这也是尊重知识产权，遵守国家法律，遵守相关国际公约的必然选择。根据我国于1992年加入的《保护文学艺术作品伯尔尼公约》的规定，在营业场所使用音乐，都应该向音乐作品著作权人支付使用费。欧美等地的企业对此都已相当接受，如我国一些乐曲在国外播放的著作权使用费，每年都会由国外的许多音乐著作权机构向中国音乐著作权协会转来。很显然，任何人都没有权利无偿使用他人的智力成果为自己谋取利益，音乐著作权人的合法利益是受法律保护的。

（3）知识产权的地域性

依一国法律而产生的知识产权，原则上只在该国领域内才有效。当然，如果该国参加了有关的国际公约，或与其他国家签定了双边条约，则另当别论，那将涉及知识产权的国际保护。

（4）知识产权的时间性

知识产权所享受的法律保护有时间限制。超过法律规定的有效期，其权利便自行消灭，智力成果就进入公有领域，任何人都可以无偿地使用。

之所以要有时间限制，是为了充分发挥智力成果的效用，推动社会的进步。如果无期限地保护权利人的专有权，势必会影响成果的推广、运用，这对社会的发展是十分不利的。由此，法律的规定必须求得这样的平衡：既保护创造人的利益与积极性，又保证社会的进步与发展不受阻碍。可以这么说，关于知识产权专有性的规定，体现了对创造人利益的保护；关于知识产权时间性的规定，则体现对社会公共利益的关切。

知识产权的保护期限仅适用于知识产权的财产权部分，人身权部分由创造人终身享有。①以下分别是著作、专利权和商标权的保护期限：

著作权：自然人作品的保护期限为作者有生之年及其死亡后50年，截止于第50年的12月31日；法人或非法人单位的作品的保护期为50年，但作品完成后50年内未发表的，不再受保护，也都截止于第50年的12月31日。

专利权：自申请日算起，发明专利权的保护期限为20年，实用新型和外观设计专利权的保护期限为10年。

商标权：自商标核准注册之日算起，注册商标的有效期为10年。商标权可以申请续展，续展没有次数限制，每次续展注册的有效期也是10年，自该商标上届有效期届满次日起计算。

（5）知识产权具有人身权和财产权的双重属性

由于智力成果的取得与创造人的智力活动密切相关，因此，创造人依法享有一定的人身权，如作品的署名权、修改权等，这种权利是永久的，没有期限。同时，创造人通过对智力成果的使用，能获得一定的经济利益，所以，智力成果的权利人也享有财产权，如复制作品、实施专利、商标的使用许可等。

2. 知识产权的范围

1967年的《世界知识产权组织公约》对知识产权的范围作了明确的规定，我国于1980年6月3日成为世界知识产权组织的成员国。

依据该公约的规定，知识产权应当包括以下各项权利：

（1）关于文学、艺术和科学作品的权利；

（2）关于表演艺术家演出、录音和广播的权利；

（3）关于人类发展的一切领域的发明的权利；

（4）关于科学发现的权利；

（5）关于工业品外观设计的权利；

（6）关于商标、服务标志、厂商名称和标记的权利；

（7）关于制止不正当竞争的权利；

（8）其他在工业、科学、文学或艺术领域内来自智力活动的一切权利。

---

① 知识产权既有人身权内容又有财产权内容。以著作权为例，作品的发表权、署名权、修改权、保护作品的完整权等即是著作权中的人身权内容，其他如复制、展览、播放、发行等即为著作权的财产权内容。

上述知识产权，可以分为工业产权和著作权。著作权，又称版权，是指作者对自己在文学艺术、科学技术等领域中所创作的作品享有的专有权，以及作品的传播者所享有的权利。工业产权，是指在产业领域中对专利、商标等知识成果以及不正当竞争所享有的专有权。

3. 我国知识产权立法概况

在我国，《民法通则》对知识产权作了概括性的规定，此外，还有一系列的知识产权法，主要包括：1982年颁布的《商标法》、1984年颁布的《专利法》、1990年颁布的《著作权法》、1991年国务院颁布的《计算机软件保护条例》、1993年颁布的《反不正当竞争法》以及一些相关的配套法律法规。这些法律法规已经历了多次修订和完善。

为适应网络时代知识产权保护的新形势，国务院于2006年5月颁布《信息网络传播权保护条例》，内容包括网络环境下的合理使用、法定许可、避风港原则、版权管理技术等一系列内容，更好地区分了著作权人、图书馆、网络服务商等各自的权利和义务。

为适应国际经济技术交往的需要，我国还正式加入了国际知识产权的几个主要公约，包括：1980年加入的《世界知识产权组织公约》，1985年加入的《保护工业产权巴黎公约》，1989年加入的《商标国际注册马德里协定》，1992年加入的《保护文学艺术作品伯尔尼公约》和《世界版权公约》，1993年加入的《保护唱片制作者防止唱片被擅自复制日内瓦公约》，1994年加入的《专利合作条约》，2001年我国加入世界贸易组织，正式加入了《知识产权协定》等。

以此为基础，我国已基本建立起了比较完善的知识产权法律制度。

五、继承权

继承权，是指公民享有的依照法律的直接规定或被继承人生前设立的合法有效遗嘱的指定而取得被继承人遗产的民事权利。

1. 遗产

遗产，是指公民死亡时遗留的个人合法财产。遗产不仅包括财产权利，也包括财产义务。《继承法》第3条规定了遗产的范围，主要包括：

（1）公民的合法收入；
（2）公民的房屋、储蓄、生活用品；
（3）公民的林木、牲畜和家禽；
（4）公民的文物、图书资料；
（5）法律允许公民所有的生产资料；
（6）公民的著作权、专利权中的财产权；
（7）公民的其他合法财产。

此外，依照法律规定，继承遗产应当清偿被继承人依法应当缴纳的税款和债务。继承人应以遗产的实际价值为限进行清偿；超出遗产实际价值部分，继承人自愿偿还的不在此限。

2. 继承的开始、接受和放弃

继承，从被继承人死亡时开始。自然死亡的，依据自然死亡的时间；宣告死亡的，依据人民法院判决书中所确定的死亡时间。

从继承开始后到遗产分割前，享有继承权的继承人可以按照自己的意愿，在法律允许的范围内，作出接受继承或放弃继承的意思表示。放弃继承的，对被继承人的债务，不负清偿责任。

思　考

17. 民间一直有"父债子还"的说法，现在，你是如何看的呢？

3. 继承的方式

（1）法定继承

法定继承，是指由法律直接规定继承人范围、继承的先后顺序和遗产分配原则的一种继承方式。它与遗嘱继承相对而称，在被继承人生前立有合法有效遗嘱的情况下，不适用法定继承，除此之外一律适用法定继承。

法定继承人的范围是：配偶、子女、父母、兄弟姐妹、祖父母、外祖父母、对公婆尽了主要赡养义务的丧偶儿媳、对岳父母尽了主要赡养义务的丧偶女婿。

继承的顺序是：
● 第一顺序——配偶、子女、父母、对公婆尽了主要赡养义务的丧偶儿媳、对岳父母尽了主要赡养义务的丧偶女婿。
● 第二顺序——兄弟姐妹、祖父母、外祖父母。

继承开始后，由第一顺序继承人继承，没有第一顺序继承人的，由第二顺序继承人继承。根据《继承法》第11条规定："被继承人的子女先于被继承人死亡的，由被继承人的子女的晚辈直系血亲代位继承。代位继承人一般只能继承他的父亲或母亲有权继承的份额。"所以，代位继承人也属第一顺序继承人。

遗产的分配原则是：一般情况下，同一顺序的各继承人均等分配遗产；对生活困难或尽了较多义务的继承人，应予照顾或适当多分，对有能力却未尽义务的继承人，应当少分或不分；继承人之间协商同意的，也可不均等分配；对继承人以外的依靠被继承人扶养的缺乏劳动能力又没有生活来源的人，或者继承人以外的对被继承人扶养较多的人，可以分给他们适当的遗产。

案　例

张某死亡，留有10万元个人遗产。张某丧偶，父母早已故世，女儿也于13年前意外身亡，女儿去世时，她的儿子不足半岁，现已随其父亲另住他处。目前，尚健在的张某的亲人只有两个：他的儿子和他的弟弟。张某生前未立过遗嘱。

此案例应适用法定继承的规定。先确定法定继承人范围，张某的儿子和弟弟都是法定继承人；再确定顺序，张某的儿子是第一顺序继承人，张某的弟弟是第二顺序继承人，所以，张某的弟弟就不能享有张某的遗产继承权；再进一步分析，张某的女儿因先于张某死亡，所以她的孩子可以代其母亲继承张某的遗产，发生代位继承，他也是第一顺序继承人。

由此，张某的10万元遗产应由张某的儿子和张某的外孙继承，两人各得5万元。

假设张某的女婿13年来始终与张某生活在一起，几乎承担了赡养张某的全部义务，那么，他也可以作为第一顺序继承人，那样的话，这10万元遗产将由张某的儿子、外孙、女婿3人均分。

（2）遗嘱继承

遗嘱继承，是指继承人依照被继承人生前所立遗嘱，继承被继承人遗产的一种继承方式。

遗嘱继承方式，在适用上优先于法定继承，公民有合法有效遗嘱的，应按遗嘱继承方式办理。遗嘱人在遗嘱中不仅可以改变法定继承的顺序，也可以在遗嘱中按自己的意愿指定遗产分配的比例或方法。

法律对遗嘱的形式作了强制性的规定，遗嘱的制作必须符合法律规定的要求，才能发生效力。《继承法》第17条规定了遗嘱的形式和有效条件。遗嘱的形式有：公证遗嘱、自书遗嘱、代书遗嘱、录音遗嘱和口头遗嘱，共5种。

遗嘱应当为缺乏劳动能力又没有生活来源的法定继承人保留必要的遗产份额，否则，其遗嘱处分无效。

（3）遗赠和遗赠扶养协议

遗赠，是指自然人通过遗嘱的方式将其个人财产的全部或部分赠给国家、集体、法定继承人以外的个人或组织，于其死亡后即发生法律效力的行为。

遗赠扶养协议，是指由遗赠人与扶养人（个人或集体组织）签订的，关于扶养人须承担遗赠人生养死葬的义务，而遗赠人将其财产遗赠给扶养人的协议。

综上所述，物权、债权、人身权、知识产权和继承权，都是民法规范的基本内容，这些民事权利都由民法赋予和保护。另一方面，权利有边界，自由有限制，任何权利不得滥用，权利不可能存在于法律规定之外，正如孟德斯鸠所言，自由就是"做法律所许可的一切事的权利。"①

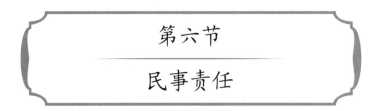

第六节

民事责任

权利一旦被赋予，必然引发保护的问题，权利的保护与权利的赋予同等重要。说到民事权利的保护，我们有两种途径可供选择：一是依靠自己的力量，直接针对侵害你权益的人，向他提出要求或采取措施，以合法的手段来保护自己的权利，如正当防卫、向侵权人提出赔偿方案等；二是通过法院或仲裁机关，在国家强制力的保证下由国家机关予以保护。无论以何种方式，最终都将归于民事责任制度。民事责任制度就是保护和恢复民事权利的制度。

"责任"这个词，在法律上有多种含义。其一，职责，如岗位责任制；其二，同"义务"，如保证责任、举证责任；其三，因不履行所负义务而应受的某种制裁。所谓的法律责任、道德责任等，即属这第三种含义。

法律责任又有民事责任、刑事责任及行政责任之别。但在法律发展史上，三种法律责任起源于同一，起初并无区别②。古巴比伦王朝的《汉谟拉比法典》中有这样的规定："房屋建筑不坚固，倒塌压死房主的，建筑师处死刑；如果压死的是房主的儿子，则处死建筑师的儿子。"在古罗马，借款人届期不还债，债权人可以将借款人收为奴隶、或使役、或买卖、或杀戮。对于侵权人则实行以牙还牙、以眼还眼的报复主义。即使是历史上曾经存在的赔偿金制度，也是既用作民事上的损害赔偿，又用作对犯罪行为的刑事制裁；其后，随着法律的发展，赔偿金制度才逐步分化为三种不同性质的法律责任，即民事责任中的"损害赔偿"，刑事责任中的"罚金"，以及行政责任中的"罚款"。

一、 民事责任概述

民事责任，是指民事主体在民事活动中，因违反民事法律规范所应承担的民事法律后果。

我们知道，民事权利受法律保护，民事义务受法律约束，而这一切都离不开民事责任制度。民事责任是法律责任的一种，它具有国家法律所赋予的强制性和约束力，有了这样的保障，民事权利才能切实地受到保护，被损害了的民事权利也才能切实地得以恢复。

①　参见孟德斯鸠：《论法的精神》（上），商务印书馆，1982年版，第154页。
②　参见王家福、梁慧星：《中国民法学·民法债权》，法律出版社，1995年4月版，第218页。

《民法通则》以责任发生的原因为标准，将民事责任分为违反合同的民事责任和侵权的民事责任。侵权责任还可进一步分为一般侵权的民事责任和特殊侵权的民事责任。即：

民事责任 ⎰ 违约责任
　　　　 ⎱ 侵权责任 ⎰ 一般侵权的民事责任
　　　　　　　　　　 ⎱ 特殊侵权的民事责任

1. 民事责任的方式

《民法通则》第134条规定了承担民事责任的主要方式，具体包括：

（1）停止侵害

停止侵害责任适用于正在进行和持续进行的侵害行为。停止侵害的目的是制止正在进行的不法侵害，防止损害后果的扩大。如果不首先停止侵害，就会造成边赔偿边损害的现象。此种方式主要适用于对人身权、知识产权、相邻关系①等权利的侵害。例如，排放有害气体、在网上暴露他人隐私、销售侵害他人名誉权的书籍等。

（2）排除妨碍

侵权人应排除对他人的权利的非法妨碍。此种方式主要适用于对物权的保护。例如，《民法通则》第83条规定，在处理相邻关系时，"给相邻方造成妨碍或损失的，应当停止侵害，排除妨碍，赔偿损失。"

（3）消除危险

消除可能造成他人损害的危险隐患，去除险情，防患于未然。此种方式主要适用于侵害相邻权的情况。

（4）返还财产

将非法占有的财产归还给财产所有人或合法占有人。此种方式主要适用于侵占他人财产的情况。例如，《民法通则》第117条规定："侵占国家的、集体的财产或他人财产的，应当返还财产……"

（5）恢复原状

将被损坏的财产恢复到被损坏之前的状况。与上项"返还财产"一样，恢复原状也是以恢复权利的原来状态为目的，适用于财产权被侵害的情形。

---

① 相邻关系，是两个或两个以上相互毗邻的不动产的所有人或使用人，在行使不动产的所有权或使用权时，因相邻各方应当给予便利和接受限制而发生的权利义务关系。例如邻里之间因采光、通风而引发的权利义务关系。

（6）修理、重制、更换

在合同关系中，当一方当事人交付的标的物不符合合同的约定而违约时，应根据对方的要求，对标的物进行缺陷修补、重新制作或者予以更换。此种方式主要适用于买卖合同、加工承揽合同等。

（7）赔偿损失

这是最主要的民事责任方式，被大量用于因侵权行为、违约行为而致受害人财产损失、身体伤害或精神损害的情况。

> 观　察
>
> 明知食品、药品存在质量问题仍然购买，并向商家或厂家索赔，这样"知假买假"的消费者，受法律保护吗？对此，于2014年1月由最高人民法院发布的《关于审理食品、药品纠纷案件适用法律若干问题的规定》及当日最高院公布的典型案例均予以了明确回答：支持消费者知假买假的索赔请求。
>
> 司法解释规定，因食品、药品质量问题发生纠纷，购买者向生产者、销售者主张权利，生产者、销售者以购买者明知食品、药品存在质量问题而仍然购买为由进行抗辩的，人民法院不予支持。在公布的典型案例中，一位购买者明知超市出售的香肠已过保质期而购买，法院最终判决：支持购买者退货并取得十倍价款赔偿金。
>
> 食品、药品是特殊商品，与民众健康安全息息相关。新规定对于统一司法尺度、打击无良商家、维护消费者权益、净化食品药品市场环境具有重要意义。需要说明的是，此处的赔偿在性质上属于惩罚性赔偿。

（8）支付违约金

在合同关系中，如有一方违约，违约方就应依照合同约定，向对方支付一定数额金钱。此种方式不以是否造成经济损失为条件，只要事先有约定，一旦违约，就应支付。①

（9）消除影响、恢复名誉

由加害人在影响所及的范围内，以一定的方式消除已经对受害人造成的不良影响，以恢复其受损的名誉。此种方式主要适用于侵害人身权、知识产权的情况。例如，《民法通则》第118条规定，公民、法人的知识产权遭受侵害的，"有权要求停止侵害，消除影响，赔偿损失。"《民法通则》第120条也同样规定，侵犯公民的姓名权、肖像权、名誉权、荣誉权的，应当消除影响、恢复名誉。

---

① 违约金有约定违约金和法定违约金之分，约定违约金的具体数额由当事人约定，但并非毫无限制。根据《合同法》第114条第2款规定："约定的违约金低于造成的损失的，当事人可以请求人民法院或者仲裁机关予以增加；约定的违约金过分高于造成的损失，当事人可以请求人民法院或者仲裁机关予以适当减少。"从这一规定之中，我们不难发现，"低于"和"过分高于"、"予以增加"和"予以适当减少"，这两组用词的差异表明的是两种不同的态度，即法律在体现公平原则的基础上，还体现了一定的惩罚性，强调了对违约者的制约。

（10）赔礼道歉

由加害人向受害人承认侵权，表示歉意，以求得谅解的责任方式。赔礼道歉在抚慰被侵权人的精神痛苦、化解矛盾方面，具有其他责任方式无可替代的作用。此种方式主要适用于人身权遭受侵害的情况。

上述承担民事责任的方式，可以单独适用，也可以合并适用。

《民法通则》除规定了上述民事责任的方式外，还规定了一些其他责任形式。《民法通则》第134条的末款规定："人民法院审理民事案件，除适用上述规定外，还可以予以训诫、责令具结悔过、收缴进行非法活动的财物和非法所得，并可以依照法律规定处以罚款、拘留。"①

2. 民事责任的特征

（1）民事责任是民事主体违反民事义务的法律后果

民事义务和民事权利相对应，义务的内容由法律或合同决定。义务是一种法律强制，没有义务人的这种必要行为，权利人的利益是无法实现的，正常的社会生活秩序也无法维持。所以，义务人不履行义务，就应承担法律责任，使与它对应的权利得到救济。这个责任在民法上就是民事责任。

（2）民事责任主要表现为财产责任

民法所调整的财产关系直接具有财产内容；民法所调整的人身关系，虽不具有直接的财产内容，但与财产有着密切的关系。这就决定了民事责任以财产责任为主，以弥补受害人的损失、恢复被侵害的权益为主要功能，如违约金责任、赔偿损失责任等。行政责任、刑事责任则具有明显的惩罚和制裁的性质，与民事责任不同，虽也有财产责任，如罚款、罚金等，但并不以财产责任为主。

（3）民事责任的范围与损失的范围相适应

民事责任以弥补损失和恢复原状为主要目的。作为平衡当事人之间利益的法律手段，民事责任的范围一般不超过损失的范围。返还财产、恢复原状、赔偿损失、恢复名誉等都是弥补性的责任方式，不具有惩罚性。

（4）民事责任是一方当事人向另一方当事人承担的责任

既然是以补救为目的，那么民事责任自然是由加害人向受害人承担。比如说，加害人为承担责任所支付的财产或费用，一般归受害人所有；而刑事责任、行政责任中追缴、没收的财产则要上交国库。

---

① 此款所规定的已非民事责任的形式，而是行政责任的形式。在一个部门法中规定其他部门法的责任形式，这已是现代法律发展的一种趋势。这些行政责任的适用属于法庭的职权，不取决于当事人的主张。

此外，民事责任的双方可就责任的承担进行协商，可以通过和解、调解等方式予以解决。在没有相应的国家机关的干预下，民事责任可以由违反义务者自己实现，而这样的"私了"在刑事责任、行政责任中显然是不允许的。

思 考	18. 小许今年21岁，某日被邻居张三无故打伤，但不算太严重，尚未达到刑事制裁的程度。小许生性胆小懦弱，只想息事宁人，不愿向张三提出相关的赔偿要求。请问，张三能否因此不承担打伤小许的民事责任？法律允许小许这么做吗？

3. 民事责任的归责原则

归责，是指行为人因其行为或物件致他人损害的事实发生以后，应依据何种规则使其负责。此种规则体现了法律的价值判断，即法律应以行为人的过错，还是应以发生的损害结果为判断标准，抑或以公平考虑作为判断标准，而使行为人承担民事责任[1]。

通俗点讲，当一个损害事实发生后，我们会面临这样几个评判标准：其一，看行为人有无过错，有过错就要承担责任，没有错，也就没有责任；其二，只要有损害结果的发生，不管他有没有过错，都要承担责任；其三，依据公平的理念，各方合理分担损害结果。究竟应该以哪一个标准为依据，来确定民事责任的承担呢？这就得由民事责任的"归责原则"来予以明确。

所以，归责原则，就是归责的基本规则，它是确定行为人民事责任的根据和标准，也是对民事法律规范起主导作用的立法指导方针和基本准则[2]。

我国民事责任的归责原则体系由三种不同的原则构成，分别是：过错责任原则、无过错责任原则和公平责任原则。以下逐一细述。

（1）过错责任原则

只要行为人有过错，就要承担民事责任，无论是故意还是过失[3]；没有过错，就不承担民事责任。按照过错责任原则，对行为人追究民事责任，必须以行为人有过错为前提。也就是说，行为人只对自己故意或过失的违法行为承担责任，无过错即无责任。

我国民法以过错责任原则为一般归责原则，以无过错责任原则、公平责任原则为特别原则。特别原则只有在法律有特别规定时才得适用；在法律无特别规定的情况下，一律适用过错责任原则。

[1] 参见王全弟主编：《民法总论》，复旦大学出版社，1998年8月版，第283页。
[2] 参见王利明著：《侵权行为法归责原则探究》，中国政法大学出版社，1992年2月版，第18页。
[3] 民法在追究民事责任时，一般不具体区别行为人究竟是故意还是过失，只要证明其有过错即可追究民事责任。因为，故意或过失一般不影响民事责任的轻重和范围。这一点与刑法中的规定完全不同。

（2）无过错责任原则

行为一旦造成了损害，无论行为人是否有过错，都应承担民事责任。

无过错责任原则是现代大工业迅猛发展的结果，随着十九世纪大规模的工业和交通事业的兴起，某些领域本身所具有的高度危险性也日益凸现，仅仅适用过错责任原则难以保障一般社会成员的财产和人身利益，于是，无过错责任原则便应运而生。在世界各国，无过错责任原则主要适用于以下领域：（1）交通事故；（2）医疗事故；（3）工业活动引起的损害，如环境污染；（4）商品瑕疵引起的损害；（5）航空器引起的损害；（6）原子能、核放射引起的损害等。

无过错责任原则的适用范围是十分有限的，只适用于法律特别规定的情形。我国《民法通则》特别规定了5种侵权行为适用无过错责任原则，分别是：产品致人损害的民事责任、高度危险作业致人损害的民事责任、环境污染致人损害的民事责任、动物致人损害的民事责任和被监护人致人损害的民事责任。（详见本节"特殊侵权的民事责任"）

（3）公平责任原则

这也是一种特殊归责原则。它适用于这样的情形：损害发生了，但双方当事人都没有过错，因此无法适用过错责任原则来追究责任，而法律又没有规定可以适用无过错责任原则。在此情形下，只能适用公平责任原则，根据公平的观念，依据损害的实际情况及当事人的财产状况，由双方合理分担损害结果。

《民法通则》第132条规定："当事人对造成损害都没有过错的，可以根据实际情况，由当事人分担民事责任。"最高人民法院的司法解释中也有这样的规定："因堆放物品倒塌造成他人损害的，如果当事人均无过错，应当根据公平原则酌情处理。"可见，公平责任原则作为一般归责原则的补充，适用于按照过错责任原则和无过错责任原则都无法解决的权益受损害的情况，是民法的公平原则在民事责任归责制度中的具体体现。

二、违反合同的民事责任

前已述及，民事责任一般分为违反合同的民事责任和侵权的民事责任。

违反合同的民事责任，又称违约责任，是指合同一方不履行合同义务或者履行合同义务不符合约定所应承担的民事责任。

违约，即违反合同；若没有合同，也就没有违约行为，更不发生违约责任。所以，违约责任的前提是当事人之间存在合同关系。

1. 违约行为的表现

引起违约责任的违约行为，通常有以下表现：

（1）预期违约

也称先期违约，它是指在履行期限到来之前，一方无正当理由而明确表示其在履行期到来后将不履行合同，或者以自己的行为表明其在履行期到来以后将不可能履行合同。针对此种违约行为，《合同法》第108条的规定，"对方可以在履行期限届满之前要求其承担违约责任"。

（2）拒绝履行

合同期限到来以后，一方当事人无正当理由拒绝履行合同约定的全部义务。

（3）履行迟延

债务人无正当原因，在合同规定的履行期限届满后，仍未履行合同债务。

（4）不适当履行

债务人所作履行不符合合同约定的标准、方式。

（5）不完全履行

债务人部分履行了合同债务，但未完全履行。

（6）受领迟延

又称债权人迟延，是指债权人对于债务人履行的义务拒绝接受，或有积极协助义务而不协助，这也是违约行为。

2. 违约责任的承担方式

民事责任的承担方式前文已有提及。违约责任作为民事责任的一部分，有其自身的特点，也有与之特点相适应的责任承担方式。民事责任中的排除妨碍、消除影响、赔礼道歉等显然不可作为违约责任的承担方式。

依照法律规定，违约责任的承担方式主要包括：

（1）支付违约金

违约金，是指由当事人在合同中约定的，当一方违约时应向对方支付一定数额的货币。违约方应在违约事实发生后，向对方支付违约金。

若约定的违约金低于所造成的损失，当事人可以请求法院或仲裁机构予以增加；若约定的违约金过分高于所造成的损失，当事人可以请求法院或仲裁机构予以适当减少。

（2）继续履行合同

当事人一方不履行非金钱债务或者履行非金钱债务不符合约定的，对方可以要求继续履行，无论违约方是否已承担违约金或赔偿金责任，但有下列情形之一的除外：（一）法律上或者事实上不能履行；（二）债务的标的不适于强制履行或者履行费用过高；（三）债权人在合理期限内未要求履行。

（3）采取补救措施

违约事实发生后，受害方如果认为违约方可以采取一定的补救措施挽回合同损失的，有权要求违约方采取修理、更换、重做、退货、减少价款或者报酬等方法实现合同权利。

（4）赔偿损失

因违约行为而给对方造成的损失，违约方应予以赔偿。赔偿的范围，应相当于对方因违约而遭受的损失（包括合同履行后可以获得的利益）。但损失赔偿的范围，不应超过违反合同一方在订立合同时可以合理预见的范围。

> **观　察**
>
> 这里有一个"著名"的例外。你一定听说过《消费者权益保护法》有关惩罚性赔偿的规定。根据2013年修订的《消费者权益保护法》的第55条的规定："经营者提供商品或者服务有欺诈行为的，应当按照消费者的要求增加赔偿其受到的损失，增加赔偿的金额为消费者购买商品的价款或者接受服务的费用的三倍；增加赔偿的金额不足五百元的，为五百元。法律另有规定的，依照其规定。经营者明知商品或者服务存在缺陷，仍然向消费者提供，造成消费者或者其他受害人死亡或者健康严重损害的，受害人有权要求经营者依照本法第49条、第51条等法律规定赔偿损失，并有权要求所受损失二倍以下的惩罚性赔偿。"据此，当经营者因欺诈而违约时，其对消费者的赔偿不受"应相当于对方因违约而遭受的损失"的限制，而是要承担三倍的民事责任。这是民事责任制度中的一个特例，它带有明显的惩罚性，意在平衡经营者这一强势群体和消费者这一弱势群体之间的利益。此前，《侵权责任法》第47条"明知产品存在缺陷仍然生产、销售，造成他人死亡或者健康严重损害的，被侵权人有权请求相应的惩罚性赔偿。"已作了原则性规定。

以上的违约责任方式，可以单独适用，也可以合并适用。无论单独适用还是合并适用，违约方所承担的财产责任，通常应当与违约所造成的损失相当。另外，如果双方当事人既约定了违约金，又约定定金的，一方违约时，对方当事人可以在违约金与定金条款中选择其一适用。

三、侵权的民事责任

如果说，违约行为的违法性表现为——当事人违反自己所设定的义务；

那么，侵权行为的违法性则表现为——当事人违反法律所直接规定的义务。

侵权的民事责任，是指行为人不法侵害他人的财产权利或人身权利，依法应对此承担的民事责任。与违约责任不同，发生侵权责任的当事人之间并不存在合同关系。

根据民事责任的构成条件，侵权的民事责任可以分为一般侵权的民事责任和特殊侵权的民事责任。

1. 侵权行为的表现

在社会生活中，存在着大量的民事侵权行为，它们主要表现为以下几类：

（1）侵犯财产所有权：如非法侵占、损毁他人的财产等。

（2）侵害人身权：如伤害他人的生命与健康，侵害他人的姓名权、肖像权、名誉权、荣誉权等。

（3）侵害法人等组织的人身权：如盗用、假冒法人的名称，侵害法人的名誉权、荣誉权等。

（4）侵犯知识产权：如假冒他人的注册商标，非法复制、盗印别人的出版物，剽窃、抄袭他人的作品，未经许可使用他人的专利技术等。

2. 一般侵权的民事责任

一般侵权的民事责任，与特殊侵权的民事责任相对，是指必须具备民事责任的一般构成要件才能成立的侵权民事责任。这些一般构成要件是：损害的存在；行为的违法性；损害与违法行为之间的因果关系；行为人有责任能力和主观过错。

在现实生活中，侵权损害的发生是大量的，而其中大多数的侵权损害，民法是以抽象概括性的规定进行规范的，并未作出针对性的特别规定。这些大量存在的侵权损害，即属一般侵权，由此引起的民事责任就是一般侵权的民事责任，适用一般的归责原则——过错责任原则。

3. 特殊侵权的民事责任

特殊侵权的民事责任，是指由法律特别规定的因当事人的特殊行为或特别原因致人损害的民事责任。

特殊侵权的民事责任之所以"特殊"，其原因在于这种侵权责任具有以下特征：
● 不必具备一般侵权责任的四个方面构成要件；
● 不适用民事责任的一般归责原则，主要适用无过错责任原则，或是过错推定原则；
● 其责任不限于由行为人本人承担；
● 侵权主体特殊；
● 法律对该种侵权情形作了具体规定。
根据《民法通则》和《侵权责任法》的规定，特殊侵权的民事责任主要包括以下情形：

（1）国家机关或者国家机关工作人员职务侵权的民事责任

《民法通则》第121条规定："国家机关或者国家机关的工作人员在执行职务中，侵犯公民、法人的合法权益造成损害的，应当承担民事责任。"

例如，行政机关在行使吊销营业执照、冻结银行帐户、没收财产等职权时，不法侵害他人的合法权益；公安人员使用枪械追歼持枪歹徒时，误伤无辜等。

（2）产品责任

《民法通则》第122条规定："因产品质量不合格，造成他人财产、人身损害的，产品制造者、销售者应当依法承担民事责任。"《侵权责任法》第5章专门规定了产品责任。

这是一种无过错责任。此规定表明，因产品质量不合格而致人损害的，受害人既可要求产品制造者承担责任，也可要求产品销售者承担责任，还可以同时要求它们承担连带责任，而不问它们有无过错。如果产品质量不合格是因产品的运输者或仓储者的行为所致，制造者或销售者可以在承担责任后再向运输者、仓储者追偿。

《侵权责任法》第47条对此作出了进一步规定，"明知产品存在缺陷仍然生产、销售，造成他人死亡或者健康严重损害的，被侵权人有权请求相应的惩罚性赔偿。"

（3）高度危险责任

《民法通则》第123条规定："从事高空、高压、易燃、易爆、剧毒、放射性、高速运输工具等对周围环境有高度危险的作业造成他人损害的，应当承担民事责任，如果能够证明损害是由受害人故意造成的，不承担民事责任。"《侵权责任法》第69条规定："从事高度危险作业造成他人损害的，应当承担侵权责任。"

这也是一种无过错责任。民用核设施、民用航空器以及其他高压、易燃易爆等高度危险作业对周围环境构成了高度的危险，在现有的技术条件下，这种危险即使作业人尽到了所能达到的高度谨慎和注意义务，也不可能消除危险。同时，这类危险作业又有其存在的价值，法律不能对此加以禁止。那么，周围环境的安全、普通民众的利益是否就应退居其后，甚至可以弃之不顾呢？当然不是。为平衡各方的利益，民法确认了高度危险作业致损的无过错责任，规定这些作业人要承担比一般作业中更多的注意义务、更重的赔偿责任，即使没有过错也要承担民事责任。这样既能有效保护普通民众的利益，又能促使危险作业人不断改进技术、加强安全措施。

（4）环境污染责任

《民法通则》第124条规定："违反国家环境防止污染的规定，污染环境造成他人损害的，应当依法承担民事责任。"《侵权责任法》第65条规定："因污染环境造成损害的，污染者应当承担侵权责任。"

废水、废气、废渣、粉尘、垃圾、放射性物质、有毒物质，以及噪声、震动、恶臭等有害因素的排放，必会对周围环境产生一定的影响。为此，国家制定了许多保护环境、防止污染的规定，确立了各种排污标准，规定排污应当在法定的标准范围内进行。但是，从民事责任的角度讲，无论其排污是否超过了法定的标准，只要引发的环境污染造成了他人的损害，就应当对受害人承担民事责任。

所以，这也是一种无过错责任，只要有污染环境并致人损害的事实发生，无论主观上有无过错，都应当对受害人承担民事责任，受害人有权请求排除妨碍、赔偿损失。这是因为，污染的发生是一般公众根本无法防止和采取措施的，只有加重从事可能污染环境的作业人的义务和责任，才能督促其重视环境的保护，也才能充分地保护公众的利益。

（5）地面施工致人损害的民事责任

《民法通则》第125条规定："在公共场所、道旁或者通道上挖坑、修缮安装地下设施等，没有设置明显标志和采取安全措施造成他人损害的，施工人应当承担民事责任。"

在人们经常聚集、活动和通行的地方进行地面施工作业，虽不属具有高度危险，但有一定的致损危险。如果没有特别的提醒，一般人在这些地方通行时，很容易因未注意到正在进行的施工而受到伤害。所以，法律要求在这些地点进行地面施工的施工人，须对行人履行必要的提醒注意和保证安全的义务，即必须设置明显标志和采取安全措施，且设置的标志必须足够明显、醒目，采取的安全措施必须足够牢靠、有效。如果没有采取这些措施，造成了他人损害，应当承担民事责任。

（6）物件损害责任

《民法通则》第126条规定："建筑物或者其他设施以及建筑物上的搁置物、悬挂物发生倒塌、脱落、坠落造成他人损害的，它的所有人或者管理人应当承担民事责任，但能够证明自己没有过错的除外。"《侵权责任法》第11章对物件损害责任作了规定。

"建筑物或者其他设施"，通常是指房屋、桥梁、隧道、电线杆、路灯、围墙、建筑脚手架、广告牌、路标、电线等；所谓的"建筑物上的搁置物、悬挂物"，如房屋阳台上的花盆、窗外的空调室外机等即是。一旦这些物件发生倒塌、脱落、坠落，并造成他人损害的，首先推定建筑物的所有人或者管理人在管理和维护方面有过错，应当承担民事责任。建筑物的所有人或者管理人若能举出足够的证据，证明自己没有过错，则可不承担民事责任。

《侵权责任法》对建筑物等倒塌、高空抛物、堆放物倒塌、公共道路堆放、倾倒、遗撒物品、林木折断以及地下设施致人损害的情形作了具体规定。

（7）饲养动物损害责任

《民法通则》第127条规定："饲养的动物造成他人损害的，动物饲养人或管理人应当承担民事责任；由于受害人的过错造成损害的，动物饲养人或管理人不承担民事责任；由于第三人过错造成损害的，第三人应当承担民事责任。"《侵权责任法》第10章专门规定了饲养动物损害责任。

这是一种无过错责任。动物本无理智可言，具有相当的危险性，动物自身的动作极有可能对他人造成损害，例如马听到鞭炮响而受惊，狂奔伤人；狗被打逗而怒，扑咬伤人；牛羊践踏或啃食他人田地的粮食等。这样的致损危险，仅仅依靠其主人尽到一般意义上的谨慎和注意是不足以消除的。所以，法律规定这一情形适用无过错责任，旨在对动物的主人提出更高的要求，促使其采取一切可能的措施，保证不发生动物致损的事件，减少社会生活中的致损危险。这里所指的动物仅指被饲养的动物，包括家畜、家禽和驯养的野兽，但未被驯养的动物不在其内。

须注意的是，如果是由于受害人自己或第三人的故意或重大过失而导致损害发生的，动物的饲养人或管理人可以减轻或免除民事责任。例如，攀越动物园围栏伸手触摸动物而被咬伤的，动物园可以减轻或免除责任；某人向马掷石块致马受惊而狂奔踏伤他人的，损失由掷石块之人承担，马的主人也可以减轻甚至免除民事责任。

（8）监护人责任

《民法通则》第133条规定："无民事行为能力人、限制民事行为能力人造成他人损害的，由监护人承担民事责任。监护人尽了监护责任的，可以适当减轻他的民事责任。有财产的无民事行为能力人、限制民事行为能力人造成他人损害的，从本人的财产中支付赔偿费用。不足部分，由监护人适当赔偿，但单位担任监护人的除外。"《侵权责任法》对此也作了相近规定。

这是一种无过错责任。无论监护人在监护过程中是否完全尽到了监护职责，都应当对受害人承担民事责任。如果监护人尽到了监护职责，可以适当减轻他的民事责任，但不能免除。如果被监护人有独立财产的，那么，损害赔偿应首先从被监护人的财产中支付，不足部分，再由监护人承担。

除了上述8种特殊侵权责任之外，《侵权责任法》还专门就医疗损害责任、道路交通事故责任、违反安全保障义务的责任、校园伤害责任以及网络侵权责任作出了专门规定。

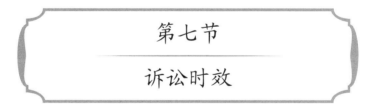

第七节

诉讼时效

在民法上，时间是极具意义的。民法所调整的社会关系无一不与时间紧紧联系在一起：时间决定着自然人民事权利能力和行为能力的开始、终止和具体状况，时间决定着宣告失踪和宣告死亡的时间推定，时间决定着继承的开始，时间决定着合同的履行期限，如此等等。同样，时间也决定着某些权利的丧失，诉讼时效就是一种权利遭丧失的时效制度。

一、诉讼时效的概念

时间，在民法上表述为期限，它包括期日和期间。期日即不可分的一定时间，如"某日"、"某时"。期间即从某一时刻至另一时刻所经过的时间，如"3月1日至6月1日"，"从收到信函之日起10日内"等。

时效，顾名思义即时间的效力。作为一项法律制度，诉讼时效是指权利人在法定期间内不行使权利，就丧失请求人民法院保护其民事权益的权利的法律制度。这一制度属于民法上的强制性规范①，不允许民事主体自行协议取消诉讼时效的适用，也不允许民事主体变更时效期间及计算方法。

应该说，保护民事主体的民事权利是法院的一项重要职责。但是，权利的保护是有时间限制的，在诉讼时效期间内，法院对权利人的诉讼请求依法予以保护；超过了诉讼时效期间的，法院则不予保护。

二、诉讼时效的效力

诉讼时效期间届满，在法律上发生的效力是：权利人的胜诉权消灭，丧失了请求人民法院保护其利益的权利。如果起诉，人民法院虽然会依法受理立案，但是一旦查明诉讼时效期间已经届满，人民法院将裁定驳回起诉，对其实体权利不予保护。此时，尽管权利人丧失了胜诉权，已不可能通过法律来保护其权利了，但是权利人的实体权利并不因法院不予保护而消灭，其实体权利并不丧失。《民法通则》第138条规定："超过诉讼时效期间，当事人自愿履行的，不受诉讼时效限制。"之所以"不受诉讼时效限制"，原因就在于权利人的实体权利并不丧失。

> **案　例**
>
> 张先生与小李素来交情不错。近日，小李正为买房筹钱，张先生知道后，爽快地借给小李5万元，小李十分感激，言明半年内一定还清欠款。转眼一年过去了，张先生碍于情面一直不好意思提还款的事。就这样又过去了一年半，小李仍未还款。此时，这一借贷关系的诉讼时效届满了。
>
> 这意味着，张先生的权利人民法院不再予以保护了，若张先生向法院起诉要求小李还款，张先生不可能胜诉。换句话说，小李在此情形下若欠债不还，也不违法，法律已不保护张先生的债权了。这是因为，张先生丧失了胜诉权。
>
> 但是，人家小李若还是老老实实地如数奉还欠款，张先生完全可以心安理得地收下。因为，诉讼时效届满并不改变实体权利义务关系，张先生仍是债权人，小李仍是债务人，只是这一债权债务关系已不受法律保护。所以，小李若自愿还款，张先生当然有权接受，即使事后小李又以超过诉讼时效为由而反悔的，张先生也有权拒绝。

三、诉讼时效制度的意义

从表面上看，诉讼时效制度似是"袒护"了义务人，而牺牲了权利人的利益。其实不然，这一制度维护了社会经济秩序的稳定，促进了民事流转，有助于法院更好地发挥其职能。具体而言：

---

① 强制性规范相对任意性规范而言。民法中的规范多为任意性规范，当事人可以在合法的限度内以自行约定的方式决定双方的权利义务关系，以排除法律的适用；只有在双方没有约定或约定不明确的情况下，才适用法律的规定。而对于强制性规范，当事人必须遵守，不得协议变更或排除其适用，诉讼时效制度即属典型的强制性规范。

1. 诉讼时效制度的确立，有助于法律秩序的稳定

假设某一权利人一直不行使其权利，使得某一权利义务关系始终处于不确定状态，那么，经过相当时间后，这种状态将更为模糊和不确定，并且在原来的基础上又会"覆盖"其他民事法律关系。而如果权利人在过了很长时间后突然行使权利，就会使多年来已重新稳定的社会关系被迫作出调整，以适应这一变化，这必然会造成一定程度的混乱。所以，确立诉讼时效制度，有利于稳定法律秩序。

2. 诉讼时效制度可以促使权利人行使权利

诉讼时效的规定可以促使权利人积极、及时行使权利、主张权利。西方法谚有言：法律帮助勤勉人，不帮睡眠人。同时，在权利人积极行使权利的情况下，也能进一步督促义务人及时履行义务。这样就加速了民事流转，对经济、社会的发展起到促进作用。

3. 诉讼时效制度有利于法院及时、正确地解决民事纠纷，提高办案质量和效率

法院审理民事案件，必须依靠证据弄清事实真相。对于一些年代久远的纠纷，由于事过境迁，人证、物证难以俱全，法院难以作出公正的裁判，办案质量自然也无法保证，相反还会导致人、财、物的浪费。诉讼时效制度的确立，有利于法院及时、正确地处理现时的民事纠纷，提高法院的办案质量和效率，最终将有利于公民、法人合法权益的维护。

四、诉讼时效的种类

按照目前我国民法的规定，诉讼时效期间主要分为两类：

1. 普通诉讼时效

除法律有特别规定外，民事权利适用普通诉讼时效期间。《民法通则》第135条规定："向人民法院请求保护民事权利的诉讼时效期间为2年，法律另有规定的除外。"如何开始计算这2年呢？根据《民法通则》第137条规定：诉讼时效期间从知道或者应当知道权利被侵害时起计算①。因为在不知道权利被侵害的情况下，行使权利、请求保护都无从谈起。据此，当事人能行使权利而不行使，这样的状态持续超过2年的，其民事权利便不受法律保护。

2. 特别诉讼时效

特别诉讼时效适用于某些特殊的民事法律关系，有以下三类：

---

① 所谓"应当知道"是一种法律上的推定，只要客观上存在知道的条件和可能，无论当事人是否知道权利遭侵害，法律上都推定其已知道，开始诉讼时效的计算。这能防止权利人以不知道权利被侵害为由规避诉讼时效的适用。

其一，短期诉讼时效

这是法律特别规定的一种诉讼时效，其时效期间不足2年。《民法通则》第136条规定了4种期间为1年的短期诉讼时效，它们分别是：

（1）身体受到伤害要求赔偿的；①

（2）出售质量不合格的商品未声明的；

（3）延付或拒付租金的；

（4）寄存财物被丢失或者毁损的。

从上述情况看，它们均属容易查清事实、宜于短期内处理的关系；时间拖延，会影响到当事人举证，也不利于确定事实、分清责任。所以，民法就上述4种情形作了特别规定，适用1年的短期诉讼时效，其期间也是从权利人知道或者应当知道权利被侵害时起计算。

案　例

2014年7月10日傍晚，小李、小马同去逛街，路遇素来与之不和的张某，张某先是恶语相向，进而对小李、小马拳打脚踢。小李被打得脸部鲜血直流，好在小马当时还行，他扶着小李迅速去医院救治，并向当地派出所报了案。事隔几天，小马逐渐感觉身体不适，7月15日小马前去医院就诊，待7月17日检查报告出来后，医生明确告知小马：其脏器受损，系由外力侵害所致，而且已有6、7天了。现小李、小马的身体健康权益都遭到张某的侵害，他们都要向张某提出人身伤害的赔偿。

如何适用和计算他俩的诉讼时效期间呢？首先可以确定的是，身体受到伤害要求赔偿的，诉讼时效期间为1年，而不是2年。再看小李，小李当场受害明显，其"知道或应当知道权利被侵害"的时间就在当时，所以对小李而言，他必须从2014年7月10日算起1年之内行使自己的权利，超过1年其权利不受法律的保护；而小马却不同，7月10日当天，他未曾发现自己受伤，不知道自己权利已被侵害，所以诉讼时效不应起算，而就诊后的确诊之日，才是小马知道自己权利被侵害之时，即7月17日，所以小马应自2014年7月17日起的1年内行使其权利。

最后的结论是：小李、小马均适用1年的诉讼时效，小李的起算日是7月10日，小马的起算日是7月17日。

其二，长期诉讼时效

长期诉讼时效，是指时效期间在2年至20年之间的诉讼时效。长期诉讼时效主要适用于一些调查取证费时耗力的疑难案件或者涉外经济纠纷。如《合同法》第129条规定，涉外货物买卖合同争议提起诉讼或者仲裁的期限为4年，自当事人知道或者应当知道其权利被侵害时起计算；又如《海商法》第13章规定，船舶油污损害的赔偿请求权时效期间为3年。

---

① 因为缺陷产品造成人身伤害的，根据《产品质量法》第45条的规定，要求赔偿的时效期间为2年；因环境污染造成人身损害的，根据《环境保护法》第42条规定，时效期间为3年。

其三，最长诉讼时效

不能排除有这样的情况：权利人一直不知道自己的权利被侵害，也不应当知道，这样无论是2年的普通时效，还是1年的短期时效，期间都不能开始计算，而时间却在流逝；或是，虽然诉讼时效期间已经开始了计算，但因为诉讼时效有中止和中断的规定，使得时效期间可能在暂停计算或不断地重新计算的状况下"延绵不断"。法律若对此不加以限制，则等同于法律对这些权利的保护是无期限的，这有悖于诉讼时效制度的设立宗旨。因此，《民法通则》第137条对此作出了规定：从权利被侵害之日起超过20年的，人民法院不予保护。

这里的20年，是民事权利受保护的最长期限，是民法所规定的最长诉讼时效期间。无论权利人是否知道自己的权利被侵害，从权利被侵害之日起超过20年的，人民法院一律不予保护。可见，这种20年期间的起算日，是权利被侵害之日，与其他时效期间的起算方法完全不同。

五、诉讼时效的中止、中断和延长

虽然法律明确规定了诉讼时效的期间，但是，在期间开始后的进行过程中，往往因一定事由的发生，导致诉讼时效期间不能在法定期间届满时完成，此又称为诉讼时效完成的障碍[1]，它主要包括诉讼时效的中止和中断。

1. 诉讼时效的中止

《民法通则》第139条规定："在诉讼时效期间的最后6个月内，因不可抗力或其他障碍不能行使请求权的，诉讼时效中止，从中止时效的原因消除之日起，诉讼时效期间继续计算。"

简单地讲，诉讼时效的中止，就是在诉讼时效期间内，因发生了诸如洪灾、地震等特殊情况，或者有其他导致无法行使权利的障碍，致使权利人无法行使权利的，时效期间应暂停计算，待这一事由过后，时效再继续计算。需注意的是，诉讼时效的中止只能发生在时效期间的最后6个月内。

2. 诉讼时效的中断

《民法通则》第140条规定："诉讼时效因提起诉讼、当事人一方提出要求或者同意履行义务而中断。从中断时起，诉讼时效期间重新计算。"

由于权利人已经在行使权利，或者当事人之间的法律关系已再度得到了明确，所以，原已开始计算的时效期间统归无效，诉讼时效重新计算。按照法律规定，有三种情况可以引起诉讼时效的中断：权利人起诉、权利人向义务人提出要求和义务人同意履行义务。

---

[1] 参见王利明、方流芳、郭明瑞：《民法新论》，中国政法大学出版社，1988年7月版，第566页。

举个例子，某人曾借给朋友一笔钱，可还款期已过了1年多，仍未见归还，此君终于按捺不住，上门催讨。这一催讨行为即"权利人向义务人提出要求"，是引起诉讼时效中断最为常见的原因，从催讨之日起，重新计算2年的时效，原1年多的时效期间归为无效。

3. 诉讼时效的延长

诉讼时效的延长，是指因特殊情况，人民法院对于已经届满的诉讼时效，有权根据权利人的要求予以适当延长。

这一规定表明，若权利人在法定诉讼时效期间内不行使权利确有正当理由的，则人民法院仍保护其权利。诉讼时效的延长，适用于2年、1年、长期诉讼时效和20年的诉讼时效期间。

本 单 元 小 结

民法是调整平等主体之间财产关系和人身关系的法律规范的总和。民事法律关系是由民法所确认和保护的社会关系，它由主体、客体和内容三个要素构成。民法的基本原则可以概括为平等原则、自愿原则、诚实信用原则、权利不得滥用原则和公序良俗原则，其效力贯穿于民法的始终。

民事主体主要由自然人和法人组成，民事主体的民事权利能力和民事行为能力与其民事活动的范围直接相关。所谓民事法律行为，是指民事主体旨在设立、变更、终止民事权利和民事义务的合法行为。民事法律行为能产生行为人所预期的法律后果，但前提是要符合其有效条件，即：行为人具有相应的民事行为能力；意思表示真实；不违反法律和社会公共利益。欠缺这些有效条件的民事行为将分别构成无效的民事行为、可撤销的民事行为和效力待定的民事行为。所谓代理，是指代理人在代理权限内，以被代理人的名义与第三人实施民事法律行为，所产生的法律后果直接归属于被代理人的法律制度。代理一般分为三种，即：委托代理、法定代理和指定代理。无权代理能否发生有权代理的后果，取决于被代理人是否予以追认，但表见代理一律发生有权代理的后果，不论被代理人是否追认。

在民事权利中，物权是指权利人依法直接支配标的物，并排除他人干涉的权利，以所有权为其核心内容。债权是指按照合同的约定或者依照法律的规定，在当事人之间产生的特定的权利和义务关系，以合同关系为其核心内容。债权与物权相对而称，共同构成民法所调整的财产关系。人身权，是指与人身不可分离、不具有直接财产内容的民事权利。知识产权，是指人们对自己的创造性智力劳动成果所享有的专有权。继承权，是指公民享有的依照法律的直接规定或被继承人生前设立的合法有效遗嘱的指定而取得被继承人遗产的民事权利。

民事责任制度是保护和恢复民事权利的制度。它是指民事主体在民事活动中，因违反民事法律规范所应承担的民事法律后果。民事责任通常分为违约责任和侵权责任。侵权责任包括了特殊侵权的民事责任，特殊侵权的民事责任由民法予以特别规定。

民事权利受法律保护是有时间限制的，诉讼时效制度告诉我们，权利人若在法定期间内不行使权利，就会丧失请求人民法院保护其民事权益的权利。诉讼时效一般为2年，短期的特殊时效是1年，最长诉讼时效是20年。

思 考 题 答 案

1. 所有带有命令与服从、支配与被支配内容的社会关系，都不是民事法律关系，不由民法调整。民法所调整的社会关系的双方必须是法律地位平等的。所以，民法不调整政府对企业的管理活动，因为行政管理必然是自上而下的、纵向的领导与服从关系，这显然不归民法调整。

2. 甲公司的义务是按照约定交付货款，权利是拿到定好的货；乙厂的权利是收取甲的货款，义务是按照约定的时间、质量、方式给甲发货。两者之间的权利义务彼此对应，一方的权利对应对方的义务，一方的义务对应对方的权利。

3. 我国的公民一定是自然人，我国境内的自然人则不一定是我国的公民，可能是外国公民，也有可能是无国籍人。

4. 小王有资格进行这一民事活动。因为小王虽然只有15周岁，在法律上属于限制行为能力人，但对购买价值50元的文具，应该认为他是有认识和判断能力的，所以他有资格单独进行这一民事法律行为，该行为是有效的。

5. 自然人的民事权利能力终止于死亡，但宣告死亡是否意味着自然人民事权利能力的绝对终止，在理论界尚有争议。因为，宣告死亡仅仅是法律上的推定，若该自然人还健在，且有完全民事行为能力，那么，从交易安全的角度出发，不应认定他所为的民事法律行为无效，以保护善意相对人的利益，维护正常的交易秩序。当然，这也意味着被宣告死亡人的权利能力在特殊情况下并不完全终止。

6. 乙的沉默没有法律意义，合同不能成立。因为，在法律没有特别规定，甲乙之间也没有事先特别约定的情况下，乙的沉默不作为民事法律行为的形式。没有意思表示，也就没有合同。但假设甲乙之间曾经有过这样的约定：乙答应在收到甲的订单的10日内答复，不表示异议的，视为接受，合同成立。有了这样的事先约定，乙的沉默就具有了法律意义，被视为一种意思表示，按照约定，乙的沉默是对甲要约的承诺，合同成立。

7. 赠与必须是无偿的，但可以附义务，甲乙之间的赠与就是附义务的赠与。附义务的赠与，又称附负担的赠与，《合同法》第190条对此作出了规定。虽然有一定的给付义务，但与其受益相比，义务是微不足道的，与受益是不对价的，只有彼此对价的给付才是有偿的行为。所以，附负担的赠与虽有"负担"，但不改变赠与行为纯获利益的特性，不能因此小小的"负担"而将这样的赠与认为是有偿的。

8. 老李的这块表不能退。因为，这不属重大误解的民事行为。老李对自己丢表这一事实的认识存在错误，但这一错误认识属行为人动机上的错误。一般说来，动机上的错误不属于重大误解，不影响民事行为的效力。从老李买新表的这一行为看，老李对行为的性质、表的质量、价格等不存在认识上的错误，行为合法有效。所以，老李的行为不属重大误解，当然也谈不上去撤销它了。

9.这不是代理。代人抄写数据不能产生、变更或终止某一民事法律关系，所以这一行为不是民事法律行为，而代理的行为必须是民事法律行为。另外，在代理关系中，一定有三方当事人，即被代理人、代理人和第三人，没有第三人，代理一般不成立。代理与日常生活中的一些互助行为是有区别的。

10.这是代理。律师在诉讼活动中代表甲方利益，以自己的专业知识和能力在诉讼活动中与对方交涉，而法院的裁决结果则由甲承担。这属于委托代理，因为律师的代理权来自甲的单方授权行为，聘还是不聘律师，取决于甲的意志。

11.甲不能这么做。因为在债权关系中，甲作为债权人，只享有请求权，即只能要求债务人乙履行合同。债权不是支配权，债权人无权支配原不属于自己的合同标的。这批电视机在没有交付之前，其所有权仍属于乙，乙享有对电视机的支配权，哪怕乙已收下甲的货款。所以，甲若是强行去乙处拉货，是侵犯乙的所有权的行为。

12.不构成不当得利。因为他们捡拾的矿水瓶、纸盒、废报纸等都是他人遗弃的物品，这些物品之上没有权利，尽管拾得者因变卖这些物品而获益，但没有人因此受到损失，所以不符合不当得利的构成要件。

13.从原则上讲，在侵权行为和犯罪行为竞合的情况下，两种责任并行不悖，互不排斥。也就是说，行为人承担的刑事责任并不能成为免除或减轻民事责任的理由。受害人乙可以在刑事诉讼中提起附带民事诉讼，要求甲承担相应的民事责任。

14.B无权留置A的财产。因为，B占有A的财产是基于保管合同关系，而B相对A的债权是基于借款合同关系，这当中涉及了两个合同关系；而留置权的成立，必须基于财产的占有和债务的存在是同一法律关系。所以，B不享有留置权。

15.只能由自然人享有的人身权是：生命健康权、姓名权、肖像权、隐私权。只能由法人等组织享有的人身权是：名称权。自然人和法人都能享有的人身权是：名誉权、荣誉权。

16.你买到的只是书，或者更确切地说，你通过一个买卖合同取得了这本书的所有权。书是承载作品（智力成果）的载体，智力成果本身是无形的，但它必须要借助一定的有形体表达出来，让他人感知，书就是这样的有形载体。可见，书不是知识产权所保护的客体，真正的客体是作品。所以，即使你得到了书的所有权，仍然不得随意复制和使用这一作品，因为你不是书的著作权人。

17.这一说法并不完全符合法律的规定。对于父亲生前的个人债务，子女若继承了父亲遗产的，就应以遗产价值为限清偿父亲的债务，超出部分可不予偿还，因为遗产是父亲留下的，所以仍旧是以父亲的"生前财产"抵债；若子女放弃继承的，那么子女就没有义务去清偿债务。当然，子女自愿偿还的，法律不加干涉。

18. 对此法律是允许的。民事责任与刑事责任不同，对于受害人是否主张自己的民事权利，是否要求对方承担民事责任，法律通常不主动干预，由受害人自己决定。所以，小许对此事有权自由作出选择，可以要求张三承担一定的民事责任，也可以放弃这一请求权。

阅　读　书　目

1. 《民法》（第五版），魏振瀛，北京大学出版社、高等教育出版社，2013年9月版。
2. 《民法总论》（第四版），梁慧星，法律出版社，2011年3月版。
3. 《物权法》（第五版），梁慧星、陈华彬，法律出版社，2010年9月版。
4. 《合同法》（第五版），崔建远，法律出版社，2010年2月版。
5. 《侵权责任法》，杨震，法律出版社，2010年7月版。
6. 《法律思维与民法实例》，王泽鉴，中国政法大学出版社，2001年版。

犯罪对公共利益的危害越大，促使人们犯
罪的力量越强，制止人们犯罪的手段就应该越
强有力。这就需要刑罚与犯罪相适应。

——贝卡里亚

第五单元 刑 法

刑法者，规定犯罪与刑罚之法律也。

与其他法律相比，刑法的强制性最突出，制裁手段最严厉，调整和保护的社会关系最广泛。如果说，其他法律的功能重在调整社会关系、建立社会和谐秩序的话，那么，刑法的功能则重在保障其他法律的实施和对法律秩序的维护。可以说，刑法是其他法律的保护法，在维护国家安全、社会稳定和正常的经济活动秩序方面有着不可替代的作用。

在国外，有的称刑法为"犯罪法"，有的称刑法为"刑罚法"。无论从国家的角度，还是从公民的角度来看，刑法都是极为重要的法律。刑法通过对犯罪的制裁来保障国家的利益，调整各类社会关系，保护各种合法权利，作为国家重要的基本法律之一，刑法在整个法律体系中占有重要地位。

《中华人民共和国刑法》是我国的刑事基本法律，它与其他的单行刑法及附属刑法共同构成我国的刑事法律体系。

刑法学的内容可以分为总论与各论两部分。本单元主要介绍刑法总论的内容，包括刑法的概述、基本原则、犯罪及刑罚，同时适当介绍刑法各论的内容，主要是一些常见多发的典型犯罪类型。

内 容 提 要

通过学习，你应对我国刑法的基本原则、效力范围有所把握，明确犯罪的概念、犯罪构成的基本原理、正当防卫、故意犯罪停止形态及共同犯罪的基本理论、刑罚的种类及适用，同时能掌握一些常见的犯罪的基本特征，并能联系实际，分析具体案例。

基于以上学习目的，你应全面掌握下列学习内容：

● 刑法的概念与特征、我国刑法的任务及效力范围
● 我国刑法的基本原则及其含义

● 犯罪的概念、特征，犯罪构成的概念及共同要件
● 正当防卫的构成条件
● 故意犯罪停止形态的特征
● 共同犯罪的特征及共同犯罪人的种类
● 刑罚的概念、目的和种类
● 量刑的基本制度、刑罚执行的基本制度和刑罚的消灭制度
● 一些常见犯罪的构成特征

第一节

刑法概述

一、刑法的概念

通常认为，刑法就是规定犯罪和刑罚的法律，但这还不够全面。确切地说，刑法是关于犯罪、刑事责任和刑罚的法律。

具体而言，人民法院在审理刑事案件的时候，遵循以下程序：
——首先，依据刑法确定行为人是否实施了刑法规定为犯罪的行为；
——其次，依据刑法确定行为人应该承担多大的刑事责任，有没有可以从轻、减轻或者免除刑事责任的因素，有没有可能从重处罚的因素；
——最后，依据刑法确定是否应给予行为人刑事处罚，以及给予怎样的刑事处罚。

可见，犯罪、刑事责任和刑罚是刑法的三个部分，它们共同构成了刑法的主要内容。

二、刑法的特征

1. 刑法具有阶级性

人类进入了阶级社会后，才产生了犯罪与刑法。[1]同其他法律相比，刑法的阶级性更为鲜明，更为直接地反映统治阶级的意志。

---

[1] 依据目前所掌握的史料，可以证实，在原始社会不存在犯罪的概念。随着社会生产力的发展，出现了产品剩余，产生了私有观念，出现了阶级和阶级斗争。奴隶社会的因素逐渐增多，并取代了原始社会，产生了国家和法。在中国，最早出现的法是刑法，即"夏有乱政，而作禹刑"。

应该说，任何法律都是体现统治阶级意志的。而刑法是通过规定犯罪、刑事责任和刑罚，规定对犯罪人实行严厉制裁的方式，来达到规范和恢复秩序状态的目的。正是从这一点上讲，刑法最直接地体现了统治阶级的意志。

2. 刑法的社会性

刑法的社会性，是指刑法在主要体现统治阶级意志的同时，在一定范围内、一定程度上还反映了社会各个阶级的某些共同利益和要求。

比如说，杀人、放火、抢劫等严重危害社会的行为，任何国家的刑法都会把它们规定为犯罪；又如，惩治破坏环境资源、扰乱社会公共秩序的犯罪，是对整个社会赖以存在的自然条件和社会环境的保护，它同样反映了刑法的社会性特征。

3. 刑法调整社会关系范围的广泛性

一般的部门法都是调整社会关系的某一方面，如民法调整平等主体之间的财产关系与人身关系，行政法调整行政管理关系，等等。而刑法所调整的社会关系却不局限于某一特定领域，凡是受到危害行为严重侵害的社会关系，都是刑法所调整和保护的对象。可以说，其他部门法所调整的社会关系，无一例外地要借助刑法的调整和保护。当然，刑法的介入是有严格界限的。例如，一般的偷税行为由税务机关依税法给予行政处罚，但如果情节严重，就应移交司法部门依刑法追究刑事责任；一般的小偷小摸，依照《治安管理处罚法》即可处理，但盗窃数额较大或者多次盗窃，则要由司法部门追究刑事责任。

4. 刑法具有突出的强制性

刑法同其他部门法律相比，其强制程度最强。

一般来说，法律都有一定的强制性，法律制裁是国家强制力的表现。而在所有的法律制裁中，刑事制裁是最为严厉的，轻者可以限制或剥夺一定时期的人身自由，重者可以剥夺终身自由甚至于剥夺生命权利。同时，刑事制裁还可以剥夺一个人的财产和政治权利。这种制裁的严厉程度是任何其他法律制裁方法所达不到的。刑法的这种特性，使得其能充分发挥自身的强力保障作用，也为其他法律的实施提供坚强后盾。

三、刑法的任务

我国《刑法》第2条明确规定了我国刑法的任务，即"中华人民共和国刑法的任务，是用刑罚同一切犯罪行为作斗争，以保卫国家安全，保卫人民民主专政的政权和社会主义制度，保护国有财产和劳动群众集体所有的财产，保护公民私人所有的财产，保护公民的人身权利、民主权利和其他权利，维护社会秩序、经济秩序，保障社会主义建设事业的顺利进行"。

四、我国刑法的效力范围

刑法的效力范围，是指刑法在什么地方、对什么人、在什么时间内具有效力。我国《刑法》第6条至第12条对刑法的效力作了明确规定。

刑法的效力包括空间效力和时间效力。

1. 空间效力

刑法的空间效力，是指刑法对地与对人的效力，也就是刑事管辖权的范围。

我国刑法关于空间效力的规定如下：

（1）凡在中华人民共和国领域内犯罪的，除法律有特别规定的以外①，都适用我国刑法。

（2）我国公民在我国领域外犯我国刑法规定之罪的，适用我国刑法，但是按我国刑法规定法定最高刑为三年以下有期徒刑的，可以不予追究。

为体现对国家工作人员和军人从严要求的精神，刑法又规定我国国家工作人员和军人在我国领域外犯我国刑法规定之罪的，一律适用我国刑法。

（3）外国人在我国领域外对我国国家或者公民犯罪，而按我国刑法规定的最低刑为三年以上有期徒刑的，可以适用我国刑法，但是按照犯罪地的法律不受处罚的除外。

（4）对于我国缔结或者参加的国际条约所规定的罪行，我国在所承担条约义务的范围内行使刑事管辖权的，适用我国刑法。

2. 时间效力

刑法的时间效力，就是指刑法的生效时间、失效时间以及对刑法生效前的行为有无溯及力。

刑法的时间效力，始于施行之时，止于废止之时。

我国第一部刑法制定于1979年，于1980年1月1日起生效。现行刑法是1997年新修订的，于1997年10月1日起施行。

① 这里的"法律有特别规定的以外"主要指以下几种情形：1.《刑法》第11条关于"享有外交特权和豁免权的外国人的刑事责任通过外交途径解决"的规定；2.《刑法》第90条关于"民族自治地方不能全部适用本法规定的，可以由自治区或者省的人民代表大会根据当地民族的政治、经济、文化的特点和本法规定的基本原则，制定变通或者补充的规定，报请全国人民代表大会常务委员会批准施行"的规定；3.刑法施行后国家立法机关所制定的特别刑法的特别规定；4.我国香港特别行政区和澳门特别行政区基本法作出的例外规定。

刑法有无溯及力，是指刑法生效后，对它生效前未经审判或者判决尚未确定的行为是否适用。

我国《刑法》第12条规定："中华人民共和国成立以后本法施行以前的行为，如果当时的法律不认为是犯罪的，适用当时的法律；如果当时的法律认为是犯罪的，依照本法总则第四章第八节之规定应当追诉的，按照当时的法律追究刑事责任，但是如果本法不认为是犯罪或者处刑较轻的，适用本法。本法施行以前，依照当时的法律已经作出的生效判决，继续有效。"

由此可见，我国刑法规定的溯及力的原则是从旧兼从轻的原则，也即原则上刑法对其施行前发生的行为不能适用，但是如果适用新法律对行为人更有利，则要按照新法处理。

五、刑法的体系

我国早在1979年便制定了刑法典，但随着社会的发展，这部刑法典在体系、内容、立法技术等方面已远远不能满足社会的需求。1997年3月我国公布了修订后的刑法典并于同年10月1日正式施行。1997年的刑法典，从总体上分为总则、分则和附则三个部分，共计十五章四百五十二条。之后，我国又陆续通过了一系列的刑法修正案，在增强了刑法的社会时效性的同时，也进一步完善了其体系。

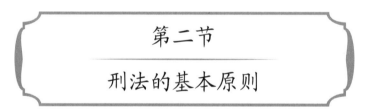

第二节

刑法的基本原则

刑法的基本原则，是指在刑法的创制与适用中应当严格遵循并具有自身特殊性的准则。

我国刑法规定的基本原则有三条，即罪刑法定原则、适用刑法人人平等原则与罪责刑相适应原则。

一、罪刑法定原则

《刑法》第3条规定的是罪刑法定原则。

罪刑法定原则的基本含义是，法律明文规定为犯罪行为的，依照法律定罪处刑；法律没有明文规定为犯罪行为的，不得定罪处刑。简言之，法无明文规定不为罪，法无明文规定不处罚。

罪刑法定原则是资产阶级反对封建的罪刑擅断的产物。

罪刑法定原则的早期思想渊源，一般认为是1215年英王约翰签署的大宪章，它确定了"适当的法律程序"的思想。罪刑法定的思想在十七、十八世纪启蒙思想家的著作中得到了系统而全面的阐述，由此形成了一股强大的思想潮流，与封建社会的罪刑擅断相抗衡。1789年的法国《人权宣言》首先以法律的形式明确规定了罪刑法定主义等一系列刑法原则。1791年的法国刑法典则是首次明确规定罪刑法定主义原则的独立的刑事实体法，从而完成了罪刑法定从学说到法律的转变。此后，罪刑法定原则被世界各国的刑事立法所采纳，其内涵也不断发展。

确立罪刑法定原则，对于建设社会主义法治国家具有重大意义，它不仅有利于维护社会秩序，也有利于保障基本人权。从我国司法实践来看，切实贯彻罪刑法定原则，必须做到以下几点：

1. 正确认定犯罪和确定刑罚

对于刑法明文规定的各种犯罪，司法机关必须以事实为根据，以法律为准绳，做到定性准确，不枉不纵。对各种犯罪的量刑，亦必须严格以法定刑及法定的情节为依据。

2. 正确进行司法解释

最高人民法院和最高人民检察院在进行司法解释时不能超越其应有的权限，不能违反法律规定的真实意图，更不能以司法解释替代刑事立法。

二、适用刑法人人平等原则

《刑法》第4条规定的是适用刑法人人平等原则。

适用刑法人人平等原则的含义是：对任何人犯罪，在适用法律上一律平等，不允许任何人有超越法律的特权。

切实贯彻在刑法面前人人平等的原则，需要做到以下几点：

1. 定罪上一律平等

在适用刑法条文定罪中，要一律平等，无论被告人地位多高，功劳多大，都应当受到刑事追究，不得例外。定罪是刑事司法活动的重要环节，定罪上的人人平等具有重要意义。

2. 量刑上一律平等

在刑事司法活动中，犯相同的罪，除具有法定的从重、从轻或者减轻情节以外，应当处以相同的刑罚或相当的刑罚。量刑时要坚持以刑事法律为准绳，以犯罪事实为根据，全面衡量犯罪的性质、情节和社会危害程度。

3. 行刑上一律平等

在刑罚的执行过程中，犯罪人应受到相同的处遇，不因身份、地位而有所特殊。

在论及平等原则时，人们往往只关注定罪与量刑上的平等，而忽视了行刑上的平等，这是不对的。尤其是在司法实践中，有些人通过不正当手段获得非法减刑、假释，对其他犯罪人是极不公平的，同时也极大地损害了司法公信力。

三、罪责刑相适应原则

《刑法》第5条规定的是罪责刑相适应原则。

罪责刑相适应原则的含义是，刑罚的轻重应当与犯罪分子所犯罪行和承担的刑事责任相适应。也即重罪重罚，轻罪轻罚，罪刑相当。

司法实践经验告诉我们，犯罪对公共利益的危害越大，促使人犯罪的力量越强，制止人犯罪的手段就应该越强有力。这就需要刑罚与犯罪相对称。

观　察　　　　　因果报应观主张善有善报、恶有恶报。从人们的生活经验来看，一个人很自然地会以恩惠报答恩惠，以怨仇回敬怨仇，大恶以大恶报，小恶以小恶报。[1] 这是因果报应的观念。"以眼还眼"、"以牙还牙"、"一报还一报"、"杀人偿命"，这是同态复仇的观念。这符合一般的人性，也构成了大多数人类社会的文化。罪责刑相适应其实最早就源于这种因果报应与同态复仇观念。

一般认为，我国刑法中的罪责刑相适应原则，实际上包含了刑罚的轻重与犯罪的社会危害性相适应、刑罚的轻重与犯罪人的人身危险性相适应这样两部分内容。

[1] 意大利著名刑法学家贝卡利亚为了实现罪刑均衡，别出心裁地设计了一个罪刑阶梯。他指出："既然存在着我们联合起来的必要性，既然存在着作为私人利益相互斗争的必然产物的契约，人们就能找到一个由一系列越轨行为构成的阶梯，它的最高一级就是那些直接毁灭社会的行为，最低一级就是对于作为社会成员的个人所可能犯下的、轻微的非正义行为。在这两极之间，包括了所有侵害公共利益的、我们称之为犯罪的行为，这些行为都沿着这无形的阶梯，从高到低顺序排列。"确立了罪刑阶梯，就可以使之互相对称：轻罪轻刑，重罪重刑。它不仅为人们提供了一张应受刑罚处罚的犯罪行为的清单，而且给人们提供了一张犯罪的价目表，起到遏制犯罪的作用。——以上内容参见［意］贝卡利亚著：《论犯罪与刑罚》（黄风译），中国大百科全书出版社，1993年6月第1版，第66页。

　　刑罚的轻重与犯罪的社会危害性相适应，体现了报应主义的观念，要求重罪重罚，轻罪轻罚，是一种刑罚的按"劳"分配。

　　刑罚的轻重与犯罪人的人身危险性相适应，体现了预防犯罪的要求，是刑罚的按"需"分配。

　　我国刑法上的罪责刑相适应体现了按"劳"分配与按"需"分配的有机结合，前者体现了形式上的公正，后者体现了实质上的公正。

　　在司法中贯彻罪责刑相适应原则应注意以下两点：

1. 树立量刑公正的司法观念，革除重刑主义的错误思想

　　我国自西周就有"刑罚世轻世重"的思想，从而形成了重刑主义的刑罚观。多年来，这种思想仍然反映在我们某些特定的刑事司法活动中。特别是在社会治安不好的时期，重刑主义观念尤为突出。这是一种粗暴落后的刑法思想。每一位司法者都应树立量刑公正的思想，切实做到罪刑相适应。

2. 实现司法中的平衡与协调，革除不同法院量刑轻重悬殊的现象

　　在我国的司法实践中，不同法院对类似案件的处理轻重悬殊的现象相当普遍。这与法治的原则与要求是不相符的，必须予以纠正。

　　总之，刑法的三大原则——罪刑法定原则、适用法律人人平等原则、罪责刑相适应原则，是对刑事立法、司法具有普遍指导意义的准则，这些准则也是刑法的核心价值和精髓所在。

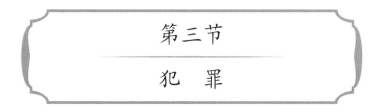

第三节

犯　罪

一、犯罪的概念和特征

1. 犯罪的概念

　　我国《刑法》第13条规定："一切危害国家主权、领土完整和安全，分裂国家、颠覆人民民主专政的政权和推翻社会主义制度、破坏社会秩序和经济秩序，侵犯国有财产或者劳动群众集体所有的财产，侵犯公民私人所有的财产，侵犯公民的人身权利、民主权利和其他权利，以及其他危害社会的行为，依照法律应当受到刑罚处罚的，都是犯罪，但是情节显著轻微危害不大的，不认为是犯罪。"

　　可见，我国刑法中的犯罪，是指严重危害社会，触犯刑法并应受刑罚处罚的行为。

2. 犯罪的特征

从我国《刑法》第13条所规定的犯罪的概念，可以看出，犯罪具有以下三个基本特征：

（1）严重的社会危害性

所谓社会危害性，是指犯罪会对刑法所保护的社会关系造成一定的损害，也就是说，犯罪是反社会的行为。

社会危害性，是对犯罪的否定的社会政治评价。

在立法上，犯罪行为，都是立法者认为严重危害社会的行为。也就是说，犯罪行为不仅具有社会危害性，而且，其危害程度必须达到严重的程度。这是犯罪行为与普通违法行为、不道德行为之间的重要区别。所以，如果某种行为对社会没有危害性，法律就不会把它规定为犯罪；某种行为虽具有社会危害性，但比较轻微，法律也不会将它规定为犯罪。轻微的危害行为可依其他部门法处理，刑法只处罚严重危害社会的行为。

（2）刑事违法性

刑事违法性，是指犯罪都是触犯刑法的行为。

刑事违法性是犯罪的法律特征，是刑法对具有严重社会危害性的行为所持的否定的法律评价，它是社会危害性在法律上的表现。从一定的意义上说，刑事违法性是由社会危害性决定的，行为因为具有社会危害性，才会违法，而不是因为违法，才具有社会危害性。

（3）应受刑罚惩罚性

应受刑罚惩罚性，是指犯罪是应当受到刑罚惩罚的行为。

应受刑罚惩罚性是犯罪的法律后果，它表明国家对于具有社会危害性和刑事违法性的行为的应有的立场和态度。

任何违法行为都要承担一定的法律后果，民事违法行为要承担民事责任，如赔偿损失、恢复原状、返还原物等。违反行政法律规范的行为，要受到行政处罚，如警告、罚款、行政拘留等。对于犯罪来说，则要受到刑罚的制裁。犯罪是适用刑罚的前提，刑罚是犯罪的后果。如果一个行为不应受到刑罚的处罚，那么它就不是犯罪。

对于犯罪最强有力的约束力量不是刑罚的严酷性，而是刑罚的必定性。如果让人们看到他们的犯罪可能受到宽恕，或者刑罚并不一定是犯罪的必然结果，那么就会煽惑起犯罪不受处罚的幻想。①

---

① 参见[意]贝卡利亚《论犯罪与刑罚》，中国大百科全书出版社，1993年6月第1版，第59-60页。

二、犯罪构成

犯罪构成，是指刑法规定的，决定某一行为的社会危害性及其程度，而为该行为构成犯罪所必须具备的一切主观要件和客观要件的有机统一。

如果说，犯罪的概念是从整体上阐明了什么是犯罪、犯罪有哪些基本特征，并从原则上把犯罪行为与其他行为加以区别。那么，犯罪构成则表明了犯罪是怎么样成立的，构成犯罪需要具备哪些具体条件和要素，也就是说，犯罪构成解决了犯罪的具体标准、规格问题。

任何一个犯罪，都可以用许多主客观事实特征来描绘。有些事实特征是构成某一犯罪所不可缺少的，而另外一些事实特征则不是。那些构成犯罪所不可缺少的事实特征，就是犯罪的构成要件。

案　例	2012年5月12日晚上9点，王某携带大号水果刀一把，在上海市浦东新区某路，对一中年妇女实施抢劫，共劫得人民币1780元。要确定王某是否构成抢劫罪，就要考察小王是否具备下列事实要件： （1）王某年满14周岁且精神状态正常； （2）王某主观上具有非法占有他人财物的目的； （3）王某用暴力或威胁的方法当场劫取了被害人的财物； （4）王某的行为侵犯了被害人的人身权和财产所有权。 上述事实特征如同时具备，则可认定王某构成抢劫罪。如有一项不符，就都不能认定王某犯了抢劫罪。 在本案中，王某的行为还包括时间、地点、犯罪对象、工具等方面的特征。这些特征对于王某是否构成犯罪、是否构成抢劫罪都不具有决定性意义，它们仅仅对量刑具有一定的影响。所以，这些特征均不是抢劫罪的构成要件。

犯罪是具体的，犯罪构成也是具体的，不同的犯罪，其构成要件都是各不相同的。但是，通过对各种具体犯罪构成要件的抽象和概括，可以发现各种犯罪都必须具备以下四个方面的要件：犯罪客体、犯罪客观方面、犯罪主体、犯罪主观方面。因此，这四个方面就是犯罪构成的共同要件。

1. 犯罪客体

（1）犯罪客体的概念

犯罪客体，是指刑法所保护的、为犯罪所侵害的社会关系。

犯罪客体是行为构成犯罪的必备要件之一。某种行为，如果没有危害刑法所保护的社会关系，就不构成犯罪。

犯罪客体表明，犯罪是有社会危害性的行为，它侵犯了一定的社会利益。

（2）犯罪客体的种类

根据犯罪行为所侵害的社会关系的范围，可以把犯罪客体分为三个层次或者三类，即犯罪的一般客体、犯罪的同类客体和犯罪的直接客体。这三类客体是三个不同的层次，它们之间是一般与特殊、共性和个性的关系。

A、犯罪的一般客体
犯罪的一般客体，是指我国刑法所保护的社会关系的整体。

B、犯罪的同类客体
犯罪的同类客体，是指为某一类犯罪行为所侵害的我国刑法所保护的社会主义社会关系的某一部分或者某一方面。
犯罪的同类客体是对犯罪进行分类的根据。我国刑法根据犯罪所侵犯的同类客体，把犯罪分为十大类：危害国家安全罪、危害公共安全罪、破坏社会主义市场经济秩序罪、侵犯公民人身权利、民主权利罪、侵犯财产罪、妨害社会管理秩序罪、危害国防利益罪、贪污贿赂罪、渎职罪和军人违反职责罪。

C、犯罪的直接客体
犯罪的直接客体，是指某一种犯罪行为所直接侵害的我国刑法所保护的具体的社会关系，也就是为刑法所保护的社会关系的某个具体种类。

以故意杀人罪为例。《刑法》第232条规定了故意杀人罪，该罪所规定的非法剥夺他人生命的行为侵害了我国刑法所保护的社会关系，破坏了社会秩序。具体而言：
故意杀人罪侵害的一般客体是——我国刑法所保护的社会关系的整体；
故意杀人罪侵害的同类客体是——人身权利；
故意杀人罪侵害的直接客体是——人的生命权。

通常，大多数犯罪只侵害一种具体的社会关系，但有些犯罪也会侵害到两种或者两种以上的具体的社会关系。我们根据一种犯罪行为所侵害的社会关系的单复，将犯罪的直接客体分为简单客体与复杂客体。
例如，抢劫罪不仅侵害了公私财产的所有权，而且还侵害了被害人的人身权利。而贪污罪则侵害了国家的廉政制度和公共财产的所有权。上述两罪的直接客体都是复杂客体。

（3）犯罪客体与犯罪对象

犯罪对象是指犯罪行为所直接作用的具体的人或者具体的物。

犯罪客体与犯罪对象既有联系又有区别。

两者的联系在于：作为犯罪对象的具体的物是具体社会关系的载体，作为犯罪对象的具体的人是具体社会关系的主体或参加者。犯罪行为作用于犯罪对象，就是通过对犯罪对象即具体的物或者人的侵害来侵害一定的社会关系。

两者的区别在于：

第一，犯罪客体决定犯罪性质，犯罪对象则未必。分析具体犯罪的性质，不是看它所作用的对象，而是看它所侵害的社会关系。同样的物，在不同的场合，可以体现不同的社会关系，从而对相同物的侵害可以是侵害不同的社会关系。

案　例	2009年8月7日，甲秘密进入上海某电缆厂，窃取价值40000余元的电缆，被处以盗窃罪。乙于2010年5月4日非法剪断上海某电信公司正在使用中的通信电缆，窃得价值1500元的电缆，乙被处以破坏公用电信设施罪。丙于2010年4月3日，偷盗上海某电力公司正在使用中的输电线缆，价值1800元，被处以破坏电力设备罪。 同样是盗窃电缆，甲盗窃的是仓库中的电缆，构成盗窃罪。乙盗窃正在使用中的通信电缆，构成了破坏公用电信设施罪。丙盗窃正在使用中的输电线路中的电缆，构成了破坏电力设备罪。甲、乙、丙三人的犯罪对象种类相同，而触犯的罪名不同，其原因在于犯罪对象所体现的社会关系不同。同是电缆，在不同的情况下，是不同社会关系的载体。从而使犯罪行为具有不同的性质。

第二、犯罪客体是任何犯罪构成的必要要件，而犯罪对象仅仅是某些犯罪构成的必要要件。

例如，我国《刑法》第364条规定的传播淫秽物品罪，其犯罪对象只能是淫秽书刊、影片、音像、图片及其他淫秽物品，缺少这个犯罪对象，就不能构成传播淫秽物品罪。而第120条规定的组织、领导和参加恐怖活动组织罪、第322条规定的偷越国（边）境罪、第316条规定的脱逃罪都没有具体犯罪对象，但犯罪客体则是这些犯罪都须具备的，即这些行为都侵害了一定的社会关系。

第三、任何犯罪都会使犯罪客体受到危害，而犯罪对象则不一定受到损害。

例如，盗窃他人汽车的行为。盗窃罪是以秘密的方法窃取公私财物的行为，该行为侵害的是他人的财产所有权，但作为犯罪对象的汽车本身却没有受到损害。

第四、犯罪客体是犯罪分类的基础，犯罪对象则不是。

我国刑法分则根据犯罪的同类客体把所有犯罪分为十类，而犯罪对象并不是我国刑法对犯罪进行分类的基础。

2. 犯罪客观方面

犯罪客观方面，是指犯罪活动的客观外在表现，包括危害行为、危害结果、危害行为与危害结果之间的因果关系以及犯罪的时间、地点、方法等。

以下就危害行为与危害结果作进一步阐述。

（1）危害行为

刑法所规定的危害社会的行为，是多种多样的。可以将刑法上的危害行为分为两种基本表现形式：作为与不作为。

作为，即行为人用积极的行为所实施的刑法所禁止的危害社会的行为。作为形式在犯罪行为中是最为常见的，如抢劫、强奸、盗窃等。

不作为，即行为人有义务实施并且能够实施某种积极的行为而未实施的行为。如遗弃、玩忽职守、拒传军令等。
构成不作为犯罪需要同时具备以下三个条件：

● 行为人负有实施某种积极行为的义务
例如，医生有救护病人的义务，如果医生在值班的时候见死不救就是不作为；成年人带孩子去游泳，他就有保护孩子生命和健康的义务；消防队员有救火的义务。

● 行为人有履行义务的实际可能而未履行

● 行为人因不履行特定义务产生了严重后果，具有严重的社会危害性

案 例

王某是小学教师，一日带数名小学生外出画画写生。途中一同学不慎落入一臭水坑中。王某拿一小竹竿量了一下水深，量得水深约140公分。王某高声呼救，但却不肯下水救人。等到附近的农民赶到将小学生救起时，小学生已被溺死。

王某是小学教师，在带学生外出的时候，有义务保护学生的安全。学生落入仅140公分深的水中，王某是有能力将其救出来的。由于王某没有及时施救，致小学生被溺死。王某在有能力履行其职责的情况下却未尽职责，导致了严重结果的发生，所以王某构成了不作为的犯罪，应负刑事责任。

但假设，水很深，且王某不会游泳，则王某不构成不作为的犯罪，因为王某没有履行其义务的实际可能。

（2）危害结果

危害结果，通常是指危害行为对直接客体所造成的危害。

危害结果，可以分为有形的、可以具体测量的危害结果与无形的、不能具体测量的危害结果。前者可以称为物质性的危害结果，如故意杀人罪中被害人死亡，盗窃罪中财物被偷走，这些犯罪的结果都是有形的，可以具体测量的；后者可以称为非物质性的危害结果，如诽谤罪、传授犯罪方法罪，它们给直接客体造成的危害是无形的、不能具体测量的。

3.　犯罪主体

犯罪主体，是指实施危害社会的行为依法应当负刑事责任的自然人和单位。

任何犯罪行为都是由一定的主体实施的，没有主体的犯罪行为是不存在的。我国刑法规定的犯罪主体主要是自然人，少数犯罪也可以由单位构成。

（1）自然人主体

虽然危害社会的行为大多是由自然人实施的，但其中的情形却各有不同。举个例子，某个不满14周岁的人或者精神病人实施了严重伤害他人的行为，其行为构成犯罪吗？他的行为明显具有社会危害性，那么他就是犯罪主体吗？要回答这个问题，首先须明确以下两个概念：

A、刑事责任能力

刑事责任能力，是指行为人所具备的刑法意义上辨认和控制自己行为的能力，这是行为人构成犯罪和承担刑事责任所必需的。简言之，就是在刑法意义上，行为人辨认和控制自己行为的能力。

一般情况下，影响刑事责任能力程度的因素包括两个方面，一是知识和智力成熟的程度，二是精神状况。但有些时候，比如在疾病或者生理功能有缺陷的状态下，行为人控制和辨认自己行为的能力也会受到影响。根据人的年龄、精神状况等因素，我国刑法将刑事责任能力的程度分为四种情况。

●完全刑事责任能力
我国刑法规定，凡年满18周岁、精神和生理功能健全而智力发展健全的人，都是完全刑事责任能力人。完全刑事责任能力人实施了犯罪行为的，应当依法负完全的刑事责任，不因其责任能力因素而减、免刑事责任。

●完全无刑事责任能力
完全无刑事责任能力，是指行为人没有刑法意义上的辨认能力和控制能力，因而对任何危害行为均不承担刑事责任。完全无刑事责任能力包括两种情况：一是不满14周岁的人，二是行为时因精神疾病而不能辨认或者不能控制自己行为的人。

●相对无刑事责任能力
已满14周岁不满16周岁的人是相对无刑事责任能力人。根据刑法的规定，相对无刑事

责任能力人。根据刑法的规定，相对无刑事责任能力人，仅仅对故意杀人、故意伤害致人重伤或者死亡、强奸、抢劫、贩卖毒品、放火、爆炸、投毒罪等8种犯罪负刑事责任。

●减轻刑事责任能力

减轻刑事责任能力人实施刑法所禁止的危害行为，构成犯罪的，应当负刑事责任，但应当或者可以从宽处罚或者免予处罚。我国刑法规定以下四种情况属于减轻刑事责任能力人：（1）已满14周岁不满18周岁的人犯罪，应当从轻或者减轻处罚；（2）又聋又哑的人或者盲人犯罪，可以从轻、减轻或者免除处罚；① （3）尚未完全丧失辨认或者控制自己行为能力的精神病人犯罪的，应当负刑事责任，但是可以从轻或者减轻处罚；（4）已满75周岁的人故意犯罪的，可以从轻或者减轻处罚；过失犯罪的，应当从轻或者减轻处罚。

B、刑事责任年龄

刑事责任年龄，是指法律所规定的行为人对自己实施的刑法所禁止的危害行为负刑事责任必须达到的年龄。

通常而言，年龄是影响一个人学习知识情况及智力成熟程度的最重要因素。不同年龄的人，辨认和控制自己行为的能力是不同的。我国《刑法》把刑事责任年龄划分为三个阶段：

● 完全不负刑事责任年龄阶段：不满14周岁的人，对其所实施的危害社会的行为一概不负刑事责任，也即不满14周岁是完全不负刑事责任年龄阶段。

● 相对负刑事责任年龄阶段：已满14周岁、不满16周岁的人是相对负刑事责任年龄阶段。如前所述，处于这个年龄阶段的人，仅仅对刑法所规定的八种严重危害社会的犯罪行为负刑事责任。

● 完全负刑事责任年龄阶段：已满16周岁是完全负刑事责任年龄阶段。处于完全负刑事责任年龄阶段的人，对自己所实施的一切刑法所禁止的危害行为，都应负刑事责任。

（2）单位主体

单位犯罪是指以单位的名义所实施的，违法所得归单位所有的，依法应当负刑事责任的危害社会的行为。

可以作为犯罪主体的单位，包括：公司、企业、事业单位、机关、团体等法人或非法人单位。

---

① 又聋又哑的人及盲人并没有丧失辨认或控制自己行为的能力，但是由于其生理缺陷，使得他们在接受教育和参加社会活动方面受到很大的限制，其辨认能力和控制能力与正常人不可避免地存在差异。他们虽然不属于完全无刑事责任能力的人，但属于限制刑事责任能力人，对他们实施的犯罪，应予处罚，但可以从轻、减轻或者免除处罚。这里，又聋又哑的人，是指既聋且哑的人，盲人是指双目失明的人。

单位不同于自然人，不可能成为所有犯罪的主体，只有在法律明确规定的情形下，单位才能成为某一罪的犯罪主体。

依据我国刑法的规定，单位犯罪的，对单位判处罚金，并对其直接负责的主管人员和其他直接责任人员判处刑罚。可见，我国刑法对单位犯罪的处罚，实行的是双罚制，即对单位判处罚金，对直接负责的主管人员和其他直接责任人员判处刑罚。例如，《刑法》第190条规定："国有公司、企业或者其他国有单位违反国家规定，擅自将外汇存放境外，或者将境内的外汇非法转移到境外，情节严重的，对单位判处罚金，并对其直接负责的主管人员和其他直接责任人员，处五年以下有期徒刑或者拘役。"这里对逃汇罪的处罚规定就是采用双罚制。

当然也有例外，如《刑法》第162条规定的妨害清算罪、第396条规定的私分国有资产罪，作为单位犯罪，都只处罚直接负责的主管人员和其他直接责任人员，而不处罚单位。

4. 犯罪主观方面

犯罪的主观方面，是指行为人对自己实施的危害行为及其危害结果所持的主观心理态度。

犯罪主观方面主要包括犯罪故意和犯罪过失，合称罪过。它是一切犯罪都必须具备的主观方面要件。换言之，没有主观上的故意或者过失，即使行为造成了一定的危害结果，行为人也不负刑事责任。①

（1）犯罪故意

犯罪故意，是指行为人明知自己的行为会发生危害社会的结果，并且希望或者放任这种结果发生的心理态度。

一般把犯罪的故意分为直接故意和间接故意。

A、直接故意

犯罪的直接故意，是指行为人明知自己的行为必然或者可能发生危害社会的结果，并且希望这种结果发生的心理态度。

观 察

> 甲想杀死乙，用枪对准乙的脑袋射击，明知会导致乙的死亡而为之，甲是持直接故意的心理态度。小刘想杀死小陈，但距小陈较远，射击技术又不太好，对于能否击中目标，没有把握，但仍然向小陈射击，小刘的主观心理态度也是直接故意。

① 此外，犯罪的主观方面还包括犯罪的目的和动机。犯罪的目的是某些犯罪构成所必备的主观要件，称为选择性主观要件。犯罪的动机不是犯罪构成主观方面必备的要件，它只影响到量刑，而不影响定罪。

B、间接故意

犯罪的间接故意，是指行为人明知自己的行为可能发生危害社会的结果，并且放任这种结果发生的心理态度。①

（2）犯罪过失

犯罪的过失，是指行为人应当预见自己的行为可能发生危害社会的结果，因为疏忽大意而没有预见，以致造成该危害结果，或者已经预见发生危害结果的可能性，但轻信能够避免，以致发生这种结果的心理态度。

犯罪的过失一般可以区分为疏忽大意的过失与过于自信的过失两种类型。

A、疏忽大意的过失

疏忽大意的过失，就是指行为人应当预见自己的行为可能发生危害社会的结果，因为疏忽大意而没有预见，以致发生这种结果的心理态度。

疏忽大意的过失的特点是，应当预见而没有预见。

B、过于自信的过失

过于自信的过失，是指行为人预见到自己的行为可能发生危害社会的结果，但轻信能够避免，以致发生这种结果的心理态度。

过于自信的过失的特点是，应当避免而没有避免。

> **观　察**　　某煤矿出现了塌方的征兆，矿长老刘在采取了一些预防措施后，仍然命令正常生产，结果发生了塌方事故，造成了工人的伤亡。在本案中，老刘在了解情况后，采取了预防措施，可见其是想避免危害结果发生的，但他过高地估计了自己所采取的预防措施的作用，也就是过高地估计了自己的技术与经验，因而是过于自信的过失。

在刑法中，区分犯罪的故意与过失，对于定罪与量刑关系重大。在司法实践中，间接故意犯罪和过于自信的过失犯罪极易混淆，下面介绍一典型案例：

---

① 所谓"放任"，是指行为人在当时的情况下，对于危害结果是否要真的发生，是处于一种不能肯定的状态之下，行为人虽不希望这种结果发生，但又不设法防止其发生，而是采取听之任之、漠不关心的态度。

| 案 例 | 甲酷爱野外打猎。某日甲在山中打猎时，发现一猎物，但在猎物旁却突然出现一小孩。甲只顾着射杀猎物，全然不顾有击中小孩的可能，结果在他向猎物射击时，小孩中弹而死。在本案中，甲的行为究竟是间接故意杀人呢，还是过于自信的过失杀人呢？ |

首先让我们来考察具体的情况，因为行为人的主观态度可以通过对他的行为的考察来确定。

如果甲的枪法一向很好，自己离猎物也不远，小孩离猎物较远，那么我们可以认为行为人甲有避免危害结果发生的愿望和条件，之所以没有能避免危害结果的发生，是因为其过高地估计了自己的枪法。因此，在这种情形下，我们有理由认为甲在主观上是过于自信的过失。

如果甲的枪法一般，自己距离猎物又较远，孩子离猎物又较近的话，我们可以认为甲在主观上是间接故意。因为，甲对于危害结果的发生，既没有采取预防的措施，也无良好的经验技术可以凭借，完全是一种放任的心理。他明知自己行为的严重后果，却完全放任这一危害结果的发生，执意实施危害行为。所以我们认为甲没有避免危害结果发生的主观愿望，是间接故意。

从本案的情况可以看出，过于自信的过失与间接故意最大的区别在于行为人是否有避免危害结果发生的愿望。当然这种避免的愿望是建立在一定的认识基础之上的。对于过于自信的过失来说，行为人基于对自己的经验技术、能力、某些外部条件以及自己所采取的措施的认识，认为危害结果不会发生。结果之所以发生，是由于行为人过高地估计了这些可能避免结果发生的有利因素。而对于间接故意来说，行为人虽不希望危害结果发生，但对于可能发生的危害结果没有采取措施来防止，也无什么有利条件可以凭籍，而是听之任之。

（3）意外事件

意外事件，是指行为在客观上虽然造成了损害结果，但是不是出于故意或者过失，而是由于不能预见的原因所引起的事件。

意外事件不是犯罪，因为行为人没有故意或者过失，也即缺少犯罪主观方面的要件。对于意外事件，行为人不负刑事责任。

综上所述，我们可将成立犯罪所必须具备的事实特征，即犯罪构成的共同要件归纳如下：

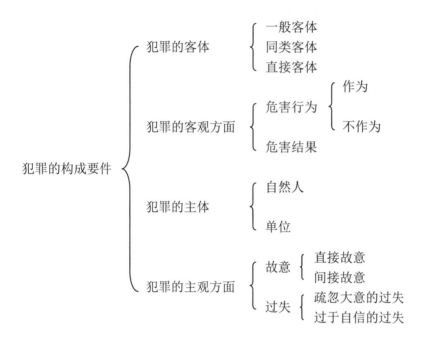

三、排除社会危害性的行为

有些行为从表面上看似乎符合某种犯罪的构成要件，但在实际上其不仅不具有社会危害性，反而对社会有益，这类行为被称为排除社会危害性的行为。

排除社会危害性的行为主要有正当防卫和紧急避险两种。

1. 正当防卫

正当防卫，是指为了使国家、公共利益、本人或者他人的人身、财产和其他权利免受正在进行的不法侵害，而采取的制止不法侵害的行为。因该行为而对不法侵害人造成损害的，不负刑事责任。

正当防卫行为主观上没有罪过，客观上也没有造成社会危害性，反而对社会有益，因此正当防卫是国家提倡的行为，同时进行正当防卫也是每一个公民的权利。

（1）正当防卫的构成条件

A、正当防卫的起因——不法侵害

正当防卫的起因是不法侵害①，如果没有不法侵害的产生与存在，也就不会有正当防卫。同理，对不具有社会危害性的合法行为不能进行正当防卫。

例如，当警察捉拿或者扭送在逃人犯的时候，被捉拿者不能实行防卫行为；当市场监督管理人员在查封、扣押假冒伪劣产品的时候，假冒伪劣产品的所有人也不能实行防卫。

| 思　考 | 1.医生有救死扶伤的义务，当医院急诊室的值班医生无故拖延，不履行治病救人的义务，而致病人生命攸关时，可否对其实行正当防卫？ |

B、正当防卫的对象——不法侵害人

正当防卫必须针对不法侵害者本人实行，而不能对没有实施不法侵害的第三者实行。因为，只有对不法侵害者本人采取一定的措施，才能使其丧失侵害能力。例如，限制其一定的自由，或者伤害其身体，或者使其损失一定的财产等。

C、正当防卫的时间——不法侵害正在进行

正当防卫的时间条件，是不法侵害必须处于实行阶段，也就是不法侵害已经开始，尚未结束。

| 案　例 | 某日甲与乙发生冲突。次日，甲怕乙报复，拿了一支火药枪防身。果不其然，甲在路上遇到了乙、丙、丁三人。乙、丙、丁三人将甲围住，要甲跪下，甲不肯。乙拔出刀子威胁说："不跪就捅死你。"甲不愿下跪，拔出火药枪，向乙射击，致乙重伤。
本案定性的关键是要看不法侵害是否已经开始。如果不法侵害已经开始，甲开枪属于正当防卫行为。
在本案中，不法侵害方是三个人，且手持凶器进行威胁，显已经造成了危害的紧迫性。甲身处不法侵害的威胁之下，心理上高度紧张。基于此，应认为不法侵害已经开始，甲的行为具有正当防卫的性质。据此，甲不必对乙的伤害承担刑事责任。 |

另外，如果不法侵害行为已经结束，并已造成了现实的社会危害时，也就谈不上实施正当防卫了。例如，放火犯放火后逃跑，这时大火已经燃烧起来。此时能否追上去对放火犯实行正当防卫呢？一般认为不能，因为在这种情况下，即使是将放火犯打死或者打伤，都不能减少大

---

① 对于不法侵害行为的范围，立法和司法解释都未作明确界定。在实践中，防卫行为主要是针对那些性质严重、侵害程度强烈、危险性较大的具有积极进攻性的行为。我们不应支持对日常所发生的轻微违法的侵权行为实行正当防卫，而应当提倡互谅互让。

火所造成的损失。此时只存在扭送人犯的问题。在扭送人犯时，如果放火犯反抗，则可对其实施正当防卫。

D、正当防卫的主观条件——防卫意图

即正当防卫必须是出于保护国家、公共利益、本人或者他人的人身、财产和其他权利免受正在进行的不法侵害。

防卫挑拨是一种较为常见的类似正当防卫但其实不具有防卫意图的侵害行为。防卫挑拨是指行为人为了侵害对方，故意挑衅对方，使对方向自己首先进行不法侵害，而后借口正当防卫侵害对方的行为。在防卫挑拨的情况下，因为挑拨者主观上不具有防卫意图，因而不是正当防卫。

E、正当防卫的限度——不能明显超过必要限度造成重大损害

正当防卫是有限度要求的，即不能明显超过必要限度造成重大损害。否则就是防卫过当，应当负刑事责任。

通常认为，判断防卫行为是否超过必要限度，应考虑以下几方面的因素：
● 不法侵害的强度
● 不法侵害的缓急
● 防卫行为所保护的利益的性质
● 不法侵害的时间、地点

我国刑法第20条第3款规定："对正在进行行凶、杀人、抢劫、强奸、绑架以及其他严重危及人身安全的暴力犯罪，采取防卫行为，造成不法侵害人伤亡的，不属于防卫过当，不负刑事责任。"这一规定，称为无限防卫权，也称为特别防卫权、无过当防卫。

| 案　例 | 甲男在路边欲强奸乙女，乙女不从，甲男以杀害相威胁。乙女乘甲男不注意，用一石头将甲男砸死。
　　在本例中，不法侵害行为是存在的，乙女进行正当防卫是有理由的。不过，由于其侵害的紧迫性很强，乙女如果不采取强度较大的防卫行为，就会失去保护自己的机会。因此，乙女的防卫行为没有超过必要的限度，并且还可适用无限防卫权。 |

（2）防卫过当

防卫过当，就是指在实行正当防卫过程中，违反正当防卫的限度条件，明显超过必要限度给不法侵害人造成重大损害，因而依法应当负刑事责任的行为。

由于行为人在主观上具有保护合法权益免受不法侵害的意图，所以，刑法规定，对于防卫过当，"应当减轻或者免除处罚"。

2. 紧急避险

紧急避险，是指在合法权益遭受正在发生的危险时，不得已采取的损害较小的合法权益，以保护较大的合法权益免遭损害的行为。

因紧急避险行为造成损害的，行为人不负刑事责任。

例如，在大海上航行的轮船，遇到了大风暴，抛下一部分货物，从而保住了整条船，这种弃货行为是紧急避险。又如，在洪水来临的时候，为了保护大城市、重要的设施或者经济发达的地区，迫不得已会牺牲农村或者经济落后地区的利益，这也是紧急避险。

要构成紧急避险，须符合以下条件：

- 起因条件：紧急避险的起因是现实存在的危险。
- 时间条件：危险必须是正在发生的。
- 对象条件：紧急避险的对象是第三者的合法权益。
- 可行性条件：只能出于迫不得已。
- 主观条件：必须具有保护合法权益免遭危险损害的避险意图。
- 限度条件：紧急避险不能超过必要限度，只能放弃较小的权益而保全较大的权益，这才符合紧急避险的目的。
- 禁止条件：根据《刑法》第21条第3款的规定，紧急避险中"关于避免本人危险的规定，不适用于职务上、业务上负有特定责任的人"。这是紧急避险的禁止条件。所谓职务上业务上负有特定责任的人，是指那些所担任的职务或者所从事的业务本身就负有同一定的危险作斗争的责任的人员。

例如，军人在战争期间，必须服从命令参加战斗，不能以避免本人生命危险为由，拒绝参加战斗；医生在治疗病人时，必须要面对疾病传染的危险。

观　察　　　人民警察在追捕犯罪嫌疑人的时候，犯罪嫌疑人闯入他人住宅躲避，这不是紧急避险。公民为了躲避抢劫犯的侵害，而闯入他人住宅隐藏，则是紧急避险。

紧急避险超过必要限度造成不应有的损害的，是避险过当。避险过当，应当负刑事责任，但是应当减轻或者免除处罚。

四、故意犯罪的停止形态

故意犯罪在犯罪人产生和确立犯罪故意以后，从其开始实施犯罪预备行为到其完成犯罪，有一个时间过程。受各种因素的影响，这一过程在不同情况下长短各异。对于无预谋的犯罪而言，在犯罪故意产生后一般就着手实施犯罪，其间往往没有犯罪的预备活动。对于有预谋的犯罪而言，在产生犯罪故意后，一般都会有犯罪的准备活动，然后着手实施犯罪，最后完成犯罪，这是有预谋的故意犯罪的完整的犯罪过程。但是，故意犯罪的发展并不总是完整顺利的，会受到种种因素的影响和制约，在其发展中可能会停止下来，从而不再向前发展，形成不同的形态和结局。这种在故意犯罪发展过程中固定下来而不再发展的相对静止的不同形态和结局，就是故意犯罪的停止形态。

故意犯罪的停止形态，包括犯罪的预备、既遂、未遂和中止等。

1. 犯罪既遂

犯罪既遂，是指行为人所故意实施的行为已经具备了某种犯罪构成的全部要件。犯罪既遂是故意犯罪的完成形态。

由于各种犯罪的构成要件是不相同的，所以犯罪既遂的标准也有所不同。通常认为可以把犯罪既遂分为四种类型：结果犯、行为犯、危险犯和举动犯。

● 结果犯：指不仅实施了具体犯罪行为，而且须发生法定的犯罪结果，才构成既遂。例如，故意杀人罪，要构成此罪的既遂，不仅要求行为人有杀人的行为，而且要求发生了被害人死亡的结果，被害人未死亡，则没有既遂。我国刑法规定的故意犯罪，多数是结果犯。

● 行为犯：只要行为人实施了刑法规定的某种危害行为，就构成犯罪的既遂。例如，脱逃罪，只要实施了脱离司法机关监禁、羁押的逃跑行为，就可以构成既遂。再比如强奸罪，只要行为人实施了强奸的行为，就构成了犯罪的既遂。

● 危险犯：行为人实施了某种危害行为，造成法律规定的发生某种危害结果的危险状态，就可以构成犯罪的既遂。这类犯罪的既遂，不要求一定的物质性的危害结果。例如，破坏交通工具罪，只要行为人实施破坏交通工具的行为，造成了足以使交通工具发生倾覆、毁坏的危险状态，即使交通工具没有发生实际倾覆、毁坏的结果，也构成犯罪的既遂。另外，放火罪也是危险犯。

● 举动犯：行为人一着手犯罪的实行行为，就构成犯罪既遂。例如：组织、领导、参加恐怖活动组织罪，只要行为人一着手实施了组织、领导或者参加恐怖活动组织的任一行为，就构成犯罪的既遂。

2. 犯罪预备

犯罪预备，就是指行为人为实施犯罪而开始创造条件或准备工具，由于行为人意志以外的原因而未能着手实行犯罪的犯罪停止形态。

我国《刑法》第22条规定了犯罪预备，"为了犯罪，准备工具、制造条件的，是犯罪预备。"例如，为了杀人准备凶器、跟踪被害人，为了盗窃勘察地形，为了犯罪准备交通工具、研究犯罪计划等，这些行为都是犯罪的预备行为。

犯罪预备，具有以下特征：
- 行为人已经开始实施犯罪的预备行为

- 行为人尚未着手犯罪的实行行为

- 未能着手犯罪的实行行为是由于犯罪分子意志以外的原因所致

依据我国刑法的规定，对于预备犯，可以比照既遂犯从轻、减轻或者免除处罚。

观　察

　　甲意图要杀乙，一直在等待机会。某日，甲了解到乙在家中，就携带凶器前往乙家。不料，途中肚痛难忍，只得放弃杀人计划，前往医院就诊。甲的行为就是故意杀人罪的犯罪预备形态。甲之所以放弃犯罪，不是自愿的，而是由于生病，不得已而放弃，这是甲意志以外的原因。

3. 犯罪未遂

犯罪未遂，是指行为人已经着手实行具体犯罪的实行行为，由于其意志以外的原因而未能完成犯罪的犯罪停止形态。

例如，行为人虽已经着手实行具体犯罪，但因被害人的反抗、第三者的制止等原因而未能得逞。因犯罪分子自身方面的原因，如犯罪分子的能力、技巧不佳或者主观认识上的错误等，也能造成犯罪的未遂。

犯罪未遂，具有以下特征：
- 行为人已经着手实行犯罪

- 犯罪未得逞

- 犯罪未得逞是由于犯罪分子意志以外的原因所致

依照我国刑法的规定，对于未遂犯，可以比照既遂犯从轻或者减轻处罚。

案   例

甲欲杀乙，窃得手枪一支。甲将乙骗到一僻静之处，向乙开枪，乙胸部中
弹倒地，血流如注。甲见状转身离去。不久，一猎人打猎经过此处，将乙送到
医院，经抢救，乙得以存活。

在本案中，甲枪击乙要害部位，一般情况下，乙死亡的可能性很大。猎人
的救助对于甲来说是其意志以外的原因。所以，甲是故意杀人罪的未遂。

4. 犯罪中止

犯罪中止，是在犯罪过程中，行为人自动放弃犯罪或者自动有效地防止犯罪结果发生，而
未完成犯罪的一种犯罪停止形态。

犯罪中止具有如下特征：
● 时空性：犯罪中止必须发生在犯罪过程中

● 自动性：行为人必须是自动地放弃犯罪

● 彻底性：行为人必须是彻底地放弃犯罪

● 有效性：行为人必须有效地防止犯罪结果的发生①

依据我国刑法的规定，对于中止犯，没有造成损害的，应当免除处罚；造成损害的，应当
减轻处罚。

案   例

小A想杀小B，在小B的杯中放了毒药。下毒后，小A开始害怕，毕竟是一条
人命，非同小可。这么一想，小A改变了主意，决定不让小B被毒死。

如果小A想中止他的犯罪，就要设法阻止小B将毒药吃下去，或者事先将有
毒的水倒掉。——此为小A自动放弃犯罪。

如果小B已将毒药吃下去，那么小A就要采取措施抢救小B，以阻止小B死亡
结果的发生。（故意杀人罪既遂的法定犯罪结果是被害人的死亡）——此为小A
自动有效地防止犯罪结果的发生。

如果小B最终死亡，即使小A采取了抢救措施，小A仍然还是故意杀人罪的既
遂，不是犯罪的中止。因为小A没能有效防止危害结果的发生。

① 这里的犯罪结果是指法定的犯罪结果，也即刑法分则所规定的某一罪的构成要件的结果。对于结果犯而言，
就是达到犯罪既遂所要求的危害结果。比如，抢劫罪的法定结果是行为人劫取了他人的财物，故意杀人罪的法定结果
是被害人的死亡。

思　考　　　2.王某正在他人屋内偷窃，忽然听到外面有响声，以为来了人，急忙逃走，未能偷走财物。但实际上并没有人来，是风大引起的声音。请问，王某是犯罪中止吗？

五、共同犯罪

共同犯罪，是指二人以上共同故意犯罪。

1. 共同犯罪的构成特征

（1）主体条件

共同犯罪的主体必须是二人以上。

共同犯罪的主体，可以是两个以上的自然人，可以是两个以上的单位，也可以是两个以上的自然人和单位共同构成。

构成共同犯罪主体的自然人，必须具有相应的刑事责任能力。①

（2）客观条件

共同犯罪的客观条件是各共同犯罪人具有共同的犯罪行为。

共同的犯罪行为，并不意味着共同犯罪人的行为完全一致，而是指他们为了同一目的或者结果，相互分工、配合。例如，甲在乙盗窃前答应帮助其销赃，乙盗窃后将赃物交给甲出售。甲虽然没有直接实施盗窃行为，但是他答应乙帮助其销赃，这就给乙起到了坚定犯罪故意的作用。所以甲与乙构成了盗窃罪的共同犯罪。再比如，二人盗窃，丙在外面望风，丁入室盗窃，二人的行为相互配合，构成盗窃罪的共同犯罪。

（3）主观条件

各共同犯罪人具有共同的犯罪故意，是共同犯罪的主观条件。

所谓共同的犯罪故意，是指各共同犯罪人通过意识联络，认识到他们的共同犯罪行为会发生危害社会的结果，并决意参加共同犯罪，希望或者放任这种结果的发生。

① 两个以上不满14周岁的人共同实施盗窃行为，不构成共同犯罪，因为他们没有相应的刑事责任能力。同理，两个以上的精神病人共同实施危害社会的行为也不构成共同犯罪。一个有刑事责任能力的人教唆或者帮助无刑事责任能力的人实施危害社会的行为，不构成共同犯罪，对有责任能力的人以单独犯罪处理。

| 案   例 | 小A正在盗窃商场的财物，小B见到后亦起盗窃之心，也进入商场盗窃。两人故意的内容虽然相同，却没有进行意识联络。另外，两人各自实施独立的盗窃行为，没有互相配合，不具有共同的犯罪行为，所以不是共同犯罪。再如，甲准备盗窃乙的财产，而丙却想杀掉乙，两人同时到乙的住所实施犯罪。因二人不具备共同的犯罪故意而不构成共同犯罪。 |

2. 共同犯罪人的种类及责任

一般来说，各共同犯罪人在共同犯罪中的地位、作用及分工是不同的。按照一定的标准，对共同犯罪人进行适当的分类，可以方便确定各共同犯罪人的刑事责任。

我国刑法把共同犯罪人分为主犯、从犯、胁从犯和教唆犯。

（1）主犯

主犯，是指组织领导犯罪集团①进行犯罪活动的或者在共同犯罪中起主要作用的犯罪分子。
根据《刑法》第26条的规定，对组织、领导犯罪集团的首要分子，按照犯罪集团所犯的全部罪行处罚。对其他主犯，应当按照其所参与的或者组织、指挥的全部犯罪处罚。

（2）从犯

从犯，是指在共同犯罪中起次要作用或者辅助作用的犯罪分子。
根据《刑法》第27条的规定，对于从犯，应当从轻、减轻或者免除处罚。

（3）胁从犯

胁从犯，是指被胁迫参加共同犯罪的犯罪分子。
根据我国《刑法》第28条的规定，对于胁从犯，应当按照他的犯罪情节减轻或者免除处罚。

（4）教唆犯

教唆犯，是指故意唆使他人犯罪的犯罪分子。
按照我国《刑法》第29条的规定，对于教唆犯，应当按照他在共同犯罪中所起的作用处罚。教唆不满18周岁的人犯罪的，应当从重处罚。
如果被教唆的人没有犯被教唆的罪，对于教唆犯，可以从轻或者减轻处罚。

① 通常我们将共同犯罪按有无组织形式为标准，分为一般共同犯罪和特殊共犯。其中，特殊共犯一般是指犯罪集团所实施的犯罪。犯罪集团是指三人以上为共同实施犯罪而组成的较为固定的犯罪组织。犯罪团伙与犯罪集团不同。犯罪团伙不是一个法律概念，我国现行刑法只对犯罪集团作了规定，而没有就犯罪团伙的概念作出规定。

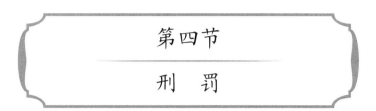

一、刑罚的概念和目的

刑罚，是刑法规定的限制或剥夺犯罪人某种权益的最严厉的法律制裁方法。

一般认为，刑罚的目的主要在于预防犯罪，具体表现为特殊预防和一般预防。①

二、刑罚的体系和种类

刑罚的体系，是指各种刑罚方法的搭配与架构。

我国刑罚的方法，分为主刑与附加刑两类。其中主刑有管制、拘役、有期徒刑、无期徒刑和死刑，附加刑有罚金、剥夺政治权利、没收财产，对犯罪的外国人可以适用驱逐出境。

主刑只能独立适用，而不可以附加适用。附加刑既可以独立适用，也可以附加适用。

1. 管制

管制是指对犯罪分子不予关押，但限制其一定自由，依法实行社区矫正的刑罚方法。管制是我国主刑中最轻的刑罚方法，它适用于罪行较轻的犯罪分子。

管制的期限，为三个月以上两年以下，数罪并罚最长不能超过三年。
管制的刑期，从判决执行之日起计算，判决以前先行羁押的，羁押一日折抵刑期二日。

对判处管制的犯罪分子，依法实行社区矫正。判处管制，可以根据犯罪情况，同时禁止犯罪分子在执行期间从事特定活动，进入特定区域、场所，接触特定的人。被判处管制的犯罪分子，在劳动中应当同工同酬。

---

① 特殊预防，是指通过对犯罪人适用一定的刑罚，处罚改造犯罪分子，预防他们重新犯罪。一般预防，是相对于特殊预防而言的，指通过对犯罪人适用一定的刑罚，而对社会上的其他人，主要是那些不稳定分子产生阻止其犯罪的作用。我国刑罚的特殊预防和一般预防是紧密结合、相辅相成的。对任何一个犯罪人适用刑罚，都包含着特殊预防与一般预防的目的。

管制期满，执行机关应立即向本人和其所在单位或者居住地的群众宣布解除管制。

2. 拘役

拘役是短期剥夺犯罪分子的人身自由，并就近实行劳动改造的刑罚方法。

拘役的期限为一个月以上六个月以下，数罪并罚最长不能超过一年。
拘役的刑期从判决执行之日起计算，判决执行以前先行羁押的，羁押一日折抵刑期一日。

被判处拘役的犯罪分子，由公安机关就近执行。
在执行期间，被判处拘役的犯罪分子每月可以回家一天至两天；参加劳动的，可以酌量发给报酬。

3. 有期徒刑

有期徒刑，是剥夺犯罪分子一定期限的人身自由，并强制实行劳动改造的刑罚方法。
有期徒刑适用于我国刑法规定的各种犯罪，是适用范围最广的刑罚方法。

有期徒刑的期限为六个月以上十五年以下。数罪并罚，有期徒刑总和刑期不满三十五年的，最高不能超过二十年，总和刑期在三十五年以上的，最高不能超过二十五年。
有期徒刑的刑期从判决执行之日起计算，判决执行以前先行羁押的，羁押一日折抵刑期一日。
被判处有期徒刑的犯罪分子，凡有劳动能力的，都应参加劳动，接受教育和改造。

4. 无期徒刑

无期徒刑，是剥夺犯罪分子的终身自由，强制实行劳动改造的刑罚方法。
无期徒刑是严厉程度仅次于死刑的刑罚方法。

被判处无期徒刑的犯罪分子，凡有劳动能力的，都应参加劳动，接受教育和改造。

5. 死刑

死刑，又称为生命刑，是剥夺犯罪分子生命的刑罚方法。
死刑是最严厉的刑罚方法。

我国刑法对死刑的适用制定了严格的条件：

（1）死刑适用的一般限制
死刑只适用于罪行极其严重的犯罪分子。

（2）死刑适用的对象限制

犯罪的时候不满18周岁的人和审判的时候怀孕的妇女，不适用死刑。

审判的时候已满75周岁的人，不适用死刑，但以特别残忍手段致人死亡的除外。

（3）死刑适用的程序限制

死刑除依法由最高人民法院判决的以外，都应当报请最高人民法院核准。死刑缓期执行的，可以由高级人民法院判决或者核准。

（4）死刑执行制度的限制

对于应当判处死刑的犯罪分子，如果不是必须立即执行的，可以判处死刑同时宣告缓期二年执行。

根据刑法的规定，对于被判处死缓的犯罪分子，在死刑缓期执行二年期满以后，有以下几种处理方法：

● 在死刑缓期执行期间，如果没有故意犯罪，二年期满以后，减为无期徒刑。

● 在死刑缓期执行期间，如果确有重大立功表现，二年期满以后，减为二十五年有期徒刑。死刑缓刑执行的期间，从判决确定之日起计算。死刑缓期执行减为有期徒刑的刑期，从死刑缓期执行期满之日起计算。

● 在死刑缓期执行期间，如果故意犯罪，查证属实的，由最高人民法院核准，执行死刑。①

● 对被判处死刑缓期执行的累犯以及因故意杀人、强奸、抢劫、绑架、放火、爆炸、投放危险物质或者有组织的暴力性犯罪被判处死刑缓期执行的犯罪分子，人民法院根据犯罪情节等情况可以同时决定对其限制减刑。

6. 罚金

罚金，属附加刑，是指人民法院判处犯罪人向国家缴纳一定数额金钱的刑罚方法。

判处罚金，应当根据犯罪情节决定罚金数额。既要考虑到犯罪分子非法获利的数额大小，也要考虑到犯罪分子的实际经济负担能力。

罚金在判决指定的期限内一次或者分期缴纳。对于不能全部缴纳罚金的，人民法院在任何时候发现被执行人有可以执行的财产，应当随时追缴。

7. 剥夺政治权利

---

① 《刑法修正案（九）》（草案）将刑法第五十条第一款修改为："判处死刑缓期执行的，在死刑缓期执行期间，如果没有故意犯罪，二年期满以后，减为无期徒刑；如果确有重大立功表现，二年期满以后，减为二十五年有期徒刑；如果故意犯罪，情节恶劣的，报请最高人民法院核准后执行死刑；对于故意犯罪未执行死刑的，死刑缓期执行的期间重新计算，并报最高人民法院备案。"

剥夺政治权利,属附加刑,是指剥夺犯罪分子参加国家管理与政治活动权利的刑罚方法。

剥夺政治权利由公安机关执行。

(1)剥夺政治权利的适用范围

我国刑法规定了三种附加剥夺政治权利的情况:
● 对于危害国家安全的犯罪分子,应当附加剥夺政治权利。
● 对于故意杀人、强奸、放火、爆炸、投毒、抢劫等严重破坏社会秩序的犯罪分子,可以附加剥夺政治权利。
● 对于被判处死刑、无期徒刑的犯罪分子,应当剥夺政治权利终身。

(2)剥夺政治权利的期限

剥夺政治权利的期限有以下几种情况:
● 独立适用剥夺政治权利或者主刑是有期徒刑、拘役附加剥夺政治权利的,期限为一年以上五年以下。
● 判处管制附加剥夺政治权利的期限与管制的期限相同。
● 判处死刑、无期徒刑的,应当剥夺政治权利终身。
● 死刑缓期执行减为有期徒刑或者无期徒刑减为有期徒刑的时候,应当把附加剥夺政治权利的期限相应地改为三年以上十年以下。

(3)剥夺政治权利的刑期计算与执行

● 判处管制附加剥夺政治权利的,剥夺政治权利的期限与管制的期限相等,同时执行。
● 判处拘役或者有期徒刑附加剥夺政治权利的,剥夺政治权利的期限从主刑执行完毕或者假释之日起计算,在主刑执行期间,犯罪人当然不享有政治权利。

> | 观 察 |
>
> 丁某因故意杀人罪于2013年被判处死刑缓期二年执行,剥夺政治权利终身。在缓期执行期间因有重大立功表现,被减为二十五年有期徒刑,附加剥夺政治权利改为七年。那么在一般情况下,丁某刑满释放时间应为2040年。被剥夺政治权利的期间为2040年至2047年,在死刑缓期执行期间及有期徒刑执行期间当然不享有政治权利。

8. 没收财产

没收财产,属附加刑,是指将犯罪分子个人所有财产的一部分或者全部无偿地收归国家所有的刑罚方法。

没收财产的范围，仅限于没收犯罪分子个人所有的财产，不得没收属于犯罪分子家属所有或者应有的财产。同时，没收全部财产的时候，应当对犯罪分子个人及其扶养的家属保留必需的生活费用。

另外，没收财产以前犯罪分子所负的正当债务，需要以没收财产偿还的，经债权人请求，应当偿还。

9. 驱逐出境

驱逐出境，属附加刑，是指强迫犯罪的外国人离开中国国（边）境的刑罚方法。

三、刑罚的裁量

所谓刑罚的裁量，也称量刑，是指人民法院依据刑事法律，在认定行为人构成犯罪的基础上，确定对犯罪人是否判处刑罚、判处何种刑罚、判处多重刑罚以及所判刑罚是否立即执行的刑事司法活动。

1. 刑罚裁量的原则

我国刑法第61条规定："对于犯罪分子决定刑罚的时候，应当根据犯罪的事实、犯罪的性质、情节和对于社会的危害程度，依照本法的有关规定判处。"据此，可以把量刑的原则概括为：以犯罪事实为根据，以刑事法律为准绳。

2. 累犯

累犯，是指因犯罪受过一定的刑罚处罚，在刑罚执行完毕或者赦免以后，在法定期限内又犯一定之罪的罪犯。

我国刑法把累犯分为一般累犯和特别累犯两种。

（1）一般累犯

一般累犯，是指被判处有期徒刑以上刑罚并在刑罚执行完毕或者赦免以后，在5年以内再犯应当判处有期徒刑以上刑罚之罪的犯罪分子。

一般累犯的构成条件是：
- 前罪和后罪都是故意犯罪；
- 前罪被判处有期徒刑以上的刑罚，后罪也应当被判处有期徒刑以上的刑罚；
- 后罪发生在前罪的刑罚执行完毕或者赦免以后5年内；
- 前后两罪中至少有一罪不是危害国家安全犯罪、恐怖活动犯罪、黑社会性质的组织犯罪；

● 行为人年满18周岁。①

　　3. 李某因犯盗窃罪于2013年10月被判处三年有期徒刑，2015年10月被假释。李某于2016年3月又犯了故意杀人罪，那么李某构成累犯吗？

（2）特别累犯

特别累犯，是指因犯危害国家安全犯罪、恐怖活动犯罪、黑社会性质的组织犯罪受过刑罚的处罚，在刑罚执行完毕或者赦免以后，再犯上述任一类罪的犯罪分子。

特别累犯的构成条件是：
● 前罪与后罪均为危害国家安全犯罪、恐怖活动犯罪、黑社会性质的组织犯罪；
● 后罪发生在前罪的刑罚执行完毕或者赦免以后的任何时候。

对于累犯应当从重处罚。

3. 自首

自首，是指行为人犯罪以后自动投案，如实供述自己的罪行的行为，或者被采取强制措施的犯罪嫌疑人、被告人和正在服刑的罪犯，如实供述司法机关尚未掌握的本人其他罪行的行为。

我国刑法规定的自首有一般自首与特殊自首两类。

（1）一般自首

一般自首是指犯罪之后自动投案，如实供述自己罪行的行为。

一般自首的成立条件如下：

● 自动投案
所谓自动投案，是指犯罪分子在犯罪以后，归案之前，自动向有关机关或者个人投案的行为。
自动投案可以在犯罪被发觉前，也可以在犯罪被发觉后。一般认为，犯罪分子作案后逃跑，在通缉的情况下自动投案，也应视为自首。

---

① 构成累犯的主体，在犯前罪和后罪时都须年满18周岁。如果在犯前罪时不满18周岁，即使在已满18周岁以后犯后罪的，也不构成累犯。这主要是考虑到对未成年人应该坚持以教育挽救为主的方针。

● 如实供述

如实供述，是指犯罪分子自动投案后，主动如实地供述自己的犯罪行为。

（2）特殊自首

特殊自首，是指被采取强制措施的犯罪嫌疑人、被告人和正在服刑的罪犯，如实供述司法机关尚未掌握的本人其他罪行的行为。

特殊自首的成立条件如下：
● 特殊自首的主体必须是被采取强制措施的犯罪嫌疑人、被告人和正在服刑的罪犯；
● 如实供述司法机关尚未掌握的本人其他罪行。

对于自首的犯罪分子，可以从轻或者减轻处罚。其中，犯罪较轻的，可以免除处罚。

案　例

甲因盗窃汽车被逮捕，在审讯期间，甲还交待了以前曾入户盗窃过电视机。就入户行窃一案，甲构成自首吗？

根据最高人民法院的有关司法解释的规定，被采取强制措施的犯罪嫌疑人、被告人和已宣判的罪犯，如实供述司法机关尚未掌握的罪行，与司法机关已掌握的或者判决确定的罪行属不同种罪行的，以自首论。被采取强制措施的犯罪嫌疑人、被告人和已宣判的罪犯，如实供述司法机关尚未掌握的罪行，与司法机关已掌握的或者判决确定的罪行属同种罪行的，不以自首论，可以酌情从轻处罚。

甲虽然如实供述了其入户行窃的行为，但仍不成立自首。因为甲所如实供述的盗窃行为，与司法机关已经掌握的甲的罪行属于同种罪行。

4. 立功

立功，是指犯罪分子归案之后，具有有利于国家和社会的突出表现的行为。

立功有一般立功和重大立功两种。

犯罪分子有一般立功表现的，可以从轻或者减轻处罚；有重大立功表现的，可以减轻或者免除处罚。

5. 数罪并罚

数罪并罚是对一人所犯数罪进行合并处罚的制度。

（1）我国数罪并罚的基本规则

- 判决宣告的数个主刑中最重刑为死刑或者无期徒刑的，只执行一个死刑或者无期徒刑。这是重刑吸收轻刑的方法。
- 判决宣告的数个主刑均为有期徒刑、拘役或者管制的，应在总和刑期以下，数刑中最高刑期以上，酌情决定执行的刑期。但是有期徒刑总和刑期不满三十五年的，最高不能超过二十年，有期徒刑总和刑期三十五年以上的，最高不能超过二十五年。拘役最高不能超过一年，管制最高不能超过三年。这是限制加重的方法。
- 数罪中有判处附加刑的，仍须执行。这是并刑的方法。

（2）数罪并罚规则的具体适用

- 普通数罪的并罚

普通数罪的并罚，就是指判决宣告前一人犯数罪的并罚，是数罪并罚的典型形态。前述数罪并罚的基本规则，就是普通数罪并罚的规则。

- 发现漏罪的并罚

判决宣告以后，刑罚执行完毕以前，发现被判刑的犯罪分子在判决宣告以前还有其他罪没有判决的，应当对新发现的罪作出判决，把前后两个罪所判处的刑罚，依照前述数罪并罚的基本规则，决定执行的刑罚。已经执行的刑期，应当计算在新判决决定的刑期以内。这种刑期计算的方法称为"先并后减"。

- 再犯新罪的并罚

判决宣告以后，刑罚执行完毕以前，被判刑的犯罪分子又犯罪的，应当对新犯的罪作出判决，把前罪没有执行完毕的刑罚和后罪所判处的刑罚，依照前述数罪并罚的基本规则，决定执行的刑罚。这种刑期的计算方法，叫"先减后并"。

| 案　例 |

罪犯A犯前罪被判处有期徒刑十五年，执行十年后，又发现其以前有漏罪尚未处理，该漏罪被处以十年有期徒刑。按照"先并后减"的方法，则A实际执行的刑期最低是十五年，最高是二十年。

罪犯B犯前罪被判处有期徒刑十五年，执行十年后又犯新罪，该新罪被判处有期徒刑十年。按照"先减后并"的方法，则其实际执行的刑期最低是二十年，最高是二十五年。

6. 缓刑

我国刑法中的缓刑，是指人民法院对于被判处拘役、三年以下有期徒刑的犯罪分子，同时符合犯罪情节较轻、有悔罪表现、没有再犯罪的危险、宣告缓刑对所居住的社区没有重大不良影响的条件的，规定一定的考验期，暂缓其刑罚的执行，如果犯罪分子在考验期内没有发生法定撤销缓刑的情形，原判刑罚就不再执行的制度。

我国刑法规定了一般缓刑和战时缓刑两种缓刑制度。一般缓刑是指对一般人适用的缓刑，它是相对于对军人适用的战时缓刑而言的。

（1）一般缓刑的适用条件

● 缓刑的适用对象是被判处拘役或三年以下有期徒刑的犯罪分子；
● 犯罪情节较轻、有悔罪表现、没有再犯罪的危险、宣告缓刑对所居住社区没有重大不良影响；
● 缓刑不适用于累犯和犯罪集团的首要分子。

（2）战时缓刑的适用条件

● 战时缓刑只能在战时适用；
● 战时缓刑只有对被判处三年以下有期徒刑的犯罪军人才能适用；
● 战时缓刑只有对没有现实危险的犯罪军人才能适用；
这里的没有现实危险，是指不予羁押不致再危害社会。

（3）缓刑的考验期限

缓刑是一种附条件地不执行原判刑罚的制度，因此需要规定一个考验期限，以确定原判刑罚是否执行。缓刑的考验期限，是指对被宣告缓刑的犯罪分子进行考察的一定期间。

对宣告缓刑的犯罪分子，在缓刑考验期限内，依法实行社区矫正。

拘役的缓刑考验期限为原判刑期以上一年以下，但是不能少于两个月。
有期徒刑的缓刑考验期限为原判刑期以上五年以下，但是不能少于一年。

（4）一般缓刑的法律后果

● 被宣告缓刑的犯罪分子，在缓刑考验期限内，没有再犯新罪或者被发现判决宣告前还有其他罪没有判决，也没有违反法律、行政法规或者国务院公安部门有关缓刑的监督管理规定，情节严重的行为，缓刑考验期满，原判刑罚就不再执行。

● 被宣告缓刑的犯罪分子，在缓刑考验期内又犯新罪或者发现判决宣告前还有其他罪没有判决，应当撤销缓刑，对新犯的罪或者新发现的漏罪作出判决，对前罪和后罪实行数罪并罚。

● 被宣告缓刑的犯罪分子，在缓刑考验期限内，违反法律、行政法规或者国务院公安部门有关缓刑的监督管理规定，或者违反人民法院判决中的禁止令，情节严重的，应当撤销缓刑，执行原判刑罚。

四、刑罚执行制度

1. 减刑

减刑，是指对被判处管制、拘役、有期徒刑、无期徒刑的犯罪分子，根据其在刑罚执行期间的悔改或者立功表现，而适当减轻其原判刑罚的制度。

减刑的适用条件如下：
- 减刑只适用于被判处管制、拘役、有期徒刑、无期徒刑的犯罪分子；
- 减刑只能适用于在刑罚的执行过程中认真遵守监规，接受教育改造，确有悔改或者立功表现的犯罪分子；

只有当犯罪分子在刑罚的执行过程中认真遵守监规，接受教育改造，确有悔改或者立功表现时，才能说明其人身危险性有所减弱，对他的教育改造收到了较好的效果，也才符合减刑制的宗旨和目的。
- 减刑要有一定的限度。

减刑以后实际执行的刑期，被判处管制、拘役、有期徒刑的不能少于原判刑期的二分之一，被判处无期徒刑的不能少于十三年；依照刑法第50条第二款规定限制减刑的死刑缓期执行的犯罪分子，缓期执行期满后依法减为无期徒刑的，不能少于二十五年，缓期执行期满后依法减为二十五年有期徒刑的，不能少于二十年。

2. 假释

假释，是指被判处有期徒刑、无期徒刑的犯罪分子，在执行一定刑期后，由于其确有悔改表现，不致再危害社会，因而附条件地予以提前释放的刑罚制度。

（1）假释的条件

假释是附条件的提前释放，因此，假释必须符合一定的条件：

- 假释的适用对象是被判处有期徒刑、无期徒刑的犯罪分子。①
- 被判处有期徒刑的犯罪分子，执行原判刑期二分之一以上；被判处无期徒刑的犯罪分子，实际执行十三年以上，才能适用假释。
- 犯罪分子在刑罚执行期间认真遵守监规，接受教育改造，确有悔改表现，假释后没有再犯罪的危险。
- 对累犯以及因故意杀人、强奸、抢劫、绑架、放火、爆炸、投放危险物质或者有组织的暴力性犯罪被判处十年以上有期徒刑、无期徒刑的犯罪分子，不得假释。

---

① 被判处死刑缓期2年执行的犯罪分子，不能适用假释。但死缓2年期满后，减为无期徒刑或者有期徒刑的，可以适用假释。

（2）假释的考验期限

假释的考验期限，是指犯罪分子被适用假释以后，对其进行考察的一定期限。

有期徒刑假释的考验期限是没有执行完毕的刑期，无期徒刑假释的考验期限是十年。

对假释的犯罪分子，在假释考验期限内，依法实行社区矫正。

（3）假释的法律后果

● 被假释的犯罪分子，在假释考验期内没有犯新罪或者发现漏罪，或者违反法律、行政法规或者国务院有关部门有关假释的监督管理规定，假释考验期满，就认为原判刑罚已经执行完毕，剩余刑罚就不再执行。

● 被假释的犯罪分子，在假释考验期内犯新罪，应当撤销假释，依照刑法第71条规定的"先减后并"的方法实行数罪并罚。

● 被假释的犯罪分子，在假释考验期内，发现其在判决宣告以前还有其他罪没有判决的，应当撤销假释，依照刑法第七十条规定的"先并后减"的方法实行数罪并罚。

● 被假释的犯罪分子，在假释考验期内，有违反法律、行政法规或者国务院有关部门有关假释的监督管理规定的行为，尚未构成新的犯罪的，应当撤销假释，收监执行未执行完毕的刑期。

案　例

甲因犯罪被判处有期徒刑10年，服刑6年之后，被假释。在假释考验期内，甲又犯了新罪，后罪被处以14年有期徒刑。在确定甲应当执行的刑罚时，应将前罪尚未执行完毕的4年有期徒刑和后罪的刑罚14年有期徒刑，按照刑法第71条的规定，采取"先减后并"的方法，确定甲还要服刑的期限。按照"先减后并"的方法，（10-6）+14=18，所以根据数罪并罚的规则，甲还须服刑的最长期限是18年，最短是14年。

需要注意的是，在本案中，甲不构成累犯，因为甲是在假释考验期内又犯新罪，此时还处于原判刑罚执行期间，而不是累犯制度所要求的"原判刑罚执行完毕以后"再犯新罪。

五、刑罚消灭制度

所谓刑罚的消灭制度，是指基于法定原因，致使国家针对特定犯罪人的刑罚权归于消灭的制度。

1. 时效

刑法上的时效，是指经过一定的期限，对刑事犯罪不得再追诉或者对所判刑罚不得再执行的一项法律制度。

时效，可分为追诉时效和行刑时效。

我国刑法只规定了追诉时效。规定追诉时效制度，符合我国刑罚适用的目的，有利于司法机关集中打击现行的刑事犯罪活动，从而更好地维护社会秩序和社会安定。

（1）追诉时效的期限

所谓追诉时效，是指对犯罪分子依法追究刑事责任的有效期限。追诉时效分为四个不同的档次：

- 法定最高刑为不满五年有期徒刑的，追诉时效为五年；
- 法定最高刑为五年以上不满十年有期徒刑的，追诉时效为十年；
- 法定最高刑为十年以上有期徒刑的，追诉时效为十五年；
- 法定最高刑为无期徒刑、死刑的，追诉时效二十年。如果二十年以后认为必须追诉的，须报请最高人民检察院核准。

（2）追诉时效的计算

追诉期限从犯罪之日起计算；犯罪行为有连续或者继续状态的，从犯罪行为终了之日起计算。

在追诉期限内又犯新罪的，前罪所经过的时效期间归于无效，前罪追诉的期限从犯后罪之日起重新计算。此为时效中断。

例如，某人于2010年犯罪，法定最高刑为五年。2016年，此人再次犯罪，法定最高刑为三年。则此人所犯前罪的追诉期限应从2016年起算，到2026年止；此人所犯后罪的追诉期限也是从2016年起算，到2021年止。

在人民检察院、公安机关、国家安全机关立案侦察或者在人民法院受理案件以后，犯罪分子逃避侦察或者审判的，不受追诉期限的限制。被害人在追诉期限内提出控告，人民法院、人民检察院、公安机关应当立案而不予立案的，不受追诉期限的限制。此为时效延长制度。

2. 赦免

所谓赦免，是指国家对犯罪分子宣告免予追诉或者免除执行其刑罚的全部或者部分的法律制度。

赦免分为大赦和特赦两种。

大赦和特赦都是国家行为，通常由国家元首或国家最高权力机关，以命令的形式宣告。

大赦，是指国家宣告对不特定多数的犯罪分子免予追诉或者免除执行其刑罚的全部或部分的制度。大赦的效力及于罪与刑两个方面。

特赦，是指国家宣告对特定的犯罪分子免除执行其刑罚的全部或者部分的制度。特赦的效力只及于刑罚，而不及于罪行。换言之，特赦只能赦其刑，而不能赦其罪。

我国《刑法》没有详细规定赦免制度。但从我国宪法的规定来看，我国的赦免制度仅指特赦，而不包括大赦；特赦由全国人大常务委员会决定，并由国家主席根据其决定发布特赦令。

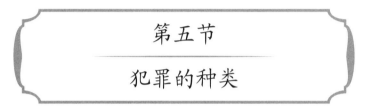

第五节

犯罪的种类

一、概述

1. 犯罪的分类与排列

刑法分则规定了各种具体的犯罪。

刑法典按照一定的标准对各种具体犯罪进行分类排列。以犯罪行为所侵犯的同类客体为依据，把所有犯罪分为十类。这十类犯罪分别是：危害国家安全罪、危害公共安全罪、破坏社会主义市场经济秩序罪、侵犯公民人身权利民主权利罪、侵犯财产罪、妨害社会管理秩序罪、危害国防利益罪、贪污贿赂罪、渎职罪、军人违反职责罪。

在对犯罪科学分类的基础上，我国《刑法》按照犯罪危害社会的程度，由重到轻对犯罪进行了排列。另外，每一类犯罪中的具体犯罪的排列，也是按照各具体犯罪社会危害性的大小排列的。

各类罪及每一类罪中具体犯罪的排列次序，只是在总体上反映了社会危害性程度的大小。在各类罪的排列上，除了按照社会危害性的程度大小依次排列外，还适当考虑了一些犯罪的性质及立法技术的需要。比如，《刑法》第234条、235条、236条分别规定了故意伤害罪、过失致人重伤罪、强奸罪。从社会危害性的程度上来说，过失致人重伤罪要小于强奸罪。但考虑到犯罪的性质以及学习、使用的方便，把过失致人重伤罪放在故意伤害罪的后面、强奸罪的前面。

2. 罪状与法定刑

我国《刑法》分则法条的基本表现形式是规定具体犯罪的条文。规定具体犯罪的条文一般由罪状和法定刑两部分组成。

罪状，是指刑法分则条文对具体犯罪的基本构成特征的描述。

例如，刑法第237条规定："以暴力、胁迫或者其他方法强制猥亵妇女或者侮辱妇女的，处五年以下有期徒刑或者拘役。"这里，"以暴力、胁迫或者其他方法强制猥亵妇女或者侮辱妇女"即是罪状。

法定刑，是指刑法分则条文对具体犯罪所规定的适用刑罚的种类和幅度。法定刑是具体犯罪条文的组成部分，设在罪状之后，表明犯罪与刑罚之间的相适应的关系。

例如，《刑法》第148条规定："生产不符合卫生标准的化妆品、或者销售明知是不符合卫生标准的化妆品，造成严重后果的，处三年以下有期徒刑或者拘役，并处或者单处销售金额百分之五十以上二倍以下罚金。"这里的"三年以下有期徒刑或者拘役"、"销售金额百分之五十以上二倍以下罚金"就是生产、销售不符合卫生标准的化妆品罪的法定刑，既有主刑，也有附加刑。

二、常见的具体犯罪

1. 交通肇事罪

交通肇事罪，是指违反交通运输管理法规，发生重大事故，致人重伤、死亡或者使公私财产遭受重大损失的行为。

本罪的特征如下：

（1）侵犯的客体是交通运输安全。

（2）客观方面表现为违反交通运输管理法规，发生重大事故，致人重伤、死亡或者致使公私财产遭受重大损失的行为。

交通肇事罪与非罪的区别关键是危害结果和肇事者承担责任的大小。根据相关的司法解释，构成交通肇事罪的重大事故，是指造成死亡一人以上或者重伤三人以上，负事故全部或者主要责任的；死亡三人以上，负事故同等责任的；造成财产损失的，负事故全部或者主要责任，无能力赔偿数额在三十万元以上的。交通肇事致一人以上重伤，负事故全部或者主要责任，并具有下列情形之一的，以交通肇事罪定罪处罚： （一）酒后、吸食毒品后驾驶机动车辆的；（二）无驾驶资格驾驶机动车辆的；（三）明知是安全装置不全或者安全机件失灵的机动车辆而驾驶的；（四）明知是无牌证或者已报废的机动车辆而驾驶的； （五）严重超载驾驶的； （六）为逃避法律追究逃离事故现场的。

（3）本罪的主体是一般主体，即已满16周岁、具有辨认能力和控制能力的自然人。实践中主要是从事交通运输活动的人员。

（4）本罪主观方面是过失

这里的过失是指行为人对危害结果的心理态度，而对其违反交通运输管理法规行为本身则可能是故意。根据《中华人民共和国刑法修正案（八）》的规定，在道路上驾驶机动车追逐竞驶，情节恶劣的，或者在道路上醉酒驾驶机动车的，构成危险驾驶罪，处拘役，并处罚金。

关于交通肇事罪的处罚，我国刑法典规定了三个档次的法定刑：情节一般的，处三年以下有期徒刑或者拘役；交通运输肇事后逃逸或者有其他特别恶劣情节的，处三年以上七年以下有期徒刑；因逃逸致人死亡的，处七年以上有期徒刑。

2. 重大责任事故罪

重大责任事故罪，是指在生产、作业中违反有关安全管理的规定，因而发生重大伤亡事故或者造成其他严重后果的行为。

本罪的特征如下：

（1）侵犯的客体是公共安全。

这里的公共安全是指不特定多数人的生命、健康和重大公私财产的安全及公共生活的安全。生产、作业活动中的重大事故往往会造成不特定多数人的伤亡和重大公私财产损失，因此生产、作业安全属于公共安全。

（2）客观方面表现为在生产、作业中违反有关安全管理的规定，因而发生重大伤亡事故或者造成其他严重后果的行为。

（3）本罪的主体是一般主体，通常是在工厂、矿山、林场、建筑企业或者其他企业、事业单位中从事生产作业的人员。

（4）主观方面是过失。过失是行为人对严重后果所持的心理态度，至于行为人违反规章制度则可能是故意的。

3. 生产、销售伪劣产品罪

生产、销售伪劣产品罪，是指生产者、销售者在产品中掺杂、掺假，以假充真，以次充好或者以不合格产品冒充合格产品，销售金额5万元以上的行为。

本罪的特征如下：

（1）本罪侵犯的客体是国家的产品质量监督制度、市场管理制度和用户及消费者的合法权益。

（2）本罪在客观方面表现为生产者、销售者违反产品质量管理法规和工商行政管理法规，在产品中掺杂、掺假，以假充真，以次充好或者以不合格产品冒充合格产品，销售金额5

万元以上的行为。①

（3）本罪的主体是一般主体。单位也可以构成本罪的主体。国家机关工作人员参与生产、销售伪劣产品犯罪的，从重处罚。

（4）本罪在主观方面出于故意。

4. 生产、销售有毒、有害食品罪

生产、销售有毒、有害食品罪，是指生产者、销售者故意在生产、销售的食品中掺入有毒、有害的非食品原料，或者销售明知掺入有毒、有害的非食品原料的食品的行为。

生产、销售有毒、有害食品罪的特征如下：

（1）本罪侵犯的客体是国家对食品安全的管理制度和公民的健康权利。

（2）本罪在客观方面表现为违反国家食品安全管理法规，在生产、销售的食品中掺入有毒、有害的非食品原料，或者销售明知掺入有毒、有害的非食品原料的食品的行为。

（3）本罪的主体是一般主体，包括自然人和单位。

（4）本罪主观方面是故意。

> 思 考
>
> 4.文某系从事加工、销售辣椒面的个体户，其在成都刘某处购买干辣椒进行辣椒面加工和销售。从2010年10月起，文某将添加有苏丹红的辣椒面先后销售给成都市周边的多个农贸市场摊点。2011年5月初，乐山市商品质量监督检验所从文某所售的辣椒面中检测出苏丹红Ⅳ。苏丹红是一种化学染色剂，并非食品添加剂，具有毒性和致癌性。文某的行为构成犯罪吗？

5. 走私普通货物、物品罪

（1）走私普通货物、物品罪的概念和特征

走私普通货物、物品罪，是指违反海关法规，逃避海关监管，运输、携带、邮寄普通货物、物品，进出国（边）境，偷逃关税，情节严重或者一年内曾因走私被给予二次行政处罚后又走私的行为。

走私普通货物、物品罪的特征如下：

A、本罪侵犯的客体是国家对外贸易管理制度和关税制度。

---

① 最高人民法院的有关司法解释指出，销售金额是指生产者、销售者出售伪劣产品后所得和应得的全部违法收入。伪劣产品尚未销售、货值金额达到刑法第140条规定的销售金额三倍以上的，以生产、销售伪劣产品罪（未遂）定罪处罚。货值金额以违法生产、销售的伪劣产品的标价计算；没有标价的，按照同类合格产品的市场中间价格计算。

B、本罪的客观方面表现为违反海关法规、逃避海关监管，走私普通货物、物品，情节严重或者一年内曾因走私被给予二次行政处罚后又走私的行为。这里的普通货物、物品是指除毒品、武器、弹药、核材料、伪造的货币、国家禁止出口的文物、黄金、白银和其他贵重金属、珍贵动物及其制品、珍稀植物及其制品、淫秽物品以外的其他货物、物品。

对于多次走私未经处理的，按照累计走私货物、物品的偷逃应纳税额处罚。

C、本罪的主体是一般主体，个人和单位都能构成本罪的主体。

D、本罪的主观方面是故意，以牟利为目的。

（2）认定本罪应注意的问题

根据《刑法》第154条及155条的规定，下列行为均以走私论处：

A、未经海关许可并且未补缴税额，擅自将批准进口的来料加工、来件装配、补偿贸易的原材料、零件、制成品、设备等保税货物，在境内销售牟利的。

B、未经海关许可，并且未补缴应纳税额，擅自将特定减税、免税进口的货物、物品，在境内销售牟利。

C、直接向走私人非法收购国家禁止进口货物的，或者直接向走私人非法收购走私进口的其他货物、物品的。

D、在内海、领海运输、收购、贩卖国家禁止进出口货物物品的，或者运输、收购、贩卖国家限制进出口货物、物品，没有合法证明的。

根据刑法第156条的规定，与走私罪犯通谋，为其提供贷款、资金、帐号、发票、证明，或者为其提供运输、保管、邮寄或者其他方便的，以走私罪的共犯论处。

另外，根据《刑法》第157条的规定，以暴力、威胁方法抗拒缉私的，以走私罪和妨害公务罪，依照数罪并罚的规定处罚。

6. 偷税罪

偷税罪，是指纳税人、扣缴义务人采取欺骗、隐瞒手段进行虚假的纳税申报或者不申报，不缴或者少缴应缴纳税款，数额较大或者有其他严重情节的行为。

偷税罪的特征如下：

（1）本罪的客体是国家的税收征管制度。

（2）本罪在客观方面表现为违反税收法规，偷税数额较大或者有其他严重情节。

实践中，常见的偷税行为主要有：纳税人、扣缴义务人，采取伪造、变造、隐匿、擅自销毁账簿、记账凭证，在账簿上多列支出或者不列、少列收入，从而进行虚假的纳税申报。

偷税数额较大是指偷税数额占应纳税额的百分之十以上并且在五万元以上。对多次有偷税行为且未经处理的，按照累计数额计算。

其他严重情节，是指五年内因偷税受过刑事处罚或者因偷税被税务机关给予两次以上行政处罚后又偷税的。

（3）本罪的主体是特殊主体，必须是纳税人或者扣缴义务人，个人和单位都可以构成。

（4）主观方面是故意。

7. 侵犯著作权罪

侵犯著作权罪，是指以营利为目的，违反著作权管理法规，未经著作权人许可，侵犯他人的著作权，违法所得数额较大或者有其他严重情节的行为。

侵犯著作权罪的特征如下：

（1）本罪侵犯的客体是国家的著作权管理制度，以及著作权人对其作品享有的著作权和与著作权相关的权益。

（2）本罪在客观方面表现为违反著作权管理法规，未经著作权人许可，侵犯他人的著作权或著作邻接权，违法所得数额较大或者有其他严重情节。

侵犯著作权的行为一般包括以下几种情形：

- 未经著作权人许可，复制发行其文字作品、音乐、电影、电视、录像作品、计算机软件等其他作品；
- 出版他人享有专有出版权的图书；
- 未经录音录像制作者许可，复制发行其制作的录音录像；
- 制作、出售假冒他人署名的美术作品。

（3）本罪的主体是一般主体，个人与单位都可以构成。

（4）本罪在主观方面是故意，并具有营利的目的。

案 例

2006年12月至2008年8月期间，四川网联互动广告有限公司（另案处理）和成都共软网络科技有限公司（以下简称成都共软公司）合作，由共软公司总经理孙某指示该公司市场总监张某和"番茄花园工作室"负责人洪某、技术人员梁某合作，未经微软公司的许可，复制微软Windows XP计算机软件后制作多款"番茄花园"版软件，并以修改浏览器主页、默认搜索页面、捆绑他公司软件等形式，在"番茄花园"版软件中分别加载百度时代网络技术（北京）有限公司等多家单位的商业插件，通过互联网在"番茄花园"网站、"热度"网站发布供公众下载。其中洪某负责制作的番茄花园WINXP SP3 V.3300等八款安装版和免激活版累计下载71583次，梁某负责制作的番茄花园WINXP SP2 V6.2、LEINLITE XP SP3 V1.0美化版累计下载8018次。成都共软公司从百度时代网络技术（北京）有限公司等多家单位获取非法所得计人民币2924287.09元。

成都共软公司、孙某、张某、洪某、梁某等人的行为均已构成侵犯著作权罪。

8. 合同诈骗罪

合同诈骗罪，是指以非法占有为目的，在签订、履行合同的过程中，以虚构事实或隐瞒真相的方法，骗取对方当事人财物，数额较大的行为。

合同诈骗罪的特征如下：
（1）本罪侵犯的客体是国家对经济合同的管理秩序和公私财产所有权。
（2）本罪在客观方面表现为，行为人在签订、履行合同的过程中，骗取对方当事人的财物，数额较大。

客观方面的行为具体包括以下几种情形：
- 以虚构的单位或者冒用他人名义签订合同的；
- 以伪造、变造、作废的票据或者其他虚假的产权证明作担保的；
- 没有实际履行能力，以先履行小额合同或者部分履行合同的方法，诱骗对方当事人继续签订和履行合同的；
- 收受对方当事人给付的货物、货款、预付款或者担保财产后逃匿的；
- 以其他方法骗取对方当事人财物的。

（3）本罪的主体是一般主体，个人或单位均可构成。
（4）本罪的主观方面，是直接故意，具有非法占有对方当事人财物的目的。

案　例

季某是大明公司的法定代表人。季某以大明公司的名义与瑞协公司签订了关于啤酒的购销协议，约定由瑞协公司向大明公司供应啤酒。后瑞协公司供应啤酒4000箱，价值49万元。瑞协公司要求大明公司支付货款，季某指使财务人员开具了一张出票日期为2012年8月10日，金额为20万元的支票交给对方。次日，又开具一张22万元的支票。同月19日，二张支票均遭退票。瑞协公司与大明公司联系时，大明公司已搬离其办公地点，季某亦下落不明。

在本案中，季某构成了合同诈骗罪。

9. 故意杀人罪

故意杀人罪，是指故意非法剥夺他人生命的行为。

故意杀人罪的特征如下：

（1）侵犯的客体是他人的生命权。
（2）在客观方面表现为非法剥夺他人生命的行为。

思　考

5. 罪犯被判处死刑并经最高人民法院核准后，法警对其执行死刑剥夺其生命；公民实施正当防卫，也可能致不法侵害人死亡。这些行为也是杀人，也是剥夺他人的生命，与故意杀人罪有何区别？

（3）本罪的主体是一般主体，但刑事责任年龄只须满14周岁。也即已满14周岁、精神及智力发育正常的人对故意杀人行为应当负刑事责任。

（4）主观方面表现为故意。

观　察

"安乐死"是多年来常被谈及的话题。一个身患绝症、无法治愈而又痛苦不堪的病人，为了寻求彻底的解脱，请求他的亲人或者医生给他服用特定的药物，或者请求停止对他的医治。假如病人的亲人或者医生按照病人的要求做了，实施所谓的安乐死，从人道上考虑也许是对的，那么从法律上考虑这可行吗？安乐死，实质上是使用毒药致人死亡或人为地加速病人死亡的行为。对于安乐死的对与错，法学界、医学界有很多的争论。目前，包括我国在内的大多数国家都不承认安乐死的合法性，多以故意杀人罪论处，但可以从宽处理。1993年2月，荷兰通过了一项关于"没有希望治愈的病人有权要求结束自己生命"的法案，从而成为世界上第一个将安乐死合法化的国家。此后，比利时、瑞士、英国、法国等国家都以相应的立法给予没有希望治愈或处于垂死阶段的病人选择死亡的权利。

10. 故意伤害罪

故意伤害罪，是指故意非法损害他人身体健康的行为。

故意伤害罪的特征如下：

（1）本罪侵犯的客体是他人的身体健康权。
（2）在客观方面，行为人实施了非法损害他人身体健康的行为。
（3）本罪的主体是一般主体。在故意伤害致人重伤或者死亡的情况下，犯罪主体也可以是已满14周岁不满16周岁的人。
（4）本罪的主观方面是故意。

11. 强奸罪

强奸罪，是指以暴力、胁迫或者其他手段，违背妇女意志，强行与妇女发生性交的行为。

强奸罪的特征如下：

（1）本罪的客体是妇女性的自由权利。

（2）本罪客观方面表现为行为人实施了违背妇女意志，以暴力、胁迫或者其他手段，使妇女处于不敢抗拒、不能抗拒或者不知抗拒的状态下，强行与妇女发生性交的行为。①

（3）本罪的主体是一般主体，年满14周岁不满16周岁的人可以构成本罪。

（4）本罪的主观方面是故意。

12.　非法拘禁罪

非法拘禁罪，是指故意非法剥夺他人人身自由的行为。

非法拘禁罪的特征如下：

（1）本罪侵犯的客体是他人的人身自由权利。

（2）本罪在客观方面表现为以拘禁或者其他强制方法，非法剥夺他人人身自由的行为。

在非法拘禁的过程中，使用暴力致人伤残、死亡的，应分别依照故意伤害罪、故意杀人罪定罪处罚。

（3）本罪的主体是一般主体。国家机关工作人员利用职权犯本罪的，从重处罚。

（4）本罪在主观方面是故意。

6. 甲为了向乙讨债，将乙妻绑架并关在房中，随即告知乙如还债即放人。期间，乙妻不堪忍受，自杀身亡。本案中，甲的行为构成的是非法拘禁罪，绑架罪，还是故意杀人罪？

13.　拐卖妇女、儿童罪

拐卖妇女、儿童罪，是指以出卖为目的，拐骗、绑架、收买、贩卖、接送、中转妇女儿童的行为。

拐卖妇女、儿童罪的特征：

（1）本罪侵犯的客体是妇女儿童的人身权利。

---

①　在司法实践中，如果与痴呆妇女或者患有精神病的妇女发生性交，不论是否是用强制手段，都构成强奸罪。由于被害人不能真实正确表达自己意志，法律推定在此种情形下，是违背妇女意志的。但是如果行为人确实不知对方是痴呆或者患有精神病，则一般不以强奸论处。

作为本罪犯罪对象的"妇女、儿童"，分别是指已满14周岁的女性和不满14周岁的男女儿童。

（2）本罪客观方面表现为行为人实施了拐骗、绑架、收买、贩卖、接送、中转妇女儿童的行为。

本罪是选择性的犯罪构成，行为人只要具有上述六种行为中的一种即可构成此罪。行为人如实施了六种行为中的多种，也只构成一罪。

在拐卖妇女、儿童的过程中，行为人如实施了奸淫妇女、强迫妇女卖淫、引诱妇女卖淫、过失致人死亡、过失致人重伤等行为，依拐卖妇女、儿童罪处罚，不应另外再定罪。但在拐卖的过程中，因遇被害人的反抗等原因而故意伤害或杀害被害人的，则应以故意伤害罪或故意杀人罪与拐卖妇女、儿童罪数罪并罚。

（3）本罪的主体是一般主体。

（4）本罪的主观方面是故意，具有营利的目的。

思 考
　　　7. 小A偷盗了邻居的婴儿，送给他人收养，未取任何报酬。小A的行为构成拐卖儿童罪吗？

14. 抢劫罪

抢劫罪，是指以非法占有为目的，当场使用暴力、胁迫或者其他方法强行劫取公私财物的行为。

抢劫罪的特征如下：

（1）本罪侵犯的客体是复杂客体，既侵犯了公私财产的所有权，又侵犯了被害人的人身权利。

（2）本罪客观方面表现为行为人当场使用暴力、胁迫或其他方法强行劫取公私财物的行为。

案 例
　　　甲、乙二人本不相识，在火车上同行。甲见乙携带一密码箱，意图非法占有。甲趁乙不备，将麻醉药剂偷偷放入乙的水杯中，乙喝水后倒头就睡。甲将乙密码箱拿走。
　　　甲的行为构成的是抢劫罪。甲用药剂将乙迷倒，使乙不知反抗，而劫走其财物，符合抢劫罪客观方面特征的"其他方法"的要求。
　　　在本案中，如果乙不是被甲有预谋地迷倒，而是乙自己不小心喝醉了，甲趁机将其财物拿走，则甲的行为构成盗窃罪。

（3）本罪的主体是一般主体，已满14周岁不满16周岁的人也应对本罪负刑事责任。

（4）本罪的主观方面是故意，以非法占有公私财物为目的。

案　例

崔某骗租被害人刘某（女）驾驶的个体出租车，当车行至郊区时，崔以暴力手段将刘某强奸，又持刀将刘某颈部刺伤，致其昏迷。后崔某驾车至较为偏僻处，将刘抛入水中，杀人灭口，然后驾驶着刘某的出租车和劫得的现金逃离现场。

在本案中，崔某用刀将被害人刘某刺伤后，已实际控制了出租车，后又将刘某扔入水中，杀人灭口。崔某的抢劫行为和杀人行为属于两种犯意、两种行为，分别构成了抢劫罪和故意杀人罪。如果崔某在抢车的过程中，遭到刘某的反抗，而将刘某杀死，那么可以认为，杀人行为和抢劫行为有牵连关系，即方法行为和目的行为的牵连，可只定一抢劫罪。

另外，崔某还违背刘某的意志，采用暴力手段与刘某发生性行为，构成了强奸罪。所以，在本案中，崔某的行为构成了故意杀人罪、抢劫罪和强奸罪，应数罪并罚。

根据刑法的有关规定，下列情形以抢劫罪定罪处罚：

（1）携带凶器抢夺的；

（2）犯盗窃、诈骗、抢夺罪，为窝藏赃物、抗拒抓捕或者毁灭证据而当场使用暴力或者以暴力相威胁的。这种情形称为转化型抢劫罪。

15. 诈骗罪

诈骗罪，是指以非法占有为目的，用虚构事实或隐瞒真相的方法，骗取公私财物、数额较大的行为。

本罪的特征如下：

（1）本罪的客体是公私财产的所有权。

（2）本罪的客观方面表现为，用虚构事实或隐瞒真相的方法，骗取公私财物、数额较大的行为。

根据有关司法解释的精神，所谓"数额较大"是指诈骗公私财物价值4000元以上的。

（3）本罪的主体为一般主体。

（4）本罪的主观方面是故意，以非法占有为目的。

16. 盗窃罪

盗窃罪，是指以非法占有为目的，秘密窃取公私财物数额较大，或者多次窃取公私财物的行为。

盗窃罪的特征如下：

（1）本罪侵犯的客体是公私财产的所有权。

（2）本罪客观方面表现为秘密窃取数额较大的公私财物或者多次秘密窃取公私财物的行为。"秘密窃取"是指行为人采取自认为不被人发觉的方法取走公私财物的行为。

根据有关司法解释的规定，"数额较大"是指个人盗窃公私财物价值人民币1000元至3000元以上的，各省、自治区、直辖市高级人民法院可以根据本地区经济发展状况，并考虑社会治安状况，在上述数额幅度内确定本地区的执行标准。"多次盗窃"是指行为人盗窃公私财物虽未达到数额较大，但是在两年内实施盗窃行为三次以上的。

（3）本罪的主体是一般主体，只能由自然人构成。
（4）本罪的主观方面是故意，以非法占有公私财物为目的。

下列几种行为以盗窃论处：
● 盗窃信用卡并使用的。
● 盗窃增值税专用发票或者可以用于骗取出口退税、抵扣税款的其他发票的。根据有关司法解释的规定，盗窃上述发票数量在25份以上的为数额较大。
● 以牟利为目的，盗接他人通信线路、复制他人电信码号或者明知是盗接复制的电信设备、设施而使用的。这里的"电信码号"包括电话号码、长途电话账号、移动通信码号、用户密码、电话磁卡等。

根据我国刑法的规定，犯罪盗窃罪，具有下列情形之一的，处无期徒刑或者死刑，并处没收财产：（1）盗窃金融机构，数额特别巨大的；（2）盗窃珍贵文物，情节严重的。

17. 侵占罪

侵占罪，是指以非法占有为目的，将代为保管的他人财物或者他人的遗忘物①、埋藏物非法占为己有，数额较大，拒不退还或者拒不交出的行为。

侵占罪的特征如下：

（1）本罪侵犯的客体是公私财物的所有权。
（2）客观方面表现为将代为保管的他人财物或者他人的遗忘物、埋藏物非法占为己有，数额较大，拒不退还或者拒不交出的行为。侵占行为的突出特点是"变合法持有为非法所有"。
（3）本罪的主体是一般主体。
（4）主观方面是故意，具有非法占有他人财物的目的。

---

① 本罪中的遗忘物，是指由于财物的所有人或者占有人疏忽而失去占有控制的财物。

根据《刑法》第270条的规定，犯侵占罪的，告诉的才处理。

案　例

A是一个体商贩。某日，B到其店铺买东西时将手提包遗忘于其店内，包内有手机、信用卡及现金等物。A发现后将手提包拿回家藏起来。B后来到A处寻找手提包，但A矢口否认。数日后，A打电话给B，谎称包在别人处找到，拾包人非要3万元好处费，否则不给。经讨价还价后，B拿出2万元，交钱还包。后B起诉A。

在本案中，A的行为构成了侵占罪。因为A拾到B的遗忘物后，在B回来寻找时，否认其拾到包，拒不交出，其明显具有非法占有的目的。后来，A虽交出了该包，但却要求B支付一定的钱款。这些行为都以占有他人财物为目的。

18. 职务侵占罪

职务侵占罪，是指公司、企业或者其他单位的人员，将本单位的财物非法占为己有，数额较大的行为。

职务侵占罪具有如下特征：

（1）侵犯的客体是公司、企业或者其他单位的财产所有权。对象是行为人所属单位的财物。

（2）客观方面表现为行为人利用职务上的便利，将本单位的财物非法占为己有，且数额较大的行为。

（3）本罪的主体是公司、企业或者其他单位的人员。

需要说明的是，本罪的主体是公司企业或者其他单位中不具有国家工作人员身份的人员，这些单位中的国家工作人员侵占本单位财物的，应以贪污罪论处。

最高人民法院的有关司法解释规定，在国有资本控股、参股的股份有限公司中从事管理工作的人员，除受国家机关、国有公司、企业、事业单位委派从事公务的以外，不属于国家工作人员。对其利用职务上的便利，将本单位的财物非法占为己有，数额较大的，以职务侵占罪定罪处罚。

（4）本罪在主观方面是故意，具有非法占有单位财产的目的。

19. 寻衅滋事罪

寻衅滋事罪，是指在公共场所无事生非，肆意挑衅，随意殴打、骚扰他人或任意损毁、占用公私财物，或者在公共场所起哄闹事，严重破坏社会秩序的行为。

寻衅滋事罪的构成特征如下：

（1）本罪的犯罪客体是社会公共秩序。

（2）本罪在客观方面表现为以下几种行为：

● 随意殴打他人，情节恶劣的；

- 追逐、拦截、辱骂、恐吓他人，情节恶劣的；
- 强拿硬要或者任意损毁、占用公私财物，情节严重的；
- 在公共场所起哄闹事，造成公共场所秩序严重混乱的。

（3）犯罪主体是一般主体。

（4）本罪在主观方面表现为故意，一般表现为耍威风、寻求精神刺激等动机。

《最高人民法院、最高人民检察院关于办理利用信息网络实施诽谤等刑事案件适用法律若干问题的解释》规定，利用信息网络辱骂、恐吓他人，情节恶劣，破坏社会秩序的，依照刑法第293条第一款第（二）项的规定，以寻衅滋事罪定罪处罚。编造虚假信息，或者明知是编造的虚假信息，在信息网络上散布，或者组织、指使人员在信息网络上散布，起哄闹事，造成公共秩序严重混乱的，依照刑法第293条第一款第（四）项的规定，以寻衅滋事罪定罪处罚。

案　例

网民"秦火火"（真名秦志晖）与"立二拆四"（真名系杨秀宇），均系北京尔玛公司员工。尔玛公司主要从事网络推手、网络营销等业务，为了扩大知名度、影响力，秦志晖、杨秀宇及其公司员工组成网络推手团队，伙同他人，通过微博、贴吧、论坛等网络平台，组织策划并制造传播谣言、蓄意炒作网络事件、恶意诋毁公众人物，以此达到公司谋利目的。秦志晖、杨秀宇等人编造的网络谣言达数千条，其中"7·23"动车事故政府花2亿元天价赔偿外籍旅客、雷锋生活奢侈细节、中国残联主席张海迪拥有日本国籍等一系列谣言造成了恶劣的社会影响。北京市朝阳区人民法院以诽谤罪判处秦志晖有期徒刑二年，以寻衅滋事罪，判处有期徒刑一年六个月，决定执行有期徒刑三年。

20. 走私、贩卖、运输、制造毒品罪

走私、贩卖、运输、制造毒品罪，是指违反国家毒品管理法规，走私、贩卖、运输、制造毒品的行为。

本罪的构成特征是：

（1）本罪的客体是国家毒品管理制度；

毒品是指鸦片、海洛因、甲基苯丙胺、吗啡、大麻、可卡因等国家严格管制的麻醉药品和精神药品。

（2）本罪的客观方面，表现为行为人实施了走私、贩卖、运输、制造毒品这四种行为中的一种或者几种；

对于多次走私、贩卖、运输、制造毒品，未经处理的，毒品数量累计计算。毒品的数量以查证属实的走私、贩卖、运输、制造的数量计算，不以纯度折算。

（3）本罪的主体是一般主体，已满14周岁不满16周岁的人实施了贩卖毒品行为的，应当负刑事责任。本罪的主体也可以是单位。

（4）本罪在主观方面是故意。

行为人明知是假毒品而贩卖的，应当以诈骗罪论处。行为人误将假毒品认为是毒品而贩卖的，应以本罪论处。

案 例

　　某甲，在缅甸用5万元人民币购买了500克海洛英，从云南省入境带回。后，某甲将毒品分装成小包向吸毒人员出售，获利12万余元。一次在售毒时被公安人员抓获。经化验，其所售毒品为假毒品。

　　在本案中，某甲的行为构成了走私、贩卖毒品罪，因其不知是假毒品，所以是犯罪未遂。

21. 贪污罪

贪污罪，是指国家工作人员和受国家机关、国有公司、企业、事业单位、人民团体委托管理经营国有财产的人员，利用职务上的便利，侵吞、窃取、骗取或者以其他手段，非法占有公共财物的行为。

贪污罪的构成特征如下：

（1）本罪侵犯的客体是复杂客体，即公共财产的所有权和国家的廉政制度。

（2）本罪在客观方面表现为行为人利用职务上的便利，侵吞、窃取、骗取或者以其他手段，非法占有公共财物的行为。

所谓"利用职务上的便利"，是指利用职务上主管、管理、经手公共财物的权力及方便条件。

根据有关的司法解释，贪污罪立案的数额标准一般情况下是5000元以上。个人贪污数额不满5000元，但具有贪污救灾、抢险、防汛、优抚、扶贫、移民、救济款物及募捐款物、赃款赃物、罚没财物、暂扣款物，以及贪污手段恶劣、毁灭证据、转移赃物等情节的，也应予立案。

（3）本罪的主体是特殊主体，即国家工作人员和受国家机关、国有公司、企业、事业单位或者人民团体委托，管理、经营国有财产的人员。①与前述所列人员勾结，伙同贪污的，以共犯论处。

（4）本罪的主观方面是故意。

---

① 根据刑法的规定，所谓国家工作人员，是指以下几种人：国家机关中从事公务的人员；国有公司、企业、事业单位、人民团体中从事公务的人员；国家机关、国有公司、企业、事业单位委派到非国有公司、企业、事业单位、社会团体从事公务的人员；其他依照法律从事公务的人员。根据《关于中华人民共和国刑法第九十三条第二款的解释》的规定，村民委员会等村基层组织人员在协助人民政府从事下列行政管理工作时属于"其他依照法律从事公务的人员"：（1）救灾、抢险、防汛、优抚、扶贫、移民救济款物的管理；（2）社会捐助公益事业款物的管理；（3）国有土地的经营和管理；（4）土地征用补偿费用的管理；（5）代征、代缴税款；（6）有关计划生育、户籍、征兵工作；（7）其他行政管理工作。

22.　挪用公款罪

挪用公款罪，是指国家工作人员利用职务上的便利，挪用公款归个人使用，进行非法活动；或者挪用公款数额较大、进行营利活动；或者挪用公款数额较大、超过三个月未还的行为。

挪用公款罪的特征如下：

（1）本罪的客体是复杂客体，即公共财产所有权和国家的廉政制度。
（2）本罪在客观方面表现为利用职务之便，实施了下列行为中的任一种：
● 挪用公款归个人使用，进行非法活动；
● 挪用公款数额较大，归个人进行营利活动；
● 挪用公款归个人使用，数额较大，超过三个月未还。
全国人大常委会《关于刑法第384条第一款的解释》规定，有下列情形之一的，属于挪用公款"归个人使用"：将公款供本人、亲友或者其他自然人使用的；以个人名义将公款供其他单位使用的；个人决定以单位名义将公款供其他单位使用，谋取个人利益的。
根据有关司法解释的规定，挪用公款具有下列情节的，应予立案：挪用公款归个人使用，数额在五千元至一万元以上，进行非法活动的；挪用公款数额在一万元至三万以上，归个人进行营利活动的；挪用公款归个人使用，数额在一万元至三万元以上，超过三个月未还的。另外，多次挪用公款不还的，挪用公款数额累计计算；多次挪用公款并以后次挪用的公款归还前次挪用的公款，挪用公款数额以案发时未还的数额认定。

（3）本罪的主体是特殊主体，只有国家工作人员才能构成本罪。
（4）本罪的主观方面是故意，并以归个人进行使用为目的。

根据有关司法解释的规定，携带挪用的公款潜逃的，按照贪污罪定罪处罚。

23.　受贿罪

受贿罪，是指国家工作人员利用职务上的便利，索取他人财物，或者非法收受他人财物，为他人谋取利益的行为。

受贿罪的特征如下：

（1）本罪侵犯的客体是国家的廉政制度。
（2）本罪在客观方面表现为利用职务上的便利，索取他人财物，或者非法收受他人财物，为他人谋取利益的行为。
"利用职务上的便利"，是指利用本人职务范围内的权力，即自己职务上主管、负责或者承办某项公共事务的职权及其所形成的便利条件。
（3）本罪的主体是特殊主体，即国家工作人员。
（4）本罪主观方面是故意。

国家工作人员在经济往来中，违反国家规定，收受各种名义的回扣、手续费，归个人所有的，以受贿论处。

根据最高人民检察院《关于人民检察院直接受理立案侦查案件立案标准的规定》的规定，关于受贿罪，个人受贿数额在五千元以上的应予立案；个人受贿数额不满五千元，但具有下列情形的之一的，也应予立案：因受贿行为而使国家或者社会利益遭受重大损失的；故意刁难、要挟有关单位、个人，造成恶劣影响的；强行索取财物的。

对多次受贿未经处理的，按照累计数额处罚。索贿的从重处罚。

《刑法》第388条规定："国家工作人员利用本人职权或者地位形成的便利条件，通过其他国家工作人员职务上的行为，为请托人谋取不正当利益，索取请托人财物或者收受请托人财物的，以受贿论处。"该条还规定，国家工作人员的近亲属或者其他与该国家工作人员关系密切的人，通过该国家工作人员职务上的行为，或者利用该国家工作人员职权或者地位形成的便利条件，通过其他国家工作人员职务上的行为，为请托人谋取不正当利益，索取请托人财物或者收受请托人财物，数额较大或者有其他较重情节的，构成利用影响力受贿罪。

案 例

原铁道部部长刘志军在担任郑州铁路局武汉铁路分局党委书记、分局长、郑州铁路局副局长、沈阳铁路局局长、原铁道部运输总调度长、副部长、部长期间，利用职务便利，为多人在职务晋升、承揽工程、获取铁路货物运输计划等方面提供帮助，先后非法收受相关人员给予的财物共计折合人民币6460万余元；刘志军在担任铁道部部长期间，违反规定，徇私舞弊，为他人获得铁路货物运输计划、获取经营动车组轮对项目公司的股权、运作铁路建设工程项目中标、解决企业经营资金困难提供帮助，使丁羽心及其亲属获得巨额经济利益，致使公共财产、国家和人民利益遭受重大损失。

北京市第二中级人民法院认为，刘志军犯受贿罪，数额特别巨大，情节特别严重；犯滥用职权罪，徇私舞弊，致使公共财产、国家和人民利益遭受重大损失，情节特别严重，应依法惩处。对刘志军以受贿罪判处死刑，缓期二年执行，剥夺政治权利终身，并处没收个人全部财产；以滥用职权罪判处有期徒刑十年。决定执行死刑，缓期二年执行，剥夺政治权利终身，并处没收个人全部财产。

思 考

8. 余某，男，40岁，原某中学高三年级文科班班主任。2010年全国高考前夕，余某利用班主任报考生名册之便，以能在高考时安排与本班学习成绩较好的考生邻坐为名，收受了考生王某、李某的"座位费"各2000元。同时，余某又以在高考时能提供试题答案给考生和帮助考生疏通考场监考员为由，收受了考生徐某某的"答案费"1200元、考场"活动费"600元，后又收受考生刘某某的"答案费"700元。2010年的高考期间，余某组织安排了第七考场的考生互相传递考试答案，同时组织了本校教师周某和邱某等人分别对语文、数学科考试题做出答案，由余某将答案传给考场的考生。该考场的部分考生因试卷雷同被取消考试分数，有16名已被高校录取的考生被除退，造成恶劣影响。

请问，余某的行为构成犯罪吗？

24. 行贿罪

行贿罪，是指为谋取不正当利益，给予国家工作人员以财物的行为。

行贿罪的特征如下：

（1）本罪侵犯的客体是国家的廉政制度。

（2）本罪在客观方面表现为给予国家工作人员以财物的行为。

根据《刑法》第389条的规定，在经济往来中，给予国家工作人员以财物，数额较大的，或者违反国家规定，给予国家工作人员以各种名义的回扣、手续费的，以行贿论处。

根据有关的司法解释，一般情况下，行贿罪立案的数额标准是行贿数额在一万元以上。行贿数额不满一万元，但具有下列情形之一的，也应予立案：为谋取非法利益而行贿的；向三人以上行贿的；向党政领导、司法工作人员、行政执法人员行贿的；致使国家或者社会利益遭受重大损失的。

另外，因被勒索而给予国家工作人员以财物，并已获得了不正当利益的，以行贿罪追究刑事责任。

（3）本罪的主体为一般主体，凡年满16周岁具备刑事责任能力的自然人均可构成。

（4）本罪在主观方面是故意，具有谋取不正当利益的目的。

25. 滥用职权罪

滥用职权罪，是指国家机关工作人员违反法律规定的权限和程序，不正确地行使本人的职权，或者超越其职权实施有关行为，致使公共财产、国家和人民利益遭受重大损失的行为。

滥用职权罪的特征如下：

（1）本罪的客体是国家机关的正常管理活动。

（2）本罪在客观方面表现为行为人滥用职权，致使公共财产、国家和人民利益遭受重大损失的行为。

这里的"滥用职权"主要指以下两种情况：在职权范围内不正确地行使职权；超越职权范围、限度行使职权。

（3）本罪的主体是国家机关工作人员。

（4）本罪主观方面是故意。

26. 玩忽职守罪

玩忽职守罪，是指国家机关工作人员，不履行或者不正确履行职责，致使公共财产、国家和人民利益遭受重大损失的行为。

玩忽职守罪的特征如下：

（1）本罪的客体是国家机关的正常管理活动。

（2）本罪客观方面表现为行为人不履行或者不正确履行职责，致使公共财产、国家和人民利益遭受重大损失的行为。

（3）本罪的主体是特殊主体，即国家机关工作人员。

（4）本罪的主观方面是过失。

本 单 元 小 结

刑法是规定犯罪、刑事责任与刑罚的法律。我国刑法在体系上分为刑法总则与分则两大部分，并以三个基本原则贯穿始终，它们是：罪刑法定原则、适用刑法人人平等原则和罪刑相适应原则。

犯罪是指严重危害社会，触犯刑法并应受刑罚处罚的行为，它具有三个基本特征：社会危害性、刑事违法性和应受刑罚惩罚性。

犯罪构成具有四个共同要件：犯罪客体、犯罪客观方面、犯罪主体和犯罪主观方面。犯罪客体是我国刑法所保护的、为犯罪行为所侵犯的社会关系，可以分为一般客体、同类客体和直接客体三个层次。犯罪的客观方面是犯罪活动的客观外在表现。犯罪主体，是指实施了危害社会的行为依法应当负刑事责任的自然人和单位。自然人犯罪主体应具备相应的刑事责任能力。刑事责任年龄、精神障碍及生理缺陷是影响刑事责任能力的重要因素。对于单位犯罪主体，一般实行双罚制。犯罪的主观方面，是指行为人对自己实施的危害行为及其危害结果所持的主观心理态度，主要包括故意和过失两种罪过形式。

排除社会危害性的行为主要有正当防卫和紧急避险两种情形。故意犯罪的停止形态有四种情形：犯罪既遂、犯罪预备、犯罪未遂和犯罪中止。共同犯罪是指二人以上共同故意犯罪，共同犯罪人可分为主犯、从犯、胁从犯和教唆犯，根据在共同犯罪中所起的不同作用及分工，应分别承担不同的责任。

刑罚是刑法规定的限制或剥夺犯罪人某种权益的最严厉的法律制裁方法。我国刑罚的方法，分为主刑与附加刑两类。其中主刑有管制、拘役、有期徒刑、无期徒刑和死刑，附加刑有罚金、剥夺政治权利、没收财产，对犯罪的外国人可以适用驱逐出境。数罪并罚是对一人所犯数罪进行合并处罚的制度。缓刑是对犯罪分子有条件地不执行原判刑罚的制度，可分为一般缓刑和战时缓刑。减刑和假释是鼓励犯罪人积极改造、重新做人的重要制度，适用时应严格遵守一定的条件。追诉时效，是指对犯罪分子依法追究刑事责任的有效期限，追诉时效的期限分为四个不同的档次，最长时效为20年。

刑法分则规定了具体的犯罪，本单元主要介绍了一些常见的犯罪。

思 考 题 答 案

1. 通常认为，对不作为的犯罪不能实行正当防卫。不作为是指行为人有义务也有能力来防止危害结果的发生，但却没有防止。对于不作为的犯罪人即使实行防卫，造成其一定的伤害，也不能防止危害结果的发生，它起不到正当防卫的效果。具体而言，即使对值班医生实行所谓正当防卫行为，造成其一定的人身伤害，也并不能因此而拯救病人。

2. 看起来，王某是自己停止了犯罪，但实际上他并非出于自愿。王某停止犯罪是被迫的，没有自动性。因而，王某是盗窃罪的未遂形态，而不是中止形态。假设，王某停止犯罪是因为担心迟早要被发现而受刑罚制裁，那就是犯罪中止。

3. 李某的行为不构成累犯。因为李某犯后罪时，尚处于假释考验期内，而假释考验期满才认为原判刑罚执行完毕。所以，李某的行为属刑罚执行完毕前再犯新罪的情形，不构成累犯。

4. 文某的行为构成了生产、销售有毒、有害食品罪。文某明知苏丹红IV是有毒、有害的非食品原料，食用后对人体有严重的危害，还将其掺入其生产的辣椒面中，并进行销售，侵犯了国家食品卫生管理制度和公民的健康权、生命权。文某的行为符合生产、销售有毒、有害食品罪的构成要件。

5. 这些行为不构成故意杀人罪。因为在这些情况下，剥夺他人生命是有法律依据的，或是依据生效的判决，或是依据正当防卫的法律规定，都不是非法剥夺他人生命。

6. 在本案中，甲的行为构成了非法拘禁罪。甲的行为形式上似乎符合绑架罪的特征，但是根据《刑法》第238条的有关规定，为索取债务非法扣押、拘禁他人的，依非法拘禁罪论处。另外，犯非法拘禁罪，使用暴力致人伤残、死亡的，以故意伤害罪、故意杀人罪处罚。在本案中，乙妻是自杀，而非甲的暴力行为所致，所以甲不构成故意杀人罪。

7. 不是。小A的行为构成的是拐骗儿童罪。拐卖儿童罪的主观要件是以营利为目的，而拐骗儿童罪不以营利为目的，可以是收养或者役使。在本案中小A偷盗婴儿，不是以营利为目的，所以是拐骗儿童罪。另外，在本案中，如果小A偷盗了婴儿后，既不是贩卖，也不是收养，而是向婴儿的家人索要财物，则构成绑架罪。

8.余某的行为构成了受贿罪。在本案中，余某作为国家工作人员，利用职务和地位形成的便利条件，收受了考生的数额较大的财物，为考生谋取利益。其行为符合受贿罪的要求。

阅　读　书　目

1.《刑法学》（上、下册），赵秉志主编，中央广播电视大学出版社，2013年12月版。

2.《刑法学》，陈兴良，复旦大学出版社，2010年6月版。

3.《中国刑法学讲演录》，刘宪权，人民出版社，2012年5月版。

4.《论犯罪与刑罚》，［意］贝卡利亚，中国大百科全书出版社，1993年6月版。

5.《犯罪学》，［意］加罗法洛，中国大百科全书出版社，1996年1月版。

正义不仅应当得到实现，而且还应以人们
能够看得见的方式得到实现。

——英谚

第六单元　诉讼法

诉讼法属于程序法，是关于诉讼程序的法律规范的总称。

程序法是与实体法相对而称的。

实体法是规定人们在事实上的权利和义务的法律，如宪法、民法、刑法等。程序法则是规定确保人们实体权利和义务得以实现的法律。实体法和程序法共同构成一个国家完整的法律体系。

诉讼法的直接功用是从诉讼程序上保证实体法的实现，使当事人的合法权益得到救济和保护，使非法侵害人受到追究和惩罚。与诉讼的三种类型相适应，我国的诉讼法分为刑事诉讼法、民事诉讼法和行政诉讼法，这三种诉讼法既有共性又各具特点。《刑事诉讼法》、《民事诉讼法》和《行政诉讼法》，是我国现行的三大诉讼法的主要规范性文件。

本单元就我国主要的诉讼法律制度作一介绍。

内　容　提　示

通过对本单元的学习，应当理解并掌握诉讼法的基本知识，树立程序正义的观念；并能熟悉我国诉讼法的一些共同原则和基本制度。

基于以上学习目的，你应完成对以下内容的全面把握：

● 诉讼和诉讼法的概念
● 诉讼法与实体法的关系
● 我国三大诉讼法的共同原则
● 我国诉讼法的基本制度
● 刑事诉讼法的概念及其特有原则
● 刑事诉讼中的辩护和代理

● 刑事强制措施
● 刑事诉讼阶段：立案、侦查、提起公诉、审判、执行
● 民事诉讼法的概念及其特有原则
● 民事诉讼当事人
● 民事诉讼的第一审程序和第二审程序
● 行政诉讼法的概念及其特有原则
● 人民法院受理的行政案件范围
● 行政诉讼的起诉和受理

第一节
诉讼法概述

一、诉讼法的概念

1. 诉讼和诉讼法的概念

诉讼一词，来源于拉丁语Precessus，其含义是指法庭处理案件与纠纷的活动。在我国，"诉讼"一词最早见之于元朝《大元通制》，意思是将案件与纠纷告之于官府，由官府来决定争辩双方之间争端的活动。

现代意义上的诉讼，是指国家司法机关在当事人和其他诉讼参与人参加下，依照法定的诉讼程序，解决具体争讼的全部活动。

诉讼法是关于诉讼程序的法律规范的总称，属于程序法范畴。我国现行诉讼法包括刑事诉讼法、民事诉讼法和行政诉讼法。

2. 诉讼法与实体法的关系

根据法律规定内容的不同，将法律分为实体法和程序法是法学界的一种传统分类。

实体法，是指规定具体权利义务内容或者法律保护的具体情况的法律。

广义的程序法包括诉讼程序和非诉讼程序，狭义的程序法则仅指规范诉讼程序的诉讼法。

长期以来，人们把实体法与诉讼法的关系单纯地理解为内容与形式、目标与手段的关系，实践中"重实体、轻程序"的现象时有发生。应该说，这种理解与做法都是有失偏颇的。

对实体法与诉讼法二者关系的认识，与对程序价值的认识密切相关。在这一点上颇为盛行

的观点是"程序工具主义",根据这种学说,法律程序的正当性或者程序正义的合理性只能从程序对其所要产生的直接裁判结果的有利影响上得到证明。换句话说,如果一项程序或者一项程序规范对于形成正确公正的裁判结果是有效的,那么它就是具有正当性和可接受性的。因此,诉讼程序对于它所要达到的实体结果而言,就只有一种工具或手段上的意义。①

观 察

> 某地发生一起凶杀案,在案发现场未能发现对破案有价值的证据。警方怀疑是王某作的案,但没有充分证据,因此获取王某本人的供述显得尤为重要。于是,侦查人员采用了暴力、利诱等手段使王某交代了全部罪行;而后根据其供述顺藤摸瓜,获取了作案工具等一系列证据。法院在审判过程中,对王某的口供和上述证据均予以采纳,并依据刑法作出了有罪判决。
>
> 本案中,因为警方破获了案件、法院作出了有罪判决,杀人凶手认罪伏法,诉讼程序达到的实体效果是好的,正义也得到伸张。但能否据此认为该诉讼程序是正当的、合理的呢?为了追求公正的裁判结果,是否可以不择手段呢?

另一种观点是"程序本位主义",主张程序具有独立于实体的内在价值,甚而进一步指出程序法是实体法之母。程序的独立价值是程序本身固有的一种优秀品质,"即使公正、尊严和参与等(独立)价值并未增进判决的准确性,法律程序也要维护这些价值",②因为这些价值是值得维护的。公众更多的是通过判决过程来评判案件处理是否公正,程序不公正产生出来的实体结果的正确性也值得怀疑。所以程序具有独立价值,它通过发挥这些价值来使实体结果的公正性得到公众的认同。

程序工具主义强调程序的工具价值,即程序是实现实体目标的工具或手段;程序本位主义则强调程序的独立价值——程序正义,它确保当事人获得公正的诉讼待遇,维护其人格尊严,从而保证诉讼程序公正合理地进行。

我们认为,在现代法治国家,诉讼法与实体法的关系是相辅相成、并行不悖的关系,没有主次轻重之分。

二、我国诉讼法的基本原则

诉讼法的基本原则,是指在整个诉讼过程中起指导作用,司法机关和当事人、诉讼参与人都必须遵守的活动准则。以下一些原则是刑事诉讼法、民事诉讼法和行政诉讼法共同的原则:

1. 司法机关依法独立行使职权原则

---

① 参见陈瑞华:《程序正义论纲》,载于《诉讼法论丛》(第1卷),第36页。
② 参见迈克尔·D·贝勒斯:《法律的原则》,中国大百科全书出版社1996年版,第34页。

这是我国诉讼法的首要原则，也是我国实施依法治国战略的关键。法治当然是先要有一套获得公众普遍遵从的完善的法律，但仅有良法是远远不够的，如果负责执行这套法律的司法机关不能独立司法，而是依附于政府或某种势力，那么法治的理想便遥遥无期。所以法治与司法独立的关系可以说是唇齿相依，司法独立是法治的必要条件。

观　察　　　发生在1998年的美国前总统克林顿的性丑闻案可谓举世皆知，贵为一国之元首遭遇刑事伪证罪的控告和审判，还险些被弹劾。这其实是美国司法独立运作机制使然，独立检察官斯塔尔和联邦最高法院大法官们的所为在那种体制框架内，是一种必然的选择。因为，"处于良性运作状态下的制度能够把参与该制度运作的个体的私欲摒弃在外，摸索着一种适合于该制度运行的制度理性，而且，法律能够切实保障那些秉持制度理性而非个人私心的制度参与者的合法权利，这就是司法独立制度的意义之所在。"[1]

在我国，根据宪法和法律的规定确立了独立行使职权立原则。这一原则有三层含义：

（1）国家司法权由司法机关统一行使。人民法院统一行使审判权，人民检察院统一行使检察权，公安机关行使侦查权。其他任何机关、团体和个人都无权行使这些权力。

（2）司法机关独立行使职权，不受行政机关、社会团体和个人的干涉。

（3）司法机关行使职权必须依法进行。

2. 以事实为根据、以法律为准绳原则

这一原则要求司法机关在诉讼过程中，必须忠于事实、忠于法律，这也是我国法律适用的基本原则。

以事实为根据，要求司法机关办案从实际出发，实事求是；注重调查取证，以客观事实为基础而非主观推测或盲目臆断。以法律为准绳，要求以法律规定作为判断罪与非罪、违法与否的唯一尺度。

以事实为根据、以法律为准绳是一个原则不可分割的两个方面，只有在查明事实的基础上，才能正确适用法律。

3. 当事人法律地位平等原则

这是宪法"公民在法律面前一律平等"原则在诉讼法中的具体体现。诉讼中的任一方当事人都平等地享有法律规定的权利和承担法律规定的义务，不因其社会地位、身份、职务等的不同而区别对待。司法机关在适用法律上对当事人双方应一视同仁、不偏不倚，切实保障当事人能够平等地行使权利。没有法律适用上的平等，也就没有司法公正可言。

---

① 参见左卫民、周长军著，《刑事诉讼的理念》，法律出版社1999年7月第1版，第126页。

4. 使用本民族语言文字原则

我国是统一的多民族国家，诉讼法规定各民族公民有权使用本民族语言文字进行诉讼。这既是民族平等原则的体现，也是实现民族平等的重要法律保障。

5. 人民检察院法律监督原则

人民检察院是我国的法律监督机关，监督内容主要包括：

（1）对人民法院等专门机关的诉讼活动是否合法进行监督。人民检察院对法院审判组织的组成、审判程序和审判结果的公正性、裁判执行情况等实施法律监督；在刑事诉讼中，还有权对公安机关、监狱等专门机关的活动进行监督。

（2）对诉讼参与人的行为是否合法进行监督。如有无证人作伪证、鉴定人提供虚假鉴定结论，或当事人、辩护人隐匿、毁灭证据等情形。

人民检察院的法律监督，是建立诉讼法制不可缺少的一环。

三、我国诉讼基本制度

诉讼的基本制度是实现程序公正的基本途径和手段。下面我们依次介绍我国诉讼法的管辖制度、公开审判制度、合议制、回避制度、两审终审制和证据制度。

1. 管辖制度

管辖是上下级人民法院及同级人民法院之间受理第一审案件的权限划分。刑事诉讼中的管辖，还包括公检法机关在刑事案件受理范围上的权限划分。

管辖的确立，便于公民、法人或其他组织明确向哪一个法院提起诉讼；对司法机关而言，明确各自受案范围便于各司其职，防止相互推诿，提高诉讼效率。

管辖可以分为审判管辖和职能管辖两大类。

（1）审判管辖

人民法院系统内受理第一审案件的权限划分，称为审判管辖。它解决的是某一具体案件应由哪一级、哪一个人民法院受理和审判的问题。①根据我国诉讼法的规定，审判管辖包括级别管辖、地域管辖、指定管辖、移送管辖和专门管辖。

A. 级别管辖

① 法院的管辖权与审判权是两个不同的概念。审判权是法律赋予法院审理与裁判案件的权力，是国家权力的一部分；而管辖权则是特定法院负责审理特定案件、并排斥其他法院受理和审判的权限。二者又有联系，审判权是确定管辖权的基础与前提，只有属于法院受理范围的事项，法院才有管辖权；管辖权是审判权的实现形式之一，有管辖权的法院才能对具体案件行使审判权。

　　级别管辖，是指各级人民法院在受理第一审案件上的权限划分。我国法院分四级，它们各自管辖第一审案件的范围是不同的，级别管辖所解决的就是某一具体案件应由哪一级人民法院进行一审，它属于人民法院系统内部的纵向分工。

- 基层人民法院管辖第一审普通刑事案件、第一审民事和行政案件，法律规定应由上级法院管辖的一审案件除外。
- 中级人民法院管辖的范围是：
a. 刑事案件，包括危害国家安全、恐怖活动的案件，可能判处无期徒刑、死刑的案件。
b. 民事案件，包括重大涉外案件，在本辖区内有重大影响的案件，以及最高人民法院确定由中级人民法院管辖的案件。①
c. 行政案件，包括确认发明专利权的案件、海关处理的案件，对国务院各部门或者省（自治区、直辖市）人民政府所作的具体行政行为提起诉讼的案件，本辖区内重大、复杂的案件。
- 高级人民法院管辖本辖区内（即本省、自治区、直辖市范围内）的重大、复杂的第一审案件。
- 最高人民法院管辖的第一审案件，是全国性的重大案件，以及它认为应当由其审理的第一审民事案件。最高人民法院的巡回法庭是最高法院派出的常设审判机构，巡回法庭作出的判决、裁定和决定，就是最高人民法院的判决、裁定和决定。②

思　考

　　　　1. 日本男青年伊滕与中国女青年小沈一见钟情，2008年2月在广州登记结婚。婚后夫妻分别在各自母国生活，好几个月才见上一面，激情过后的婚姻生活趋于平淡。伊滕在其国内又结识了一位妙龄女子，被小沈发现后，夫妻感情急剧恶化。伊滕从此杳无音信。小沈遂以夫妻感情彻底破裂为由在国内提起离婚诉讼。请问，该案应由哪一级人民法院管辖？

B. 地域管辖

　　地域管辖是同级人民法院在受理第一审案件上的权限划分。它属于人民法院系统内的横向分工。地域管辖与级别管辖相结合，才能最终确定某一具体案件应由哪一个法院进行一审审判（如图1所示）。

---

① 这类案件有三种：第一是海事、海商案件；第二是专利纠纷案件；第三是重大港澳台民事案件。

② 最高人民法院于2015年1月28日发布《最高人民法院关于巡回法庭审理案件若干问题的规定》，于2015年2月1日起实施。最高院巡回法庭的设置，是为依法及时公正审理跨行政区域重大行政和民商事案件，推动审判工作重心下移，就地解决纠纷和方便当事人诉讼，是我国司法改革的重大举措。目前，第一巡回法庭已在广东省深圳市挂牌，巡回区为广东、广西、海南三省；第二巡回法庭在辽宁省沈阳市挂牌，巡回区为辽宁、吉林、黑龙江三省。

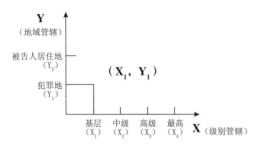

图 1. 确定刑事案件管辖权示意图

X 轴代表级别管辖，Y 轴代表地域管辖。设有一个普通刑事案件，根据级别管辖当由基层人民法院管辖（设为 X1），根据地域管辖当由犯罪地法院管辖（设为 Y1）。则（X1，Y1）表示该案由犯罪地的基层人民法院管辖。依理类推。

a. 刑事诉讼中的地域管辖

确定刑事案件地域管辖的原则有二：第一，以犯罪地人民法院管辖为主、被告人居住地人民法院管辖为辅。这意味着确定地域管辖时最先考虑的是犯罪地人民法院，但在实践中经常有一个犯罪涉及好几个地方的情形（如流窜作案），同时有几个人民法院有权管辖，遇此情形则依据第二个原则确定管辖，即以最初受理的人民法院管辖为主、主要犯罪地人民法院管辖为辅的原则。

b. 民事诉讼和行政诉讼中的地域管辖

民事诉讼和行政诉讼中的地域管辖，分为一般地域管辖和特殊地域管辖。

一般地域管辖遵循"原告就被告"原则，即由被告住所地法院管辖为原则。①这样既便于被告应诉，也有利于法院采取执行措施和财产保全措施等。

原告住所地法院管辖是一般地域管辖的例外，主要适用于民事诉讼中被告离开自己住所地或其人身自由受限制的情形，包括对不在我国境内居住的人或下落不明、宣告失踪的人提起的有关身份关系的诉讼，以及对被采取强制性教育措施的人、被监禁的人提起的诉讼，此外还包括在追索赡养费案件中，几个被告住所地不在同一辖区内的情形。

思 考

2. 刘老太有三个儿子，都不肯承担赡养老母亲的义务。刘老太想状告三个不孝子，要求每人每月给付赡养费500元。虽都在上海市，但老大住在黄浦区、老二住浦东新区、老三住普陀区，而刘老太本人住在闸北区。请问她可不可以到闸北区人民法院起诉呢？

特殊地域管辖是相对一般地域管辖而言，是针对特别案件由法律直接规定的管辖，优先于一般地域管辖。如因合同纠纷提起的民事诉讼，由被告住所地或者合同履行地人民法院管辖。

① 公民的住所地，在我国也就是户籍所在地。民事诉讼中，被告住所地与经常居住地不一致的，由经常居住地法院管辖。行政诉讼中的被告住所地，指的是最初作出具体行政行为的行政机关所在地和改变原具体行政行为的复议机关所在地。

行政诉讼中的特殊地域管辖有两种形式：一是，对限制人身自由的行政强制措施不服的诉讼，由被告所在地或者原告所在地法院管辖；二是，因不动产纠纷提起行政诉讼的，由不动产所在地法院管辖。

案　例

陈某住在某市城南区，他在城北区有一家工厂从事服装加工。市规划局在一次全市执法大检查时认定其厂房属违章建筑，责令其限期拆除。陈不服，向市规划局所在地的城西区人民法院起诉。本案是一个不动产案件，属于行政诉讼中的特殊地域管辖。在法律适用上，一般地域管辖（即在"原告就被告"原则基础上，由最初作出具体行政行为的行政机关所在地法院管辖，本案中即城西区人民法院）应让位于特殊地域管辖。所以，原告陈某向被告所在地——城西区人民法院起诉，城西区法院受理后，应移送至其厂房所在地——城北区法院。本案应由城北区人民法院管辖。

C. 指定管辖和移送管辖

指定管辖，是指上级人民法院以裁定的形式，指定某一下级人民法院对案件进行管辖。发生指定管辖一般是因为：第一，有管辖权的人民法院由于特殊原因不能行使管辖权。如因自然灾害、战争等不可抗拒的客观事实，或受诉法院全体审判人员应回避而致其无法实际行使管辖权。第二，有管辖权的几个同级法院对管辖权起争议，或互相推诿或互相争夺管辖权。此时，争议法院首先应彼此协商，协商解决不成，则报请共同的上级法院。例如，跨省的两个法院发生管辖权争议且协商不成，则各自上报所在省高级法院，由省高院上报最高人民法院予以指定。

移送管辖，是指受理案件后发现对该案无管辖权的人民法院，将之移送给有管辖权的法院的一种管辖形式。受理是移送的前提，如果尚未受理，在审查起诉时即发现不属本院管辖的，人民法院应不予受理，并告知原告向有管辖权的法院起诉。所以，未受理则不发生移送的问题。移送在程序法上的效力是，受移送的法院不得拒收、退回或再行移送。假使受移送法院认为本院也没有管辖权的，这就属于前述管辖权争议的一种情形，应报请与移送法院共同的上一级法院决定管辖权归属。

D. 专门管辖

专门管辖，是指法院规定特定案件由专门人民法院管辖的制度。我国专门人民法院有海事法院、铁路运输法院、军事法院、森林法院等，所管辖的主要是涉及到某些专门业务的案件。其中有刑事管辖权的是军事法院和铁路运输法院。①

---

① 根据国家司法管理体制改革的整体部署，截止2012年6月底，全国铁路运输法院完成管理体制改革，整体纳入国家司法体系。2012年7月2日，最高人民法院根据铁路运输法院管理体制改革变化，出台了《最高人民法院关于铁路运输法院案件管辖范围的若干规定》，对铁路法院案件管辖范围进行了规定。

<table>
<tr><td>观　察</td><td>　　2014年12月28日，全国首家跨行政区划法院——上海市第三中级人民法院挂牌，上海知识产权法院同步挂牌。此次新成立的法院在设立方式上，依托原上海铁路运输中级法院设立市三中院，设立上海知识产权法院与市三中院合署办公。自2015年1月1日起，市三中院将依法管辖以市级人民政府为被告的一审行政案件，以市级行政机关为上诉人、被上诉人的二审行政案件（不包括知识产权行政案件）；上海市人民检察院第三分院提起公诉的案件以及由上级法院指定管辖的其他案件和原由铁路中院受理的刑事、民事案件。上海知识产权法院将依法审理知识产权民事和行政案件。</td></tr>
</table>

　　上海市第三中级人民法院、上海知识产权法院的设立是我国"探索建立知识产权法院"、"探索设立跨行政区划的人民法院和人民检察院，办理跨地区案件"司法改革的一次实践。上海市三中院、上海知识产权法院在机构设置、法官选任以及案件管辖范围方面有重大创新，力图为建立符合司法规律和审判工作特点的新的审判管理体制和审判权力运行机制探索经验和规律。

（2）职能管辖

　　职能管辖，是指公安机关、人民检察院和人民法院在直接受理刑事案件范围上的分工，是我国刑事诉讼特有的管辖。它所解决的是公、检、法三部门各自受案范围的问题，故又称立案管辖、部门管辖。（详见下一节"刑事诉讼法"中的"立案管辖"）

2. 公开审判制度

　　公开审判制度，是指人民法院的审判活动依法向社会公开的制度。
　　公开审判的内容主要有：
　　（1）人民法院在开庭前公告当事人姓名、案由、开庭时间、地点；
　　（2）除法律规定不公开审理的案件外，审判过程必须公开，允许公民到庭旁听，允许新闻记者采访和报导；
　　（3）宣判一律公开进行。

　　公开审判是相对秘密审判而言的，公开审判取代秘密审判是诉讼制度文明进步的表现，是保障审判民主性和公正性的重要措施。
　　当然，公开是有限度的，根据法律规定，涉及个人隐私、国家秘密、商业秘密、以及未成年人犯罪的案件，审理是不公开的。

观　察

2013年8月22日，山东省济南市中级人民法院开庭审理被告人薄熙来受贿、贪污、滥用职权一案，庭审期间，济南市中级人民法院官方微博对庭审情况作了播报。2014年9月24日，国家发改委原副主任刘铁男受贿案在河北省廊坊市中级人民法院开庭审理，廊坊中院也采用微博的形式同步向外界播报庭审情况。另外，包括刘汉等较为敏感的案件和多地官员腐败案，均在审理过程中通过网络进行了直播。公开透明是保证审判公正的重要保证。

3. 合议制度

合议制度，是指由三名以上审判人员或审判员、人民陪审员组成合议庭，对案件进行审理并作出裁判的制度。

根据我国诉讼法的规定，除适用简易程序的民、刑事案件外，一律组成合议庭审理。合议庭的组成人数为单数，评议案件实行少数服从多数的原则。

合议制有利于集思广益，避免审判人员的个人局限性和片面性，从而保证办案质量。

4. 回避制度

回避制度，是指承办案件的有关人员因与案件、案件的当事人有利害关系或者其他可能影响案件公正处理的关系，不得参与办理该案的诉讼活动的制度。

回避制度的建立，旨在防止办案人员因同案件或案件的当事人之间的某种关系，而先入为主或者徇私舞弊。符合法定情形应当回避的人员包括：侦查人员、检察人员、审判人员、书记员、翻译人员和鉴定人。

（1）回避的事由

承办案件的有关人员具有下列情形之一的，应当回避：

A. 是本案的当事人或者是当事人、诉讼代理人近亲属的；

B. 本人或其近亲属与本案有利害关系的；

C. 与本案当事人、诉讼代理人有其他关系，可能影响案件公正审理的；

D. 担任过本案的证人、鉴定人、辩护人、诉讼代理人的。

---

①　合议庭可以由审判员组成，也可以由审判员、人民陪审员组成。人民陪审员参加合议庭审理案件，特别是一些专业性较强的案件，如知识产权纠纷、计算机犯罪案件等，能够有效地弥补审判员专业知识上的不足；在某种程度上，人民陪审员还发挥着监督审判工作的作用。陪审制源于英国，典型的现代陪审制度是这样的：陪审团由普通公民组成；陪审员在审前对案件没有任何倾向性意见，在诉讼过程中始终处于冷静旁观的地位；陪审员单独行使事实裁定权。但我国的陪审员制度完全不同于这种陪审制。

另外，审判人员接受当事人、诉讼代理人请客送礼，或者违反规定会见当事人、诉讼代理人的，当事人有权要求他们回避。

（2）回避的程序

回避可以由应当回避的人员主动提出（自行回避），也可以由当事人及其法定代理人在诉讼的各阶段提出（申请回避），还可以由有决定权的办案机关负责人或组织指令有关人员回避（指令回避）。

审判人员、检察人员、侦查人员的回避，分别由法院院长、检察长和公安机关负责人决定；法院院长的回避，由本院审判委员会决定；检察长和公安机关负责人的回避，由同级人民检察院检察委员会决定。

回避决定一经作出即行生效。刑事诉讼中，当事人及其法定代理人对驳回回避申请的决定不服时，可以申请复议一次。对侦查人员的回避作出决定前，侦查人员不能停止对案件的侦查，以保持侦查工作的连续性、及时性。

5. 两审终审制

两审终审制，是指一个案件经两级人民法院审判即告终结的一种审级制度。

具体地说，就是当事人对一审判决、裁定不服的，有权在法定期限内向上一级人民法院提起上诉，人民检察院认为刑事案件一审裁判确有错误时，也可以在法定期限内提出抗诉。上一级人民法院按照二审程序审理后作出的判决、裁定，为终审判决、裁定。

我国原则上实行两审终审制，但须注意以下两点：
- 最高人民法院是全国最高审判机关，其特殊地位决定了它的一审判决、裁定就是终局性的，不存在上诉或抗诉的问题；
- 刑事诉讼中判处死刑的案件，即使经过二审也还未生效，还必须经死刑复核程序，经该程序核准后的死刑判决才能最终生效。

6. 证据制度

证据制度，是指法律规定或确认的关于诉讼中的证据、证据种类、证明对象、证明责任、证明要求，以及如何收集、审查、判断证据的制度。

（1）证据的概念和特征

证据是指法律确认的、证明案件事实的材料。证据具有三个基本特征：

第一，客观性。证据最本质的特征就在于它是客观存在的事实，而不是主观想象或人为捏造出来的事物。

第二，关联性。证据必须与案件事实之间存在客观联系，与案件无关的即便是客观存在的事实，也应予以排除。

第三，合法性。只有形式上符合法律的要求且依法定程序收集、认定的证据，才能作为定案的根据。

（2）证据的种类

证据的种类，是指诉讼法根据证据事实的表现形式对证据所作的分类。又称为证据事实的来源或证据资料。主要有以下八种：

A. 物证

物证，是指以其自身属性、外部特征或存在状况证明案件事实的物品或痕迹。物证除了包括常见的物品和痕迹之外，还包括动植物、人体，以及某些能够收集到的气味、颜色、电流等看不见、摸不着的无形物质。

B. 书证

书证，是指以文字、符号、图画所记载的内容来证明案件事实的书面材料和其他物品。如合同文本、票据、房产证、结婚证等。

C. 证人证言

证人证言，是指证人就所了解的案件事实向司法机关所作的陈述，包括书面陈述和口头陈述。因生理上、精神上有缺陷或年幼，不能辨别是非、不能正确表达意志的人，不能作证。我国法律规定证人有出庭作证、如实陈述并回答质询和保守国家机密的义务。

D. 当事人陈述

当事人陈述，是指诉讼当事人就案件事实向人民法院所作的陈述。在刑事诉讼中主要表现为被害人陈述。

E. 犯罪嫌疑人、被告人的供述和辩解

犯罪嫌疑人、被告人的供述和辩解，是指犯罪嫌疑人、被告人在刑事诉讼过程中，就与案件有关的事实情况向公安、司法机关所作的陈述，既包括承认自己有罪的供述，也包括声称自己无罪或者罪轻的辩解。

F. 鉴定意见

鉴定意见，是指鉴定人运用专业知识或技术，对案件中的专门问题进行鉴定后作出的书面性意见。鉴定是鉴定人对案件专门性问题进行鉴别和判断的活动，包括法医鉴定、司法精神病鉴定、痕迹鉴定、会计鉴定、交通肇事鉴定等。

G.勘验、检查、辨认、侦查实验等笔录及现场笔录

笔录是指司法工作人员在调查案件事实的过程中所作的各种记录。勘验、检查、辨认、侦查实验等笔录，是指司法人员对能够证明案件事实的现场、物品和人身进行勘验、检查和辨认后所作的记录，或者是在进行侦查实验时所作的记录。行政机关工作人员对实施行政行为的现场情况所作的书面记录，即现场笔录，是行政诉讼中特有的法定证据。

H.视听资料、电子数据

视听资料，包括录音资料和影像资料，视听资料是通过声音、影像来证明案件事实的证据材料。

电子数据，是指通过电子邮件、电子数据交换、网上聊天记录、博客、微博、手机短信、电子签名、域名等形成或者存储在电子介质中的信息，这些信息都可作为用于证明案件事实的材料。

（3）证据的分类

A．言词证据和实物证据

根据证据表现形式的不同，证据可分为言词证据和实物证据。

凡是表现为人的陈述的证据都叫言词证据。在诉讼法规定的证据中可以划归言词证据的有以下四种：证人证言；当事人陈述（包括被害人陈述）；犯罪嫌疑人、被告人供述和辩解；鉴定意见。

实物证据，是指以客观存在的物体作为证据事实表现形式的各种证据。在诉讼法规定的证据中可以划归实物证据的有以下四种：物证；书证；勘验、检查笔录；视听资料。

B．有罪证据和无罪证据

根据证据对案件事实所起证明作用的不同，证据可分为有罪证据与无罪证据。

凡是能肯定犯罪事实存在、证明被告人有罪的证据，称有罪证据。
凡是能否定犯罪事实存在，证明被告人无罪的证据，称无罪证据。

C．原始证据和传来证据

根据证据来源的不同，证据可分为原始证据和传来证据。

凡是直接来源于案件事实的证据，即第一手的事实材料，称原始证据。

凡是间接来源于案件事实的证据，即第二手或第二手以上的事实材料，称传来证据。如各种物证的复制品或照片，各种书证的副本、抄本、复印件，听来的、转述的证言等。

D. 直接证据和间接证据

根据证据与案件主要事实的关系，证据可分为直接证据和间接证据。

凡是能够单独直接证明案件主要事实的证据，称直接证据。在刑诉法规定的证据中可以划归直接证据的有：被害人陈述，犯罪嫌疑人、被告人供述和辩解。

凡是需要与其他证据相结合才能证明案件主要事实的证据，称间接证据。间接证据是发现犯罪分子、获得直接证据的先导；是鉴别直接证据的重要手段，可以起到否定或印证、加强直接证据证明力的作用；在无法收集直接证据的情况下，完全、充分的间接证据可以成为定案的唯一根据。完全依靠间接证据定案应当遵循以下规则：

- 间接证据必须查证属实；
- 间接证据必须与案件事实存在客观联系，必须结合其他间接证据查明这种联系；
- 间接证据必须形成一个完整的证明体系；
- 间接证据相互之间以及间接证据与案件事实之间，必须协调一致，没有矛盾；
- 间接证据形成的证明体系足以排除其他可能性，据此得出的结论必须是唯一的、排他的、确实无疑的。

（4）举证责任

举证责任是法律假定的一种后果，即当事人对自己的诉讼主张，有提供证据加以证明的责任，否则将承担败诉的法律后果。

举证责任包含两层意思：一是，当事人对主张的事实，负有提出证据予以证明的义务，对方当事人不负举证责任；二是，如果双方当事人都提不出足够证据，则负举证责任的一方败诉。所以，举证责任是一种风险义务，与诉讼后果密切相关。

那么举证责任是如何分配的呢？

A. 刑事诉讼的举证责任分配

《刑事诉讼法》第49条规定，公诉案件中被告人有罪的举证责任由人民检察院承担，自诉案件中被告人有罪的举证责任由自诉人承担。

公诉案件的公诉人负有举证责任。公诉人应当向合议庭提出证据，证明起诉书对被告人所控诉的犯罪事实。如果公诉人不举证，或者虽然举证但达不到法律所要求的"确实、充分"的程度，法庭应对被告人作出无罪判决。

自诉案件的自诉人负有举证责任。自诉人向人民法院提出控诉时，必须提供证据；人民法院认为缺乏罪证，而自诉人又提不出补充证据时，法院应当说服自诉人撤回自诉或者裁定驳回。

犯罪嫌疑人、被告人不负举证责任。①

B．民事诉讼的举证责任分配

《民事诉讼法》第64条第1款规定："当事人对自己提出的主张，有责任提供证据。"该条规定设定了民事诉讼举证责任分担的一般原则，即：第一，当事人双方都应负担举证责任；第二，谁主张事实，谁举证。

最高人民法院在相关的司法解释中还对民事诉讼中的举证责任作了如下规定：在合同纠纷案件中，主张合同关系成立并生效的一方当事人对合同订立和生效的事实承担举证责任；主张合同关系变更、解除、终止、撤销的一方当事人对引起合同关系变动的事实承担举证责任；对合同是否履行发生争议的，由负有履行义务的当事人承担举证责任；对代理权发生争议的，由主张有代理权一方当事人承担举证责任；在劳动争议纠纷案件中，因用人单位作出开除、除名、辞退、解除劳动合同、减少劳动报酬、计算劳动者工作年限等决定而发生劳动争议的，由用人单位负举证责任。

在民事诉讼中，举证责任是可以转换的，既可能从原告转移到被告，也可能从被告转移到原告。

C．行政诉讼的举证责任分配

行政诉讼由被告即行政主体（主要是行政机关）负举证责任。②

当被告不能证明具体行政行为合法而法院又无法查明案件事实真相时，由被告承担败诉后果；原告不因举不出证据来证明具体行政行为的违法性而败诉。但有关程序上的事实或有关民事上的事实，仍应遵循"谁主张、谁举证"的原则。

综上所述，作为程序法，无论是刑事诉讼法、民事诉讼法，还是行政诉讼法，在诉讼法的基本原则、诉讼法的基本制度和程序方面有着许多的共性。这些共性体现出了我国诉讼法律制度的基本面貌。但另一方面，它们毕竟是解决不同实体问题的程序法，各自还有其特有的原则、制度和程序，相互之间存在着不小的差异。以下各节将就此逐一细述。

---

①　这里有两个例外：巨额财产来源不明案和自诉案件的被告人提起反诉。巨额财产来源不明案中，国家工作人员的财产和支出明显超过合法收入、差额巨大的，犯罪嫌疑人必须举证差额部分的来源合法，否则以非法所得论。自诉案件的被告人提起反诉，他在反诉中即成为自诉人，因此对反诉的主张和事实负有举证责任。

②　行政诉讼由行政机关承担举证责任是由以下原因决定的：第一，行政行为必须遵循"先取证，后裁决"原则，当行政机关作出的行政行为被诉至法院时，它应当而且能够有充分的事实材料证明自己行为的合法性。这一点也是由其承担举证责任的基础。第二，行政法律关系的特点是行政机关与公民、法人或其他组织之间的地位不平等，前者居于主动地位，后者被动。由于这种不平等决定了原告方实际上是不具备举证能力的，如果他因无法举证而败诉，明显有失公允。从求得行政诉讼双方当事人权利义务平等出发，也应由行政机关负举证责任。

第二节

刑事诉讼法

一、刑事诉讼和刑事诉讼法

刑事诉讼是国家专门机关查明犯罪和追究犯罪的活动。

它的特点是：

1. 刑事诉讼必须由法定的专门机关主持进行。在我国"专门机关"是指公安机关、人民检察院和人民法院；

2. 刑事诉讼活动必须是在当事人和其他诉讼参与人的参加下进行；

3. 刑事诉讼活动必须严格按照刑事诉讼法规定的程序和方式进行。

广义的刑事诉讼法，是指一切与刑事诉讼程序有关的法律规范。狭义的刑事诉讼法，仅指刑事诉讼法典，如我国现行的1979年通过、1996年和2012年修订的《中华人民共和国刑事诉讼法》。

二、我国刑事诉讼法的特有原则

1. 专门机关与群众相结合原则

《刑事诉讼法》第6条规定："人民法院、人民检察院和公安机关进行刑事诉讼，必须依靠群众，必须以事实为根据，以法律为准绳。对于一切公民，在适用法律上一律平等，在法律面前，不允许有任何特权。"这一原则要求专门机关在刑事诉讼中正确处理专门工作与依靠群众的关系。

2. 公检法分工负责、互相配合、互相制约原则

《刑事诉讼法》第7条规定："人民法院、人民检察院和公安机关进行刑事诉讼，应当分工负责，互相配合，互相制约，以保证准确有效地执行法律。"这项原则是解决刑事诉讼中专门机关之间相互关系的基本准则，它包含三个方面内容：

（1）分工负责，是指人民法院、人民检察院和公安机关根据法律赋予的职权，各司其职、各尽其责，不能越俎代庖，也不能超越自身职责权限范围。

（2）互相配合，是指公检法机关在分工负责基础上，须相互支持、相互协作，共同完成刑事诉讼的任务，而不能各行其是甚或互相扯皮。

（3）互相制约，是指公检法三机关之间相互监督，保证各自职权的正常行使，防止和减少工作中的失误，及时发现和纠正违法现象。没有制约的权力是腐败的根源，因此可以说"互相制约"是贯彻"分工负责、互相配合、互相制约"这一原则的关键。司法职权的制衡是现代法治为保障诉讼公正而设置的，它有利于各机关诉讼职能的充分发挥。

3. 未经依法判决不得确定有罪原则

《刑事诉讼法》第12条规定："未经人民法院依法判决，对任何人都不得确定有罪。"本原则吸收了西方国家"无罪推定"精神的内核，是我国刑事诉讼制度的一大进步。这一原则包含以下内容：

（1）确定被告人有罪的权力由人民法院统一行使。定罪权是刑事审判权的核心，人民法院作为我国唯一的审判机关，代表国家统一行使刑事审判权。

（2）人民法院判决任何人有罪，必须依法判决。即必须依照法定程序，组成合议庭公开审理（除法律有特别规定），并保障被告人的合法诉讼权利，依据刑法作出判决并公开宣判等等。

（3）未经依法判决，人民法院也不得确定任何人有罪。

观　察

我们经常在电视以及各类图片、照片中看到被告人出庭受审时，身上穿的不是平常的衣着，而是囚服。这样的场景即将成为过去。

2015年2月26日，最高人民法院公布《最高人民法院关于全面深化人民法院改革的意见》，其中关于"禁止让刑事在押被告人或者上诉人穿着识别服、马甲、囚服等具有监管机构标识的服装出庭受审"的规定，引起社会广泛关注。长期以来，被告人套着囚服受审已成多地通行之举。但是在法律上，在法院正式作出有罪判决之前，法庭中被告人的身份仍然是"犯罪嫌疑人"，穿着囚服出庭受审，容易让公众对当事人形成已经是"罪犯"的判断。此次最高人民法院明确提出"禁止穿囚服受审"，顺应了现代司法文明的要求，体现出对被告人权利的尊重和对法治精神的遵循。

4. 保障诉讼参与人依法享有诉讼权利原则

《刑事诉讼法》第14条规定："人民法院、人民检察院和公安机关应当保障犯罪嫌疑人、被告人和其他诉讼参与人依法享有的辩护权和其他诉讼权利。诉讼参与人对于审判人员、检察人员和侦查人员侵犯公民诉讼权利和人身侮辱的行为，有权提出控告"

刑事诉讼中的诉讼参与人除犯罪嫌疑人、被告人外，还包括法定代理人、诉讼代理人、辩护人、证人、鉴定人和翻译人员等。依法保障公民的诉讼权利，是司法文明的标志。这一原则的含义是：

（1）诉讼权利是一种法定权利，应当受到法律保护；

（2）公检法机关有义务尊重和保护公民的诉讼权利，并且有责任采取措施排除他们在诉讼过程中遇到的各种障碍；

（3）诉讼参与人有权用法律手段维护自己的诉讼权利，对于审判人员、检察人员和侦查人员侵犯公民诉讼权利和人身侮辱的行为，诉讼参与人有权提出控告。

三、刑事诉讼结构

1. 刑事诉讼结构的概念和类型

刑事诉讼结构，又称为刑事诉讼模式、刑事诉讼形式，是指国家司法机关和诉讼参与人在刑事诉讼中依各自的法律地位而构成的相互关系及其进行刑事诉讼所采取的方式。

控诉、辩护、审判构成的"三角形结构"是世界各国刑事诉讼的基本模式，典型代表是：当事人主义刑事诉讼结构和职权主义刑事诉讼结构。

2. 当事人主义刑事诉讼结构

当事人主义刑事诉讼结构，又称为对抗式或辩论式诉讼结构，为英美法系国家广泛采用。它的显著特点就是：强调控辩双方当事人的平等地位、相互对抗和攻防平衡，注重发挥双方的积极作用。具体表现为：

（1）侦查阶段，控辩双方都有权独立地调查取证，犯罪嫌疑人有权获得律师的帮助，有沉默权和充分的保释权。

观　察　　　美国警察抓捕嫌犯时会一边给嫌犯戴手铐，一边背诵下面这段话："你有权保持沉默，你所说的话有可能在审判中用作不利于你的证据；你有会见律师的权利，如果你请不起律师，政府可以免费为你提供一名律师。"这就是著名的"米兰达忠告"。在美国，犯罪嫌疑人只有在"明白地并且理智地"放弃这一权利后，才可以对其进行审讯，如果没有进行预先的忠告就讯问，犯罪嫌疑人所作任何陈述都不能作为证据。

（2）起诉阶段，实行"起诉一本主义"和证据开示制度。

起诉一本主义，是指检察官只能向法院提交一份起诉书，阐明起诉的内容，而案卷材料和证据都不得移送。这样一来，就切断了侦查与审判之间的沟通，侦查人员对案件的认识、看法都无法在庭审前传递到法官那里，能够有效地防止法官对案件作出先入为主的判断。

证据开示，是指检察官有义务向辩护方出示其掌握的证据。因为警察机关和检察机关在侦查手段上的强大优越性是被控方无法企及的，如果检察机关不向被告人一方透露有关证据资料，后者又无法在法院查知（检察官并没有向法官那里移送这些证据资料），那么庭审时控方搞"举证突袭"击败对方是易如反掌。但这是与英美法系国家刑事诉讼结构所追求的"控辩双方平等对抗"背道而驰的,所以,与"起诉一本主义"相配套的证据开示制度便应运而生了。我国目前也已经在法律上设置了证据开示制度,并正在不断完善之中。

（3）审判阶段的辩论主义诉讼

这种庭审模式中,有明显对立的双方,一方是公诉人,一方是被告人,他们都向法院提出他们各自所了解的事实;法官充当冲突双方之间的公断人。

控辩双方提供自己的证据,法庭调查和法庭辩论采取交叉询问的方式进行。双方通过交叉询问对同一证据反复论证,有助于从不同角度对证据进行全面深入的考察。

当事人主义结构注重保护嫌犯和被告人的权利,整个诉讼过程呈现出较为公平、公正、民主的色彩。但这种结构的弊病也是明显的:诉讼成本大,效率相对较低。因此,辩诉交易制度才得以在美国大行其道。总之,在追究犯罪、维持社会整体利益以及诉讼效率方面,英美法系的当事人诉讼结构不如大陆法系国家的职权主义结构得力。

3. 职权主义刑事诉讼结构

职权主义刑事诉讼结构,又称为讯问式或审问式诉讼结构,为大陆法系国家广泛采用。它的显著特点就是:强调国家的干预和司法机关的主导地位,注重发挥司法机关特别是法官行使职权的主动性。具体表现为:

（1）侦查阶段,控辩双方地位事实上不平等。

根据法律规定,律师可以参与侦查程序,可以会见犯罪嫌疑人,但参与程度较为有限,所受限制较多。

（2）起诉阶段,实行案卷移送制度。

检察官在提起公诉时,除了提交起诉书,还要随案向法院移交案卷材料和证据材料。法官在开庭之前通过阅读案卷,充分了解案情。这使得法官在庭审前即对案件有了较为成熟的判断和想法。

（3）审判阶段,"主动的法官,消极的当事人"。

法官在庭审中处于绝对主导地位,调查核实证据、讯问被告人、询问证人都是法官的职责。检控方和辩护方只能在法官对证据调查完毕后作一些补充提问。

不可否认,职权主义刑事诉讼结构在保护社会整体利益和追究犯罪的效率方面,要高于当事人主义结构。但是这种结构易于引发轻视程序的诟病,司法机关与被追诉方的地位不均衡,特别是被告人权利易被忽视。

相对而言，我国的刑事诉讼结构与大陆法系较为接近。

四、辩护与代理

1. 辩护和辩护权的概念

辩护，是指刑事诉讼中犯罪嫌疑人、被告人和辩护人针对指控进行反驳、申辩和辩解，以证明犯罪嫌疑人、被告人无罪、罪轻，或者应当减轻、免除其刑事责任。

辩护权是犯罪嫌疑人、被告人享有的基本权利。我国刑事诉讼法规定，犯罪嫌疑人、被告人有权为自己进行辩护，也有权委托他人为其辩护。

2. 辩护的种类

我国的刑事辩护有自行辩护、委托辩护和指定辩护三种。

（1）自行辩护

自行辩护，指犯罪嫌疑人、被告人针对指控自己进行反驳、申辩和辩解的行为。在整个诉讼阶段，犯罪嫌疑人、被告人都可为自己辩护，这也是目前使用最为广泛的辩护方式。

（2）委托辩护

委托辩护，指犯罪嫌疑人、被告人依法委托律师或者其他公民协助其进行辩护。

公诉案件的犯罪嫌疑人自被侦查机关第一次讯问或者采取强制措施之日起，有权委托辩护人。在侦查期间，只能委托律师作为辩护人。自诉案件的被告人有权随时委托辩护人。

公安、司法机关应当充分保障犯罪嫌疑人、被告人的这一权利。侦查机关在第一次讯问犯罪嫌疑人或者对犯罪嫌疑人采取强制措施的时候，应当告知犯罪嫌疑人有权委托辩护人。人民检察院自收到移送审查起诉的案件材料之日起三日内，应当告知犯罪嫌疑人有权委托辩护人。人民法院自受理案件之日起三日内，应当告知被告人有权委托辩护人。犯罪嫌疑人、被告人在押期间要求委托辩护人的，人民法院、人民检察院及公安机关应当及时转达其要求。

（3）指定辩护

指定辩护，指人民法院、人民检察院和公安机关为犯罪嫌疑人、被告人指定辩护人以协助其行使辩护权。被指定的辩护人只能是承担法律援助义务的律师。

人民法院、人民检察院和公安机关应当为下列犯罪嫌疑人、被告指定辩护人：盲、聋、哑人；尚未完全丧失辨认或者控制自己行为能力的精神病人；犯罪嫌疑人、被告人可能被判处死刑的。

3. 辩护人的范围

根据《刑事诉讼法》第32条的规定，犯罪嫌疑人、被告人可以委托一至二人为其辩护。刑事诉讼的辩护人可以是：

● 律师；

● 人民团体或者犯罪嫌疑人、被告人所在单位推荐的人；

● 犯罪嫌疑人、被告人的监护人、亲友。

正在被执行刑罚或者依法被剥夺、限制人身自由的人，不得担任辩护人。

4. 辩护律师的主要权利

律师作为辩护人的，主要享有下列权利：

（1）阅卷权。辩护律师自人民检察院对案件审查起诉之日起，可以查阅、摘抄、复制本案的案卷材料。其他辩护人经人民法院、人民检察院的许可，也可以查阅、摘抄、复制本案上述材料。

（2）会见通信权。辩护律师可以同在押的犯罪嫌疑人、被告人会见和通信。其他辩护人经人民法院、人民检察院的许可，也可以同在押的犯罪嫌疑人、被告人会见和通信。危害国家安全犯罪、恐怖活动犯罪、特别重大贿赂犯罪案件，在侦查期间辩护律师会见在押的犯罪嫌疑人，应当经侦查机关许可。

（3）调查取证权。辩护律师经证人或者其他有关单位和个人同意，可以向他们收集与本案有关的材料，也可以申请人民检察院、人民法院收集、调取证据，或者申请人民法院通知证人出庭作证；辩护律师经人民检察院或者人民法院许可，并经被害人或其近亲属、被害人提供的证人同意，可以向他们收集与本案有关的材料。其他辩护人没有这项权利。

（4）参加法庭调查和法庭辩论权。

（5）经被告人同意提出上诉的权利。

5. 刑事代理

刑事诉讼中的代理，是指代理人接受公诉案件的被害人（及其法定代理人或近亲属）、自诉案件的自诉人（及其法定代理人或近亲属）、附带民事诉讼的当事人（及其法定代理人或近亲属）的委托，以被代理人的名义参加诉讼，由被代理人承担行为后果的一项法律制度。

公诉案件中，被害人（及其法定代理人或近亲属）自案件移送审查起诉之日起，有权委托诉讼代理人；自诉案件的自诉人有权随时委托诉讼代理人。人民检察院和人民法院负有告知有关当事人有权委托诉讼代理人的义务。

诉讼代理人的范围与辩护人是一致的，即律师，人民团体或犯罪嫌疑人、被告人所在单位推荐的人，犯罪嫌疑人、被告人的监护人、亲友可以被委托为诉讼代理人。诉讼代理人必须在代理权限内进行代理活动。

五、强制措施

刑事诉讼中的强制措施，是指司法机关依法对犯罪嫌疑人、被告人或者现行犯、重大嫌疑分子所采取的限制或剥夺其人身自由的各种强制方法。

1. 拘传

拘传是司法机关对未被逮捕、拘留的犯罪嫌疑人、被告人，依法强制其到案接受讯问的一种强制方法，是强制措施中最轻的一种。

拘传持续的时间最长不得超过十二小时；案情特别重大、复杂，需要采取拘留、逮捕措施的，拘传持续的时间不得超过二十四小时。

2. 取保候审

取保候审，是指公、检、法机关依法责令犯罪嫌疑人、被告人提供保证人或者交纳保证金并出具保证书，保证不逃避或妨碍侦查、起诉、审判，并随传随到的一种强制措施。取保候审适用于罪行比较轻微、不够逮捕条件，或罪该逮捕、但采用取保候审方法足以防止其发生社会危险性的犯罪嫌疑人、被告人。

取保候审最长不得超过十二个月，在此期间不中断对案件的侦查、起诉和审理。

3. 监视居住

监视居住，是指公、检、法机关为了防止犯罪嫌疑人、被告人逃避侦查、起诉和审判，限定其活动区域和住所，限制其行动自由的一种强制方法。

监视居住的最长期限不得超过六个月。

4. 拘留

刑事拘留，是指公安机关对于现行犯或者重大嫌疑分子，在遇有法定的紧急情况下，依法采取的临时剥夺其人身自由的一种强制措施。

公安机关对被拘留的人，应当在拘留后的二十四小时以内进行讯问。在发现不应当拘留的时候，必须立即释放，发给释放证明。

拘留后，应当立即将被拘留人送看守所羁押，至迟不得超过二十四小时。除无法通知或者涉嫌危害国家安全犯罪、恐怖活动犯罪通知可能有碍侦查的情形以外，应当在拘留后二十四小时以内，通知被拘留人的家属。有碍侦查的情形消失以后，应当立即通知被拘留人的家属。

公安机关对被拘留的人，认为需要逮捕的，应当在拘留后的三日以内，提请人民检察院审查批准。在特殊情况下，提请审查批准的时间可以延长一至四日。

对于流窜作案、多次作案、结伙作案的重大嫌疑分子，提请审查批准的时间可以延长至三十日。

人民检察院应当自接到公安机关提请批准逮捕书后的七日以内，作出批准逮捕或者不批准逮捕的决定。人民检察院不批准逮捕的，公安机关应当在接到通知后立即释放，并且将执行情况及时通知人民检察院。

5. 逮捕

逮捕，是指人民法院、人民检察院和公安机关，为防止犯罪嫌疑人、被告人逃避或妨碍侦查、起诉和审判进行，防止其继续发生社会危险性，依法采取的暂剥夺其人身自由，予以羁押的强制措施。

逮捕犯罪嫌疑人、被告人，必须经过人民检察院批准或者人民法院决定，由公安机关执行。

此外，扭送也被视为一种特殊的强制措施。扭送，是指公民将当场抓获的现行犯罪分子强制送交公安机关、人民检察院和人民法院处理的行为。

对于有下列情形之一的人，任何公民都可以立即将其扭送公安机关、人民检察院或者人民法院处理：

- 正在实行犯罪或者在犯罪后即时被发觉的；
- 通缉在案的；
- 越狱逃跑的；
- 正在被追捕的。

六、立案

立案，即立案阶段，是指公安机关、人民检察院或人民法院对于自己发现和接受的报案、控告、举报及自首的材料进行审查，判明有无犯罪事实和应否追究刑事责任，并决定是否作为刑事案件进行侦查或审判的诉讼活动。

立案是我国刑事诉讼中的独立诉讼阶段。其基本任务是查明是否发生了犯罪事实、对已发生的犯罪事实是否需要作为刑事案件进行追究。只有公安机关、人民检察院、人民法院才有立案的权力和职责，其他任何单位和个人都无权立案。

1. 立案管辖

立案管辖，即职能管辖，是指公安机关、人民检察院和人民法院在直接受理刑事案件上的分工，是我国刑事诉讼特有的管辖。

（1）人民法院直接受理的刑事案件

刑事自诉案件由人民法院直接受理。这类案件包括：
- 告诉才处理的案件；
- 被害人有证据证明的轻微的刑事案件；

● 被害人有证据证明对被告人侵犯自己人身、财产权利的行为应当依法追究刑事责任，而公安机关或者人民检察院不予追究被告人刑事责任的案件。

（2）人民检察院直接受理的刑事案件

根据《刑事诉讼法》和有关司法解释的规定，人民检察院直接受理的刑事案件有：

● 贪污贿赂犯罪案件。如贪污案、挪用公款案、受贿案、行贿案、巨额财产来源不明案、隐瞒境外存款案等。
● 国家工作人员的渎职犯罪案件。①这类犯罪包括刑法规定的渎职罪，如玩忽职守案、徇私枉法案、放纵走私案等，以及刑法第248条规定的监管人员殴打、体罚、虐待被监管人罪。
● 国家机关工作人员利用职权实施的侵犯公民人身权利和民主权利的犯罪案件。②如非法拘禁案、非法搜查案、刑讯逼供案、报复陷害案、破坏选举案、侵犯公民通信自由案等。
● 国家机关工作人员利用职权实施的其他重大犯罪案件。

（3）公安机关直接受理的刑事案件

公安机关对刑事案件的侦查具有普遍管辖权，除法律另有规定的以外③，刑事案件都由公安机关侦查。

2. 立案的材料来源和条件

（1）立案的材料和来源
根据《刑事诉讼法》第107条、第108条的规定及司法实践，作为立案的材料来源主要有：
A. 公安机关或者人民检察院发现的犯罪事实或者犯罪嫌疑人；
B. 报案、举报和控告；
C. 犯罪人的自首。

（2）立案的条件
立案必须同时具备以下两个条件：
A. 有犯罪事实（事实条件），即客观上存在着某种危害社会的犯罪行为；

---

① 根据《刑法》第93条规定，"国家工作人员"是指一切国家机关、国有企事业单位中从事公务的人员和其他依照法律从事公务的人员。

② "国家机关工作人员"一般是指国家权力机关、行政机关、司法机关、军队机关；共产党、共青团、妇联、工会、政协等机关中的工作人员。不包括企事业单位、群众团体的工作人员。

③ 这里"法律另有规定的"情况主要指：1.由检察机关负责侦查的案件；2.军队内部发生的刑事案件由军队保卫部门侦查；3.危害国家安全案件由国家安全机关侦查；4.罪犯在监狱内犯罪的案件由监狱侦查。

B. 需要追究刑事责任（法律条件），即根据刑法的规定，对行为人应当追究刑事责任。对于犯罪事实显著轻微，不需要追究刑事责任的行为，不予立案。

七、侦查

1. 侦查的概念和特征

侦查，是指公安机关、人民检察院在办理案件过程中，依照法律进行的专门调查工作和有关的强制性措施。

侦查作为立案后和提起公诉前的必经程序，是提起公诉和审判的前提和基础。侦查是同犯罪行为作斗争的重要手段，是预防犯罪和进行社会治安综合治理的有力措施。

侦查是一个独立的诉讼程序，它具有下列特征：

（1）侦查权只能由侦查机关和部门行使

有权进行侦查的机关和部门是：公安机关、人民检察院、国家安全机关、军队保卫部门和监狱。人民法院是国家审判机关，它依法行使审判权时所进行的勘验、检查、扣押等活动，是为了审查核实证据，不具有侦查的性质。

（2）侦查活动具有法定的内容和方式，即专门调查工作和有关的强制性措施

所谓专门调查工作，是指侦查机关为收集证据、查明案件事实所进行的专门性调查活动，具体包括讯问犯罪嫌疑人、询问证人、勘验、检查、扣押物证书证、鉴定和通缉等。

所谓有关的强制性措施，是指侦查机关为保障专门调查工作的顺利进行而采取的法定强制措施和有关的强制手段和方法。

（3）侦查活动必须依法进行

侦查机关和侦查人员的侦查活动，必须依照法定程序和方式进行。

2. 具体侦查行为

（1）讯问犯罪嫌疑人

即侦查人员依照法定程序，以言词方式对犯罪嫌疑人进行提问并要求回答的一种侦查行为。侦查每起案件都必须讯问犯罪嫌疑人，这样做一方面有利于查明案情，另一方面，也能通过听取犯罪嫌疑人的申辩，保证无罪的人和其他依法不应追究刑事责任的人不受刑事追究。

（2）询问证人、被害人

询问证人，是指侦查人员依照法定程序，以言词方式就案件情况向证人进行查询并取得证词的一种侦查活动。

询问被害人，是指侦查人员向直接遭受犯罪行为侵害的人就其受害及犯罪嫌疑人的有关情况进行调查询问的一种侦查活动。

（3）勘验、检查

即侦查人员对与犯罪有关的场所、物品、尸体或者人身进行勘查、检验、检查以发现和取得犯罪活动所遗留下来的各种痕迹、物品的一种侦查活动。

勘验与检查在主体、性质和任务等方面是相同的，只是对象不同。勘验的对象是现场、物品和尸体，而检查的对象是活人的身体（主要是被害人、犯罪嫌疑人的身体），有时也对证人的视觉、听觉等进行检查。

勘验、检查的种类可分为：现场勘验、物证检验、尸体检验、人身检查和侦查实验。

（4）搜查

搜查，是指为了收集证据、查获犯罪嫌疑人，由侦查人员对犯罪嫌疑人以及可能隐藏罪犯或罪证的人的身体、物品、住处和其他有关场所进行搜索的一种侦查活动。通过搜查，可以收集到各种证据，还可以抓获犯罪嫌疑人，

搜查与检查的主要区别是：第一，目的不同。搜查是为了收集证据、查获犯罪嫌疑人；检查是为了确定被害人、犯罪嫌疑人的某些特征、伤害情况和生理状况。第二，适用对象不同。搜查可以适用于一切可能隐藏犯罪证据的人、物品或者有关场所；检查只能依法对被害人、犯罪嫌疑人进行。第三，方法不同。搜查对一切拒绝合法搜查的人都可以依法强制搜查；检查只能对犯罪嫌疑人可以依法强制进行检查。

（5）查封、扣押物证、书证

查封、扣押物证、书证，是侦查人员对发现能够证明犯罪嫌疑人有罪或无罪的财物、文件，依法强制查封、扣留的一种侦查活动。

（6）鉴定

鉴定，是侦查机关为了查明案情，指派或聘请具有专门知识的人，对案件中某些专门性问题进行鉴别和判断，并作出科学意见的一种侦查活动。

鉴定是取得证据证明案情和正确认定案件性质的重要手段。它以解决某些专门性问题来弥补侦查人员的知识水平；以其科学性、客观公正性帮助司法机关判明证据的真伪，在司法实践中，对揭示物证、书证的证明作用具有特别重要的意义。

（7）技术侦查措施

技术侦查措施，是指侦查机关为了侦破特定犯罪行为的需要，根据国家有关规定，经过严格审批，采取的一种特定技术手段。

技术侦查行为即是运用技术侦查措施的侦查行为。通常包括电子侦听、电话监听、电子监控、秘密拍照、录像、进行邮件检查等秘密的专门技术手段。

《刑事诉讼法》第148条规定，公安机关在立案后，对于危害国家安全犯罪、恐怖活动犯罪、黑社会性质的组织犯罪、重大毒品犯罪或者其他严重危害社会的犯罪案件，根据侦查犯罪的需要，经过严格的批准手续，可以采取技术侦查措施。

人民检察院在立案后，对于重大的贪污、贿赂犯罪案件以及利用职权实施的严重侵犯公民人身权利的重大犯罪案件，根据侦查犯罪的需要，经过严格的批准手续，可以采取技术侦查措施，按照规定交有关机关执行。

追捕被通缉或者批准、决定逮捕的在逃的犯罪嫌疑人、被告人，经过批准，可以采取追捕所必需的技术侦查措施。

（8）通缉

通缉，是指公安机关通令缉拿应当逮捕而在逃的犯罪嫌疑人的一种侦查活动。

只有公安机关有权发布通缉令。其他任何机关、单位和个人都无权自行发布通缉令。人民检察院需要追捕在逃的犯罪嫌疑人时，应当由公安机关发布通缉令。

公安机关需要通缉犯罪嫌疑人时，由该机关的主要负责人决定。县级以上公安机关在自己管辖地区内，可以直接发布通缉令；需要在全国或者跨地区通缉重要逃犯时，由省、自治区、直辖市的公安厅（局）上报公安部，由公安部发布通缉令。

3. 侦查终结

侦查终结，是指侦查机关对于自己立案侦查的案件经侦查后，认为案件事实、证据已经清楚，可以结束侦查，并对案件作出结论和处理的一种诉讼活动。

公安机关侦查终结后，对于具备起诉条件的案件，应将案卷材料、证据一并移送同级人民检察院审查决定。

在侦查中发现不应对犯罪嫌疑人追究刑事责任的，应当撤销案件，制作撤销案件报告。犯罪嫌疑人已被逮捕的，应当立即释放，发给释放证明，并且通知原批准逮捕的人民检察院。

八、提起公诉

刑事起诉，是指人民检察院或自诉人向人民法院控诉被告人犯罪，要求对被告人进行审判的诉讼活动。我国的刑事起诉分为公诉和自诉两种。

公诉，是指人民检察院代表国家向人民法院控诉被告人犯罪，要求对被告人进行审判的诉讼活动。

自诉，是指被害人及其法定代理人、近亲属为了维护被害人的合法权益，而向人民法院控诉被告人犯罪，要求对被告人进行审判的诉讼活动。

在这两种刑事起诉中，我国实行的是以公诉为主、自诉为辅的起诉制度。

1. 审查起诉

审查起诉，是指人民检察院对公安机关侦查终结、移送起诉的案件和自行侦查终结的案件进行全面审查，依法决定是否将犯罪嫌疑人提交人民法院审判的一项诉讼活动。

审查起诉具有重要意义，它可以充分发挥人民检察院作为国家法律监督机关的职能作用，保障公诉权由人民检察院统一行使，进而保障国家法律的正确、统一实施。

办案人员对案件进行审查后，除需退回公安机关补充侦查的之外，都应制作《案件审查意见书》，提出起诉或不起诉的意见，报请主管负责人审核。

2. 提起公诉

提起公诉，是指人民检察院作出决定，将犯罪嫌疑人起诉到人民法院，提请人民法院对犯罪嫌疑人进行审判的诉讼行为。提起公诉必须同时具备以下三个条件：
- 犯罪嫌疑人的犯罪事实已经查清；
- 证据确实、充分；
- 依法应当追究犯罪嫌疑人的刑事责任。

3. 不起诉

不起诉，是指人民检察院对于侦查终结移送审查起诉的案件，经审查认为不应或不必对犯罪嫌疑人定罪，从而决定不向人民法院起诉的一种诉讼活动。

我国的不起诉分为三种：法定不起诉、酌定不起诉、疑案不起诉。

（1）法定不起诉，即依法不追究刑事责任的不起诉。其条件只须符合下列情形之一：
A. 犯罪嫌疑人没有犯罪事实的；
B. 情节显著轻微、危害不大，不认为是犯罪的；
C. 犯罪已过追诉时效期限的；
D. 经特赦令免除刑罚的；
E. 依照刑法告诉才处理，没有告诉或者撤回告诉的；
F. 犯罪嫌疑人死亡的；
G. 其他法律规定免予追究刑事责任的。

（2）酌定不起诉，即犯罪情节轻微，依法不需要判处刑罚或者免除刑罚的，人民检察院可以作出不起诉决定。《刑事诉讼法》第271条规定，对于未成年人涉嫌刑法分则第四章、第五章、第六章规定的犯罪，可能判处一年有期徒刑以下刑罚，符合起诉条件，但有悔罪表现的，人民检察院可以作出附条件不起诉的决定。

（3）存疑不起诉，即证据不足的不起诉。其条件是：对于二次补充侦查的案件，人民检察院仍然认为证据不足，不符合起诉条件的，应当作出不起诉的决定。这是无罪推定原则的具体体现。

> **观察**
>
> 原中央军委副主席徐才厚涉嫌受贿犯罪，军事检察院于2014年6月对徐才厚立案侦查，2014年10月27日侦查终结，移送审查起诉。审查查明，徐才厚涉嫌受贿犯罪事实清楚，证据确实、充分，应当追究其刑事责任。2015年3月15日，徐才厚因膀胱癌终末期，全身多发转移，多器官功能衰竭，医治无效在医院死亡。由于徐才厚病亡，根据《中华人民共和国刑事诉讼法》第15条的规定，军事检察院对徐才厚作出不起诉决定，其涉嫌受贿犯罪所得依法处理。
>
> 根据《刑事诉讼法》第280条的规定：对于贪污贿赂犯罪、恐怖活动犯罪等重大犯罪案件，犯罪嫌疑人、被告人逃匿，在通缉一年后不能到案，或者犯罪嫌疑人、被告人死亡，依照刑法规定应当追缴其违法所得及其他涉案财产的，人民检察院可以向人民法院提出没收违法所得的申请。根据这一规定，军事法院将依法定程序对此作出裁决。

九、第一审程序

第一审程序，是指人民法院对人民检察院提起公诉或自诉人自诉的刑事案件，进行初次审判的程序。

我国人民法院审判刑事案件实行两审终审制，所以人民法院行使审判权，首先应当按照第一审程序进行。

1. 对公诉案件的审查

对公诉案件的审查是指人民法院对人民检察院提起公诉的案件进行审查，并决定是否将刑事被告人交付审判的诉讼活动。它是人民法院行使国家审判权的开始程序，其性质是对案件的接受和审查，而不是审判。其任务是解决是否将被告人交付法庭审判，案件是否符合开庭审判的条件。

对公诉案件的审查的内容，主要围绕案件是否属于本院管辖、是否符合开庭条件进行，即进行程序性审查，而不是对案件的事实、证据、适用法律等情况进行实体性审查。

经审查符合起诉的程序性要求，主要包括案件属于本院管辖，起诉书中有明确的指控犯罪事实，证明指控犯罪事实的证据材料，人民法院应当决定开庭审判。

经审查不符合上述要求，人民法院可以退回人民检察院改变管辖，或要求限期补充材料。经补充仍不明确、完备或限期未予补充的，应当决定不予受理；人民检察院坚持起诉的，人民法院应当开庭审理。

在审查中，准许人民检察院撤回起诉。

2. 开庭前的准备

人民法院决定开庭审判后，应当进行下列工作：

（1）确定合议庭的组成人员；

（2）向被告人及其辩护人送达起诉书副本；

（3）通知当事人、辩护人、法定代理人、诉讼代理人提供证人、鉴定人名单以及拟当庭出示的证据；

（4）将开庭的时间、地点通知人民检察院；

（5）将传票或者通知书送达有关诉讼参与人；

（6）先期公布案由；

（7）召集公诉人、当事人和辩护人、诉讼代理人了解情况，听取意见。

3. 法庭审判

法庭审判，是人民法院采取开庭的方式，在公诉人、当事人和其他诉讼参与人的参加下，在控、辩双方对证据、案件事实和运用法律开展辩论的情况下，依法确定被告人是否有罪、应否处刑、处以何刑的诉讼活动。

法庭审判大体可分为五个阶段：宣布开庭、法庭调查、法庭辩论、被告人最后陈述、评议和宣判。

（1）宣布开庭

在开庭阶段应解决以下问题：

A. 书记员查明所有应出庭人员是否到庭，宣读法庭规则，请审判长、审判员或陪审员入庭，并当庭向审判长报告开庭前的准备工作已经就绪；

B. 审判长宣布开庭并传唤被告人到庭；

C. 审判长公布案件的来源，起诉的案由，附带民事诉讼原告人和被告人的姓名及是否公开审理，对不公开审理的案件，当庭公布不公开审理的理由；

D. 审判长宣布合议庭的组成人员、书记员、公诉人、辩护人、诉讼代理人、鉴定人和翻译人员的名单；

E. 审判长告知当事人、法定代理人、辩护人、诉讼代理人依法享有的诉讼权利；

F. 审判长分别询问当事人、法定代理人是否申请回避，申请何人回避和申请回避的理由。

（2）法庭调查

法庭调查，是指在审判人员主持下，控、辩双方和其他诉讼参与人的参加下，当庭对案件事实和证据进行审查、核实的活动。法庭调查是法庭审判的一个中心环节。

法庭调查阶段的活动和程序如下：

A. 公诉人宣读起诉书；

B. 被告人、被害人陈述；

C. 讯问被告人；

D. 出示、核实各种证据。

（3）法庭辩论

法庭辩论，是指在审判长的主持下，控、辩双方对案件的证据和案件事实，以及法律的适用等问题，提出论点，发表意见，进行论证和互相辩驳的活动。其任务是通过辩论使审判人员全面听取双方意见，公正裁判。

根据刑事诉讼法的规定和司法实践经验，法庭辩论应当在审判长的主持下，按照下列顺序进行：

A. 公诉人发言；

B. 被害人及其诉讼代理人发言；

C. 被告人自行辩护；

D. 辩护人进行辩护；

E. 控辩双方进行辩论。

第一轮辩论后还可以进行第二轮、第三轮，直到审判长认为案件事实已经查清，犯罪的性质、罪责已经明确，双方意见已经充分发表，审判长可宣布辩论结束。附带民事诉讼部分的辩论应当在刑事诉讼部分的辩论结束后进行。

（4）被告人最后陈述

被告人最后陈述是我国法律赋予被告人的一项重要诉讼权利，目的是在合议庭评议与判决前给予被告人最后一次为自己充分辩解的机会，以便使法庭进一步听取被告人的意见，这对于保护被告人的合法权益，正确处理案件有重要意义。

法庭必须切实保障被告人最后陈述的权利，审判人员对其最后陈述的时间一般不应加以限制。如果其陈述的内容重复或与本案无关时，审判长应当予以引导与制止。

（5）评议和宣判

评议，是指合议庭组成人员在法庭审理的基础上，对案件的事实和证据进行分析、判断并依法对案件作出处理决定的诉讼活动。

宣判，是指将判决的内容向当事人和群众宣告。宣判有当庭宣判和定期宣判两种。

当庭宣判，是指法庭审理后，经过退庭评议作出决定，立即复庭由审判长口头宣告判决文书或主要内容的活动。

定期宣判，是指人民法院经过审理后，另行确定日期宣告判决的活动。

宣告判决一律公开进行。

4. 延期审理

在法庭审理过程中，遇有下列情形之一影响审判的，可以延期审理：

（1）需要通知新的证人到庭，调取新的物证，重新鉴定或者勘验的；

（2）检察人员发现提起公诉的案件需要补充侦查，提出建议的；

（3）由于当事人申请回避而不能进行审判的。

5. 第一审程序的期限

人民法院审理公诉案件，应当在受理后的二个月以内宣判，至迟不得超过三个月。对于可能判处死刑的案件或者附带民事诉讼的案件，以及有刑事诉讼法第156条规定情形之一的，经上一级人民法院批准，可以延长三个月；因特殊情况还需要延长的，报请最高人民法院批准。

如遇人民法院改变管辖的案件，从改变后的人民法院收到案件之日起计算审理期限。

人民检察院建议退回补充侦查的案件，补充侦查完毕移送人民法院后，人民法院可重新计算审理期限。

6. 判决、裁定和决定

（1）判决

判决是人民法院对案件的实体问题作出的处理决定。它是人民法院代表国家行使审判权和执行国家法律的具体体现。因此，判决具有以下三个特性：

第一，强制性。判决一经发生法律效力，就要按照它的内容强制执行，任何其他机关、团体、企事业单位和公民个人都无权加以变更或撤销。

第二，稳定性。生效判决，非经法定程序不能随意更改和撤销。

第三，排他性。同一案件事实的认定和判决，在法定程序上不能再行起诉，再行审理，一个案件也不得同时有两个结论，两个判决。

（2）裁定

裁定是人民法院在审理案件过程中和判决执行过程中，对诉讼程序问题和部分实体问题所作的决定。①

裁定和判决的法律性质与特点基本相同，也具有强制性、稳定性和排他性。二者的不同之处主要表现在：

● 适用对象不同。判决解决案件的实体问题，裁定主要解决程序问题。

● 适用范围不同。判决只在审判终结时适用，裁定则适用于整个审判或执行程序的全过程。

---

① 适用裁定可以解决诉讼中的某些程序问题，比如：当事人由于不可抗拒的原因或其他正当理由而耽误诉讼期限的，在障碍消除后，申请继续进行应当在期满以前完成的诉讼活动，人民法院可以裁定是否准许；缺乏罪证的自诉案件，如果自诉人提不出补充证据，人民法院可以裁定驳回自诉；第二审人民法院维持原判，或撤销原判发回重审等，均可使用裁定。适用裁定解决的部分实体问题，主要是指在执行期间依法减刑、假释等。

● 适用方式不同。判决必须采用书面形式，裁定可采用书面和口头两种形式。
● 上诉、抗诉期限不同。不服判决的上诉、抗诉期限为10日，不服裁定的上诉、抗诉期限为5日。

（3）决定

决定是公安机关、人民检察院和人民法院在诉讼过程中，依法就有关诉讼程序问题所作的一种处理方式。

凡是不涉及上诉、抗诉的程序问题，一般采用决定解决。如申请回避、适用或变更强制措施、延长侦查中羁押犯罪嫌疑人的期间、延期审理等。

庭审中决定的形式一般采用口头宣布，记入笔录。也可以采用书面形式。

决定一经作出，立即生效，不允许上诉或抗诉。某些决定，如对驳回申请回避的决定，法律允许当事人申请复议一次。

7. 自诉案件的审判程序

自诉案件，是指被害人或其法定代理人、近亲属向人民法院起诉，要求追究被告人刑事责任，由人民法院直接受理的刑事案件。

（1）自诉案件的范围

自诉案件的范围前已述及，此不再赘述。

（2）自诉案件的审理

自诉案件的特点是先起诉，后立案。人民法院对自诉案件开庭前的审查不同于公诉案件，它不是程序上的审查，而是实体上的审查。对刑事自诉状或自诉人的口头控告进行审查后，对犯罪事实清楚，有足够证据的案件，应当开庭审判；对缺乏罪证的自诉案件，如果自诉人提不出补充证据，应当说服自诉人撤回自诉，或者裁定驳回。

自诉案件第一审审判程序有以下几个特点：
● 对告诉才处理的案件和被害人有证据证明的轻微刑事案件，可以适用简易程序，由审判员一人独任审判。不适用简易程序的自诉案件，可以参照公诉案件第一审程序的规定进行。
● 对告诉才处理的案件和被害人有证据证明的轻微刑事案件，人民法院可以进行调解。但是，被害人有证据证明对被告人侵犯自己人身、财产权利的行为应当依法追究刑事责任，而公安机关或者人民检察院不予追究被告人刑事责任的案件，法律明确规定不适用调解。
● 自诉案件在审理过程中、宣告判决前，自诉人可以同被告人自行和解，或者撤回自诉。
● 自诉案件的被告人在诉讼过程中可以对自诉人提起反诉。

8. 简易程序

简易程序，是基层人民法院审判某些事实清楚、证据充分的刑事案件，依法适用较普通审判程序简易的一种刑事审判程序。

下列案件可以适用简易程序：
- 案件事实清楚、证据充分的；
- 被告人承认自己所犯罪行，对指控的犯罪事实没有异议的；
- 被告人对适用简易程序没有异议的。

适用简易程序审理案件，对可能判处三年有期徒刑以下刑罚的，可以组成合议庭进行审判，也可以由审判员一人独任审判；对可能判处的有期徒刑超过三年的，应当组成合议庭进行审判。

适用简易程序的案件，人民法院应当在受理后的20日以内审结；对可能判处的有期徒刑超过三年的，可以延长至一个半月。

十、第二审程序

第二审程序也称上诉审程序，是指上一级人民法院根据依法提出的上诉、抗诉，对下级人民法院所作的第一审未生效判决、裁定进行审判的诉讼程序。第二审程序是审判阶段的一个独立程序。

第二审程序的任务是对第一审人民法院所作的判决、裁定进行全面审查和处理，查明所认定的事实是否清楚，证据是否确实和充分，适用法律是否适当，诉讼程序是否合法；如果是对疑案作出的判决，是否符合法律规定的条件。

第二审程序对全面完成刑事诉讼法的任务具有重要意义，具体表现在：有利于准确、及时和公正地惩罚犯罪分子；有利于保护当事人的合法权益；有利于发挥上级人民法院对下级人民法院审判活动的监督指导作用。

1. 提起上诉、抗诉的主体、程序和理由

（1）上诉

上诉，是指法定的诉讼参与人不服地方各级人民法院第一审的判决或裁定时，依照法定程序要求上级人民法院重新审判的诉讼行为。

根据《刑事诉讼法》第216条规定，上诉人的范围包括：
- 被告人、自诉人和他们的法定代理人；
- 被告人的辩护人和近亲属，经被告人同意，可以提出上诉；
- 附带民事诉讼的当事人和他们的法定代理人，可以就一审判决和裁定的附带民事部分提出上诉。

当事人在上诉中应尽可能提出具体明确的理由，可以用书状或口头形式提起上诉。上诉既

可以通过原审法院，也可以直接向第二审法院提出。

（2）抗诉

抗诉，是指人民检察院认为或发现判决和裁定确有错误，提请人民法院重新审判并予以纠正的审判监督行为。抗诉属于法律监督的性质。

有权提出抗诉的机关是地方各级人民检察院。下级人民检察院的抗诉权受到上级检察院的制约，即上级人民检察院认为下级人民检察院的抗诉不当，可以向同级人民法院撤回下级检察院的抗诉。

被害人及其法定代理人不服地方各级人民法院第一审的判决的，自收到判决书后五日以内，有权请求人民检察院提出抗诉。被害人的请求抗诉权只及于一审判决，对一审裁定，不能请求抗诉。

（3）提起上诉、抗诉的期限

不服判决的上诉和抗诉的期限为十日，不服裁定的上诉和抗诉的期限为五日，从接到判决书或裁定书的第二日起算。

（4）上诉、抗诉的理由

刑事诉讼法对上诉的理由没有任何限制。享有上诉权的主体不服第一审裁判的，只要在法定的期限内提出上诉即可。

对于抗诉的理由，刑事诉讼法作了限定。人民检察院只有在其认为人民法院的第一审裁判确有错误时，才能提出抗诉。

2. 上诉、抗诉案件的审判原则

（1）全面审查原则

第二审人民法院对第一审法院的判决实行全面审查的原则。这一原则的基本含义是：第二审人民法院审理上诉、抗诉案件不受上诉和抗诉范围的限制，应当就第一审判决认定的事实和适用法律进行全面审查。共同犯罪的案件，如果只有部分被告人上诉或只对部分被告人的判决提出抗诉的，应当对全案进行审查，一并处理。

（2）上诉不加刑原则

A．上诉不加刑原则的含义和意义

上诉不加刑原则，是指第二审人民法院审理只有被告人一方提出上诉的案件，不得以任何理由加重被告人刑罚的审判原则。第二审人民法院发回原审人民法院重新审判的案件，除有新的犯罪事实，人民检察院补充起诉的以外，原审人民法院也不得加重被告人的刑罚。但这并不意味着在任何情况下，第二审人民法院都不能加重被告人的刑罚，在人民检察院提出抗诉或自诉人提出上诉的案件中，第二审法院就不受上诉不加刑的限制。

上诉不加刑原则的宗旨在于保障被告人充分行使其上诉权和辩护权，它是我国刑事诉讼民主的重要标志。它有利于保障犯罪嫌疑人、被告人的辩护权，消除被告人对上诉后可能加重其刑罚的顾虑，充分行使宪法和法律赋予的辩护权，维护其合法权益；也有利于强化上级法院对下级法院审判的监督和指导，从总体上提高审判水平和质量；同时，也有利于提高人民检察院的公诉和抗诉水平。

B. 上诉不加刑原则的适用

审理被告人或者其法定代理人、辩护人、近亲属提出上诉的案件，不得加重被告人的刑罚，并应当执行下列规定：
- 同案审理的案件，只有部分被告人上诉的，既不得加重上诉人的刑罚，也不得加重其他同案被告人的刑罚；
- 原判事实清楚，证据确实、充分，只是认定的罪名不当的，可以改变罪名，但不得加重刑罚；
- 原判对被告人实行数罪并罚的，不得加重决定执行的刑罚，也不得加重数罪中某罪的刑罚；
- 原判对被告人宣告缓刑的，不得撤销缓刑或者延长缓刑考验期；
- 原判没有宣告禁止令的，不得增加宣告；原判宣告禁止令的，不得增加内容、延长期限；
- 原判对被告人判处死刑缓期执行没有限制减刑的，不得限制减刑；
- 原判事实清楚，证据确实、充分，但判处的刑罚畸轻、应当适用附加刑而没有适用的，不得直接加重刑罚、适用附加刑，也不得以事实不清、证据不足为由发回第一审人民法院重新审判。必须依法改判的，应当在第二审判决、裁定生效后，依照审判监督程序重新审判。

3. 第二审案件的审理

（1）第二审案件的审理方式

第二审案件的审理方式有两种：开庭审理方式和不开庭审理方式（调查讯问方式）。
第二审人民法院对于下列案件，应当组成合议庭，开庭审理：
- 被告人、自诉人及其法定代理人对第一审认定的事实、证据提出异议，可能影响定罪量刑的上诉案件；
- 被告人被判处死刑的上诉案件；
- 人民检察院抗诉的案件；
- 其他应当开庭审理的案件。

（2）对上诉、抗诉案件审理后的处理

第二审法院对上诉、抗诉案件经过审理后，应根据不同情况分别处理：
- 原判决认定事实和适用法律正确、量刑适当的，应当裁定驳回上诉或抗诉，维持原判。
- 原判决认定事实没有错误，但适用法律有错误，或者量刑不当的，应当直接改判。
- 原判决事实不清楚或者证据不足的，可以在查清事实后直接改判；也可以裁定撤销原判，发回重审；如果原判决是证据不足、指控的犯罪不能成立的无罪判决，二审中没有发现新的证据，原审适用法律又正确的，则不应发回重审，而应当裁定维持原判。

对于下列违反法定程序情形之一的，应当裁定撤销原判，发回重审：
- 违反审判公开原则的；
- 违反回避制度的；
- 剥夺或者限制了当事人的法定诉讼权利，可能影响公正审判的；
- 审判组织的组成不合法的；
- 其他违反法律规定的诉讼程序，可能影响公正审判的。

对一审裁定的上诉、抗诉案件，参照上述规定分别处理。

原审人民法院对于发回重审的案件，应当另行组成合议庭，依照第一审程序进行审判。自收到发回的案件之日起，即按照第一审案件的审限重新起算审理期限。

（3）第二审案件的审理期限

第二审人民法院受理上诉、抗诉案件，应当在二个月以内审结。对于可能判处死刑的案件或者附带民事诉讼的案件，以及有刑事诉讼法第156条规定情形之一的，经省、自治区、直辖市高级人民法院批准或者决定，可以延长二个月；因特殊情况还需要延长的，报请最高人民法院批准。

最高人民法院受理上诉、抗诉案件的审理期限，由最高人民法院决定。

十一、死刑复核程序

死刑复核程序，是指对人民法院判处死刑的案件进行审查核准的一种特殊程序。

死刑复核程序的任务是，通过人民法院的层层报请复核，对死刑判决或裁定在认定事实和适用法律上是否正确进行全面审查，最后由有核准权的人民法院对死刑判决或裁定作出是否核准的决定。这一程序有利于保证死刑案件的办案质量，防止错判死刑、错杀无辜，有利于严格控制死刑的适用。

死刑由最高人民法院核准。

最高人民法院复核死刑案件，应当作出核准或者不核准死刑的裁定。对于核准死刑的，由院长签发执行死刑的命令。对于不核准死刑的，最高人民法院可以发回重新审判或者予以改判。

中级人民法院判处死刑缓期二年执行的案件，由高级人民法院核准。

十二、审判监督程序

审判监督程序，又称再审程序，是指人民法院、人民检察院对于已经发生法律效力的判决和裁定，发现在认定事实或适用法律上确有错误，依法提出并由人民法院重新审判的程序。

1. 审判监督程序的提起

（1）提起审判监督程序的材料来源

● 当事人及其法定代理人、近亲属的申诉；
● 人民法院、人民检察院在办案或复查案件时发现的错误案件。

（2）有权提起审判监督程序的主体

● 各级人民法院院长和审判委员会；
● 最高人民法院和其他上级人民法院；
● 最高人民检察院和其他上级人民检察院。

2. 依照审判监督程序对案件的重新审判

人民法院依照审判监督程序重新审判的案件，由原审人民法院进行审理的，应当另行组成合议庭进行。如果原来是第一审案件，应当依照第一审程序进行审判，所作的判决、裁定可以上诉、抗诉；如果原来是第二审案件，或者是上级人民法院提审的案件，应当依照第二审程序进行审判，所作的判决、裁定，是终审的判决、裁定。

人民法院按照审判监督程序重审的案件，应当在作出提审、再审决定之日起三个月以内审结，需要延长期限的，不得超过六个月。

案　例

2014年12月15日，内蒙古自治区高级人民法院再审合议庭的法官向两位老人宣读了他们的儿子——呼格吉勒图一案再审的审判结果：分别撤销内蒙古呼和浩特市中级人民法院和自治区高级人民法院于1996年所作的认定呼格吉勒图流氓罪、强奸杀人罪的判决和裁定，原审被告人呼格吉勒图无罪。

1996年4月9日，内蒙古自治区呼和浩特市毛纺厂年仅18周岁的职工呼格吉勒图被认定为"4·9"毛纺厂女厕奸杀案凶手。经一审、二审程序审理，呼格吉勒图被终审判决"死刑，立即执行"，此时距案发仅61天。2005年，被媒体称为"杀人恶魔"的内蒙古系列强奸杀人案凶手赵志红落网，其交代的第一起杀人案就是"4·9"毛纺厂女厕女尸案，从而引发媒体和社会对呼格吉勒图案的广泛关注。最终，经呼格吉勒图父母申诉（申请再审），2014年11月20日，内蒙古自治区高级法院决定启动再审程序。由于呼格吉勒图已经死亡，所以，再审采用书面审理形式进行。2014年12月15日，合议庭宣布再审结果：呼格吉勒图无罪。

十三、执行

刑事诉讼中的执行，是指人民法院、人民检察院、公安机关和刑罚执行机关，为了实现已经发生法律效力的判决和裁定所确定的内容而进行的活动。

1. 判决、裁定的执行机关和程序

（1）死刑立即执行判决及裁定的执行机关和程序

最高人民法院判处和核准的死刑立即执行的判决，应当由最高人民法院院长签发执行死刑的命令。下级人民法院接到最高人民法院执行死刑的命令后，应当在7日以内交付执行。人民检察院对死刑的执行进行临场监督。指挥执行的审判人员，对罪犯应验明正身，讯问有无遗言、信札。如发现可能有误，应暂停执行，报请最高人民法院裁定。

死刑的执行，由法院的司法警察执行。执行死刑的方法有枪决和注射两种，注射执行死刑的，由法医配合执行。

有下列情形之一的，应当停止执行死刑：在执行前发现判决可能有错误；在执行前罪犯检举揭发重大犯罪事实或者有其他重大立功表现，可能需要改判的；罪犯正在怀孕。

（2）死缓判决及裁定的执行机关和程序

被判处死缓的罪犯，应先交付监狱执行。如果在缓刑执行期间没有故意犯罪的，应当依法予以减刑；如果故意犯罪，查证属实，应当执行死刑的，由高院报请最高人民法院核准。

（3）无期徒刑、有期徒刑判决及裁定的执行机关和程序

有期徒刑、无期徒刑的执行，应当由法院将执行通知书、判决书送达看守所，由看守所将罪犯转送至指定的监狱执行。罪犯在被交付执行前，剩余刑期在三个月以下的，由看守所代为执行。

（4）拘役、管制、剥夺政治权利判决及裁定的执行机关和程序

对判处拘役的罪犯，由公安机关执行。

对被判处管制的罪犯，依法实行社区矫正，由社区矫正机构负责执行。

对被判处剥夺政治权利的罪犯，由公安机关执行。执行期满，应当由执行机关书面通知本人及所在单位、居住地基层组织。

（5）罚金、没收财产判决及裁定的执行机关和程序

财产刑由第一审人民法院负责执行。

罚金的执行有一次缴纳与分期缴纳两种方式。期满不缴纳的，人民法院应当强制缴纳。

没收财产的判决，无论是附加适用还是单独适用，都由人民法院执行；在必要的时候，可以会同公安机关执行。

（6）有期徒刑缓刑、拘役缓刑判决的执行

对于被判处缓刑的罪犯，依法实行社区矫正，由社区矫正机构负责执行。

缓刑犯应接受矫正机构的监督考察，需要离开居住地的，应经执行机关批准。

2. 执行过程中涉及诉讼程序的问题

（1）监外执行

监外执行，是执行刑罚时一种暂时的变更执行场所的执行方法，适用于被判处有期徒刑或者拘役的罪犯。

可暂予监外执行的情形有：
- 罪犯患有严重疾病需要保外就医的；
- 罪犯是怀孕或者正在哺乳自己婴儿的妇女；
- 生活不能自理，适用暂予监外执行不致危害社会的罪犯。

对于判处无期徒刑的罪犯，有前述第二项情形的，可以暂予监外执行。

对监外执行条件已消失的罪犯，刑期未满的，应当及时收监；死亡的应当及时通知监狱。

（2）减刑

减刑，是指被判处管制、拘役、有期徒刑、无期徒刑的犯罪分子，在执行过程中，确有悔改或立功表现的，由人民法院依法适当减轻原判刑罚的制度。

减刑必须具备的条件是，在执行期间，认真遵守监规，接受教育改造，确有悔改表现，或者有立功表现。另外，减刑的罪犯必须是经过了一定时间的最低服刑期限。

（3）假释

假释，是指被判处有期或无期徒刑的犯罪分子，经过法定期限的行刑改造，确有悔改表

现，没有再犯罪危险的，有条件地提前释放的制度。

（4）新罪、漏罪的追诉程序

● 对罪犯在监狱或其他执行机关服刑期间又犯新罪或者被发现有漏罪的，由监狱进行侦查。侦查终结后，将案件移送人民检察院处理。
● 对罪犯在看守所、拘役所服刑期间又犯新罪或者被发现有漏罪的，负责执行的公安机关侦查终结，移送人民检察院处理。
● 对服刑罪犯逃脱后又犯罪的，如果新罪是监狱等执行机关将罪犯捕回后发现的，应当由监狱等执行机关侦查终结后移送人民检察院处理；如果新罪是犯罪地公安机关破获的，应当由犯罪地的司法机关依管辖规定及法定程序进行诉讼。

（5）错判和申诉的处理程序

监狱及其他执行机关如果认为判决有错误，或者罪犯提出申诉，应当转请人民检察院或者原审人民法院处理。

（6）人民检察院对判决、裁定执行的监督

人民检察院对执行机关执行刑罚的活动是否合法实行监督。如果发现有违法的情况，应当通知执行机关及时纠正。

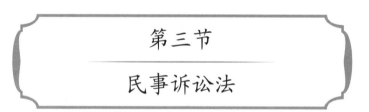

第三节

民事诉讼法

一、民事诉讼和民事诉讼法

民事诉讼是指人民法院在当事人和其他诉讼参与人的参加下，审理和解决民事案件的活动。

民事诉讼法是调整人民法院、当事人及其他诉讼参与人在民事诉讼中的权利义务关系的法律规范的总称。广义的民事诉讼法包括诉讼程序和执行程序两大部分；狭义的民事诉讼法只包括诉讼程序部分。

二、民事诉讼法的特有原则

1. 当事人诉讼权利平等的原则

《民事诉讼法》第8条规定："民事诉讼当事人有平等的诉讼权利。人民法院审理民事案件，应当保障和便利当事人行使诉讼权利，对当事人在适用法律上一律平等。"这一规定是当事人诉讼权利平等原则的基本内容。

当事人诉讼权利平等原则，渊源于十八世纪法国资产阶级革命时期的《人权宣言》，当时法国资产阶级提出了"法律面前人人平等"的口号，一切人在法律上享有平等的权利，承担平等的义务，因而在民事诉讼中，当事人的诉讼权利和诉讼义务也是平等的。诉讼权利的平等，在资产阶级反封建的斗争中起到了积极进步的作用。

我国民事诉讼法的制定、修改与完善始终贯彻当事人诉讼权利平等原则，同时兼顾公平与效率，重视程序的公开透明，以有利于当事人诉讼、有利于人民法院依法独立、公正、高效地行使审判权为目标。

保障诉讼当事人平等地行使诉讼权利，不因一方是原告，他方是被告，而有所差异。原告和被告享有的诉讼权利平等，具体表现在：双方都有权委托代理人；都有权申请回避，提供证据，进行辩论，请求调解，提起上诉，申请执行；经人民法院许可，都可以查阅本案的庭审材料，请求自费复制本案的庭审材料和法律文书，只有涉及国家机密和个人隐私的材料除外。

2. 法院调解原则

《民事诉讼法》第9条规定："人民法院审理民事案件，应当根据自愿和合法的原则进行调解；调解不成的，应当及时判决。"

这一规定确立的法院调解原则，是指在人民法院审判人员主持下，当事人双方自愿协商达成协议，从而解决民事争议的活动和结案方式。调解是我国人民法院解决民事纠纷的优良传统，这种方式有利于彻底解决当事人之间的纠纷；有利于及时化解矛盾，简化诉讼程序；有利于宣传法制，预防纠纷、减少讼争。

（1）法院调解应遵循的原则

● 自愿原则：人民法院必须在当事人双方自愿的基础上进行调解。调解必须征得争议双方的同意，如果任何一方拒绝调解就不能强迫当事人接受调解；另一方面，争议双方达成和接受调解协议必须出于真实意思表示，人民法院不能将调解协议强加于任何一方。
● 查明事实、分清是非原则：调解不是"和稀泥"，而是人民法院行使审判权的方式之一，必须符合查明事实、分清是非的原则，这也是正确行使审判权的必然要求。
● 合法原则：调解过程和调解协议的内容，必须符合法律规定。

（2）法院调解的适用范围

各级人民法院在审理民事案件的诉讼全过程中，无论是一审、二审，还是审判监督程序，无论是普通程序还是简易程序，都可以进行调解。

（3）调解与判决

调解与判决是人民法院行使审判权解决民事案件的两种方式。在民事诉讼中，审判人员一方面应当尽量采用调解方式处理案件，促成双方达成调解协议，以双方都能接受的方式结束纷争；另一方面，审判人员也不能一味追求调解结案率，在当事人拒绝调解或调解不成、达不成调解协议时，还强迫当事人接受调解。这时应当结束调解，及时作出判决。

3. 辩论原则

《民事诉讼法》第12条规定："人民法院审理民事案件时，当事人有权进行辩论。"

这一规定确立的辩论原则，是指双方当事人在审理中，有权就争议的问题陈述各自主张，相互诘问或反驳，以澄清事实、维护自己的权益。

辩论原则与刑事诉讼中的辩护原则有所不同。具体表现在以下两个方面：

● 它们建立在不同的基础之上：辩论原则建立在双方当事人诉讼地位平等的基础上；而刑事诉讼中的辩护原则建立在公诉权与辩护权相分离的基础上，公诉人代表国家行使控告权，被告人处于被控告、被审判的地位，两者在诉讼地位上是不平等的。

● 它们的内容和范围不同：民事诉讼中，双方当事人辩论的范围十分广泛，既可以辩论实体问题，又可以辩论程序问题，既可以辩论事实问题，又可以辩论法律适用问题；而刑事诉讼的被告人只能就无罪或罪轻为自己进行辩护。

4. 处分原则

《民事诉讼法》第13条规定："民事诉讼应当遵循诚实信用原则。当事人有权在法律规定的范围内处分自己的民事权利和诉讼权利。"

这一规定确立的处分原则，是指权利主体对自己享有的民事权利和诉讼权利，有权决定是否行使以及如何行使。当事人在不违背法律的情况下，有权对自己享有的民事实体权利和民事程序权利进行处分，这是民事诉讼同刑事诉讼、行政诉讼的一个重要区别。

在民事诉讼中，只有当事人享有处分权，其他诉讼参与人没有这项权利。当事人既可以处分自己的实体权利，又可以处分自己的诉讼权利。对实体权利的处分通常是通过对诉讼权利的处分来实现的，很多案件中当事人处分诉讼权利，同时也就处分了民事实体权利。例如，一审判决作出后，当事人不上诉，这是对诉讼权利的处分，也表明接受一审判决书确定的民事权利和义务。

同时，本条规定也确立了诉讼诚信原则，即民事诉讼应当遵循诚实信用原则。当事人在民事诉讼中应当讲信用，恪守诺言，诚实不欺，在追求自己利益的同时不损害他人和社会利益。当事人应对民事诉讼中的虚假陈述、伪证、虚假调解、恶意串通损害他人利益、规避执行等行为承担法律责任，甚至受到严厉制裁。

三、诉与诉权

1. 诉

　　诉具有双重含义：一是程序意义上的诉，指当事人请求法院受理案件，从而开始诉讼程序，法院对案件进行审判；二是实体意义上的诉，指原告通过人民法院向被告提出实体权利请求，从而保护和实现自己的民事权益。

　　程序意义上的诉引起法院审判民事案件的活动，是民事诉讼法的一种制度；实体意义上的诉是一方当事人通过法院向另一方提出的实体权利的请求，这种请求基于民法等实体法而产生，因而是实体法上的一种制度。

　　诉是民事诉讼的重要组成部分，它在人民法院和当事人之间起一种媒介作用，引起人民法院对民事权益纠纷进行审判，引起民事诉讼法律关系的发生。

2. 诉权

　　诉权，是指当事人请求人民法院行使审判权以保护其民事权益的权利。诉权是诉的基础，当事人有了诉权才能向人民法院提出保护其民事权益的请求。

　　与诉的双重含义相对应，诉权也具有双重含义：

　　（1）提出程序意义上的诉的权利是"程序意义上的诉权"，它是民事诉讼法赋予当事人进行诉讼的权利。当事人是否享有程序意义上的诉权，人民法院在审查立案时就查明确定，如不具备则不予受理。

　　（2）提出实体意义上的诉的权利是"实体意义上的诉权"，它是民事实体法赋予当事人通过法院向另一方当事人提出实体权利请求的权利。当事人是否享有实体意义上的诉权，须在审理案件后方能确定，因此它又被称为"胜诉权"。

3. 诉的要素

　　构成诉的必不可少的内容，就是诉的要素。诉由三个要素构成：诉的主体、诉的标的和诉的理由。

　　诉的主体，是指诉讼当事人。任何一个诉都要有提出请求的一方和与之对抗的另一方，否则法院无从确定民事案件发生在谁与谁之间。有了明确的当事人，法院才能就特定的当事人之间的纠纷进行审理。民事诉讼法规定，不论起诉、反诉，还是上诉，都要有明确的当事人，没有明确的当事人，法院将不予受理。

　　诉的标的，是指诉讼当事人双方争议并请求法院裁判的实体法律关系。当民事法律关系处于正常状态时，无纠纷也无诉讼。但当它失去平衡发生争议时，诉就成为必要，这种处于非常状态的民事法律关系就成为诉的标的。

> 思　考
>
> 　　3. 村民甲丢了一头牛。有一天，甲在集市上发现乙卖的牛正是他半年前丢失的那头。甲向乙讲明情况，希望领回那头牛。乙坚决不承认他的牛是捡来的，更不允许甲带走。双方发生争议。甲起诉，请求法院判令乙返还自己丢失的牛。有人认为牛是本案的诉讼标的，您认为呢？

诉的理由,是指当事人向法院提出诉讼请求的事实上和法律上的根据。事实根据,是指当事人争议的民事法律关系发生、变更、消灭的事实。法律根据包括诉讼法和实体法两方面的内容,一个诉若要法院受理,必须有诉讼法上的根据;诉讼请求若要法院支持,就得有实体法上的根据。

4. 诉的种类

根据当事人诉讼请求的内容和目的不同,诉分为确认之诉、给付之诉和变更之诉。

(1)确认之诉

确认之诉,是指原告请求人民法院确认其与被告之间存在或不存在某种民事法律关系的诉。在这种诉中,当事人只是请求法院对发生争议的、处于不确定状态的某种民事法律关系作出是否存在以及存在状态如何的认定,并不要求判令对方履行该民事法律关系可能涉及的民事义务。例如,请求确认存在婚姻关系,或者请求确认合同效力等。

(2)给付之诉

给付之诉,是指原告请求人民法院判令被告履行特定民事义务的诉。提起给付之诉须具备两个条件:第一,原告享有给付请求权,即民事实体法规定的某种实体权利;第二,该请求权已经到期,但是被告尚未履行或拒绝履行。

给付之诉的种类很多,例如请求给付损害赔偿之诉,请求给付抚养费、保险费之诉,请求返还所有物之诉,请求依合同给付货款之诉等。

(3)变更之诉

变更之诉,是指原告请求法院改变或者消灭某一现存民事法律关系的诉。这种诉的特点是,当事人对民事法律关系的存在并无异议,但对是否继续或者消灭这一关系存在争议,所以提请人民法院予以变更。例如,请求撤销重大误解的合同之诉,请求解除婚姻关系之诉等。

变更之诉经常会与给付之诉发生联系,这主要是因为当法院确认原告的变更请求权成立时,随之就产生了相应的给付纠纷,引起给付之诉。

案 例

肖某父母早丧,何宝成与田惠夫妻俩未曾生育过,见肖某乖巧伶俐,就想收肖某为养女,肖家爽快地同意了,双方便依法办理了收养手续。可是,肖某成年后就开始嫌弃两位老人,经常虐待两老,还强迫两老搬出去住。两老无奈诉至法院,请求解除与肖某的收养关系,并让肖某返还被其霸占的住房。

根据何、田二人的请求和诉的目的,本案包含了两个诉讼请求:一个是解除收养关系;另一个是返还住房。解除收养关系的诉讼请求是变更之诉。返还住房的请求,即请求法院判令被告履行一定给付义务,这是给付之诉。

本案的变更之诉和给付之诉的基础，都在于确认当事人之间是否存在收养关系，即确认之诉。这一确认之诉虽然不是法院的审判对象，不作为一个独立的诉进行审判，但它是本案两个诉讼请求的基础和前提。

四、民事诉讼当事人

1. 当事人的概念和特征

民事诉讼当事人，是指以自己的名义进行诉讼，并受人民法院裁判拘束的利害关系人。当事人是民事诉讼的重要主体，没有当事人就没有民事诉讼。

传统理论上，民事诉讼的当事人具有以下特征：

（1）以自己的名义进行诉讼；

（2）与案件有直接利害关系；

（3）受人民法院裁判的拘束。

但是现代意义上的诉讼对传统理论提出了挑战，如公害诉讼、消费者诉讼、环境权诉讼、社会福利关系诉讼等，与过去一般的民事诉讼性质完全不同。现代型诉讼超越个体的利害关系，其争议点往往具有公共性。如《民事诉讼法》第55条规定"对污染环境、侵害众多消费者合法权益等损害社会公共利益的行为，法律规定的机关和有关组织可以向人民法院提起诉讼"。据此，有关机关和组织可以依法提起公益诉讼。

观　察

2015年7月1日，上海市消费者权益保护委员会就手机预装应用软件安装情况不告知、无法卸载等损害消费者权益问题，分别将天津三星通信技术有限公司、广东欧珀移动通信有限公司，起诉至上海市第一中级人民法院。法院已受理这两起公益诉讼案件。这是国内首次被受理的消费维权公益诉讼。我国《消费者权益保护法》明确规定，就损害广大消费者权益的行为提起公益诉讼是中消协以及省级消协组织的法定职责。消费维权公益诉讼针对的是侵害众多消费者合法权益的行为，涉及社会公共利益维护。消费维权公益诉讼制度能更有效地维护消费者整体利益。

狭义的当事人，指原告和被告。广义的当事人还包括共同诉讼人、诉讼代表人和第三人。当事人的称谓因诉讼阶段不同而有所变化，如一审程序中，称为原告和被告；二审称为上诉人和被上诉人；执行程序中称为申请执行人和被申请执行人。

2. 共同诉讼人

（1）共同诉讼

当事人一方或双方为两人以上的诉讼，就是共同诉讼。其中原告为两人以上的，称为共同原告；被告为两人以上的，称为共同被告。共同原告和共同被告统称为共同诉讼人。

共同诉讼实质上是诉的主体的合并，通过这种合并，人民法院可对数个当事人之间的纠纷一并审理，既便利当事人进行诉讼，又节省了当事人及法院的人力、物力和时间，符合诉讼经济原则。

共同诉讼分为必要共同诉讼和普通共同诉讼。当事人争议的诉讼标的是同一的，为必要共同诉讼；争议的标的是同种类的，为普通共同诉讼。

（2）必要共同诉讼

必要共同诉讼，是指当事人一方或双方为两人以上，其诉讼标的是同一的，人民法院认为属不可分之诉，而进行统一审理并作出合一判决的共同诉讼。

必要共同诉讼之必要性就在于其诉讼标的的共同性，共同诉讼人必须一同起诉或一同应诉，否则应予追加；人民法院必须合并审理，作出同一判决。

为避免因共同诉讼人意见不一延误诉讼，我国民事诉讼法采取了共同诉讼人协商一致原则，将共同诉讼人视为一个整体。其中一人的行为，经全体承认，对全体发生效力。这种承认包括明示和默示的，只要共同诉讼人未对其中一人实施的行为表示异议，即表明承认。例如，在继承遗产诉讼中，部分继承人起诉的，人民法院应当通知其他继承人作为共同原告参加诉讼；被通知的继承人不愿意参加诉讼又未明确表示放弃实体权利的，人民法院仍应将其列为共同原告。

（3）普通共同诉讼

普通共同诉讼，是指当事人一方或双方为两人以上，其诉讼标的属同一种类，经当事人同意，法院认为可以将其合并审理的共同诉讼。

例如，某工厂产生的噪声过大，周围几家住户共同起诉该工厂。这几家住户的诉讼请求性质相同，各自与该工厂发生争议的法律关系性质也相同。但普通共同诉讼的共同诉讼人之间没有共同的权利或义务，所以既可单独起诉，也可共同起诉，是一种可分之诉；共同起诉的，如法院认为可以合并审理则形成了共同诉讼。这一点与必要共同诉讼是不可分之诉有较大差别。

普通共同诉讼人是相互独立的，只对自己的行为负责；其中任何一人的诉讼行为，对其他共同诉讼人不发生效力。如其中一人撤诉，效力只及于自身，不影响其他共同诉讼人继续进行诉讼。

案 例

如何区分必要共同诉讼和普通共同诉讼，请看下面两例：

其一，甲、乙、丙三人共有某房屋所有权，丁对此有异议，引起诉讼。因甲、乙、丙三人对该房屋存在共有关系，诉讼标的是同一的，因而是必要共同诉讼。其二，甲将某房屋的三个房间分别租给乙、丙、丁三人，因这三人都不交租金而起诉。本案中乙、丙、丁三人之间没有共同共有关系和连带关系，只是因为都未履行同种义务才遭遇诉讼。所以，本案的诉讼标的不是共同的，而是同种类的，是普通共同诉讼。

3. 诉讼代表人

（1）代表人诉讼

代表人诉讼，又称群体诉讼，是指当事人一方人数众多，由其中一人或者数人作为代表人进行的诉讼。这一人或数人就是诉讼代表人。

代表人诉讼是由共同诉讼发展而来的，它并非单一的诉讼形式，而是由不同形式的多数人诉讼制度所构成的，是解决群体纠纷的诉讼制度的统称。现实生活中有些大型纠纷，如环保、消费、集资方面的纠纷，其涉及面甚广，代表人诉讼制度的设立，就是为了使这类诉讼能够有效、顺利地进行，以稳定社会秩序和维护公众的合法权益。

代表人诉讼具有以下特点：

A. 当事人一方（通常是原告方）人数众多。①由于诉讼空间的限制，不可能每个人都参加诉讼。

B. 众多当事人处于相同情况，有相同利害关系。虽然每个当事人都是独立的权利主体，但在民事纠纷发生后，相同处境和共同利害关系使他们走到一起来，成为一个临时集合体。诉讼结束后，这个临时集合体就自然解散。

C. 由诉讼代表人进行诉讼。诉讼代表人不同于诉讼代理人。诉讼代理人与案件没有直接利害关系，他不是当事人，不能以自己名义进行诉讼。而诉讼代表人本身就是案件当事人，能够以自己名义参加诉讼，这种身份决定了其诉讼行为不只是对他本人有效，对他代表的所有当事人都有效。

D. 人民法院的裁判对众多当事人均具有法律效力。

（2）诉讼代表人的推选及其权限

诉讼代表人应由全体共同诉讼人推选产生，并以书面形式向受诉人民法院说明。

代表人获得诉讼代表权后，就可以代表其他共同诉讼人起诉或应诉，其诉讼行为对其所代表的当事人发生效力。但是对涉及实体权利和一些重要的诉讼权利的处分权，如撤诉、和解、变更或放弃诉讼请求、承认对方诉讼请求等，法律对代表人的权限是有所限制的，代表人必须征得被代表的当事人同意，否则不对其他当事人发生效力。

4. 第三人

民事诉讼的第三人，是指对原告和被告所争议的诉讼标的有独立请求权，或者虽无独立请求权、但案件处理结果与其有法律上的利害关系，从而参加到诉讼中来的人。第三人可以是自然人，也可以是法人或其他组织；可以是一人，也可以多人。

民事诉讼法将第三人分为两种，即：有独立请求权的第三人和无独立请求权的第三人。

---

① 根据最高人民法院的有关司法解释，所谓当事人一方人数众多的诉讼，是指一方人数为10人以上的诉讼。

（1）有独立请求权的第三人

这是指对当事人争议的诉讼标的有独立请求权而参加诉讼的人。有独立请求权的第三人在诉讼中的地位相当于原告，因为他是以提起诉讼的方式加入到诉讼中来的，而且其诉讼请求针对的是本诉讼的原告和被告，本诉中的原告和被告相对于有独立请求权的第三人而言，是共同被告。

有独立请求权的第三人具有独立的诉讼地位，独立地行使其诉讼权利和承担诉讼义务。

思　考	4. 江与苏是夫妻，江之母武某与其共同生活。其间，他们三人共同出资以苏的名义办理了土地使用证、营业执照，开了一家小卖部，共同经营，并用银行贷款建房4间。两年过后，夫妻发生争吵，苏起诉离婚，并主张小卖部和4间房屋的产权。江则出示小卖部的营业执照证明自己为"业主"，请求法院将房产判归自己所有。 请问：为保护自己权利，武某应以何种方式参加诉讼？

（2）无独立请求权的第三人

这是指虽对原告与被告之间争议的诉讼标的不主张独立请求权，但案件处理结果与其有法律上的利害关系，从而申请参加诉讼或接法院通知参加诉讼的人。

一方面，无独立请求权的第三人不是完全独立的诉讼当事人，因为他并没有向本诉的原告和被告提出针对性的实体权利请求，他参加诉讼目的是维护自己权益，避免法院对他人的判决会对自己不利。另一方面，无独立请求权的第三人在诉讼中还是具有相对独立性的，表现为：第一，他以自己的名义参加诉讼，有权选择辅助本诉中任何一方对抗另一方；第二，他独立行使诉讼权利和承担诉讼义务，可以陈述意见、举证、辩论等，不受其他当事人制约；第三，本诉原告和被告达成的调解协议如涉及该第三人承担义务的，应征得其同意，否则对其不发生效力；第四，对一审判决其承担义务不服的，有权提起上诉。

思　考	5. 甲从乙手中低价购买了一台电视机。过不多久，丙到法院起诉，说电视机是他托乙保管的，乙未经其同意将电视机低价转让，现要求乙返还电视机。法院受理后，通知甲也参加诉讼。请问，在这个共同诉讼中，甲是有独立请求权的第三人，还是无独立请求权的第三人？

五、财产保全和先予执行

1. 财产保全

财产保全，是指人民法院根据利害关系人或当事人的申请或者依职权，对争议标的物或者当事人的其他财产采取保护性措施，以使利害关系人或当事人的合法权益免受损害，或者使将来的生效判决能顺利执行的制度。

财产保全往往因一方当事人欲将有关的财产转移、隐匿、毁灭而发生，财产保全的意义在于保护利害关系人或当事人的合法权益，维护法院判决的权威性。

（1）财产保全的种类

财产保全分为诉前财产保全和诉讼中的财产保全两种。

诉前财产保全，是指利害关系人因情况紧急，不立即申请财产保全将令其合法权益遭受难以弥补的损害，法院根据其在起诉前提出的申请对有关财产采取保护措施。

诉讼中的财产保全，是指人民法院受理案件后，对于可能因当事人一方的行为或者其他原因造成判决不能执行或难以执行的情况，根据对方当事人申请或者依职权，对有关财产采取保护措施。

（2）财产保全的范围和措施

根据民事诉讼法的规定，财产保全限于请求的范围或者与本案有关的财物。也就是说，人民法院依当事人申请或者依职权主动采取保全措施，被保全财物的价额应当限定在诉讼请求的范围之内，不应超出请求标的物的价额；被保全的应是争议法律关系所及的财产。对案外人的财产、案外人善意取得的与案件有关的财产，不得采取保全措施。

2. 先予执行

先予执行，是指人民法院在诉讼过程中，为解决原告在生活和生产经营上的紧迫需要，裁定被告预先给付原告一定数额的金钱或其他财物的制度。

（1）先予执行的条件

人民法院裁定先予执行，必须具备三个条件：

A．当事人之间权利义务关系明确。即就先予执行部分的权利义务关系，谁是实体权利的享有者、谁是义务的承担者，都清楚明白。如追索劳动报酬案件，双方当事人存在劳动合同关系，资方未依合同支付劳动者报酬，权利义务关系可谓明确。

B．有先予执行之必要。先予执行目的是为解决原告生活或生产急需，如不先予执行，可能给原告的生活带来严重困难或者使企业生产陷入困境，出现上述情况，基本可以认为有先予执行之必要。

C．被申请人有履行能力。原告申请先予执行，还须被申请人（被告）客观上具有履行能力，否则即使法院裁定先予执行，也是空纸一张，反而影响了法律文书的权威性。

（2）适用先予执行的案件

根据《民事诉讼法》第106条，可以裁定先予执行的案件有：

A. 追索赡养费、扶养费、抚育费、抚恤金、医疗费用的;
B. 追索劳动报酬的;
C. 因情况紧急需要先予执行的。

六、第一审程序

我国民事诉讼实行两审终审制,审理第一审民事案件的程序称为第一审程序,它包括普通程序和简易程序。普通程序是审理一审民事案件通常所适用的程序,而简易程序则是普通程序的简化。除法律另有规定外,第一审民事案件都应当按照普通程序进行。

1. 起诉与受理

起诉,是指当事人依法向人民法院提出请求的诉讼行为。主动提出请求的一方称为原告,被其控告的相对方称为被告。原告起诉,人民法院受理,民事诉讼程序即开始。

(1)起诉的条件

起诉必须具备一定的实质要件和形式要件。
其实质要件为:
A. 原告是与本案有直接利害关系的公民、法人和其他组织;
B. 有明确的被告;
C. 有具体的诉讼请求和事实、理由;
D. 属于人民法院受理民事诉讼的范围和受诉人民法院管辖。
其形式要件,原则上要求书面形式。当事人向法院递交起诉状,并按照被告的人数提交副本。但是,根据法律规定,简单的民事案件,原告可以口头起诉。

《民事诉讼法》第55条规定"对污染环境、侵害众多消费者合法权益等损害社会公共利益的行为,法律规定的机关和有关组织可以向人民法院提起诉讼"。据此,有关机关和组织可以依法提起公益诉讼。

(2)受理

人民法院在收到起诉状或口头起诉后进行审查,符合法定受理条件的,应当在7日内立案并通知当事人;不符合的,裁定不予受理。当事人对该裁定不服的,有权提起上诉。

2. 审理前的准备

人民法院受理案件后,还不能立即开庭审理,审判人员须为开庭审理作一些准备工作,包括:
(1)在法定期限内向当事人送达诉讼文书。向原告送达案件受理通知书;在立案之日起5日内,向被告送达起诉状副本和应诉通知书。

（2）告知当事人有关的诉讼权利和义务以及合议庭组成人员。

（3）审查有关的诉讼材料，了解当事人的争议焦点。

（4）调查收集应当由人民法院调查收集的证据。

同时，人民法院对受理的案件，分别情形，予以处理：

（1）当事人没有争议，符合督促程序规定条件的，可以转入督促程序；

（2）开庭前可以调解的，采取调解方式及时解决纠纷；

（3）根据案件情况，确定适用简易程序或者普通程序；

（4）需要开庭审理的，通过要求当事人交换证据等方式，明确争议焦点。

3. 开庭审理

开庭审理是整个民事诉讼程序的核心阶段，也是人民法院审理案件的中心环节。除法律另有规定外，庭审一律公开进行。一般按照以下几个阶段依次进行：

（1）庭审准备

人民法院审理民事案件，应当在开庭3日前通知当事人和其他诉讼参与人，公告当事人姓名、案由和开庭时间、地点。公告一般张贴于法院门前公告栏内。

开庭前，书记员应当查明当事人和其他诉讼参与人是否到庭，宣布法庭纪律。然后由审判长宣布开庭，核对当事人，宣布案由、审判人员和书记员名单，告知当事人有关的诉讼权利义务，询问当事人是否申请回避。

（2）法庭调查

法庭调查是开庭审理的中心环节，它的目的和任务是听取当事人陈述，查验、核实各种与案件有关的证据。

（3）法庭辩论

法庭辩论是各方当事人在审判长主持下，就案件事实和适用法律阐明本方见解，针对对方观点展开辩论。

辩论终结后，审判长按照原告、被告、第三人的顺序征询各方的最后意见。在各方都同意的前提下，可以进行调解；调解不成，及时作出判决。

（4）评议和宣判

法庭辩论终结后，合议庭全体成员退庭，对案件的处理按照少数服从多数的原则进行评议，制作为笔录并签名。

合议庭评议后，应公开宣告判决。当庭宣判的，应在宣判后10内向当事人发送判决书；定期宣判的，宣告后即应发送判决书。宣判时，应告知当事人有上诉的权利、上诉期限及上诉法院。

4. 庭审中的几种特殊情况

（1）撤诉

撤诉，是原告以作为或不作为的方式，在诉讼程序开始后、判决前，向法院提出撤回诉讼请求。

原告可以申请撤诉。如果不申请，但有下列情形的，人民法院裁定按撤诉处理：

● 原告经传票传唤，无正当理由拒不到庭；

● 原告经传票传唤，虽已到庭，但未经法庭许可而中途退庭；

● 原告应当预交案件受理费而逾期未预交，又不提出缓交申请。

撤诉产生结束诉讼程序、诉讼时效重新起算的法律后果。撤诉后，原告的实体权利并未消灭，撤回起诉推定为未起诉，原告可就同一诉讼标的，以同一事实和理由，针对同一被告再次提起诉讼，对此法院应予受理。

（2）缺席判决

缺席判决，是指人民法院在一方或部分当事人不在场情况下依法作出的判决。

适用缺席判决的情况有以下几种：

● 原告或有独立请求权的第三人申请撤诉未获准，经传唤拒不到庭的；

● 被告经传票传唤，无正当理由拒不到庭或中途退庭的；

● 无独立请求权的第三人经传票传唤，无正当理由拒不到庭或中途退庭的。

（3）延期审理

延期审理，是指因某种特殊情况致使无法如期开庭审理，而推迟审理的制度。

对于以下四种情况，人民法院可以决定延期审理：

● 必须到庭的当事人和其他诉讼参与人有正当理由没有到庭的；

● 当事人临时提出回避申请的；

● 需要通知新的证人到庭，调取新的证据，重新鉴定、勘验或者需要补充调查的；

● 其他应当延期的情形。

（4）诉讼中止

诉讼中止，是指在民事诉讼进行过程当中，因法定原因，人民法院暂时停止诉讼程序的制度。

有下列情形之一的，可导致诉讼中止：

● 一方当事人死亡，需要等待继承人表明是否参加诉讼的；

● 一方当事人丧失诉讼行为能力，尚未确定法定代理人的；

● 作为一方当事人的法人或者其他组织终止，尚未确定权利义务承受人的；

● 一方当事人因不可抗拒的事由，不能参加诉讼的；
● 本案必须以另一案的审理结果为依据，而另一案尚未审结的；
● 其他应当中止诉讼的情形。

中止诉讼的原因消除后，诉讼程序继续进行。

（5）诉讼终结

诉讼终结，是指因在诉讼过程中发生特殊情况，致使诉讼不可能继续进行或者继续进行没有意义，由人民法院裁定结束诉讼的制度。

有下列情形之一的，可导致诉讼终结：

● 原告死亡，没有继承人，或者继承人放弃诉讼权利的；
● 被告死亡，没有遗产，也没有应当承担义务的人的；
● 离婚案件一方当事人死亡的；
● 追索赡养费、抚养费、抚育费以及解除收养关系案件的一方当事人死亡的。

5. 简易程序

简易程序，是基层人民法院及其派出法庭审理简单民事案件所适用的诉讼程序。对一些难度不大、争议不大的案件，适用简易程序能够迅速解决当事人之间的纷争，及时快捷保障当事人权利，提高人民法院办案效率。对于其中的小额诉讼，实行一审终审。

（1）适用的法院

根据《民事诉讼法》规定，只有基层人民法院和它的派出法庭可以采用简易程序审理民事案件。

（2）适用的案件

● 事实清楚、权利义务关系明确、争议不大的简单民事案件；
● 当事人双方约定适用简易程序的简单民事案件。

（3）小额诉讼一审终审

在事实清楚、权利义务关系明确、争议不大的简单民事案件中，标的额为各省、自治区、直辖市上年度就业人员平均工资30%以下的案件，实行一审终审。

根据相关司法解释，买卖合同、借款合同、租赁合同纠纷，银行卡纠纷，物业、电信等服务合同纠纷等金钱给付的案件，适用小额诉讼程序审理。人身关系、财产确权纠纷，涉外民事纠纷，知识产权纠纷，需要评估、鉴定或者对诉前评估、鉴定结果有异议的纠纷等，不适用小额诉讼程序审理。

（4）简易程序的特点

简易程序之"简易"，是相对于普通程序而言，它在起诉方式、受理、传唤当事人和证人、审理程序等方面都大大地简化了。"简易"主要表现为以下几个方面：

- 原告可以口头起诉，或者双方当事人直接到基层法院或其派出法庭，请求解决纠纷；
- 由审判员一人独任审理；
- 可以用简便的方式传唤当事人和证人、送达诉讼文书、审理案件，但要保障当事人陈述意见的权利；
- 庭审阶段不明确划分，由审判员灵活掌握；
- 审理期限短，应当在立案之日起3个月内审结。

在审理过程中，如果人民法院发现案件不宜适用简易程序的，就应当裁定转为普通程序。

七、第二审程序

第二审程序，是上一级人民法院对当事人不服一审裁判提出的上诉案件进行重新审理的程序，又称为上诉审程序和终审程序。

1. 上诉的提起

上诉是当事人的一项重要诉讼权利。提起上诉，必须符合法定条件，否则不能引起第二审程序的发生。这些法定条件是：

（1）有法定的上诉人和被上诉人

可以提起上诉的人，为第一审程序的原告、被告、有独立请求权的第三人。被上诉人，是第一审程序中的对方当事人。

普通共同诉讼人各自有独立的上诉权，其上诉行为仅对自己有效，效力不及于其他共同诉讼人。必要共同诉讼人可以全体上诉，其中一人提出上诉的，经全体同意对全体发生效力。

（2）有法定上诉对象

法定的上诉对象，是指依法可以上诉的判决和裁定。

可以上诉的判决为：第一审判决和二审人民法院发回重审后所作判决。

可以上诉的裁定为：不予受理的裁定、管辖异议裁定、驳回起诉的裁定。

（3）法定上诉期限

上诉必须在法定期限内提出。对一审判决不服的，在判决书送达之日起15日内上诉；对裁定不服的，在裁定书送达之日起10日内上诉。

（4）必须提交上诉状

当事人提起上诉，应当提交上诉状，不允许口头形式的上诉。

2. 上诉案件的审理

（1）上诉案件的审理范围

第二审人民法院对上诉请求的有关事实和适用法律进行审查。这就是说，我国民事诉讼的第二审既是事实审，又是法律审；二审审理的事实和法律，限定在上诉人的上诉请求范围之内。①

（2）上诉案件的审理程序

第二审法院审理上诉案件，应当由审判员组成合议庭，不能由审判员一人独任审理。合议庭审理有两种方式：一种是开庭审理，即传唤双方当事人和其他诉讼参与人到庭，进行法庭调查、辩论，在此基础上评议并宣判；另一种是不开庭审理，二审法院在经过调查、询问当事人，对事实核对清楚以后，认为不需要开庭审理的，可以径行判决。

根据民事诉讼法规定，二审法院审理上诉案件，也可以进行调解。双方在二审程序中调解达成协议的，该调解协议与终审判决具有同等的法律效力，第一审法院作出的判决、裁定即视为撤销。

（3）对上诉案件审理后的处理结果

第二审人民法院对上诉案件，经过审理，按照下列情形，分别处理：

A. 原判决、裁定认定事实清楚，适用法律正确的，以判决、裁定方式驳回上诉，维持原判决、裁定；

B. 原判决、裁定认定事实错误或者适用法律错误的，以判决、裁定方式依法改判、撤销或者变更；

C. 原判决认定基本事实不清的，裁定撤销原判决，发回原审人民法院重审，或者查清事实后改判；

D. 原判决遗漏当事人或者违法缺席判决等严重违反法定程序的，裁定撤销原判决，发回原审人民法院重审。

原审人民法院对发回重审的案件作出判决后，当事人提起上诉的，第二审人民法院不得再次发回重审。

---

① 但是，二审法院发现上诉请求没有涉及到的一审判决确有错误的，应依法纠正，不受上诉范围的限制。这体现了我国二审法院对下级人民法院活动的一种检查和监督。

八、审判监督程序

审判监督程序，又称为再审程序，是指发现已经生效的判决、裁定或调解协议确有错误，依法提起再审适用的程序。审判监督程序不是民事诉讼的第三审程序，而是纠正人民法院所作生效裁判错误的一种补救性的独立审判程序。

民事诉讼与刑事诉讼的审判监督程序有很多相同之处，在此不再赘述。

九、民事非讼程序

1. 民事非讼程序概述

（1）民事非讼案件

民事案件包括民事诉讼案件和民事非讼案件。当事人之间因民事权利义务争议引起的案件，称为民事诉讼案件；不具有民事权利义务之争，但又必须由人民法院依法处理的案件，就称为民事非讼案件，又称民事非争议案件。

民事非讼案件具有以下特点：

- 这类案件的主体通常只有一方当事人。另一方当事人不明确或明确但不需要在审理中出现，或者下落不明无法出现。
- 这类案件的事实不具有民事权利义务之争，而是经过法定程序后能够产生一定民事法律后果的事实。如公民患精神病的事实、票据遗失的事实等。
- 这类案件的诉讼请求不是解决某种纠纷，而是请求法院确认某一事实、处理基于该事实的有关民事问题。如认定某公民无民事行为能力，并为其指定监护人。
- 此类案件适用民事非讼程序。前述普通程序、简易程序和第二审程序均不适用于民事非讼案件。

（2）民事非讼程序的特点

民事非讼程序，是指人民法院审理民事非讼案件所适用的程序。包括特别程序、督促程序和公示催告程序。

它具有以下特点：

- 独立性。民事非讼程序不是一个统一的程序，而是由若干个独立的程序组成，每一个独立的程序适用于特定的对象。
- 非对抗性。民事非讼案件的事实不具有权利义务之争，且只有一方当事人，所以审理过程中不会有不同的主张和请求。
- 由基层人民法院审理，且一审终审。中级以上人民法院不受理民事非讼案件，基层法院作出的判决是终审判决。

民事非讼程序，包括特别程序、督促程序和公示催告程序。

2. 特别程序

特别程序，是指人民法院审理选民资格案件和特定类型的民事非讼案件所适用的程序。

（1）选民资格案件的审判程序

选民资格案件，是指公民认为选举委员会公布的选民名单有错误，在向选举委员会申诉后，不服选举委员会对其申诉作出的处理决定，而依法向选区所在地的基层人民法院提起诉讼的案件。

（2）宣告失踪、宣告死亡案件的程序

宣告公民失踪、死亡的程序由利害关系人的申请开始。在被申请人下落不明满法定期限后，利害关系人可向该公民住所地基层人民法院提出宣告失踪或宣告死亡的书面申请。

法院受理后，发出寻找下落不明人的公告。宣告失踪的公告期为3个月，宣告死亡为1年。因意外事故下落不明、经有关机关证明该公民不可能生存的，宣告死亡的公告期为3个月。公告期间届满，人民法院根据事实作出宣告失踪、宣告死亡的判决或驳回申请的判决。

（3）认定公民无民事行为能力、限制民事行为能力案件的程序

认定公民无民事行为能力或限制民事行为能力的程序由利害关系人的申请开始。

这类案件由该公民住所地基层人民法院管辖。法院受理后，必要时可对该公民是否患精神疾病、是否丧失民事行为能力进行医学鉴定。经审理认定申请有事实根据的，判决认定该公民为无民事行为能力人或限制民事行为能力人。

（4）认定财产无主案件的程序

公民、法人或其他组织可作为申请人，向无主财产所在地基层人民法院提出申请。法院受理后，发出财产认领公告，公告期间为1年。

公告期内有人对该财产主张权利从而形成权利归属争议的，法院应当裁定终结特别程序，告知申请人另行起诉。公告期间届满无人认领的，判决认定财产无主，收归国家或集体所有。

（5）确认调解协议案件的程序

经人民调解委员会调解达成调解协议后，双方当事人认为有必要的，可以自调解协议生效之日起三十日内共同向调解组织所在地基层人民法院申请司法确认，人民法院应当及时对调解协议进行审查，依法确认调解协议的效力。人民法院受理申请后，经审查，符合法律规定的，裁定调解协议有效，一方当事人拒绝履行或者未全部履行的，对方当事人可以向人民法院申请执行；不符合法律规定的，裁定驳回申请，当事人可以通过调解方式变更原调解协议或者达成新的调解协议，也可以向人民法院提起诉讼。

（6）实现担保物权案件的程序

由担保物权人以及其他有权请求实现担保物权的人依照物权法等法律，向担保财产所在地或者担保物权登记地基层人民法院提出。人民法院受理申请后，经审查，符合法律规定的，裁定拍卖、变卖担保财产，当事人依据该裁定可以向人民法院申请执行；不符合法律规定的，裁定驳回申请，当事人可以向人民法院提起诉讼。

3. 督促程序

督促程序，是人民法院依债权人申请，以支付令的形式催促债务人限期履行还债义务的程序。督促程序虽然适用于债务案件，但在审理过程中只有债权人参加，不具有通常民事案件的对抗性，所以属于非讼程序。

督促程序适用于特定的债务案件，债权人请求给付的只能是金钱或有价证券。①债权人向债务人住所地基层人民法院提交书面申请。法院受理后，可以不经开庭审理，通过书面审查债权人提供的事实、证据，认为债权债务关系明确、合法，且支付令能够送达债务人的，即向其发出支付令。

债务人收到支付令之日起15日内，必须清偿债务或者提出书面异议。债务人提出书面异议的，则督促程序终结，支付令失效，转入诉讼程序，但是申请支付令的一方当事人不同意起诉的除外。债务人既不清偿债务又不提出异议的，债权人可以申请强制执行。

4. 公示催告程序

公示催告程序，是人民法院根据票据持有人的申请，以公告方式通知不明利害关系人在法定期限内主张权利，如无人主张则作出除权判决的程序。

公示催告程序适用于可以背书转让的票据被盗、遗失、灭失或依法可以申请公示催告的其他事项。这类案件的被申请人不明确，在申请时不存在民事权利义务之争，所以具有非讼性质。

票据持有人向票据支付地基层人民法院提交书面申请。人民法院以书面审查和公告方式进行审理。法院受理后，应当同时通知支付人停止支付；并在3日内发出公告，催促利害关系人申请权利。公示催告期间由法院决定，但不得少于60日。公示催告期间，转让票据行为无效。催告期间，人民法院若收到利害关系人的申报，应当裁定终止公示催告程序，并通知申请人和支付人；期间届满，若没有利害关系人申报权利的，法院将作出除权判决，即宣告票据无效。

十、执行程序

执行程序，是指人民法院的执行组织对不履行已发生法律效力的法律文书的当事人，依法强制其履行义务的程序。

---

① 有价证券包括汇票、本票、支票、股票、债券、国库券、可转让的存款单等。

1. 执行组织

人民法院根据需要，依据有关法律的规定，设立执行机构，专门负责执行工作。执行组织是法院的重要组成部分，代表国家行使执行权。

2. 执行根据

执行根据，即人民法院执行机构据以执行的各种生效法律文书，包括：具有给付内容的各种生效民事判决、裁定、支付令、调解书（或调解协议）、刑事判决和裁定的财产部分、仲裁裁决书等。

3. 执行程序的开始

根据《民事诉讼法》规定，发生法律效力的民事判决、裁定，以及刑事判决、裁定中的财产部分，由第一审人民法院或者与第一审人民法院同级的被执行的财产所在地人民法院执行。法律规定由人民法院执行的其他法律文书，由被执行人住所地或者被执行的财产所在地人民法院执行。

执行开始的条件是：
● 作为执行根据的法律文书已经生效；
● 生效文书中具有给付内容；
● 申请执行人是生效法律文书确定的权利人；
● 执行标的和被执行人明确，被执行人履行义务期限已满且拒绝履行或规避履行；
● 申请执行的期间为二年。申请执行时效的中止、中断，适用法律有关诉讼时效中止、中断的规定①。
● 执行案件属于受申请的人民法院管辖。

具备上述条件，人民法院就可依当事人申请而开始强制执行程序。执行员接到申请执行书或者移交执行书，应当向被执行人发出执行通知，并可以立即采取强制执行措施。

4. 执行措施

被执行人未按执行通知履行法律文书确定的义务，应当报告当前以及收到执行通知之日前一年的财产情况。被执行人拒绝报告或者虚假报告的，人民法院可以根据情节轻重对被执行人或者其法定代理人、有关单位的主要负责人或者直接责任人员予以罚款、拘留。

---

① 但是，根据《最高人民法院关于适用〈中华人民共和国民事诉讼法〉的解释》第483条规定，申请执行人超过申请执行时效期间向人民法院申请强制执行的，人民法院应予受理。被执行人对申请执行时效期间提出异议，人民法院经审查异议成立的，裁定不予执行。被执行人履行全部或者部分义务后，又以不知道申请执行时效期间届满为由请求执行回转的，人民法院不予支持。

执行措施是人民法院行使国家执行权时所必须采取的各种手段和方法，具有强制力。执行措施大致有7种：

（1）查询、扣押、冻结、划拨、变价被执行人的存款、债券、股票、基金份额等财产；

（2）扣留、提取被执行人应当履行义务部分的收入；

（3）查封、扣押、冻结、拍卖、变卖被执行人应当履行义务部分的财产；

（4）搜查：被执行人不履行法律文书确定的义务，并隐匿财产的，人民法院有权发出搜查令，对被执行人及其住所或者财产隐匿地进行搜查；

（5）强制交付法律文书指定的财物或票证；

（6）强制迁出房屋或者退出土地；

（7）强制完成法律文书指定的行为：对判决、裁定和其他法律文书指定的行为，被执行人未按执行通知履行的，人民法院可以强制执行或者委托有关单位或者其他人完成，费用由被执行人承担。

被执行人不履行法律文书确定的义务的，人民法院可以对其采取或者通知有关单位协助采取限制出境，在征信系统记录、通过媒体公布不履行义务信息以及法律规定的其他措施。

5. 对妨害执行程序的强制措施

根据《民事诉讼法》的规定，被执行人与他人恶意串通，通过诉讼、仲裁、调解等方式逃避履行法律文书确定的义务的，人民法院应当根据情节轻重予以罚款、拘留；构成犯罪的，依法追究刑事责任。

有义务协助调查、执行的单位有下列行为之一的，人民法院除责令其履行协助义务外，并可以予以罚款：（一）有关单位拒绝或者妨碍人民法院调查取证的；（二）有关单位接到人民法院协助执行通知书后，拒不协助查询、扣押、冻结、划拨、变价财产的；（三）有关单位接到人民法院协助执行通知书后，拒不协助扣留被执行人的收入、办理有关财产权证照转移手续、转交有关票证、证照或者其他财产的；（四）其他拒绝协助执行的。人民法院对有前款规定的行为之一的单位，可以对其主要负责人或者直接责任人员予以罚款；对仍不履行协助义务的，可以予以拘留；并可以向监察机关或者有关机关提出予以纪律处分的司法建议。

根据《民事诉讼法》规定，对个人的罚款金额，为人民币10万元以下；对单位的罚款金额，为人民币5万元以上100万元以下。拘留的期限，为15日以下。被拘留的人，由人民法院交公安机关看管。在拘留期间，被拘留人承认并改正错误的，人民法院可以决定提前解除拘留。

关于执行程序，须明确的是：它不是审判程序后的必经程序，当事人正常地履行生效的法律文书，就不会启动执行程序；另一方面，执行程序也不绝对地依赖审判程序而存在，因为其执行的依据有多种，如仲裁机构制作的仲裁裁决书等。

十一、涉外民事诉讼程序

涉外民事诉讼程序，是人民法院审理和执行具有涉外因素的民事案件的程序。

涉外因素具有下列三种情况：

● 诉讼当事人一方或双方是外国人、无国籍人、外国企业和组织；

● 诉讼当事人之间的民事法律关系发生、变更和消灭的法律事实存在于国外；

● 诉讼当事人争执的财产在国外。

以上三种涉外因素情形，只要具备其一，就是涉外民事案件。涉及华侨和港、澳、台同胞的民事诉讼，不属于涉外民事诉讼。但是，根据该类诉讼的特殊性和人民法院审判实践的惯例，在主要适用《民事诉讼法》的一般规定的同时，也可参照涉外民事诉讼程序的特别规定办理。

1. 涉外民事诉讼程序应当遵循的原则

（1）适用我国民事诉讼法的原则

人民法院审理涉外民事案件，首先应当适用我国《民事诉讼法》第四编涉外民事诉讼程序特别规定。

（2）国家主权原则

人民法院审理涉外民事案件，应当坚持国家主权原则。例如，坚持我国法院的司法管辖权；案件中的外国人起诉、应诉需要委托律师时，必须委托中国律师等。

（3）适用我国缔结或参加的国际条约原则

人民法院审理涉外民事案件，如果民事诉讼法与我国缔结或参加的国际条约相冲突，适用该国际条约的规定，但我国声明保留的条款除外。

（4）司法豁免权原则

对享有外交特权和豁免权的外国人、外国组织或国际组织提起的民事诉讼，应当依照我国有关法律和我国缔结或参加的国际条约的规定办理。

2. 涉外民事案件的管辖

（1）因合同纠纷或其他财产权益纠纷，对在我国领域内没有住所的被告提起的诉讼，按属地管辖原则，一般由合同签订地、合同履行地、诉讼标的物所在地、可供扣押财产所在地、侵权财产所在地或者代表机构住所地人民法院管辖。

（2）涉外合同或涉外财产权益纠纷的当事人，可以用书面协议选择与争议有实际联系的地点的法院管辖。选择我国法院管辖的，不得违反级别管辖和专属管辖的规定。

（3）涉外民事诉讼的被告对人民法院管辖不提出异议，并应诉答辩的，视为承认该人民法院有管辖权。

（4）因在我国履行的中外合资经营企业合同、中外合作经营企业合同、中外合作勘探开发自然资源合同发生纠纷提起的诉讼，由我国法院管辖。

第四节
行政诉讼法

一、行政诉讼和行政诉讼法

行政诉讼，是指公民、法人或其他组织认为行政机关及其工作人员的行政行为侵犯了其合法权益，依法向人民法院起诉，并由人民法院进行审理和裁判的一种诉讼活动。这里的行政行为，包括依照法律、法规、规章授权的组织作出的行政行为。

行政诉讼法是调整人民法院、当事人和其他诉讼参与人在行政诉讼中权利义务关系的法律规范的总称。

二、行政诉讼法的特有原则

1. 司法审查原则

《行政诉讼法》第6条规定："人民法院审理行政案件，对行政行为是否合法进行审查。"

这一规定确立的司法审查原则，划清了司法审判权与行政权的界限，确认了司法权对行政权的制约，即在法律规定的范围内，司法审判权高于行政权，行政裁决须服从于司法裁判。

（1）司法审查的范围

司法权对行政权的制约必须在法律授权的范围内才有效。具体而言：

第一，司法审查的对象是被诉的行政行为；

第二，司法审查只涉及行政行为的合法性，原则上不涉及其合理性。一项具体行政行为是否合理，是行政机关自由裁量权范围内的事，人民法院应予尊重。

（2）司法审查的依据和内容

司法审查的依据是法律、法规和规章。

司法审查的内容是行政行为是否合法。行政行为具有以下情形之一的，即为违法：

● 主要证据不足；

● 适用法律、法规错误；

● 违反法定程序、超越职权；
● 滥用职权；
● 不履行或者拖延履行法定职责。

（3）合法性审查的例外

2014年修订后的《行政诉讼法》第70条规定，对于明显不当的行政行为，人民法院可以判决撤销或者部分撤销，并判决被告重新作出行政行为。在某种程度上，这一规定扩展了法院对行政行为的司法审查权，也加强了法院对行政机关行使自由裁量权的监督。另外，《行政诉讼法》第77条还进一步规定："行政处罚明显不当，或者其他行政行为涉及对款额的确定、认定确有错误的，人民法院可以判决变更。人民法院判决变更，不得加重原告的义务或者减损原告的权益。但利害关系人同为原告，且诉讼请求相反的除外。"这一规定意味着人民法院对行政机关的行政处罚，既可以审查其合法性，又可以审查其合理性。这是司法审查原则的一个例外。

2. 不调解原则

人民法院审理行政案件原则上不适用调解原则，不得以调解方式结案。这主要是因为行政机关的行政行为是一种执法行为，只有该行为不合法时，法院才有权干涉和进行否定性处理。不调解原则体现了法律法规的严肃性，也是对行政机关依法行使职权的权威性的维护。

在不调解原则的基础上，新修订的行政诉讼法明确：行政赔偿、补偿以及行政机关行使法律、法规规定的自由裁量权的案件可以调解。调解应当遵循自愿、合法原则，不得损害国家利益、社会公共利益和他人合法权益。

三、行政诉讼受案范围

公民、法人或者其他组织对具有国家行政职权的机关和组织及其工作人员的行政行为不服，依法提起诉讼的，属于人民法院行政诉讼的受案范围。

人民法院受理公民、法人或者其他组织提起的下列诉讼：

1. 对行政拘留、暂扣或者吊销许可证和执照、责令停产停业、没收违法所得、没收非法财物、罚款、警告等行政处罚不服的；

2. 对限制人身自由或者对财产的查封、扣押、冻结等行政强制措施和行政强制执行不服的；

3. 申请行政许可，行政机关拒绝或者在法定期限内不予答复，或者对行政机关作出的有关行政许可的其他决定不服的；

4. 对行政机关作出的关于确认土地、矿藏、水流、森林、山岭、草原、荒地、滩涂、海域等自然资源的所有权或者使用权的决定不服的；

5. 对征收、征用决定及其补偿决定不服的；

6. 申请行政机关履行保护人身权、财产权等合法权益的法定职责，行政机关拒绝履行或者不予答复的；

7. 认为行政机关侵犯其经营自主权或者农村土地承包经营权、农村土地经营权的；

8. 认为行政机关滥用行政权力排除或者限制竞争的；

9. 认为行政机关违法集资、摊派费用或者违法要求履行其他义务的;

10. 认为行政机关没有依法支付抚恤金、最低生活保障待遇或者社会保险待遇的;

11. 认为行政机关不依法履行、未按照约定履行或者违法变更、解除政府特许经营协议、土地房屋征收补偿协议等协议的;

12. 认为行政机关侵犯其他人身权、财产权等合法权益的。

公民、法人或者其他组织对下列行为不服提起诉讼的,不属于人民法院行政诉讼的受案范围:

● 国防、外交等国家行为①;

● 行政法规、规章或者行政机关制定、发布的具有普遍约束力的决定、命令②;

● 行政机关对行政机关工作人员的奖惩、任免等决定③;

● 法律规定由行政机关最终裁决的行政行为④。

四、起诉和受理

公民、法人或者其他组织认为行政机关或行政机关工作人员的行政行为侵害了自己的合法权益的,有权请求人民法院行使审判权,给予其救济。

1. 起诉的条件

行政诉讼适用"不告不理"原则,原告的起诉行为是行政诉讼的发端,起诉一旦成立,则意味着行政诉讼程序的正式运作。

行政诉讼的起诉必须符合下列四个条件:

(1)有符合条件的原告,即原告是行政行为的相对人以及其他与行政行为有利害关系的公民、法人或者其他组织;

(2)有明确的被告;

(3)有具体的诉讼请求和事实根据;

(4)属于人民法院受案范围和受诉人民法院管辖。

2. 起诉的程序

① 根据司法解释,这里的"国家行为"是指国务院、中央军事委员会、国防部、外交部等根据宪法和法律的授权,以国家的名义实施的有关国防和外交事务的行为,以及经宪法和法律授权的国家机关宣布紧急状态、实施戒严和总动员等行为。

② 根据司法解释,这里的"具有普遍约束力的决定、命令",是指行政机关针对不特定对象发布的能反复适用的行政规范性文件。

③ 根据司法解释,这里的"对行政机关工作人员的奖惩、任免等决定",是指行政机关作出的涉及该行政机关公务员权利义务的决定。

④ 根据司法解释,这里的"法律规定由行政机关最终裁决的行政行为"中的"法律",是指全国人民代表大会及其常务委员会制定、通过的规范性文件。

提起行政诉讼除须符合上述四个条件外，还须符合法定的程序要求。起诉的程序可以分为两种情况。

一种情况是，当事人在申请复议和起诉两者之间可以选择其一，即选择经复议再起诉或者直接起诉。具体地说，就是对某一具体行政行为不服的，原告可以先向上一级行政机关申请复议，对复议不服再向人民法院起诉；原告也可以越过复议环节而直接起诉。这反映出在处理行政复议与行政诉讼关系上，我国是以当事人选择补救手段为一般原则的，绝大多数情形下当事人都可以在这两种手段之间自由选择。

另一种情况是，法律法规明确以行政复议作为起诉的先行程序的，原告必须经复议再起诉。例如《行政复议法》规定："公民、法人或其他组织认为行政机关的具体行政行为侵犯其已经依法取得的土地、矿藏、水流、森林、山岭、草原、荒地、滩涂、海域等自然资源的所有权或者使用权的，应当先申请行政复议；对行政复议决定不服的，可以依法向人民法院提起行政诉讼"。

3. 起诉的方式

提起行政诉讼，应提交书面形式的起诉状并按照被告人数提出副本。起诉状中应当包括：当事人的情况；诉讼请求和所根据的事实理由；证据和证据来源、证人姓名和住址等。

书写起诉状确有困难的，可以口头起诉，由人民法院记入笔录，出具注明日期的书面凭证，并告知对方当事人。

4. 起诉的期限

提起行政诉讼应当在法定期限之内，人民法院对超出期限的起诉可以拒绝受理。行政起诉期限分为一般期限和特殊期限两类。

（1）一般期限

即普遍适用的行政诉讼的起诉期限。通常是：

● 当事人不服复议决定的，可以在收到复议决定书之日起15日内起诉。复议机关逾期（两个月）不作决定的，当事人可以在复议期满之日起15日内起诉。

● 当事人直接起诉的，应当在知道作出具体行政行为之日起6个月内提出，法律另有规定的除外。

（2）特殊期限

这是指《行政诉讼法》认可的其他法律法规规定的起诉期限。在适用上，只要各单行法规定了当事人提起行政诉讼的期限的，都有优先适用的效力。

5. 受理

人民法院在接到起诉状时，对符合法律规定的起诉条件的，应当登记立案。对当场不能判定是否符合规定的起诉条件的，应当接收起诉状，出具注明收到日期的书面凭证，并在7日内决定是否立案。不符合起诉条件的，作出不予立案的裁定。裁定书应当载明不予立案的理由。原告对这一裁定不服的,可以提起上诉。

同时，法院应当对起诉状内容欠缺或者有其他错误的给予指导和释明，并一次性告知当事人需要补正的内容。不得未经指导和释明即以起诉不符合条件为由不接收起诉状。

对于不接收起诉状、接收起诉状后不出具书面凭证，以及不一次性告知当事人需要补正的起诉状内容的，当事人可以向上级人民法院投诉，上级人民法院应当责令改正，并对直接负责的主管人员和其他直接责任人员依法给予处分。

《行政诉讼法》明确规定，行政机关及其工作人员不得干预、阻碍人民法院受理行政案件。

五、第一审程序

1. 审理前的准备

审理前的准备，又称为庭前准备，任务是审查诉讼立案资格、了解争议焦点，为正式开庭做好必要的准备工作。具体包括：

- 组成合议庭。行政案件都应由合议庭审理，合议庭成员是3人以上单数。对于事实清楚、权利义务关系明确、争议不大的案件，也可以适用简易程序。
- 通知被告应诉和发送诉讼文书。人民法院在立案之日起5日内，将起诉书副本和应诉通知书发送被诉行政机关；后者在收到之日起15日内提出作出行政行为的证据和所依据的规范性文件,并提出答辩状。法院在收到答辩状之日起5日内，将副本发送原告。
- 审查诉讼文书和调查收集证据。
- 审查被告提供作出行政行为的事实根据和所依据的法律文件的合法性。
- 审查行政行为是否具有停止执行的条件。
- 审查是否有先行给付的情况存在。
- 审查有无不公开审理的条件。

2. 开庭审理

开庭审理是在审判人员主持下，经过开庭准备、宣布开庭、法庭调查、法庭辩论、评议和宣判这五个阶段，对行政案件进行审判的诉讼活动。审理行政案件不适用调解。

开庭审理的范围，也即法院对行政案件中的哪些事项有权进行审查并判决的范围，是以合法性审查为基本内容。在庭审中必须贯彻司法审查原则，审理范围如下：

- 审查被诉行政行为，同时，公民、法人或者其他组织认为行政行为所依据的国务院部门和地方人民政府及其部门制定的规范性文件不合法，在对行政行为提起诉讼时，也可以一并请求对该规范性文件进行审查。经法院审认为该规范性文件不合法的，法院将不以此作为认定行政行为合法的依据，并向制定机关提出处理建议；
- 审查行政行为的合法性，除行政处罚外，不审查其合理性；
- 实质性审查，既审查具体行政行为的事实根据是否正确充分，又审查该行为的法律依据是否正确适当；

● 全面审查可能影响被诉具体行政行为合法性的所有因素，不受诉讼请求限制。

根据《行政诉讼法》第3条规定，被诉行政机关负责人应当出庭应诉。不能出庭的，应当委托行政机关相应的工作人员出庭。

3. 审理中的各项制度

（1）撤诉

原告在宣告判决、裁定前可以申请撤回起诉。撤诉权是原告的诉讼权利，行使这一权利的后果是视为未起诉。当事人在法定期限内再起诉，符合法定条件的，人民法院应当受理。

原告经法院传票传唤，无正当理由拒不到庭，或者未经法庭许可中途退庭的，可以按照撤诉处理。法院裁定准许则诉讼结束。

（2）缺席判决

缺席判决是为维护出庭一方当事人的合法权益，保证法庭尊严和行政诉讼的正常进行而设立的制度。下列情形可以缺席判决：
● 被告不到庭。经法院两次合法传唤，被告无正当理由拒不到庭的，或者未经法庭许可中途退庭的，可以缺席判决。
● 原告申请撤诉而人民法院裁定不准许，经两次合法传唤，无正当理由拒不到庭的，可以缺席判决。

（3）财产保全和先予执行

人民法院对于因一方当事人的行为或者其他原因，可能使具体行政行为或者人民法院生效裁判不能或者难以执行的案件，可以根据对方当事人的申请作出财产保全的裁定；当事人没有提出申请的，人民法院在必要时也可以依法采取财产保全措施。

人民法院审理起诉行政机关没有依法支付抚恤金、最低生活保障金和工伤、医疗社会保险金的案件，权利义务关系明确、不先予执行将严重影响原告生活的，可以根据原告的申请，裁定先予执行。

（4）案件的移送

人民法院在审理行政案件时，发现行政机关工作人员违反政纪的，应当将有关材料移送该行政机关或其上一级行政机关或者监察、人事机关；发现原告方或被告方有犯罪行为的，应当将有关材料移送公安、检察机关。

4. 审理期限

人民法院审理行政案件，应当在立案之日起6个月内作出第一审判决。有特殊情况需要延长的，由高级人民法院批准；高级人民法院审理一审案件需要延长的，由最高人民法院批准。

六、第二审程序和审判监督程序

1. 第二审程序

行政诉讼的当事人不服一审判决的，有权在判决书送达之日起15日内向上一级人民法院提起上诉；不服第一审裁定的，提起上诉期限为10日。

第二审法院审理上诉案件，应当组成合议庭，开庭审理。经过阅卷、调查和询问当事人，对没有提出新的事实、证据或者理由，合议庭认为不需要开庭审理的，也可以不开庭审理。

第二审人民法院审理上诉案件，应当对原审人民法院的裁判和被诉行政行为是否合法进行全面审查。

第二审法院审理上诉案件，应当自收到上诉状之日起3个月内作出终审判决。有特殊情况需要延长的，由高级人民法院批准；高级人民法院审理上诉案件需要延长的，由最高人民法院批准。

2. 审判监督程序

审判监督程序，又称为再审程序，是人民法院对生效判决、裁定，发现违反法律法规的规定，依法再次审理的程序。

审判监督程序的提起和审理，类似于民事诉讼的这一程序，在此不再赘述。

七、执行

行政诉讼执行，是指执行组织对已生效的行政案件的法律文书，在义务人逾期拒不履行时，依法采取强制措施，以实现生效法律文书的活动。

公民、法人或者其他组织拒绝履行生效判决、裁定、调解书的，行政机关或者第三人可以向第一审法院申请强制执行，或者由行政机关依法强制执行。

行政机关拒绝履行的，第一审人民法院可以依法行使执行权，采取以下措施：

- 对应当归还的罚款或者应当给付的款额，通知银行从该行政机关的账户内划拨；
- 在规定期限内不履行的，从期满之日起，对该行政机关负责人按日处50元至100元的罚款；
- 将行政机关拒绝履行的情况予以公告；
- 向监察机关或者该行政机关的上一级行政机关提出司法建议。接受司法建议的机关根据有关规定进行处理，并将处理情况告知人民法院；
- 拒不履行判决、裁定、调解书，社会影响恶劣的，可以对该行政机关直接负责的主管人员和其他直接责任人员予以拘留；情节严重，构成犯罪的，依法追究刑事责任。

本 单 元 小 结

诉讼法属于程序法，是关于诉讼程序的法律规范的总称。我国现行诉讼法有三个，即刑事诉讼法、民事诉讼法和行政诉讼法。

对诉讼法与实体法关系的认识，与对程序价值的认识密切相关。关于程序价值，有"程序工具主义"和"程序本位主义"之争，我们认为，诉讼法与实体法的关系是相辅相成、并行不悖的关系，没有主次轻重之分。

诉讼法律关系由主体、内容、客体三个要素构成。主体是诉讼中享有诉讼权利、承担诉讼义务的组织和个人，一般包括国家专门机关、当事人和其他诉讼参与人。诉讼法律关系的内容，是指诉讼法律关系主体依法享有的诉讼权利和承担的诉讼义务。诉讼法律关系的客体，是主体之间的权利义务所指向的对象。

我国诉讼法的共同原则有司法机关依法独立行使职权原则，以事实为根据、以法律为准绳原则，当事人法律地位平等原则，使用本民族语言文字原则，人民检察院法律监督原则等。三个诉讼法还各有其特别的原则。

我国诉讼基本制度主要包括管辖制度、公开审判制度、合议制、回避制度、两审终审制、证据制度等。

刑事诉讼法解决的是犯罪嫌疑人、被告人是否犯罪、应否负刑事责任的问题。我国的刑事诉讼结构类似于大陆法系国家的职权主义刑事诉讼结构，强调国家的干预和司法机关的主导地位，注重发挥司法机关特别是法官行使职权的主动性。刑事诉讼一般经过以下阶段：立案、侦查、审查起诉、提起公诉、审判、执行。

民事诉讼法解决的是当事人之间民事权利义务纠纷与争议的问题。民事诉讼涉及范围较广，当事人在诉讼中以"谁主张，谁举证"为普遍原则。除一审、二审普通程序外，民事诉讼程序还包括特别程序、审判监督程序、督促程序、公示催告程序等内容。

行政诉讼法解决的是公民、法人因行政机关的行政行为而引起的纠纷与争议问题。人民法院审理行政案件一般不进行调解，法院须对行政行为的合法性进行审查。举证责任由行政机关承担。行政诉讼在一审、二审、审判监督程序上类似于民事诉讼。

思 考 题 答 案

1. 该案应由基层人民法院管辖。我国《民事诉讼法》规定，重大涉外民事案件由中级人民法院管辖。换言之，一般性的、非重大的涉外民事案件仍由基层人民法院管辖。

2. 可以。因为根据最高人民法院《关于适用〈中华人民共和国民事诉讼法〉若干问题的意见》规定，追索赡养费案件的几个被告住所地不在同一辖区内的，可以由原告住所地人民法院管辖。

3.诉讼标的是当事人发生争议的民事权利义务关系,本案中,原告甲有主张牛的所有权的权利,也有承担给付乙饲养费的义务;被告乙有主张原告给付饲养费的权利,也有承担返还牛的义务。这些权利义务才是本案的诉讼标的。牛,只是双方权利义务指向的对象,所以,牛不是诉讼标的,而是诉讼标的物。

4.本案中,武某作为共同共有人,应以本诉的原告苏、被告江为被告,提起有独立请求权的第三人之诉。

5.甲虽然没有实体上的权利,但法院的判决可能给其带来责任,即案件结果与其有法律上的利害关系,所以甲是无独立请求权的第三人。

阅 读 书 目

1.《刑事诉讼法》(第五版),陈光中主编,北京大学出版社,2013年6月版。

2.《民事诉讼法学》,张卫平著,法律出版社,2013年8月版。

3.《行政法与行政诉讼法》,章剑生著,北京大学出版社,2014年8月版。

4.《民事诉讼法立法背景与观点全集》,全国人大常委会法律工作委员会民法室编,法律出版社,2012年9月版。

5.《程序理念与程序规则》,陈桂明著,中国法制出版社,1999年10月版。

6.《刑事诉讼的理念》,左卫民、周长军著,法律出版社,1999年7月版。

7.《刑事诉讼原则:程序主义的基石》,谢佑平、万毅著,法律出版社,2002年7月版。

联合国之宗旨：为维持国际和平及安全，并为此目的，采取有效集体办法，以防止且消除对于和平之威胁，制止侵略行为或其他和平之破坏；并以和平方法且依正义及国际法之原则，调整或解决足以破坏和平之国际争端或情势。

——《联合国宪章》第一条第1款

第七单元　国际法

国际法，主要是国家之间的法律。它是为满足以国家为成员的国际社会的需要而产生的。国际法主要调整国家之间的法律关系，确立国家间权利和义务的法律原则、规则和制度。

国家在国际社会中都是独立、平等的，在国家之上没有超越它的权力，也没有"世界政府"。

当今世界有二百多个国家和地区。虽然有发达国家和发展中国家、大国和小国、富国和贫国、强国和弱国的差别，其文化传统、经济结构或社会制度也有诸多不同，但是，它们都是组成今日国际社会的平等成员。实践表明，在各国来往频繁和组织化程度加深的国际社会里，各国之间存在着一种交叉影响、彼此补充和相互依存的关系。为了维护全人类共同及根本的利益，加速各国特别是发展中国家的经济及社会进步，"共同谋求和平与发展"已成为各国人民的普遍要求。

内 容 提 要

通过对本单元内容的学习，你应理解并掌握有关国际法的基础知识，并对国际法的基本原则等有所把握。同时，你还须明确，国际法有着完全不同于国内法的特殊性。

基于以上学习目的，你应完成对以下内容的全面把握：
- 国际法的概念
- 国际法的渊源
- 国际法的主体
- 国家领土
- 国际法上的个人
- 国际法的基本原则
- 使馆及其外交特权
- 领事馆及其领事特权
- 联合国的性质、宗旨和原则
- 国际法院

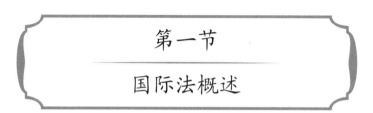

一、国际法的概念

1. 国际法的概念

国际法，也称国际公法，是国家在交往中形成的，主要调整国家间关系的具有法律拘束力的原则、规范和规章制度的总称。

2. 国际法的特征

国际社会的成员主要是国家，而国家相互之间是独立平等的，国际上并不存在超越国家的"世界政府"。因此，国际法是完全不同于国内法的一个特殊的法律体系，具有如下基本特征：

（1）国际法的主体主要是国家，调整对象主要是国家间的法律关系；

（2）国际法规范是经由国家之间的协议形成的，国家的同意和国际社会的公认是国际法的效力根据；

（3）国际法的实施主要依靠国家单独的或集体的措施。

二、国际法的渊源

国际法的渊源，是指国际法规范形成的方式和表现的形式。由于国际法是通过国家之间的协议形成的，因此，国际条约和国际习惯是国际法的主要表现形式，也是国际法最主要的渊源。除此之外，还包括一般法律原则和确立国际法原则的辅助材料。具体表述如下：

1. 国际条约：国际条约是国家间的书面协议，它对缔约国具有法律拘束力。因此，不论双边、多边或一般性条约，都是国际法的重要渊源。其中最有意义的是普遍性、造法性条约。

2. 国际习惯：许多国际法规范都是通过习惯形成的。国际习惯是被接受为法律的各国反复一致的实践，是不成文的国际法规范。国际习惯是最古老的国际法渊源。目前，在没有国际条约调整的国际法领域，国际习惯仍发挥着重要作用。

3. 一般法律原则：它指的是各国国内法律体系所共有的原则，是国际法次要的补充渊源。

4. 确立国际法原则的辅助材料：它主要包括国际司法判例和权威国际公法学家的学说。

三、国际法的主体

1. 国际法的主体

国际法的主体，是指具有独立参加国际关系并直接承受国际法上权利和义务能力的实体。

在现代国际法上，国家是最基本的主体，政府间的国际组织和正在争取独立、自己建立政权组织的民族等类似国家的政治实体，也是国际法的主体。

2. 主权国家的概念及国家的基本权利和义务

（1）主权国家

国家作为国际法主体，应具备以下四个要素：有确定的领土；有永久定居的人口；有一个政府；享有独立的主权。

（2）国家的基本权利

国家的基本权利，是国家固有的不可缺少的和根本性的权利。一般包括独立权、平等权、自保权和管辖权：

- 独立权，是指国家可以按照自己的意志处理本国内外事务而不受任何外来控制和干涉的权利；
- 平等权，是指国家以平等的资格和身份参与国际关系，承受具体的国际权利义务并负担国际责任的权利；
- 自保权，是指国家采取防御和自卫措施保卫其生存和独立不受侵犯的权利；
- 管辖权，是指国家通过立法、司法和行政等手段对特定的人、物、事进行管理和处置的权力。

根据国家平等原则，国家享有管辖豁免权。就司法管辖而言，除非经过一国同意，该国的行为和财产不得在外国法院被诉，其在外国的财产也不能被扣押或强制执行。

（3）国家的基本义务

国家的基本义务，是指国家固有的、不可缺少的根本性义务。根据国家主权平等原则，任何国家在享有上述各项基本权利的同时，也应负担以下各项基本义务：

- 不得非法使用武力或以武力相威胁；
- 不得以任何理由和任何方式干涉别国内政；
- 应以和平方法解决本国与别国的争端；
- 忠诚履行本国依据公认的国际法原则、规则以及有效国际条约所负担的义务。

3. 国际法上的承认

国际法上的承认，是指国家表示认可某一事实状态的存在并接受由此引起的法律后果的行为，包括对新国家的承认和对新政府的承认。

国家承认，是指现有国家确认某一组织作为国际法意义上的国家而存在，并表示愿意将其视为国家而与其交往的行为。在某一组织宣布建立新国家的场合，即发生国家承认问题。国家承认的法律条件有两个，分别是：

● 新国家必须具备国际法意义上的国家的四个要素；
● 新国家的建立必须符合公认的国际法原则。

国家承认在承认国与被承认国之间具有重大的政治效果和一定的法律效果。

观察

科索沃，原是南斯拉夫塞尔维亚的一个自治省，于当地时间2008年2月17日下午单方面宣布脱离塞尔维亚共和国而独立，它以宣读《科索沃独立宣言》的形式，宣告科索沃正式立国，成为一个民主自治国家。这是自南斯拉夫社会主义联邦共和国于1992年解体后成立的第七个国家。这一大胆的举动再次触动了国际政治舞台的敏感神经。对此，各国反应不一。2008年2月18日，美国率先对科索沃进行国家承认。随后，英国、法国、德国、日本、澳大利亚也纷纷表示支持其独立。但是，俄罗斯、罗马尼亚、西班牙等国坚决反对科索沃独立，认为其行为违反国际法。中国一直认为，塞、科双方通过谈判达成一项彼此均可接受的方案是解决科索沃问题的最佳途径。我国外交部发言人刘建超2月18日发表谈话说，科索沃问题的解决事关巴尔干地区的和平与稳定、国际关系的基本准则及安理会的权威和作用。科方采取单方面行动的做法，可能产生一系列后果，会给巴尔干地区和平与稳定以及在科索沃实现建立多族裔社会的目标造成严重负面影响。由此可见，中国对科索沃独立的立场与俄罗斯等国是一致的。目前仅有1/3联合国成员国家承认科索沃的国家地位。

政府承认，是指一国确认他国的新政府具有代表其本国的正式资格并表示愿意与之交往的行为。政府承认的法律条件也有两个，分别是：

● 新政府必须在本国全部或绝大部分领土上实现有效统治；
● 新政府的建立必须符合公认的国际法原则。

政府承认在承认国与被承认的政府所代表的国家之间具有重大的政治效果和一定的法律效果。

思考

1.1949年10月中华人民共和国成立了，世界上许多国家政府纷纷向中华人民共和国政府表示祝贺，并表示要与中华人民共和国建交。请问：这些国家要与中华人民共和国建交的行为，是对国家的承认，还是对政府的承认？

4. 国际法上的继承

国际法上的继承，主要是指国家继承和政府继承。

国家继承，是指一国对某一领土的国际关系所负的责任被别国取代的事实以及由此引起的有关国际权利义务在这些国家之间的转移。

政府继承，是指某一政府代表国家的资格被新的政府取代的事实以及由此引起的有关国际权利义务在新旧政府之间的转移。

国家继承和政府继承主要涉及条约、国家财产、国家债务和国家档案等方面的问题，具有重要的理论和实践意义。

5. 国家责任

国家责任，又称国家的国际责任，通常特指国家对其国际不当行为所应负担的国际法律责任。国家责任的构成条件有两个，分别是：

- 某一行为依照国际法的规定可以被视为一国的国家行为；
- 该国家行为违背了本国负担的有效国际义务。

国家责任的形式主要有限制主权、恢复原状、赔偿和道歉等四种。

如果国家实施了严重违背具有根本重要性的国际义务的行为，诸如严重违背维持国际和平与安全、维护各国人民的自决权利、保护人类以及维护和保全人类环境等义务的行为，构成国际罪行的，行为国应承担最严重的国际法律责任。

四、国家领土

1. 国家领土的概念

国家领土，是指国家主权支配和管辖之下的地球的特定部分，是国家行使主权的主要范围和空间。领土主权是国家对领土及领土范围内的人、物、事所享有的最高权力，其主要内容有两个：一是对本国领土的所有权；二是对本国领土范围内一切不享有特权与豁免的人、物、事的排他性的管辖权。领土主权是国家主权的重要组成部分，领土主权神圣不可侵犯是国际法的基本原则之一。

2. 领土的构成和国界

国家领土由领陆、领水、领陆和领水的底土以及领空四部分组成。其中，领陆是一国疆界以内的陆地，包括大陆和岛屿，是国家领土最重要、最基本的部分。领水是国家疆域以内的水域，包括内水和领海。领空是国家领陆和领水以上一定高度的空气空间。

国界，即国家边界，是国家领土的界限，也是划分一国领土与他国领土、专属经济区或公海及外层空间的真实的或想像的界线。与国家领土的组成部分相适应，国家边界可分为陆地边界、水域边界、空中边界和地下层边界等四种类型。

3. 领海

（1）领海的概念

沿海国的主权及于其陆地领土及其内水以外相邻接的一带海域，在群岛国的情况下则及于群岛水域以外相邻接的一带海域，称为领海。

1982年《联合国海洋法公约》规定，每一国有权确定其领海的宽度，直至从领海基线量起不超过12海里的界限为止。领海基线是沿海国确定领海宽度的起始线，领海基线有两种：

● 正常基线，即低潮线，是指海水退潮时离海岸最远的那条线。

● 直线基线，即在海岸曲折、地貌极为复杂的情况下，连接各适当基点之间的直线的基线。

领海的外部界限是一条其每一点同基线最近点的距离等于领海宽度的线。它与领海基线平行。

领海是国家领土的组成部分，处于沿海国的主权管辖之下。国家对领海的主权及于领海内的水域、水空、海床和底土。沿海国对其领海内的一切人和物享有排他的管辖权，在此前提之下，外国船舶在一国领海享有"无害通过权"，即不能损害沿岸国的和平、良好秩序和安全。

（2）我国的领海制度

1992年2月25日，我国全国人民代表大会常务委员会通过了《中华人民共和国领海及毗连区法》，该法规定了中国的领海及毗连区制度。关于领海制度主要内容如下：

● 中华人民共和国领海为邻接中华人民共和国陆地领土和内水的一带海域，陆地领土包括大陆及其沿海岛屿、台湾及其包括钓鱼岛在内的附属各岛、澎湖列岛、东沙群岛、西沙群岛、中沙群岛、南沙群岛及其他一切属于中华人民共和国的岛屿。

● 中华人民共和国领海的宽度从领海基线量起为12海里。领海基线采用直接基线法划定，基线向陆地一侧的水域为中华人民共和国的内水。

● 中华人民共和国对领海的主权及于领海上空、领海的海床及底土。

● 外国非军用船舶享有依法无害通过中国领海的权利；外国军用船舶进入中国领海，须经中华人民共和国政府的批准；外国航空器只有根据该国与中国政府的协定、协议或经中国政府或其授权的机关批准，方可进入中华人民共和国领海上空。

● 外国船舶通过中华人民共和国领海，必须遵守中国的法律、法规，不得损害中华人民共和国的和平、安全和良好秩序。

4. 领空

领空，是指一国陆地领土和领水以上的一定高度的空气空间。

领空是一国领土的组成部分，国家对其领空享有完全的和排他的主权。

国家的领空主权具体表现在以下几个方面：

（1）领空资源的开放利用；

（2）制定航空法律规章；

（3）保留国内载运权；

（4）设立空中禁区。

思　考

2. 2001年4月1日上午，美国1架E-P3型军用侦察机飞抵中国海南岛东南海域上空活动，中方2架歼-8战斗机对其进行跟踪监视。9时07分，当中方飞机在海南岛东南104公里处正常飞行时，美机突然违规飞行，向中方飞机转向，其机头和左翼与中方1架飞机相碰，致使中方飞行员王伟驾驶的飞机坠毁。美机未经中方允许，进入中国领空，并于9时33分降落在海南岛陵水军用机场。美国24名机组人员受到我方妥善安排。请试从国际法角度来分析此案。

5. 我国的国家领土

中国位于欧亚大陆东部。中国的陆地领土包括大陆及其沿海岛屿、台湾以及包括钓鱼岛在内的附属各岛、澎湖列岛、东沙群岛、西沙群岛、中沙群岛、南沙群岛以及其他属于中国的岛屿。中国领水包括陆地疆界以内的河流、湖泊、领海基线以内的水域和邻接海岸与内水的领海。中国领空是中国领陆和领水之上的一定高度的空气空间。

观　察

中国陆地边界长约22000多公里，与朝鲜、俄罗斯、蒙古、哈萨克斯坦、吉尔吉斯斯坦、塔吉克斯坦、阿富汗、巴基斯坦、印度、尼泊尔、不丹、锡金、缅甸、老挝、越南等15个国家接壤。海岸线长约18000多公里，隔黄海与韩国相向，隔东海与日本相向，隔南海与菲律宾、印度尼西亚、马来西亚、文莱等国相向。

中国领土是在长期的历史发展过程中形成的。几千年来，我国各族人民就在这块土地上休养生息，创造了光辉灿烂的中华文明。中华民族有着保卫祖国、抵抗侵略的光荣传统，但是在近代历史上，由于帝国主义国家的侵略，中国政府曾被迫签订了一系列不平等条约，使西方国家在中国取得了各种特权，严重地破坏了中国的领土完整，损害了中国的领土主权。

中华人民共和国成立后，中国政府取消了外国在中国领土上的一切特权，坚决地维护了国家的领土主权。中国政府在中国领土范围内充分有效地行使着国家权力，对中国领土内的人和物以及发生的事件具有排他的管辖权。为了保证国家领土完整不受侵犯，中国政府大力发展国防事业，并且对侵犯我国领土的行为进行了坚决的还击。中国一贯尊重别国的主权和领土完整，从不侵犯别国领土，也不允许其他国家侵犯我国的领土。

五、国际法上的个人

1. 国籍

（1）国籍的概念

所谓国籍，是自然人作为某一特定国家的成员而隶属于该国的一种法律资格或身份。国籍是一个人同某一特定国家的固定的法律关系，也是国家行使外交保护权的法律依据。

根据国家主权原则，每个国家都有权以自己的法律认定一个人是否为本国公民。因此，国籍的取得和丧失主要由国内法规定。国籍的取得主要有两种方式：

A．因出生而取得国籍

这是最普遍的取得国籍的方式。依各国有关国籍立法的不同规定，它又可分为三种：

● 血统主义，即依父母的国籍确定子女的国籍。单系血统主义，是指依父亲一方的国籍确定子女的国籍；双系血统主义，是指依父母任何一方的国籍确定子女的国籍。

● 出生地主义，即依本人出生地决定其国籍，在哪个国家出生就具有哪个国家国籍。

● 混合主义，即兼采上述两种标准。

B．因归化而取得国籍

即根据个人意愿或某种客观事实而取得国籍。这种取得国籍的方式又有以下四种情况：

● 因婚姻而取得国籍；

● 因收养而取得国籍；

● 因选择而取得国籍；

● 因申请入籍而取得国籍。

由于各国国籍立法关于国籍的取得和丧失的不同规定，产生了双重国籍和无国籍现象。所谓双重（或多重）国籍是指一个人同时具有两个或两个以上国家的国籍。所谓无国籍，是指一个人不具有任何国家的国籍。双重国籍和无国籍都属于不正常的国籍状态，常给有关国家和个人带来不利的后果。

（2）我国的国籍法

1980年9月10日，我国全国人民代表大会通过了《中华人民共和国国籍法》。它的基本原则是：

● 因出生而取得中国国籍，适用双系血统主义为主、出生地主义为辅的混合原则。

● 不承认双重国籍原则，即不承认具有中国国籍的人同时具有外国国籍，也不承认具有外国国籍的人同时具有中国国籍。

● 减少和消除无国籍的原则。

● 在归化取得国籍的问题上，适用自愿申请与审批相结合的原则。

2. 外国人的法律地位

外国人，在此特指位于一国境内、不具有该国国籍而具有别国国籍的人，但不包括享有外交特权和豁免权的人。

外国人既受所在国的属地管辖，又受本人国籍国的属人管辖。但外国人的法律地位主要由所在国制定的法律加以规定，同时所在国和有关国家也可签订双边条约作出具体规定。依据国家主权，一国在不违反国际法及本国所承担的条约义务的条件下，有权决定给予外国人何种待遇。在国际实践中，外国人的待遇一般有以下几种形式：

（1）国民待遇

国民待遇，是指一国对本国境内的外国人在一定事项上给予与本国国民同等的待遇。据此，一国境内的外国人与所在国国民享有大致相同的民事权利，同时负担相应的义务。不过，他们在所在国原则上不享有选举权、被选举权和担任公职权等政治权利，也不负担服兵役等效忠义务。

（2）最惠国待遇

最惠国待遇，是指一国给予某外国的国民待遇不低于它现在或将来给予任何第三国民的待遇。据此，受惠国国民在条约规定的事项上，享有施惠国在同样事项上给予任何第三国国民的权利、利益及其他优遇，同时不被要求承受任何第三国国民所不承受的负担和限制。

（3）差别待遇

差别待遇，是指一国对外国人给予不同于(高于或低于)本国国民的待遇，或对其他不同国家的国民给予不同的待遇。国家在实行上述差别待遇时，不能违反有关公认的国际法原则及本国承担的有效条约义务，特别是不得基于种族、民族、国籍、宗教信仰等原因而实行歧视性的差别待遇。

外国人在我国的法律地位，由我国宪法和法律及与他国签订的条约或协定予以确定。在我国境内的外国人的合法权益，包括人身、婚姻家庭和受教育的权利，合法收入、储蓄、房屋和其他生活资料的所有权，都受中国法律的保护。外国人可以在中国投资，其合法权益受法律保护。外国人在中国法院起诉、应诉，享有与中国国民同等的诉讼权利，承担同等的诉讼义务。另一方面，外国人在中国期间，必须遵守和服从中国的法律。

3. 引渡和庇护

（1）引渡

引渡，是指一国把在该国境内被他国追捕、通缉或判刑的人，根据有关国家的请求移交给请求国审判或处罚。

引渡是一种国家行为，引渡问题是属于一个国家主权范围内的问题。根据国际法，国家有权驱逐外国人，但没有引渡的义务。除非被请求国负有条约义务，是否接受引渡的请求，由被请求国自行决定。引渡事宜一般经外交途径办理。

引渡的对象一般是请求引渡国家的国民或第三国国民。要引渡的犯罪应是根据请求引渡国和被请求引渡国的法律都认定为犯罪并应受一定处罚的行为。通常，政治犯不引渡。有权请求引渡的国家有罪犯本人所属国、犯罪行为发生地国和受害国，如果发生几个国家同时要求某国引渡同一罪犯时，原则上被请求国有权决定接受哪一国的请求。

> 案　例
>
> 　　2011年10月5日上午，我国"华平号"和"玉兴8号"　两艘商船在湄公河金三角水域遭遇袭击。"华平号"上的6名中国船员和"玉兴8号"上的7名中国船员全部遇难。该案重大嫌疑主凶糯康（缅甸籍）在中国与老挝、缅甸、泰国警方的协力配合下落网，并被正式从老挝引渡到中国受审。2012年9月20日，惨案主犯糯康等人受审；11月6日，一审宣判糯康等被判死刑；12月26日，二审维持原判。2013年3月1日，糯康等4人被执行死刑。

（2）庇护

庇护，是指一国对于遭受外国追诉并前来请求避难的外国人给以保护，并拒绝将他引渡给另一国。庇护是以国家的属地优越权为依据的，属于国家权力。

庇护的内容是给受庇护人以保护并不将受庇护人引渡给其本国或第三国。被庇护人的法律地位与一般外国人相同，其应遵守庇护国的一切法律、法令，不得参与庇护国的政治活动，也不得在该国境内从事反对其本国和其他国家的活动。

庇护的对象主要是政治犯，此外还包括因种族、宗教、国籍、政治见解或其他原因而受其本国迫害的外国人，即"政治难民"。庇护和"政治犯不引渡"原则密切相关，"政治犯不引渡"是一项公认的国际法原则。但是，犯有灭绝种族、种族隔离、战争、危害和平、危害人类、海盗、恐怖主义、贩卖人口、危害民航安全(包括空中劫持)、劫持人质、酷刑、非法贩运麻醉药品和精神药物等罪行的人，不得作为政治犯而受到庇护。

根据我国宪法的规定，我国对于因为政治原因要求避难的外国人，可以给予受庇护的权利。

第二节

国际法的基本原则

一、国际法基本原则的含义

国际法的基本原则，是指在国际法规范体系内，被各国公认的、具有普遍意义的、适用于国际法一切范围的、构成国际法的基础的法律原则。

这些法律原则具有如下特征：

1. 被各国所公认

作为国际法的基本原则，必须得到各国的公认。这种公认体现在各国缔结的双边或多边条约之中，或者作为国际习惯被各国接受，从而对所有国家都产生法律拘束力。

2. 具有普遍意义

国际法基本原则贯穿于国际法的各个领域并对这些领域起指导作用。它是适用于国际法一切范围的具有普遍意义的全局性原则。国际法个别领域中的原则不是国际法基本原则。

3. 构成国际法基础

国际法基本原则之所以被称为"基本"，是因为国际法上的其他具体原则、规则、规章和制度都由它派生或引申出来，或是符合它的精神，它是这些具体原则、规则、规章和制度的效力基础。

4. 具有强行法的性质

国际法中的强行法，也称绝对法，可以理解为是被国际社会全体成员公认必须遵守而不得损抑的、也不得任意改变的国际法规范。国际法的基本原则具有强行法的性质。

二、各项基本原则

1. 国家主权平等原则

国家主权平等原则，是指主权国家在国际法律关系中地位完全平等，相互无管辖和支配的权力。主权平等原则要求国家在处理国际关系的任何领域都应尊重别国主权、政治独立和领土完整，平等地等待别国，不以大欺小、以强凌弱，不为自己谋取单方的优势或利益。

国家主权平等原则是国际法最重要的基本原则。国家主权或独立是国际法产生和存在的基石。《联合国宪章》第2条规定的基本原则中，把国家主权平等列为首项原则。因此，国际社会的所有国家尤其是大国强国，都应严格遵守这项原则以及由此而引申的国际法其他基本原则。

2. 不侵犯原则

不侵犯原则是国家主权平等原则的引申。《联合国宪章》规定，禁止使用威胁或武力或与联合国宗旨不符的方法侵犯别国的领土完整和政治独立。

不侵犯原则是一项维护世界和平与安全，建立各国友好关系，保护国家主权、独立和领土完整的基本原则。

如果有的国家破坏这项原则，对别国实行侵略，那么，不仅受害国可以进行自卫，安理会也可以依据《联合国宪章》的规定采取集体安全措施。各国对安理会采取的集体安全措施应予协助，且不得支持侵略的国家。

3. 不干涉内政原则

不干涉内政原则也是国家主权平等原则的引申。内政属于国家主权内的管辖事项。这些事项纯属一国主权管辖，不涉及任何国际义务。例如，决定本国的社会、政治、经济、立法、司法和文化等方面的制度，政权的选择，政党的地位，民族特征的保持，采取的行政措施，本国自然资源的管理和利用，对外政策和国际关系的决定等问题。

依国家主权平等原则，国家彼此无管辖和支配的权力。

但是，联合国组织或国家为了维护国际和平与安全，而依宪章或国际法采取的任何制止或制裁一国的违反国际法、尤其是违反联合国宗旨与原则的非法行为的措施，不认为是干涉他国内政。

4. 和平解决国际争端原则

所谓和平解决，是指国家遇有争端应以和平的方法解决，而不得诉诸威胁或使用武力以及其他非和平的方法，避免危及国际和平与安全。

和平解决国际争端原则是不侵犯原则的引申。因为不侵犯原则禁止国家发动战争或使用武力及其他方法侵害别国，所以要求国家对于交往中发生的任何争端，不论是政治的还是法律的争端，均应和平解决。

5. 善意履行国际义务原则

《联合国宪章》第2条第2款规定："各会员国应一秉善意，履行其依本宪章所负之义务，以保证全体会员国由加入本组织而发生之权益。"

善意履行国际义务原则要求各国必须自觉地、诚实地、严格地履行来自国际法的法律义务，这些义务包括条约义务和其他国际法渊源中规定的义务。同时，要求各国在适用国际法原则、规则时应自我约束。

确立这项原则的目的是使各国善意履行国际法律义务，维护正常的国际法律秩序，反对一些国家对国际法律义务的履行没有诚意，有意回避或不履行自己应承担的国际义务的行为。

三、和平共处五项原则

和平共处五项原则是相互尊重主权和领土完整、互不侵犯、互不干涉内政、平等互利、和平共处五项原则的总称。这五项原则是中国与印度、缅甸共同倡导的。

1954年4月29日，中印签订的《关于中国西藏地方和印度之间的通商和交通协定》首倡和平共处五项原则。这五项原则同年又被中印和中缅之间的两个联合声明所重申，并于此后得到世界上大多数国家的接受和赞同。和平共处五项原则以《联合国宪章》所确立的原则为基础，在内容和精神上与宪章及其他国际文件所确认的国际法基本原则相一致。五项原则既是国际法的基本原则，也是我国独立自主和平外交政策的核心，对其的倡导和广为接受被认为是中国、印度和缅甸等国对现代国际法的重大贡献，成为当今指导国家关系的基本准则，构成国际法基本原则的重要组成部分。

和平共处五项原则的内容是：

1. 相互尊重主权和领土完整

尊重国家主权和尊重领土完整是两个相互关联的概念。主权是国家固有的、最重要的属性，是国家独立处理其对内外事务的最高权力。领土是国家存在的物质基础。有了领土，国家才能在自己的领土上行使主权，丧失领土或部分领土被侵犯，意味着国家主权遭到破坏。

2. 互不侵犯

各国在国际关系上不得以任何借口进行侵略。各国不得以违反国际法的任何其他方法，使用武力或以武力相威胁，侵犯另一国的主权独立或领土完整；不得以战争作为解决国际争端的手段。

3. 互不干涉内政

任何国家和国家集团均无权以任何理由直接或间接干涉任何其他国家的内政外交；每一国都有选择其政治、经济和社会制度的权利，他国不得以任何形式进行干预；任何国家都不得强迫他国接受其意志和政治社会制度，不得组织、协助、煽动旨在推翻另一国政权的颠覆、恐怖等活动，也不得插手或干预别国的内政。

4. 平等互利

所谓平等，就是国家不分大小强弱，不论采取何种制度，在国际法上一律平等，以平等身份承受国际权利、义务与责任；所谓互利，就是各国在相互关系上，不能谋取单方面的利益，更不能以损害、剥削或榨取对方为目的，在国际关系中不应要求任何特权。

5. 和平共处

主要是指各国应友好相处，以促进国与国之间的相互了解与合作，并以和平方法解决国际争端，以维护世界和平。

观　察　　2008年6月18日，中日两国政府就共同开发东海达成原则共识。围绕东海油气田的开发问题，中日两国在进行了历时4年的多轮谈判之后，终于在两国构筑新型外交关系的意愿下，达成了"东海共识"。2008年6月18日，两国外交部门发布了《中日关于东海共同开发的谅解》和《关于日本法人依照中国法律参加春晓油气田开发的谅解》。

中日两国达成的"东海共识",一方面,同意在实现有关海域划界前的过渡期间,在不损害双方各自法律立场的情况下,在东海选定适当的区域迈出共同开发的第一步。另一方面,关于此前一直争论未休的春晓油气田问题的解决方案:双方一致确认,日本企业将按照中国的有关法律,参加春晓油田的有关合作。"东海共识"既涉及国际法,也涉及国内法,既有法律意义,也有现实意义。

第三节

外交和领事关系

外交关系属于国家对外关系的范畴,国家对外关系包括政治、经济、文化、外交等方面的关系,外交关系仅是国家对外关系的一个方面。国际法意义上的外交关系,主要是指国家为实现其对外政策,由外交机关通过访问、谈判、缔结条约、设立常驻代表机构、参加国际会议和国际组织等方式,在国际交往中形成的一种关系。

领事关系是指一国根据与他国达成的协议,相互在对方一定地区设立领事馆和执行领事职务所形成的国家间的关系。

1961年的《维也纳外交关系公约》是目前最重要的确定外交关系法律原则、规则和制度的法律文件。由于在长期的国际交往中,外交关系法的渊源主要是国际习惯,因此,公约没有明确规定的事项,应继续适用国际习惯法规则。

以下就外交和领事关系中的使馆及其外交特权和领事馆及其外交特权作一简单介绍。

一、使馆及其外交特权

1. 使馆及使馆的职务

使馆是一国派遣到另一国的驻外外交机关。

《维也纳外交关系公约》将国家驻外代表机关分为大使馆、公使馆和代办处三级。使馆的职务主要有:(1)在接受国中代表派遣国;(2)在国际法许可的限度内,在接受国保护派遣国及其国民的利益;(3)与接受国政府办理交涉;(4)以一切合法手段调查接受国的状况及发展情形,向派遣国政府报告;(5)促进派遣国和接受国间的友好关系,并发展两国间的经济、文化和科学关系。

2. 外交特权与豁免

为了确保代表国家的使馆有效执行职务，《维也纳外交关系公约》规定，使馆、使馆馆长和其他外交人员享有特权与豁免。主要内容如下：

（1）关于使馆享有的特权与豁免

- 使馆馆舍不得侵犯；
- 使馆档案及文件不得侵犯；
- 使馆人员有行动和旅行自由；
- 使馆有通讯自由；
- 使馆免纳捐税、关税；
- 使馆有权使用派遣国的国旗和国徽。

（2）关于使馆馆长和其他外交人员享有的特权和豁免

- 人身不受侵犯；
- 寓所、财产、文书和信件不受侵犯；
- 管辖豁免：绝对豁免刑事管辖，有例外地豁免民事和行政管辖，免除以证人身份作证的义务；
- 免纳捐税、关税和行李免受查验；
- 其他特权与豁免。

二、领事馆及其领事特权

1. 领事及领事职务

领事是一国根据与他国的协议派驻他国一定地区以维护本国及本国国民在当地的合法权益，并执行其他领事职务的正式代表。

领事馆的设立地点、等级及领事管辖区由派遣国与接受国协议决定。

领事馆分为四级：总领事馆、领事馆、副领事馆和领事代理处。

领事的职务主要有：（1）在国际法许可的限度内，在接受国内保护派遣国及其国民的利益；（2）办理护照、公证、签证、认证以及派遣国侨民的生死和婚姻登记事项；（3）给予派遣国侨民以及进入接受国境内的本国飞机、船舶及其人员所需之帮助；（4）增进派遣国与接受国之间商务、文化和科学关系的发展；（5）以一切合法手段调查接受国商业、经济、文化及科学之状况及发展情形，向本国政府报告。

领事执行职务以其辖区为限，其交涉对象为辖区的地方当局。

2. 领事特权与豁免

按照1963年《维也纳领事关系公约》的规定，领馆及其人员享有一定的特权与豁免。主要内容如下：

（1）领馆享有的特权与豁免

● 领馆馆舍在一定限度内不受侵犯；
● 领馆档案及文件不受侵犯；
● 领馆享有一切公务目的的通讯自由；
● 领馆人员享有行动及旅行自由；
● 免纳捐税与关税；
● 有权使用派遣国的国旗和国徽；
● 有权与派遣国国民通讯和联络。

（2）领事人员享有的特权与豁免

● 人身不受侵犯；
● 一定限度的管辖豁免；
● 一定限度的作证义务的免除；
● 免纳捐税、关税和行李免受查验；
● 其他特权与豁免。

三、外交关系和领事关系的联系与比较

外交关系与领事关系既有联系又有区别。

二者间的联系主要表现为：

首先，两国同意建立外交关系，也就意味着同意建立领事关系。在两国间尚未建立外交关系的情况下，建立领事关系也常常构成建立外交关系的初步。但是两国间断绝外交关系并不当然断绝领事关系；

其次，在行政系统上，领事官员一般与外交官员同属于外交人员组织系统，由外交部门领导；

以及，外交使节可以同时执行领事职务，当两国之间无外交关系的场合，领事也有兼办外交事务的。

二者的区别主要是：

其一，使馆全面代表派遣国，与接受国政府进行外交往来；而领馆通常只就护侨、商业和航务等领事职务范围内的事务与所在国的地方当局交涉；

其二，使馆所保护的利益是全面性的，活动范围是接受国全境；而领馆保护的利益则是地方性的，活动范围一般限于有关的领事区域；

其三，领事特权与豁免略低于外交特权与豁免。

第四节
联合国与国际争端的和平解决

联合国（The United Nations）是继国际联盟之后，又一个以集体安全、和平解决争端原则为基础的维持国际和平、发展国际合作的普遍性国际组织。1945年10月24日，《联合国宪章》开始生效，联合国正式成立，总部设在美国纽约。

《联合国宪章》是联合国组织的根本法，由序言和19章组成，正文111条，《国际法院规约》是其组成部分。《联合国宪章》对联合国的宗旨和原则、联合国的会员、联合国主要机关的组成、职权范围、活动程序和主要工作，以及有关联合国组织的地位和宪章的修正等重要内容都作了规定。

一、联合国的宗旨和原则

《联合国宪章》在其序言中规定："我联合国人民同兹决心：欲使后世不再遭今代人类两度身历惨不堪言之战祸；重申基本人权、人格尊严与价值，以及男女与大小各国平等权利之信念；创造适当环境，俾克维持正义、尊重由条约与国际法其他渊源而起之义务，久而弗懈；促成大自由中之社会进步及较善之民生。"

在此基础上，《联合国宪章》第1条规定了联合国的宗旨，它们分别是：

1. 维持国际和平与安全；
2. 发展国际间的友好关系；
3. 促成国际合作；
4. 构成一协调各国行动之中心，以达成上述共同目的。

为实现上述宗旨，《联合国宪章》第2条规定了联合国及其会员国应遵循的七项原则，它们分别是：

1. 会员国主权平等；
2. 善意履行宪章义务；
3. 和平解决国际争端；
4. 禁止以武力相威胁或使用武力；
5. 对联合国依宪章规定而采取的行动，应尽力予以协助；
6. 确保非会员国遵守上述原则；
7. 不干涉别国内政。

联合国宪章的宗旨和原则，不仅是联合国的基本原则，而且已成为指导现代国际关系的基本准则，具有普遍的法律效力。继续坚持与弘扬联合国宪章的宗旨和原则，是联合国所有会员国的共同责任。

二、联合国的主要机构

联合国为实现宪章所规定的宗旨，设有六个主要机构，分别是：联合国大会、安全理事会、经济及社会理事会、托管理事会、国际法院和秘书处。此外，还设有执行其职能所必需的各种辅助机关。

1. 联合国大会

联合国大会是联合国的决策机关，由全体会员国派代表（每国不得超过5人）组成，每一会员国在大会中享有一个投票权。

联合国大会每年举行一届常会，一般从每年9月的第三个星期二召开。大会还可以召开特别会议和紧急特别会议。如果安理会或者半数会员国提出特别会议请求，或者某一会员国提出请求后经多数会员国同意，可以在15天内召开特别会议。大会拥有广泛的职权，它可以讨论宪章范围内以及联合国其他任何机关的职权问题或事项。2006年第60届联合国大会通过决议，决定在联合国大会之下设立人权理事会取代在经济及社会理事会下的人权理事会。每一个会员国在大会享有一个投票权。对于重要的问题决议，须由出席并投票的会员国以2/3的多数决定。

2. 安全理事会

安全理事会，简称安理会，是联合国负责国际和平与安全的首要机关。

安理会有权作出全体会员国都有义务接受并执行的决定。在和平解决会员国之间的争端方面，它有权调查、斡旋、调停和建议；在维持和平与制止侵略方面，它有权断定是否存在威胁、破坏和平的行为和侵略行为，有权促请有关国家遵行它认为必要或适当的临时措施，并有权决定采取非武力的或武力的措施实施其决议，以维持或恢复国际和平与安全。它的此类决定对联合国会员国都有拘束力，会员国必须予以执行。

安理会由5个常任理事国和10个非常任理事国组成，每个理事国都有一名代表。常任理事国是不经选举和永久担任的，它们现在是中国、俄罗斯、美国、英国和法国。在安理会的表决程序中，常任理事国的否决权发挥极其重要的作用。

3. 经济及社会理事会

经济及社会理事会，简称经社理事会，是联合国大会权力下负责协调联合国以及各专门机构的经济及社会工作的机关。经社理事会现由联合国大会选出的54个理事国组成。从1972年起，中国一直当选为经社理事会的理事国。

4. 托管理事会

托管理事会，是联合国负责非战略地区托管领土行政管理的机关。联合国成立以来，置于国际托管制度下的11个托管领土，已陆续取得独立或自治。托管理事会在联合国的地位问题亟待解决。

5. 国际法院

国际法院是联合国的主要司法机关，由联合国大会和安理会分别投票选出的15个不同国籍的独立法官组成。（详见"四、和平解决国际争端"中的相关内容）

6. 秘书处

秘书处是联合国的常设行政机构，其任务是为联合国其他机关服务，并执行这些机关制定的计划和政策。

秘书处由秘书长1人和办事员若干人组成。秘书长是联合国组织的行政首长，由大会根据安理会的推荐委任，任期5年，任满后可连选连任。秘书长和秘书处职员是"国际公务员"，为联合国服务，每个工作人员都宣誓不得寻求或接受任何政府或联合国以外任何其他当局的指示。

三、专门性国际组织与联合国专门机构

专门性国际组织，是指在经济、社会、文化、科学、教育、卫生及其他专门领域负有国际责任的政府间国际组织。其中，根据与联合国经社理事会缔结的协定而与联合国发生联系的专门性国际组织和根据联合国大会的有关决议建立的专门性国际组织，称联合国专门机构。

目前共有16个联合国专门机构的国际组织：

1. 国际电信联盟；
2. 万国邮政联盟；
3. 国际海事组织；
4. 国际民用航空组织；
5. 世界卫生组织；
6. 世界气象组织；
7. 联合国教育、科学及文化组织；
8. 世界知识产权组织；
9. 国际劳工组织；
10. 联合国工业发展组织；
11. 联合国粮食及农业组织；
12. 国际农业发展基金；
13. 国际货币基金组织；
14. 世界银行集团（包括5个机构，分别是：国际复兴开发银行、国际开发协会、国际金融公司、多边投资担保机构和国际投资争端解决中心）

15. 世界旅游组织；

16. 世界贸易组织。

中国是以上所有16个国际组织的缔约国。

思 考

　　3. 2001年11月20日，世界贸易组织总干事迈克尔·穆尔致函世贸组织成员，宣布我国政府已于2001年11月11日接受《中国加入世界组织议定书》，这个议定书于12月11日生效，我国也于同日正式成为世贸组织成员。请问，世界贸易组织是什么性质的组织？

四、和平解决国际争端

1. 国际争端的概念和种类

（1）国际争端的概念

国际争端，是指国际法主体之间由于在法律上或事实上意见不一致或政治利益的冲突所产生的争执。国际争端主要是国家之间的争端。

（2）国际争端的种类

按照传统的分类法，国际争端一般分为法律性质的争端和政治性质的争端。

法律性质的争端，即国际法上的权利争议，属于可裁判的争端，可以提交国际法院进行裁判。

政治性质的争端，不涉及或不直接涉及法律问题，属于不可裁判的争端，只能采取政治或外交的方法解决。

但是，由于国际争端的性质不易确定，因此，解决争端的方法也没有特定的模式。同一类型的争端，不同的国家可能采取不同的解决方法，甚至同一类争端也可能同时采取两种解决方法。

观 察

　　国家之间有关大陆架划界的争端一般通过外交谈判解决，但英国和法国大陆架划界的争端，一部分通过外交谈判解决，一部分则提交仲裁解决；利比亚和马耳他之间同样的争端，则通过1985年国际法院的判决获得解决。

---

2. 和平解决国际争端的法律方法

和平解决法律性质争端的方法有两种：仲裁和司法解决。

（1）仲裁

仲裁，亦称公断，指在取得争端当事国同意的基础上，由当事国选任的仲裁员，按照当事国协议的程序和规则，在尊重国际法的基础上，对主要是法律性质的争端作出具有拘束力的裁决。

当事国在自愿将争端交付仲裁时，就约定服从仲裁裁决，因而，仲裁裁决对当事国具有拘束力，当事国有履行仲裁裁决的义务。所以，一方面，仲裁具有自愿管辖的性质；另一方面，仲裁裁决一经作出，即对仲裁当事国产生法律拘束力，当事方必须善意执行，而且裁决是终局性的。

（2）司法解决

司法解决，是指争端当事国把争端提交给一个已事先成立的国际司法机关，由该机关根据国际法对争端当事国作出具有法律拘束力的判决。

第一个世界性国际司法机关是1922年根据《国际联盟盟约》在海牙设立的常设国际法院。目前正在工作的国际司法机关则是1946年成立的联合国国际法院。

3. 国际法院

国际法院是在第二次世界大战以后成立的。按《联合国宪章》规定，国际法院是解决国际争端的世界性司法机构。根据《联合国宪章》规定，联合国大会和安理会于1946年2月6日选出了国际法院的首任法官。法院于1946年4月3日在海牙举行第一次集会，国际法院正式成立。

（1）国际法院的组成

国际法院由15名法官组成。法官由联合国大会和安理会从国际常设仲裁法院内的各国团体所提出的候选人中选举产生，获绝对多数票方可当选。法官不论属于哪一国国籍，均可以当选，但是在15名法官中不得有两人具有同一国家的国籍。

国际法院法官应具备的基本条件是：品格高尚，并在各国具有最高司法职位之任命资格或是公认的国际法法学家。法院的组成应使法官全体确能代表世界各大文化及各主要法系。法院由院长主持，院长和副院长由当选法官选出。法官任期9年，每3年改选5名，可连选连任。

观　察　　　　2010年6月29日，在纽约联合国总部，中国资深女外交官薛捍勤在联合国大会和安理会选举中高票当选国际法院法官，成为这一权威国际司法机构中的首位中国籍女法官。2011年11月10日，联合国安理会和联大当天同时举行国际法院5名法官换届选举，薛捍勤分别获得安理会15票和联大162票支持，成功连任。

（2）国际法院的诉讼当事方

法院的诉讼当事方只能是国家。任何国际组织、集团和个人都不能成为法院的诉讼当事方。

（3）国际法院的管辖权

国际法院的管辖权分为诉讼管辖和咨询管辖。

诉讼管辖，是指由法院按照国际法审理争端当事国提交的诉讼案件的权力。诉讼管辖是国际法院的主要职责。

咨询管辖，是指法院应联合国大会或安理会的请求，或经联大授权的联合国其他机关和专门机构的请求，就它们提出的法律问题发表咨询意见。咨询意见一般没有法律拘束力。

（4）国际法院的判决

法院的判决是终局性的判决，不得上诉。

根据《联合国宪章》第94条的规定，对于国际法院的判决，作为案件当事国的联合国会员国必须承诺遵行。由于当事国都是自愿接受国际法院管辖的，因此，很少出现诉讼当事国拒绝执行国际法院判决的情况。

本 单 元 小 结

国际法，也称国际公法，是国家在其交往中形成的，主要调整国家间具有法律拘束力的原则、规范和规章制度的总称。

国际法的渊源，是指国际法规范形成的方式和表现的形式。国际条约和国际习惯是国际法的主要表现形式。国际法的主体，是指具有独立参加国际关系并直接承受国际法上权利和义务能力的实体。在现代国际法上，国家是最基本的主体。

国家领土，是指国家主权支配和管辖之下的地球的特定部分，是国家行使主权的主要范围和空间。领土主权是国家主权的重要组成部分，领土主权神圣不可侵犯是国际法的基本原则之一。

外国人，在此特指位于一国境内、不具有该国国籍而具有别国国籍的人，但不包括享有外交特权和豁免的人。在国际实践中，外国人的待遇一般有以下几种形式：国民待遇、最惠国待遇和差别待遇。

国际法的基本原则主要有：国家主权平等原则、不侵犯原则、不干涉内政原则、和平解决国际争端原则和善意履行国际义务原则。

国际法意义上的外交关系，主要是指国家为实现其对外政策，由外交机关通过访问、谈判、缔结条约、设立常驻代表机构、参加国际会议和国际组织等方式，在国际交往中形成的一种关系。领事关系是指一国根据与他国达成的协议，相互在对方一定地区设立领事馆和执行领事职务所形成的国家间的关系。

联合国是继国际联盟之后，又一个以集体安全、和平解决争端原则为基础的维护国际和平、发展国际合作的普遍性国际组织。联合国为实现宪章所规定的宗旨，设有六个主要机构，分别是：联合国大会、安全理事会、经济及社会理事会、托管理事会、国际法院和秘书处。

国际法院是在第二次世界大战以后成立的。按《联合国宪章》规定，国际法院是解决国际争端的世界性司法机构。国际法院的诉讼当事方只能是国家。国际法院的判决是终局性的判决，不得上诉。

思 考 题 答 案

1. 表示要与中华人民共和国建交的行为，是对新政府的承认。中国作为一个完整独立的国家已经存在几千年，对外交往的历史也非常漫长。

2. 首先，美方军用飞机未经中方允许，进入中国领空，并于 4 月 1 日上午 9 时 3 3 分降落在海南岛陵水军用机场的行为是违背国际法的领土主权原则的。领土主权是国家主权的重要组成部分，领土主权神圣不可侵犯。其次，美国E-P3型军用侦察机抵中国海南岛东南海域上空活动，是一种不正常、不友好的军事侦察行为，从某种意义上说，是对中华人民共和国领土主权的挑衅。在此情形下，美国24名机组人员仍受到我方妥善安排，完全是出于国际人道主义精神，我国政府的正义行为也因此得到大多数国家支持和称赞。

3. 世界贸易组织是联合国专门机构。联合国专门机构是与联合国经社理事会缔结的协定而与联合国发生联系的专门性国际组织和根据联合国大会的有关决议建立的专门性国际组织。世界贸易组织与联合国保持密切的工作联系，但它本身并不是联合国的机关或附属机构，而是独立的国际组织。

阅 读 书 目

1. 《国际法》，梁淑英主编，中央广播电视大学出版社，2010年12月版。

2. 《国际法教学案例》，梁淑英主编，中国政法大学出版社，1999年7月版。

3. 《国际法》，梁西主编，武汉大学出版社，2000年3月修订版。

4. 《国际法》，端木正主编，北京大学出版社，2000年4月第三版。

5. 《法学概论》，陈光中主编，中国政法大学出版社，2000年7月版。

图书在版编目（CIP）数据

法律基础与实务 / 范军主编——修订版. ——上海：上海三联书店，2023.10 重印

ISBN 978-7-5426-1762-0

Ⅰ.法… Ⅱ. 范… Ⅲ. 法律—基本知识—中国 Ⅳ.D92

中国版本图书馆CIP数据核字（2003）第007449号

法律基础与实务（修订版）

主　　编 / 范　军

责任编辑 / 陈启甸

装帧设计 / 王志伟

监　　制 / 姚　军

责任校对 / 张思珍

出版发行 / 上海三联书店

　　　　　　（200030）中国上海市徐汇区漕溪北路331号A座6楼

邮　　箱 / sdxsanlian@sina.com

邮购电话 / 021-22895540

印　　刷 / 上海普顺印刷包装有限公司

版　　次 / 2003年2月第1版

印　　次 / 2023年10月第38次印刷

开　　本 / 787mm×1092mm　　1/16

字　　数 / 450千字

印　　张 / 21.25

印　　数 / 287001-288000

书　　号 / ISBN 978-7-5426-1762-0/D·69

定　　价 / 48.00元

敬启读者，如发现本书有质量问题，请与印刷厂联系：021-36522998